高等学校公共管理类核心课程规划教材

公共危机管理

第二版

主　编　张永理

参编人员（以姓氏笔画为序）

左功叶　吕昕阳　李秀忠　李程伟

吴淑娴　沙勇忠　张永理　罗国芬

钟开斌　黄建伟　黄顺康　詹承豫

Public Crisis Management

WUHAN UNIVERSITY PRESS
武汉大学出版社

图书在版编目（CIP）数据

公共危机管理/张永理主编.—2 版.—武汉：武汉大学出版社,2015.2
（2021.1 重印）
高等学校公共管理类核心课程规划教材
ISBN 978-7-307-15185-7

Ⅰ.公… Ⅱ.张… Ⅲ.国家行政机关—突发事件—公共管理—高等
学校—教材 Ⅳ.D035.1

中国版本图书馆 CIP 数据核字（2015）第 022614 号

责任编辑:朱凌云 责任校对:鄢春梅 版式设计:马 佳

出版发行:**武汉大学出版社** （430072 武昌 珞珈山）
（电子邮箱：cbs22@ whu.edu.cn 网址：www.wdp.com.cn）
印刷:武汉图物印刷有限公司
开本:720×1000 1/16 印张:21.75 字数:379 千字 插页:1
版次:2010 年 12 月第 1 版 2015 年 2 月第 2 版
 2021 年 1 月第 2 版第 6 次印刷
ISBN 978-7-307-15185-7 定价:38.00 元

目　　录

第 1 章 公共危机管理基础知识

引导案例

"突发事件"：从热词到写进法律

2003 年春天，"非典"肆虐。也就是从这个春天开始，"突发事件"这一名词迅速流行。如果说是"非典"这起公共卫生突发事件，让"突发事件"这四个字成为老百姓茶余饭后的谈资，那么 2007 年 11 月 1 日正式实施的《突发事件应对法》则让这四个字融入了老百姓的生活。"突发事件"从流行名词到写进法律，四年时间，个中曲折，值得铭记。

从紧急状态法到突发事件应对法

中国法学会宪法学研究会副会长、中国社科院法学研究所研究员莫纪宏回忆说，他参与草案的起草要回溯到 2003 年"非典"期间。"当时在着手准备《突发公共卫生事件应急条例》的起草工作，有人提议是否出台一个有关的法律。"提议暂时搁浅，原因是由于当时的宪法并没有这方面的提法。转机来自 2004 年修宪。2004 年现行宪法在第四次修改时将宪法中的"戒严"修改为"紧急状态"。这为以后的立法工作提供了立法依据。也从这个时候起，专家们便着手起草《紧急状态法》的专家建议稿。2004 年，中国人民大学宪政与行政法研究中心执行主任莫于川将自己牵头写出的专家建议稿提交给国务院法制办。与莫于川同时进行草案起草的，还有几个相关的研究机构和政府单位。莫纪宏告诉记者，国务院法制办委托清华大学、中国人民大学、上海市行政法制研究所来专门起草专家建议稿。当时，专家起草建议稿的热情很高，很多大学和研究机构都独立起草了草案，"最后交给国务院法制办的大概有十几部草案"。后来，"由于向国务院法制办提交的专家建议稿类型和数量太多，而专家建议稿中的内容理论化倾向太明显，不能直接作为底稿使用，因此，又成立了以国务院法制办领导为组长的起草小组"。而在同年 12 月，起草小组已经讨论通过的草稿并没有提交全国人大。原因在于名称问题。据莫纪宏回忆，起草小组认为不宜在和平时期轻易使用"紧急状态"，所以，在立法过程中就突出了政府在应对"突发事件"中的作用。法律的名称还一度修改为《紧急状态与突发事件应对法》，最后经国务院领导同志确定，定名为《突发事件应对法》。

这一个立法转向，源于什么样的考虑呢？清华大学教授于安对记者说，"紧急状态"是一种极端的社会危机状态。它的法律标志是宪法规定的国家民主决策体制的运行发生严重障碍，公民的基本宪法权利受到严重限制和剥夺，这种情况发生的几率很小。现在的突出问题是，局部的、不至于达到极端程度的突发公共事件频繁发生，对国家和人民的利益造成严重损害。"从有效利用立法资源的角度，优先制定一部行政法意义上的《突发事件应对法》，提高应对这些频繁发生的局部突发事件的法律能力，比制定一部《紧急状态法》更为迫切。"在最后出台的《突发事件应对法》中，涉及的突发事件包括自然灾害、事故灾难、公共卫生和社会安全四类，对于"紧急状态"，只在该法第六十九条有一个原则性的规定。

2008：冰雪和地震"突袭"《突发事件应对法》

2008 年 1 月，一场罕见的冰雪灾害突袭了大半个中国。正式实施仅仅60 多天的《突发事件应对法》，迎来了第一次真正的考验。"从事件的处理情况来看，该法的作用并不显见。"于安认为，政府在运用《突发事件应对法》处理气候危机及衍生灾害时仍显生疏，程序运用尚欠规范。在处理时，政府更多倚重自上而下的行政预案和行政会议。这种方式规范程度较低，预防性不强，并且行政方式不像法定程序那样周全，对于各级责任人的法律责任追究也不是很明确。莫纪宏表达了同样的观点，"现行的应急预案制度以及《突发事件应对法》，所确立的应急体制应有的组织、协调和防范作用，并没有完全发挥出来"。更严峻的考验还在后头。同年 5 月 12 日，汶川发生大地震。《突发事件应对法》临"震"会给出什么样的考卷呢？谁也没想到会是这样的结果。当全国人民万众一心抗震救灾时，却发现《突发事件应对法》在应对地震时"其作用仍不显见"，因为"它在制定时就不是一部针对极端性突发事件的法律"。根据该法第三条和第六十九条的规定，国家实行突发事件的分级制度。对于社会危害性最大的最高等级突发事件，原则上应当按照紧急状态法处理。"这样一来，在我国尚没有自然灾害类紧急状态法的情况下，对于像四川汶川大地震这样的极端性自然灾害，就出现了应对工作和灾后重建工作无法可依的法律真空。"于安说。莫纪宏则撰文指出，《突发事件应对法》对实践中可能出现的突发事件调整力度不够，没有将与突发事件密切关联的紧急状态制度详细加以规定。在汶川大地震发生后，地震中心区域的政府救灾部门自身已经丧失了救灾的功能，固然就无法再依据《突发事件应对法》的规定来承担相应的应急与救援的法律责任。

在立法之初，谁也想不到像汶川大地震这样的极端性突发事件会在这么短的时间内降临，"几率那么小，却让我们碰上了，只能说当初在立法的时候，我们还有些功利，缺乏足够的远见"。于安反省道。这样的认知也来自立法机关。2008 年 5 月 22 日，在十一届全国人大常委会举行的第四次委员长会议上，全国人大常委会委员长吴邦国在讲话中指出：要"研究修改《突发事件应对法》、《防震减灾法》等相关法律法规，增强针对性和可操作性"。这是中国最高立法机构首次提出拟修改《突发事件应对法》。实施仅半年即面临修改，从立法机关如此迅速的反应中，人们开始对这部法律的立法质量重新审视；同时，这部法律对社会生活的重要性和紧迫性也已显见。

（资料来源：节选自吴晓杰：《"突发事件"：从热词到写进法律》，《检察日报》2009 年 10 月 22 日。）

案例讨论

1. 案例中"突发事件"一词从民众对之非常陌生到目前成为家喻户晓的流行词汇再到成为法律用语的变化过程体现了当今时代我国公共危机管理的哪些发展？

2. 当今时代推动我国公共危机管理快速发展的时代背景是什么？

3. 在目前我国危机管理实践中，突发事件应对与公共危机管理之间是一种什么关系？

4.《突发事件应对法》在应对 2008 年初的南方低温冰冻灾害和"5·12"汶川大地震中的困境反映了目前我国公共危机管理存在哪些突出问题？

1.1 公共危机管理的基本概念

1.1.1 危机与公共危机

1. 危机的概念

学习和研究公共危机管理涉及的第一个基本概念就是"危机"。从词源上考察，英文中的"危机"（crisis）一词来自希腊语，其字根 krisis 意谓"分离"（to separate），最初用于医学领域，意指人濒临死亡、游离于生死之间的那种状态，后来所指涉的对象不断扩展。在 18—19 世纪，危机的概念逐渐被引入政治领域，表明政治体制或政府处于紧急状态，继而有了危机管理的概念。① 作为一个常规词汇，中外很多词典都对"危机"进行了界定，按照《韦氏英文词典》的解释，"危机"是指"有可能变好或变坏的转折点或关键时刻"。《朗曼现代英语词典》对"危机"的解释是：（1）严重疾病突然好转或者恶化的转折点；（2）事物发生过程中的一个转折点、不确定的时间或者状态、非常危险或者困难的时刻。② 由此可见，对危机的传统理解主要是从两个方面出发的，即事件发生的时间紧迫性和事件发生所可能造成的负面影响性。英文中的 crisis，一般是指事物具有高度危险性和高度不确定性的情形。在现代汉语中，"危机"一词的语义比较清晰，是"危险或威胁"和"机会或机遇"的复合词，同时包含着这两者之间的辩证关系。《现代汉语词典》的解释是：（1）危险的根由，危机四伏。（2）严重困难的关头，如经济危机。③《辞海》的解释是：（1）潜伏的祸

---

① 冯慧玲：《公共危机启示录——对 SARS 的多维审视》，中国人民大学出版社，2003 年版，代前言，第 2~3 页。

② 龚维斌：《公共危机管理》，新华出版社，2004 年版，第 2 页。

③ 《现代汉语词典》，商务印书馆，2005 年版，第 1412 页。

根。(2)指生死成败的紧要关头。(3)即"经济危机"。① 查阅相关工具书,可以看到对"危机"的界定基本上大同小异。从中外词义上看,"危机"对应着一个具有决定性的时点或时段,这时的决定或行为决定着事态朝向更好或更糟的方向发展。

从学术角度来看,自从"危机"这一概念引入到管理领域,学者们对其界定便开始了,但是,这些定义种类繁多、五花八门,有上百种之多,呈现出一种多元化趋势,始终没能形成一个全面、确切和一致认可的表述,可以说,没有哪一种定义能够涵盖危机涉及的所有方面。② 这一方面是由于危机的复杂性难以一言以蔽之,另一方面是由于从不同的视角出发,学者们也会得出不同的结论。

国外一些学者对"危机"的界定具有代表性的有:福斯特认为,危机"急需快速做出决策,并且严重缺乏必要的训练有素的员工、物质资源和时间来完成"。③ 赫尔曼认为,危机就是一种情境状态,其决策主体的根本目标受到威胁,在改变决策之间可获得的反应时间很有限,其发生也出乎决策主体的意料。罗森塔尔认为,危机就是对一个社会系统的基本价值和行为准则架构产生严重威胁,并且在时间和压力不确定性极高的情况下对其做出关键决策的事件。巴顿认为,危机是"一个会引起潜在负面影响的具有不确定性的大事件,这种事件及其后果可能对组织及其人员、产品、服务、资产和声誉造成巨大的损害"。桑德里尔斯、斯特恩和拜楠德尔认为,作为一个国家所面对的危机是指中央决策者面对这样一种场景:重要的价值受到威胁,而且可以采取处理行动的时间十分有限,同时环境的变化具有高度的不可确定性。④ 罗伯特·希斯认为,"危机存在的三个关键因素,即:几乎来不及行动(或反应);缺少信息或信息不明确、不可靠;对物和(或)人存在威胁"。⑤ 1975—1976 年在耶路撒冷举行的危机问题研讨会上提出的定义认为,危机是和平进程的断点,它必须具备以下几个条件:(1)国家内部或外界环境发生变化形成了对基本价值的威胁;(2)卷入军事敌对行动的可能性极大;(3)对威胁做出反应的时间有限。

①　《辞海》,上海辞书出版社,1979 年版,第 1047 页。

②　史安斌:《危机传播与新闻发布》,南方日报出版社,2004 年版,第 1 页。

③　[美]罗伯特·希斯:《危机管理》,王成等译,中信出版社,2004 年版,第 13 页。

④　薛澜等:《危机管理——转型期中国面临的挑战》,清华大学出版社,2003 年版,第 25 页。

⑤　[美]罗伯特·希斯:《危机管理》,王成等译,中信出版社,2004 年版,第 8 页。

从管理实践和可操作性角度看，国外学者大多从"事件"的角度来界定"危机"，其中具有代表性且被国内学者引用最多的是罗森塔尔和巴顿等人的界定，巴顿的界定比较适合组织危机管理的研究，而罗森塔尔的界定则比较适合公共危机管理的研究。

国内危机管理学者张成福教授认为，"所谓危机，它是这样一种紧急事件或者紧急状况，它的出现和爆发严重影响社会的正常运作，对生命、财产、环境等造成威胁、损害，超出了政府和社会常态的管理能力，要求政府和社会采取特殊的措施加以应对"。① 还有的学者认为，危机就是在无预警的情况下所爆发的紧急事件，如果不立即在短时间内做出决策，将事态加以排除，就可能对企业或组织的生存与发展造成重大威胁。② 薛澜教授在《危机管理——转型期中国面临的挑战》一书中比较赞同罗森塔尔的定义。不管怎样，突发性、紧迫性、不确定性和危害性是危机的最基本特征，从这点出发，就会对危机有一个基本的认识。

总体看来，理解"危机"的另一个角度是事物或系统的状态，这方面描述性的词汇有紧急、无序、失范、不确定性、危害性等。赫尔曼认为，危机就是一种情境状态，其决策主体的根本目标受到威胁，在改变决策之间可获得的反应时间很有限，其发生也出乎决策主体的意料。③ 这是从状态角度来界定"危机"。国内学者大多赞成从状态角度来定义危机，认为危机事件不等于危机本身，如果将危机解释为一种事件，将会缩小危机的外延。董传仪认为，危机的发生是社会组织内部与外部的构成要素、运转规则和发展秩序由常态异化、裂变为威胁性体系的过程。在危机中，组织面临的挑战不单纯是一个威胁性事件，而是一种涉及内部与外部多重利害关系的复杂困境，故而可以把危机定义为一种对组织可能存在破坏性的状态。④

实际上，从上述两个角度对"危机"的界定是相互包容的。因为组织或系统的危机状态总是通过一定的突发事件来表现的，这里的事件可以是原生事

---

① 冯慧玲：《公共危机启示录——对 SARS 的多维审视》，中国人民大学出版社，2003 年版，第 75 页。

② 吴宜蓁：《危机传播：公共关系与语艺观点的理论与实证》，五南图书出版公司，2002 年版，第 24 页。

③ 参见薛澜等：《危机管理——转型期中国面临的挑战》，清华大学出版社，2003 年版，第 25 页。

④ 董传仪：《危机管理学》，中国传媒大学出版社，2007 年版，第 6 页。

件，也可以是次生事件或衍生事件；可以是现实事件，也可以是拟态事件或潜隐事件；可以是单个事件，也可以是两个或多个事件的组合等。从认识论的角度看，人们总是通过对一定事件多角度和多层面的解析来具体认识组织或系统危机状态的。从管理实践的角度看，人们也总是以一定的事件为操作对象来进行决策和实施具体的应对措施。这里的"应对"是突发事件全过程应对的含义，包括事前的预防、事中的处置和事后的恢复与重建等一系列内容。

从事件的角度来认识危机，可以发现，突发事件具有发生的突然性、变化的高度不确定性、信息极不充分、应对时间紧迫及资源严重短缺、事件相互影响及交叉、破坏性强等显著特点，这些特点构成了危机的基本特征。对于危机的类型，可以从突发事件的角度来划分。按突发事件发生的因果结构划分，可以分为外源危机、内源危机和内外源危机；按突发事件发生机理划分，有自然危机、人为危机和自然—人为复合危机；按突发事件影响范围划分，有全球性危机、区域性危机、国内危机、地方危机、行业危机、组织危机等；按突发事件威胁的对象划分，有威胁公民人身安全的危机，威胁社会基本价值的危机，威胁经济繁荣的危机等；按突发事件的性质划分，有政治危机、经济危机、文化危机、生态危机等。

2. 公共危机的概念

所谓公共危机(public crisis)，是一种比危机更为特殊的危机状态。"公共"的字面解释是指属于全社会的、公有公用的。在西方，公共一词起源于古希腊，当时它具有两重涵义：(1)具备公共精神和公共意识是衡量一个男性公民已成熟并可以参加公共事务的标志；(2)人与人之间在相互交往中相互关心和照顾的一种状态。随着时代的发展，"公共"一词一度演变成"政府或政治的同义词"。[①] 有的学者认为，"在公共管理领域，公共危机通常是指由于深层的社会问题、制度问题和体制问题的长期积累，在某些偶然事件的激发下而产生的对于整个社会的正常生产生活秩序及基本价值体系产生严重威胁的具有突发性、不确定性和严重危害性的事件"。[②] 简而言之，公共危机就是指全社会

---

① 郑杭生、何珊君：《和谐社会与公共性：一种社会学视野》，《甘肃理论学刊》2005年第 1 期，第 5 页。

② 周庆行、唐峰：《公共危机决策绩效评估指标权重研究——基于层次分析法》，《理论与改革》2005 年第 6 期，第 115 页。

共有的、需要共同面对的危机。公共危机除了具有突发性、紧急性、高度不确定性、危害性和破坏性等一般危机的特性之外，还有自己独有的特征，那就是影响的社会性和扩散性，公共危机突出的是危机影响程度和影响范围的深广。国内有的学者认为，公共危机"就是一个事件突然发生对大众正常的生活、工作以至生命财产构成威胁的状态"①，或指"由于内部和外部的高度不确定的变化因素，对社会公共利益和安全产生严重威胁的一种危险情况和紧急状态，那么，能够引起这种危险情况和紧急状态的事件就是公共危机事件"②。还有的认为，公共危机是指"政府或其他社会组织通过监测、预警、预控、应急处理、评估、恢复等措施，防止可能发生的危机，处理已经发生的危机，以减少损失，甚至将危险转化为机会，保护公民的人身和财产安全，维护社会和国家的安全和稳定"。③ 对公共危机概念的界定不像对危机那样多元化，大多是从危机影响范围的角度出发的。

以上是目前一些学者对危机和公共危机内涵的阐释，本书认为，公共危机是指对整个社会正常秩序造成或可能造成严重威胁或危害，需要做出关键决策进行处置应对的各类突发事件及其引发的紧急事态情境。

1.1.2 危机管理与公共危机管理

1. 危机管理

"'危机管理'首先是由美国公关活动的先驱人物艾维·李提出的。当时主要是用在商业组织的公关活动中。现在，危机管理机制已被各行各业所广为引进。"④危机管理是一个典型的非程序化决策过程，早期的危机管理主要局限于经济、军事和外交领域。关于危机管理的概念，国外学者也存在着不同看法，如罗伯特·希斯认为，"危机管理涉及主要且积极的5个方面：(1)危机管理者对危机情境要防患于未然，并将危机影响最小化。(2)危机管理者要未雨绸缪，在危机发生之前就做出响应和恢复计划，对员工进行危机处理的培训，并

① 龚维斌：《公共危机管理的内涵及其特点》，《西南政法大学学报》2004 年第 3 期，第 8 页。
② 王茂涛：《政府危机管理》，合肥工业大学出版社，2005 年版，第 3 页。
③ 刘鹏：《城市公共危机预警研究》，中央编译出版社，2009 年版，第 32 页。
④ 龙小农：《跨国危机管理》，中国传媒大学出版社，2005 年版，第 24 页。

为组织或社区做好准备以反应未来可能出现的危机及其冲击。(3)在危机情境出现时,危机管理者需要及时出击,在尽可能的时限内遏制危机苗头。(4)当危机威胁紧逼,冲击在即,危机管理者需要面面俱到,不能轻视任一方面。这意味着此时要运用与危机初始期不尽相同的资源、人力和管理方法。(5)危机过后,管理者需要对恢复和重建进行管理。这也意味着此时运用的资源、人力和管理方法会与危机初期和中期有所不同"。① 斯蒂文·芬克认为,危机管理是"对于组织前途转折点上的危机,有计划地避免风险与不确定性,使组织更能掌握自己前途的艺术"②。威廉·金特纳、大卫·斯瓦兹把危机管理定义为赢得一场危机,同时将危险和冒险限制在双方所能忍受的范围内,等等。

　　2003 年 SARS 危机以后,中国政府普遍重视公共危机管理。由于危机类型的多样性、存在领域的广泛性,国内有的学者从不同学科背景出发对危机管理提出了各自不同的理解,如苏伟伦认为,危机管理是指组织或个人通过危机监测、危机预控、危机决策和危机处理,达到避免、减少危机产生的危害,甚至将危机转化为机会的目的。③ 还有人认为,危机管理是指个人或组织为了预防危机的发生,减轻危机发生所造成的损害,尽早从危机中恢复过来,或者为了某种目的,在有控制的情况下让危机发生,针对危机和可能发生的危机采取的管理行为。④ 鲍勇剑等人认为,"危机管理就是一门研究为什么(why)人为造成的? 什么样(what)的步骤或方法可以避免这些危机的发生,一旦危机发生,如何(how)控制危机的发展和消除危机的影响的学科"。⑤ 还有的认为,"所谓危机管理,就是指组织为应付各种危机情境所进行的信息收集和分析、问题决策、计划和措施制订、化解处理、动态调整、经验总结和自我诊断的全过

---

　　① [美]罗伯特·希斯:《危机管理》,王成等译,中信出版社,2004 年版,第 14~15 页。

　　② Steven Fink. Crisis Management: Planning for the Invisible. New York: American Management Association, 1986, p. 15.

　　③ 苏伟伦:《危机管理——现代企业实务管理手册》,中国纺织出版社,2000 年版,第 1 页。

　　④ 朱德武:《危机管理:面对突发事件的抉择》,广东经济出版社,2002 年版,第 44 页。

　　⑤ 鲍勇剑、陈百助:《危机管理——当最坏的情况发生时》,复旦大学出版社,2003 年版,第 7 页。

程"。① 综观目前国内许多学者关于危机管理的定义，大多是从目的和手段的角度对之进行界定，其争议比危机的定义要小得多。从公共管理的视角来看，张成福教授认为，"所谓危机管理，是一种有组织、有计划、持续动态的管理过程，政府针对潜在的或者当前的危机，在危机发展的不同阶段采取一系列的控制行为，以期有效地预防、处理和消弭危机。危机管理的重点在于：危机信息的获取和预警；危机的准备与预防；危机的控制与响应；危机后的恢复与重建；持续不断的学习与创新"。②

2. 公共危机管理

关于公共危机管理的定义，有人认为，公共危机管理就是以担负管理职能的国家政治机构为核心，在社会系统其他因素影响下，按照相应组织机构运作而对危机事态进行预警、应对和恢复的组织体系。还有人认为，"公共危机管理是指以政府为主导的危机管理主体，以公共危机为目标，通过预防、预警、预控来防止公共危机发生，或者通过危机控制、应急管理、危机评估、恢复补偿等措施，来减少危机损失，避免危机扩大和升级，使社会恢复正常秩序的一整套管理体系"。③ 本书认为，公共危机管理是指政府和其他社会公共组织等危机管理主体，以公共危机为目标，通过监测、预警、预控来防止公共危机发生，或者通过控制、应急处置、评估、恢复补偿等措施减少危机损失，避免危机扩大和升级，使社会恢复正常秩序的一整套管理体系与运作过程。关于公共危机管理的目的，黄顺康教授认为：一是通过预防、预警、预控来消除引发公共危机的各种因素，从而防止或避免公共危机发生，或者把危机消灭在萌芽状态。二是建立危机预警机制，及时发现危机信息，并快速传递、处理收集到的信息，对爆发危机的可能性做出准确的判断，及时发布危机可能爆发或即将爆发的信息，以引起全社会的警惕。三是通过建立危机应对预案、危机管理法制和完善的危机管理体系为可能发生的危机设置有效的"防火墙"，提高整个社会抵抗危机的"免疫力"，提高政府对危机的反应能力和控制能力，一旦危机

---

① 万军：《面向21世纪的政府应急管理》，党建读物出版社，2004年版，第10页。

② 张成福：《公共危机管理：全面整合的模式与中国的战略选择》，《中国行政管理》2003年第7期，第7页。

③ 黄顺康：《公共危机管理与危机法制研究》，中国检察出版社，2006年版，第80页。

爆发，就能及时依法启动应急响应和处置程序，从容应对，采取一切措施，避免危机扩大，防止危机升级和危机失控，尽可能地减少危机造成的损失。四是在危机结束后进行恢复重建工作，帮助受灾群众恢复正常生活，对危机事件造成的危害后果进行评估，对受灾、受害的群众进行救济、补偿和赔偿，对公共危机管理的得失进行评估，总结经验教训。①

既然公共危机涉及社会公众，具有公共性，所以，公共危机管理的主体是政府、NGO（如红十字会、慈善协会、志愿者协会等）、经济组织、公民个人等，公共危机管理的主体不能仅仅是政府，而应该是由政府、企业、社会组织各方面有序参与的合作集体，其应对措施与过程不能是单一的自上而下的路径而应该是上下左右互动和协同合作。公共危机管理在内容上还应该包括平时政府要对公民进行危机管理的教育，如在电视中开辟专门的频道或节目进行宣传，在网站中开辟专栏进行宣传，免费发送一些通俗易懂的应对公共危机的手册或指南等，进行若干相关应急演练，在学校教育中开设相关的讲座和课程等措施，这些平时的教育在公共危机来临时的危机应对中会发挥很大的作用。

1.1.3　突发事件与应急管理

关于"突发事件"的概念，2003 年以前在我国大多数民众脑海中可以说还是一个非常陌生的概念。近年来，"突发事件"不但是各类传媒报道频率最高的概念之一，而且是各级领导干部讲话中使用频率最高的词汇之一，也是民众口中出现频率持续增加的热词之一，这个词汇在目前几乎是家喻户晓，甚至成了一些公民的日常口头禅，如有的人说："我家发生突发事件了，我的钥匙忘记拿了，把自己反锁在门外了。"2008 年北京奥运会期间，有的人从电视中看到参赛运动员刘翔因为脚伤退赛也说："刘翔退赛了，今天的这个突发事件太令人惋惜了！"民众中诸如此类的话语近年来逐渐增多。民众对之耳熟能详的状况得益于 2003 年以来我国各级政府对突发事件应对的不断重视和宣教培训。

在 2007 年 8 月 30 日《中华人民共和国突发事件应对法》（以下简称《突发事件应对法》）颁布以前，曾经使用过"突发公共事件"、"公共突发事件"、"突发性事件"、"突发事件"、"危机事件"、"紧急事件"、"意外事件"甚至"紧急状态"等多种提法，没有一个为大家共同认可的统一标准。《突发事件应

---

① 黄顺康：《公共危机管理与危机法制研究》，中国检察出版社，2006 年版，第 80 ~ 81 页。

对法》的颁布使之统一化和规范化，该法第 3 条明确规定："本法所称突发事件，是指突然发生，造成或者可能造成严重社会危害，需要采取应急处置措施予以应对的自然灾害、事故灾难、公共卫生事件和社会安全事件。"该法并且对自然灾害、事故灾难、公共卫生事件这三类突发事件还定有分级标准，即从高到低分别为特别重大、重大、较大和一般这四种标准。但是，在我国现行的法律体系中，"突发事件"的含义仍然不一致，如在我国的《刑法》和《红十字会法》中"突发事件"与"自然灾害"相并列，在《药品管理法》中的突发事件是指重大灾情、疫情，在《人民警察法》中基本上是指突然发生的严重危害社会治安秩序的事件，在与军队有关的法律中一般将突发事件处置与作战、戒严、抢险救灾等任务相并列。①

从《突发事件应对法》关于"突发事件"的界定可以看出，突发事件具有四个显著特征：一是突发性。突发事件的发生具有偶然性，一般是在难以预测的情况下发生，常常出乎意料或者使人措手不及，有的很难发现其前兆。二是具有严重的社会危害性。突发事件危害的是公民的生命和财产安全，威胁的是公共安全，具有严重的社会危害性，甚至对一个社会系统的基本价值、根本利益和行为准则产生严重威胁，其影响范围和连发性都很明显，其放大效应显著，往往会对社会秩序造成严重的破坏或者强烈冲击。从公共危机管理的角度看，"突发事件"有其特定的含义，刘翔奥运会退赛、一位公民把钥匙忘在家内使自己被反锁在门外的情况属于社会和日常生活情况，其解决不属于突发事件应对的范围。三是事件影响很大需要立即采取应急处置措施予以应对，否则会造成更加严重的后果。突发事件发生后，往往会造成严重的人身伤亡和财产损失，同时还会引发次生事件和衍生事件等一系列问题，这就需要立即采取应急措施，把事件影响与损失降低在最小限度内，如果不及时采取措施，很可能会使事件不断升级和恶化，进而导致更加严重的损失，而且应对起来更加困难。四是公共应对性。突发事件的应对必须借助公权力的介入和动用社会人力、物力才能解决。公权力在突发事件应对中发挥着领导、组织、指挥、协调等功能，公权力介入突发事件应对既是政府的权力也是政府的职责。

突发事件应对的核心是保障人民生命、财产安全不受损害，在法律上不包括涉及国家主权和民族危亡的紧急状态、戒严状态、战争状态等内容。如《突

---

① 参见王晓君：《政府危机管理法律问题研究》，山东人民出版社，2008 年版，第 27 页。

发事件应对法》第 69 条的规定："发生特别重大突发事件，对人民生命财产安全、国家安全、公共安全、环境安全或者社会秩序构成重大威胁，采取本法和其他有关法律、法规、规章规定的应急处置措施不能消除或者有效控制、减轻其严重社会危害，需要进入紧急状态的，由全国人民代表大会常务委员会或者国务院依照宪法和其他有关法律规定的权限和程序决定。"一般说来，我国《戒严法》上所规定的戒严状态原则上也不在突发事件应对的范围之内。

　　在《突发事件应对法》颁布实施以前，我国学者的学术研究中对"突发事件"的英文翻译也是多种多样，曾经出现过"emergency events"，"public emergency"，"contingency"，"accident"，"catastrophe"，"crisis incidents"等词汇，比较混乱，这种状况与 2007 年以前学者对其含义的界定不统一相对应，现在基本上统一翻译为"emergency"。虽然"emergency"在汉语中不同场合其汉译词汇有所变化，如"emergency"在医院治疗中译为"急诊"，在宾馆楼道中译为"紧急出口"（emergency exit），目前它在更多的场合被翻译为"应急"一词，如应急避难场所（emergency shelter）、应急基金（emergency fund）、应急车道（emergency way）、应急管理（emergency management）、应急预案（emergency response plan）等，但是从其核心内容与本质含义来看，使用英文"emergency"一词最切合汉语"突发事件"的原意。

　　就目前我国的实际情况来看，突发事件的应对过程就是应急管理过程，其本质就是公共危机管理。"应急"一词的字面含义，从生物学意义上看，是指人的身体突然受到外界强烈刺激或巨大伤害时，会自动调动起身体各部分所具有的能力，使各器官协调一致，保持最佳状态，以对抗来自外界的打击，这是人体自我保护的本能；从心理学角度讲，是指当某些事件或者环境刺激作用于人，使人感到紧张、压力增大的心理反应和由此带来的一系列身体反应的过程。① 从目前突发事件应对的角度看，应急一般是指针对突发性、具有破坏性的事件所采取预防、响应和恢复的活动与计划。应急管理主要是指突发事件的事前风险管理、事中紧急处置和事后恢复重建全过程应对以及涵盖各个方面的综合性管理，在目前我国政府及其职能部门基本上采用"应急管理"这一提法取代"公共危机管理"，如各级政府中的"应急委"、"应急办"、"应急指挥中心"等。采用"应急管理"的提法很可能还由于传统政治文化的惯性使然和突发事件的含义比公共危机更为明晰和确定的缘故。因为突发事件引发的状态基本

---

① 王晓君：《政府危机管理法律问题研究》，山东人民出版社，2008 年版，第 30 页。

上就是公共危机，所以，突发事件应对与公共危机管理在本质上是同一个含义的不同说法，在本书中基本上把二者等同使用。

1.1.4 其他相关概念辨析

除了以上核心概念外，与公共危机管理紧密相关或者密切联系的基本概念还有风险管理、政府危机管理、公共安全管理、国家安全管理、企业危机管理等。这里分别对这些概念与公共危机管理概念进行简要比较分析。

在很多人的心目中，"迄今为止，风险似乎一直被视为一种纯粹消极，应当避免或者使之最小化的现象"①。实际上这种看法有些偏颇。风险管理是研究风险发生规律和风险控制技术的一门科学，是通过风险识别、风险衡量、风险评估、风险控制等方式，对风险实施有效控制和妥善处理损失的过程。风险管理侧重于在风险事故发生前防患于未然，其核心是降低风险事故造成的损失。其中，风险识别是为了减少风险事故的发生，风险衡量是为了预测风险事故可能造成的损失，风险控制则是为了降低风险事故可能造成的损失。风险管理实际是应急管理活动的向前延伸。② 风险管理的对象是"风险"，其主要特性是对不确定性和可能性的管理，它是应急管理的向前延伸和关口，或者说风险管理属于应急管理的预防环节与核心内容之一，是应急管理"关口前移"的重点。危机管理是现代政府的重要职能和主要职责之一，政府危机管理就是"政府通过监测、预警、预控、预防、应急处理、评估、恢复等措施，防止可能发生的危机、处理已经发生的危机，达到减轻损失，甚至将危险转化为机会的目的，以保护公民的人身权和财产权，维护国家安全"。③ 还有的认为，"政府危机管理是指政府对公共危机进行的事先预防、应急处理和善后恢复的管理过程"④。一般说来，政府危机管理是公共危机管理的一个组成部分或者基本形式之一，在一般情况下是公共危机管理中最重要、最核心的组成部分。

关于公共安全，1997 年我国修订后的《刑法》中规定有危害公共安全罪，

---

① ［德］乌尔里希·贝克：《世界风险社会》，吴英姿、孙淑敏译，南京大学出版社，2004 年版，第 20 页。

② 《中国应急管理》编辑部编：《领导干部预防和处置突发公共事件》，国家行政学院出版社，2008 年版，第 93 页。

③ 李经中：《政府危机管理》，中国城市出版社，2003 年版，第 35 页。

④ 傅思明：《突发事件应对法与政府危机管理》，知识产权出版社，2008 年版，第 10 页。

公共安全指的是个人，它强调的是个人本位，其核心是公民的人身权与财产权保护。公民的生命质量与生活质量的优劣是评判公共安全的基本标准。与公共危机管理相比，公共安全管理一般侧重于社会安全事件如群体性事件、强征拆迁事件、大型群体性活动等方面的管理。关于国家安全，1997 年我国新修订的《刑法》中也有条款规定了危害国家安全罪，国家安全指的是国家，它强调的是国家本位。一般说来，它侧重于严重的恐怖危机、战争危机、政治危机与民族分裂等严重社会危机，国家安全管理主要是针对上述内容的管理。危害公共安全的行为也可能危害国家安全，危害国家安全的行为一定会危害公共安全。

与公共危机管理相比，企业危机管理的主体是企业，其宗旨是在保证企业生存和发展的基础上，考虑公众和消费者的利益。在很多情况下，企业危机常常是导致公共危机的主要原因之一，有时候也是政府危机管理的重要内容。[①]这方面我国近年来的典型例子非常多，如 2005 年中国吉林石化工厂爆炸导致松花江水污染事件、2007 年的重庆家乐福踩踏事件和中日毒饺子事件、2008年的石家庄三鹿奶粉事件、2009 年 12 月中石油成品油管道渭南支线漏油事件等，国外的如 2010 年 4 月 20 日发生的墨西哥漏油事件（美国海上钻井漏油事件）等，虽然这些事件主要是企业内部问题导致，但是其社会影响与危害远远超出企业本身的应对能力，这时候政府就成为危机应对的主体和主导者。

1.2　西方国家的公共危机管理

自从人类社会形成以来，危机就一直伴随着人们的工作和生活。人类有了危机也就会产生危机管理，如大家熟悉的诸葛亮的空城计就是一种迫不得已而且极为侥幸成功的危机管理。作为一种理论研究，从危机管理历史来看，古代人类只有一些朴素、零星的危机管理思想，如"防患于未然"、"未雨绸缪"、"居安思危"等俗谚，但是专门的危机管理理论研究的出现是相当晚的事情。"危机管理"的概念在企业中使用相对较早，主要指企业预备和应对那些威胁企业生存的突发性风险事件。20 世纪 60 年代以来，西方发达国家对公共部门危机管理的研究逐步重视，使危机管理的研究扩展到公共领域，研究公共危机管理的一般规律，概括出公共危机管理的理论，希冀解决社会风险、公共危机

---

① 　肖鹏军：《公共危机管理导论》，中国人民大学出版社，2006 年版，第 26 页。

等问题，同时注重加强危机管理体制与机制建设、危机控制途径与方法、危机控制过程中的信息化管理、危机管理模型的设计等方面。全球化的进程使公共危机产生的原因越来越复杂，公共危机的表现形式也越来越多样化。这也推动公共危机管理的进一步发展，进入21世纪，国际学术界对于公共危机管理的研究更是朝着多学科、多角度发展，不但有从理论研究走向偏重于技术性、操作性、案例性研究的倾向，也有全面综合研究的趋势，对公共危机的性质、产生原因、类型、发展过程和公共危机管理的机制、危机预防、处理、危机教育、技术准备等方面进行研究。

国外公共危机管理的特点主要有：一是拥有专业、高效的综合性危机管理指挥系统，二是不断完善政府危机管理的法律法规和计划安排，三是建立强大的预警机制和高效的应对机制，四是有效利用发达的信息沟通机制，五是巧借并发挥现代传媒作用，缓解社会紧张状态，六是发动民间组织的力量参与危机事件的处理，七是培育和提高公民的危机管理意识与抗危机能力，八是加强危机管理的国际合作和深入危机理论研究。①

在实践中，西方国家经过较长时期的探索和改进之后，不但建立了非常成熟的公共危机管理体制和机制，而且相关法制也比较健全，主要成就如下：一是建立了常设性的公共危机管理机构与系统。西方国家的公共危机管理是以政府为主导的危机管理体系，建立有常设的、专责的、国家级的危机管理决策系统，以便统一部署与有效运作，负责危机决策和对各地方进行协调。二是有比较完善的法律法规。西方国家一般都是通过立法授权政府依法行政和加强公共危机管理与应对措施的科学性、规范性和可操作性，同时通过立法使政府的权限局限在一定的范围内，防止政府滥用自由裁量权以损害公民的合法权益。三是注重公共危机预防。重视风险评估、隐患排查和监测预警等预防与应急准备工作。四是非常注重政府与社会层面的合作，因为政府不是全能的，公共危机管理需要社会各有关方面的参与和合作，加强与非政府组织、媒体、公民等主体间的合作，有利于激发民众的热情，降低危机应对的成本，推动政府危机决策的科学化和民主化。五是注重最新科学技术的运用，为公共危机应对提供科技支撑，以快速、有效地应对公共危机。

当前，公共危机管理研究主要呈现出以下几个主要趋势：一是研究机构及其形式的多样化。研究机构是官民结合，优势互补，成果互动。二是研究内容

---

① 胡税根等：《公共危机管理通论》，浙江大学出版社，2009年版，第291~297页。

的广泛性。这些研究机构的研究领域十分宽泛，重视将国内情况和国外情况相结合。三是研究方法的综合交叉性。公共危机管理机构一般都汇集各个专业领域的优秀人才，形成研究合力。四是研究运作的市场化。公共危机管理研究的市场化运作方式使应急管理的决策咨询业发展迅速，效益显著。五是研究协作的全球化。全球化进程使研究者放眼全球，从全球一体化的角度来进行公共危机的预测和预防。①

1.3　公共危机管理的基本原则

有的学者在系统梳理公共危机管理经验的基础上，总结出了应对公共危机的六大基本原则，主要如下：

一是效率性原则。突发事件的发生具有突然性，有时候来势凶猛，其破坏性、危害性和负面影响最初难以确定，这时就必须立即在信息极为不充分的情况下做出反应，否则不但会贻误时机，而且会使事态更加恶化，立即采取有效措施紧急处置符合精干高效的效率性原则。

二是协同性原则。突发事件引起的公共危机是多方面的，涉及的领域是综合性的，需要各个部门和社会组织、公民个人共同参与，才能够最有效地应对公共危机。这就需要公共危机应对的各方协同运作，优化整合各种资源，发挥整体功效，最大可能地减少事故损失。

三是安全性原则。在公共危机应对中，必须强调应急处置与救援的优先次序问题，即哪些需要最先解决，哪些可以稍微后置一点。在公共危机应对中，排在第一位的即首要任务就是保障民众的生命安全，以确保受害人员的生命安全为基本前提，同时还必须最大限度地保护参与处置公共危机应急人员的生命安全，这是"以人为本"理念的直接体现。在保证人员生命安全的基础上，还应该尽力保障国家和人民群众的财产安全。

四是依法应对原则。依法应对的原则对政府来说就是依法行政，这是现代民主宪政原则的基本要求，这也有利于制约政府在应对公共危机中滥用自由裁量权来侵犯公民权益。

五是科学性原则。公共危机应对虽然需要全社会共同参与，但并不是说人海战术效果最佳。有的公共危机如因工业技术引起的事故灾难等应急处置的专

---

① 肖鹏军：《公共危机管理导论》，中国人民大学出版社，2006 年版，第 47 页。

业性非常强，如果没有相关专业知识与先进装备，反而会适得其反，这就要求科学应对公共危机，注重发挥专业救援队伍和专家的力量，同时也要采取最先进的救援工具，提高公共危机应对的科技支撑力度，以加强公共危机应对的效果。

六是适度性原则。公共危机的应对也是有成本的，如果反应过度就会造成资源的巨大浪费，公共危机应对的效率也就无从谈起。目前在我国一些地方政府的公共危机应对过程中存在事前不重视预防和事中反应过度并存的情况。做好公共危机预防工作，做到有备无患，在公共危机发生的时候一般不会出现惊慌失措和"不惜一切代价"这种反应过度的情况。

1.4　公共危机管理的基本理论

由于公共危机管理是一门交叉学科，既可以从自然科学如灾害学等中找到依据，也可以从政治学、社会学、心理学等学科中找到根源。关于公共危机管理的基本理论，既有关于公共危机的成因与分类等理论，也有与公共危机管理密切相关的风险社会、社会冲突等理论，还有目前我国走向现代化的社会转型期社会过渡理论等。本节主要从公共危机的成因理论与公共危机管理基本理论两个方面来进行介绍。

公共危机的成因理论众多，这里主要介绍风险社会理论、社会冲突理论、群体心理狂热理论、转型期社会过渡理论。

关于风险社会理论，1986 年德国社会学家乌尔里希·贝克首次提出"风险社会"这一概念，将西方的后现代社会(西方有的学者称之为"后现代性"、"晚发现代性"、"全球时代"、"后工业社会"、"信息社会"、"第三次浪潮"、"晚期资本主义"等)诠释为风险社会。贝克认为，"随着两极世界的消退，我们正从一个敌对的世界向一个危机和危险的世界迈进。"[①]全球性的风险打破了人类社会的自我满足和自我中心论，而且"在世界风险社会中，风险定义的政治学和亚政治变得特别重要。风险已经成为政治动员的主要力量，常常取代如与阶级、种族和性别相联系的不平等之类的变量。它强调风险的新的权力博弈(power game)和它的元标准(meta-norm)：谁，以及在一个人为不确定的时代

---

①　[德]乌尔里希·贝克：《世界风险社会》，吴英姿、孙淑敏译，南京大学出版社，2004 年版，第 4 页。

基于什么来定义一种产品、一种技术的风险?"①贝克所界定的"风险的概念直接与反思性现代化的概念相关。风险可以被界定为系统地处理现代化自身引致的危险和不安全感的方式。风险,与早期的危险相对,是与现代化的威胁力量以及现代化引致的怀疑的全球化相关的一些后果。它们在政治上是反思性的"。②　风险社会是科学社会、媒体社会和信息社会,同时也是一个灾难性的社会,因为"在提高生产力的努力中,相伴随的风险总是受到而且还在受到忽略。科技的好奇心首先是要对生产力有用,而与之相联系的危险总是被推后考虑或者完全不加考虑"。③　风险社会的主要特征在于:人类面临着威胁其生存的由社会所制造的风险。西方社会中主导性的经济制度、政治制度与法律制度不仅卷入了风险制造,而且参与了对风险真相的掩盖。

在当今时代,风险是文明强加的,是无形的(潜在性)、无限的(普遍性)、自我再生的、难以预见的甚至是不可预见的,很多风险是在人的直接感知能力之外,而难以感知和不可预见是一种更高程度的危险,可以说,我们生活在文明的火山上,"在风险社会中,不明的和无法预料的后果成为历史和社会的主宰力量"。④　而且"危险成为超国界的存在,成为带有一种新型的社会和政治动力的非阶级化的全球性危险"。⑤　风险社会是世界性的风险社会,全球风险的倍增促使社会组成了一个危险社区。"风险的存在跨越了理论和实践的区别,跨越了专业和学科的边界,跨越了专业的能力和制度化的责任,跨越了价值和事实的区别(并因此跨越了伦理和科学的区别),并且跨越了似乎是由制度区分开的政治、公共空间、科学和经济的领域。"⑥现代化的风险打破了阶级和民族社会模式,即使是富裕者和有权势的人也在所难免。它不仅是对健康的

---

①　[德]乌尔里希·贝克:《世界风险社会》,吴英姿、孙淑敏译,南京大学出版社,2004 年版,第 5 页。

②　[德]乌尔里希·贝克:《风险社会》,何博闻译,译林出版社,2004 年版,第 19 页。

③　[德]乌尔里希·贝克:《风险社会》,何博闻译,译林出版社,2004 年版,第 19 页。

④　[德]乌尔里希·贝克:《风险社会》,何博闻译,译林出版社,2004 年版,第 20 页。

⑤　[德]乌尔里希·贝克:《风险社会》,何博闻译,译林出版社,2004 年版,第 7 页。

⑥　[德]乌尔里希·贝克:《风险社会》,何博闻译,译林出版社,2004 年版,第 84 页。

威胁，而且是对合法性、财产和利益的威胁。危险可以散播到日常生活的所有事物上，例如，"无害的东西、酒、茶、生面团等都变成危险的东西。化肥在世界范围内成为长期毒物。曾经被高度赞扬的财富源泉（原子能、化学、基因技术等）都转变为不可预测的危险源泉"。① 如切尔诺贝利核电站事故就是一个典型的例子。

面对风险的普遍存在及其严重危害，"在风险社会中，对恐惧和风险的处理成为必要的文化资格，而对这种它所要求的能力的培养，成为了教育制度的核心任务"。② 但是，人们的风险意识却不是那么乐观。对于风险的灰色区域，不但因为"只要风险没有获得科学的认识，它们就不存在——至少在法律上、医学上、技术上或科学上不存在，因而它们不需要预防、处置和补偿"，③ 而且"那些指出风险的人被诽谤为'杞人忧天'和风险的制造者。他们所表明的威胁被看作是'未经证实的'。他们阐明的对人和动物的影响被称作'骇人听闻的夸张'。……对科学的批判和对未来的焦虑被污蔑为与'非理性主义'类似。他们被假定为邪恶的真正根源"④。而这些指出危险的人因为他们指出了危险的存在而造成了普遍的不安，这些人常常成为替罪羊（scapegoat）。只要危险没发生，它们总可以被解释得不存在，实际上，"危险的和敌意的东西隐匿在无害的面具后面"。⑤ 因为"它们的不可见并不证明它们不存在；相反，因为它们事实上发生在不可见的领域中，这就给了它们可疑的危害以无限的空间"。⑥

总而言之，"风险、风险感知和风险管理在所有的社会部门中都变成了一

---

① ［德］乌尔里希·贝克：《风险社会》，何博闻译，译林出版社，2004 年版，第 59 页。

② ［德］乌尔里希·贝克：《风险社会》，何博闻译，译林出版社，2004 年版，第 92 页。

③ ［德］乌尔里希·贝克：《风险社会》，何博闻译，译林出版社，2004 年版，第 86 页。

④ ［德］乌尔里希·贝克：《风险社会》，何博闻译，译林出版社，2004 年版，第 51 页。

⑤ ［德］乌尔里希·贝克：《风险社会》，何博闻译，译林出版社，2004 年版，第 87 页。

⑥ ［德］乌尔里希·贝克：《风险社会》，何博闻译，译林出版社，2004 年版，第 88 页。

种冲突与社会形成的源泉"。① 中国文化中缺少对风险的防范意识，"生死由命、富贵在天"的宿命论长期影响着民众的思想与行为。现代社会的主要特征之一就是风险的多样化与不确定性，而政府、社会组织、民众三位一体的认知与行动，是现代社会防范各种风险最有效的措施。

20 世纪 60 年代以来，社会冲突成为许多西方社会学家分析社会变迁与进步的主要依据。一致与冲突，都是社会存在的基本动力。稳定与变迁，是社会存在的两种基本形态。冲突是社会结构的固有成分，冲突引起社会变迁，社会变迁排除冲突的消极影响。相互依存关系的不均衡、不对称、不平等产生了巨大的不稳定性，凸现各种矛盾，社会冲突的出现就是危机的发生。关于社会冲突，美国的刘易斯·A. 科塞的《社会冲突的功能》、李普塞特的《一致与冲突》、兰德尔·科林斯《冲突社会学——一种解释的科学》等著述中都有论述。他们认为，不平等的社会系统使下层民众怀疑资源、权力分配的合法性与角色的强制性安排(如种族歧视法律导致黑人运动)，对立的阶级之间为取消与保存这种状况的利益争夺形成冲突与危机。

关于群体心理狂热理论，也就是大众心理狂热理论。大众心理，是指在复杂的社会环境中，支配和调节群众行为并被掩藏在这些行为背后的群众所共有的内部心理状态。群体心理是一种无形的力量，愚蠢思想可以相互强化，而且疯狂的程度越激烈，屈从于疯狂的智力级别就越高。一位美国学者认为，"谣言和暗示影响着群体的心智并将其引向恐惧和惊慌"。② "如果流言蜚语来势凶猛，那么即使它同事实存在明显出入，谣言的内核还是难以动摇。"③在网络时代，"网络同样是流言蜚语的完美载体：人们在网络的世界里销声匿迹，信息在网络的世界里成倍增长；网络还模糊了新闻、诽谤与凭空臆测之间的界限。当我们发现一则动听的谣言时，总会出于本能地添油加醋一番，并且听信那些极端事例。小小的误会或诽谤几乎在电光火石之间就成了重大的恶性事件"。④

---

① [德]乌尔里希·贝克：《风险社会》，何博闻译，译林出版社，2004 年版，第 122 页。

② [美]罗伯特·门斯切：《市场、群氓和暴乱——对群体狂热的现代观点》，郑佩芸等译，上海财经大学出版社，2006 年版，第 11 页。

③ [美]罗伯特·门斯切：《市场、群氓和暴乱——对群体狂热的现代观点》，郑佩芸等译，上海财经大学出版社，2006 年版，第 43 页。

④ [美]罗伯特·门斯切：《市场、群氓和暴乱——对群体狂热的现代观点》，郑佩芸等译，上海财经大学出版社，2006 年版，第 43～44 页。

另外，还可以从人的需求与满足的差距角度来解释冲突与危机的起源，其核心是挫折导致危机。它在 20 世纪 50 年代以来最为流行。它试图从社会心理的变化来解释危机。主要包括：一是期望理论：经济条件或政治条件有所改善，引起人们期望情况变得更好。但是期望的增长往往超过客观条件的改善，造成人们的期望与现实之间存在着日益加大的差距，人们怀着遭受挫折的情绪看待现实，特别是变得不能容忍时，危机爆发，从而导致社会的反叛。二是障碍理论：社会经过一段时间的飞速发展可能出现中断或衰退，这种中断或衰退出现的障碍导致了期望与现实之间的差距拉大，因为人们的期望仍然以衰退出现之前的速度增长。三是相对剥夺理论：它认为人的需要可以分为实际的需要和期望的需要两类，实际的需要是指在真实的程度上被满足，而期望的需要是一个人感到在他预期的程度上满足其正当的需要。二者之间的对比产生差距的感觉。条件改善慢的人对某些人的条件改善速度超过其他人不服气，产生挫折之感，从而导致反叛。在经济发展时期，条件得以迅速改善的毕竟是少数，而挫折感则普遍存在。四是地位不协调理论：在迅速变迁的年代，许多人既没有财富，也没有获得政治权力，政治地位没有任何变化，期望的变化没有发生，造成挫折感，导致冲突与公共危机。

关于转型期社会过渡理论，在一定程度上也可以理解为现代化过程理论、社会转型理论等，它认为，转型期社会结构的变迁会引发一系列社会问题，如社会结构调适不良、价值系统紊乱、人际关系冷漠、心理崩溃和社会犯罪增长等。现代化具有双重后果，亨廷顿的《变化社会中的政治秩序》中有明确的阐述，他说，"事实上，现代性孕育着稳定，现代化过程却滋生着动乱"。① 而且"无论从静态的角度，还是从动态的角度来衡量，向现代化进展的速度愈快，政治动乱亦愈严重"。② 政治民主化进程和现代化过程给人们带来新的生活方式、政治愿望和批评态度，在走向现代化的过程中特别是关键时期，由于改革力度加大，社会结构全面分化，社会制度系统存在着一定程度的变迁，利益与权力在不同主体之间重新分配与转移，各类深层次的矛盾与问题暴露出来，形成诸多不稳定因素，这些渐进改革的基本矛盾成为危机爆发的潜在因素

---

① ［美］塞缪尔·P. 亨廷顿：《变化社会中的政治秩序》，王冠华等译，三联书店，1989 年版，第 38 页。

② ［美］塞缪尔·P. 亨廷顿：《变化社会中的政治秩序》，王冠华等译，三联书店，1989 年版，第 43 页。

或直接原因。20 世纪 70 年代末以来，中国开始了经济转轨和社会转型的过程，改革开放逐步触及到深层次的体制问题。在社会转型时期，危机主要表现为：一是危机涉及的领域多样化；二是危机呈现高频次、大规模的特点；三是危机的组织性、暴力性、危害性加强；四是危机波动的方式多样化，震动幅度大；五是随着全球化的扩展，危机的发生具有一定的国际互动性，给危机的应对带来更大的难度。

此外，还有灾害成因理论、贫困理论、经济全球化理论、认知不协调理论等，鉴于篇幅所限，不再一一介绍。

关于公共危机管理本身的理论，这里主要介绍公共危机管理的阶段划分理论。危机管理基于三个最基本的直观假设：一是危机是人为的，而且危机的发生往往有一个称为"燃点"（tipping point）的事件或人物所导引。二是危机发生后，通过适当的危机管理，危机的影响是可以降低的，这也使危机管理成为可能。三是危机管理是一种系统的管理，一种行之有效的危机管理方法应该基于系统工程的理论或框架。① 一般说来，危机是具有生命周期的，基于系统工程的公共危机管理就是全过程、综合性的危机应对，这种应对一般分为事前、事中、事后等不同阶段，其相应的应对主要是应急预防与准备、应急处置与救援、事后恢复与重建等基本环节。

关于危机管理的阶段，有 PPRR 四阶段理论，即预防（Prevention）、准备（Preparation）、反应（Response）和恢复（Recovery）；罗伯特·希斯的 4R 模型：缩减（Reduction）、预备（Readiness）、反应（Response）、恢复（Recovery）。② 下面主要介绍最为常见的三种理论模型：一是芬克的四阶段理论模型，他的划分是：第一阶段为征兆期，线索显示有潜在的危机可能发生；第二阶段为发作期，具有伤害性的事件发生并引发危机；第三阶段为延续期，危机的影响持续，同时也是努力清除危机的过程；第四阶段为痊愈期，有一些迹象清晰地显示出危机已经不再具有威胁。二是米托夫的五阶段理论模型，他将危机管理分成五个阶段：第一阶段是信号侦测，识别新的危机发生的警示信号并采取预防措施；第二阶段是探测和预防，组织成员搜寻已知的危机风险因素并尽力减少

① 参见鲍勇剑、陈百助：《危机管理——当最坏的情况发生时》，复旦大学出版社，2003 年版，第 66～67 页。

② ［美］罗伯特·希斯：《危机管理》，王成等译，中信出版社，2004 年版，第 21～23 页。

潜在损害；第三阶段是控制损害，危机发生阶段，组织成员努力使其不影响组织运作的其他部分或外部环境；第四阶段是恢复阶段，尽可能快地让组织运转正常；第五阶段是学习阶段，组织成员回顾审视所采取的危机管理措施，并整理使之成为今后的运作基础。三是三阶段理论模型。它把危机管理分成危机前、危机中和危机后这三个大的阶段，每一阶段可再分为不同的子阶段。这种宏观划分得到了很多专家学者的认同。

本章小结

本章首先介绍了公共危机管理的基本概念，着重辨析了危机、公共危机、突发事件、应急管理、风险管理、公共危机管理、政府危机管理、公共安全管理、国家危机管理和企业危机管理等概念；其次简要介绍了公共危机管理在西方的起源与发展，公共危机管理的基本原则，重点介绍了包括风险社会理论、社会冲突理论、群体心理狂热理论、转型期社会过渡理论等在内的公共危机的成因理论和公共危机管理的三种阶段划分理论。

关键术语

危机　　公共危机　　公共危机管理　　突发事件　　应急管理
风险管理　　风险社会　　社会冲突　　PPRR 四阶段理论

思考题

1. 公共危机与公共危机管理的含义是什么？
2. 突发事件与应急管理的含义是什么？
3. 风险社会与风险管理的含义是什么？
4. 公共危机管理与政府危机管理的主要区别是什么？
5. 公共危机的成因理论主要有哪些？
6. 公共危机管理的基本原则有哪些？
7. 公共危机管理在西方的简要发展过程是怎样的？
8. 你是如何理解公共危机管理的阶段划分理论的？

本章主要参考文献

Steven Fink. Crisis Management: Planning for the Invisible. New York: American Management Association, 1986.

［德］乌尔里希·贝克:《风险社会》,何博闻译,译林出版社,2004 年版。

［德］乌尔里希·贝克:《世界风险社会》,吴英姿、孙淑敏译,南京大学出版社,2004 年版。

［美］罗伯特·门斯切:《市场、群氓和暴乱——对群体狂热的现代观点》,郑佩芸等译,上海财经大学出版社,2006 年版。

［美］罗伯特·希斯:《危机管理》,王成等译,中信出版社,2004 年版。

［美］塞缪尔·P. 亨廷顿:《变化社会中的政治秩序》,王冠华等译,三联书店,1989 年版。

《辞海》,上海辞书出版社,1979 年版。

《现代汉语词典》,商务印书馆,2005 年版。

《中国应急管理》编辑部编:《领导干部预防和处置突发公共事件》,国家行政学院出版社,2008 年版。

鲍勇剑、陈百助:《危机管理——当最坏的情况发生时》,复旦大学出版社,2003 年版。

董传仪:《危机管理学》,中国传媒大学出版社,2007 年版。

冯慧玲:《公共危机启示录——对 SARS 的多维审视》,中国人民大学出版社,2003 年版。

傅思明:《突发事件应对法与政府危机管理》,知识产权出版社,2008 年版。

龚维斌:《公共危机管理》,新华出版社,2004 年版。

龚维斌:《公共危机管理的内涵及其特点》,《西南政法大学学报》2004 年第 3 期。

黄顺康:《公共危机管理与危机法制研究》,中国检察出版社,2006 年版。

李经中:《政府危机管理》,中国城市出版社,2003 年版。

刘鹏：《城市公共危机预警研究》，中央编译出版社，2009年版。

龙小农：《跨国危机管理》，中国传媒大学出版社，2005年版。

史安斌：《危机传播与新闻发布》，南方日报出版社，2004年版。

苏伟伦：《危机管理——现代企业实务管理手册》，中国纺织出版社，2000年版。

万军：《面向21世纪的政府应急管理》，党建读物出版社，2004年版。

王茂涛：《政府危机管理》，合肥工业大学出版社，2005年版。

王晓君：《政府危机管理法律问题研究》，山东人民出版社，2008年版。

吴宜蓁：《危机传播：公共关系与语艺观点的理论与实证》，五南图书出版公司，2002年版。

肖鹏军：《公共危机管理导论》，中国人民大学出版社，2006年版。

薛澜等：《危机管理——转型期中国面临的挑战》，清华大学出版社，2003年版。

张成福：《公共危机管理：全面整合的模式与中国的战略选择》，《中国行政管理》2003年第7期。

郑杭生、何珊君：《和谐社会与公共性：一种社会学视野》，《甘肃理论学刊》2005年第1期。

周庆行、唐峰：《公共危机决策绩效评估指标权重研究——基于层次分析法》，《理论与改革》2005年第6期。

朱德武：《危机管理：面对突发事件的抉择》，广东经济出版社，2002年版。

第 **2** 章 公共危机管理体制

引导案例

案例1 国家减灾委首席专家：减灾应纳入"大部制"

中国政府救援应急体系的运转，在这次（汶川）地震中表现出三个特点：一是动作迅速，从国家主席到总理到下面的县、镇，反应都很迅速；二是机构很多，几乎所有的部委都发动起来了，例如卫生部、民政部、水利部，甚至包括组织部；三是民间组织配合政府发动起来。正因为参与部门多，协调工作非常复杂。这让救灾的效率打了折扣。而从世界范围来看，综合减灾的概念已经深入人心。中国也应该组建一个保护13亿人的减灾体系。在我看来，这个体系包括三个部分：行政、科技力量和人才培养，理顺条块分割，统一机构是最重要的一环。

中国根据具体灾种设立具体防灾部门，但缺乏一个超越各部门之上的综合防灾机构。尽管形式上，国家减灾委员会有30多个部委成员参加，但它主要是一个协调机制，没有钱，没有人，也没有权力。国务院应急办公室归在国务院办公厅下面，级别很高，权力也比以前大，但仅有25人左右，与国务院总值班室其实是一套班子，其实质上仅相当于一个中转机构。

中国的大部制已初步建成，但在灾难方面，仍是"九龙治灾"：国务院应急办公室、中国气象局、水利部、国家海洋局、中国地震局、民政部、农业部、林业局、环保总局，现在都是各自为政。地震局根据震级发出警报，民政部则根据受损情况报灾害级别，两者报的灾害级别甚至不一样。问题出现了，就由一个部门牵头组建一个临时机构开始救援。但一个灾害往往引发出多种隐患，需要有统一的综合防灾减灾体制和权威的统一防灾机构，负责统筹协调各个部门。

我们应考虑成立一个"减灾部"，将有关灾害的部委和局，联网形成中央灾害信息系统，与各省市联网形成国家灾情信息管理系统；充分应用国家通信、卫星及遥感共用系统，汇集与灾害相关的气象、海洋、水文、地震、遥感、灾情等诸多资料或信息；开展重大灾害的预测评估、辅助决策和紧急救援等工作，形成现代综合减灾系统。

目前，与减灾有关的部门人员从中央到地方有好几十万人，我们应该把这几十万人集中起来，组成一张大的减灾网。而这几十万人不能像现在这样只考虑某一个灾害，而要考虑所有的灾害。平时要对他们进行训练，将其打造成一支常备的减灾队伍，当灾难发生的时候能够很快启动。

此外，交通运输等相关部门不必纳入减灾体系，但是需要有很好的联络系统，并使其规范化。20多年前，美国政府面对一系列自然灾害及各种突发事件，设立了总统直接领导的"联邦紧急事务管理局"（FEMA）。该局有2600人，设10个分区，专事国家灾害和突发事件管理。FEMA平时就做很多准备，虽然只有2000多人，但他们有专门的训练，专门的方案，专门的机构，专门的人员，专业的系统，一旦灾难发生就可以很快启动，当地政府只需要做财政上的工作。这套系统是很起作用的。2001年"9·11"事件后，美国政府下决心于2002年成立了"国土安全部"，把FEMA及许多相关部门聚集在此部门之下，力求解决上述国家重大国土安全问题。近五六年来，世界许多国家，如俄、日、法、韩等国都纷纷建立处理突发事件应急机制的机构。

（资料来源：王昂生：《减灾应纳入"大部制"》，新华网2008年6月6日。）

案例讨论

1. 前几年关于"大部制"改革一度成为热门话题，如何从"大部制"的角度看待目前我国的公共危机管理体制？

2. 目前我国的公共危机管理体制存在哪些突出问题？

3. 西方国家在公共危机管理体制方面有哪些可以值得借鉴的地方？

4. "大部制"思路是否应该成为我国公共危机管理体制改革的发展方向？

案例2　北京将与周边省市联手 共同减排降污应对雾霾天

北京多年下大力气治理环境，力度几乎年年加码，但"雾漫漫其修远兮，京将上下而求索"。大气污染的特性决定了北京不能独善其身，必须与周边省市联手，共同减排降污。

北京市前副市长洪峰在北京市"两会"期间表示，对北京空气中 PM2.5 的来源研究显示，PM2.5 污染主要来自机动车排放和周边地区。对此，他表示，北京将积极参与京津冀区域大气污染联防联控，建立京津唐、京津冀地区联防联治的协调机制，确定这一地区合理的产业结构，制定特殊的产业标准，以减少北京周边地区空气中污染物的含量，改善区域大气环境质量。

记者从北京市环保局了解到，过去五年，北京综合治理大气污染，全面治理燃煤、机动车、工业和扬尘污染：完成了 5439 蒸吨燃煤锅炉清洁能源改造、16 万户平房采暖小煤炉"煤改电"，建成了 30 座远郊新城集中供热中心，替代了近千座小型、分散燃煤锅炉；提前执行了第四阶段机动车新车排放标准和油品标准，淘汰更新了 15.6 万辆黄标车和 60.1 万辆老旧机动车，完成了 1462 座加油站、52 座油库、1387 辆油罐车的油气回收治理；调整搬迁了首钢等 200 多家重污染企业，四大燃煤电厂污染治理达到世界先进水平。五年来，北京空气中二氧化硫、二氧化氮、可吸入颗粒物的年均浓度分别下降了 40.4%、21.2% 和 26.4%。

在刚闭幕的北京市"两会"上，"建设天蓝、地绿、水净的美丽城市"被明确写入了北京市政府工作报告。报告中首次提到 PM2.5，并提出建立完善检测网络，实时发布检测信息，以更大决心、更有力措施、更高标准实现空气质量继续改善；要求建立体现生态文明要求的目标体系、考核办法，深化以大气为重点的污染治理，加大 PM2.5 治理力度，切实做好压煤、换车、降尘等工作，确保空气中主要污染物浓度平均下降 2%。

据北京市环保局相关负责人介绍，为实现这 2% 的目标，需要完成一项项落到实处的任务：

一是加快实施"能源清洁化"战略，完成全市1600蒸吨燃煤锅炉清洁能源改造，东、西城区4.4万户平房采暖"煤改电"，推动西北燃气热电中心建成投用，以及国华燃煤发电机组停机备用。

二是淘汰老旧机动车18万辆，全面实施第五阶段机动车新车排放标准，做好第五阶段标准油品的供应保障工作。

三是淘汰退出450家以上高污染企业，推动水泥行业调整转型。完成华能电厂1-4#机组废气深度治理，以及削减8000吨工业挥发性有机物排放量。

四是协调加强施工工地环保管理，特别是加大对土石方开挖、运输的扬尘控制力度，推广高效洗轮机，启动混凝土搅拌站主机全密闭化改造。

为改善大气环境，北京还将加大绿化力度，重点提高平原地区绿化水平，增强环境自净能力。2013年北京将实施平原造林35万亩，新增万亩以上规模的城市森林10处，建成开放一批森林公园和郊野公园，完成京津风沙源治理、三北防护林工程阶段任务，全市森林覆盖率达到38.6%。通过平原造林，北京城区现有的绿地将与郊区森林绿地最终连片，形成一条条绿色廊道，这将更加有利于城市气流的畅通。

2012年10月，北京发布《北京市空气重污染日应急方案》，在出现极端不利气象条件、空气质量可能达到重度污染时，要及时提醒市民特别是敏感人群做好防护，减少户外活动；建议中小学校停止体育课、课间操等户外活动。积极采取措施，加强道路清扫保洁和洒水压尘作业，停止施工工地土石方和渣土运输作业，部分企业减产、停产，在京党政机关及企事业单位带头停驶部分机动车，最大限度减少污染物排放。

今年1月，北京首次启动极重污染日应急预案，在当日实现了30%的公车限行，99家企业停产减产。

1月19日，《北京市大气污染防治条例》开始在网上征求民众意见，大气污染期间，在一定区域内机动车拟限行；排污单位不执行停产、部分停产的强制性应急措施的，市环境保护行政主管部门可以处5万元以上50万元以下罚款；停车三分钟应主动熄火；超四级风停止拆除工程……内含这些规定的《北京市大气污染防治条例》被称作北京史上最严条例，2013年将提交市人大常委会审议，并已列入立项讨论之列，有望年内出台。

北京市市政市容管理委员会日前表示，北京已经制定完成了《环卫系

统空气重污染日城市道路清扫保洁实施细则》并开始执行。细则显示，严
重污染日发生时，京城将增加城市道路清扫保洁作业频次 2 次，极重污染
日发生时，增加清扫保洁作业频次 2 次以上。

（资料来源：节选自尹力：《北京将与周边省市联手 共同减排降污应对雾霾天》，中国
新闻网 2013 年 1 月 29 日。）

案例讨论

1. 公共危机同时波及多个地域对以行政区划为基础的应急管理体制提出
了哪些挑战？

2. 治理北京雾霾，为什么需要北京市与周边省市联手开展应急联动体制
机制建设？

3. 未来会有越来越多的跨区域性公共危机甚至全球性公共危机，如何从
体制上加强跨国合作以促进全球性公共危机的有效治理？

2.1 公共危机管理体制概述

体制是管理活动的载体，管理活动需要有一套相对固定的体系和制度模
式，才可能做到有章可循。提供公共安全服务，保护公民的生命、财产安全，
是现代服务型政府所必须承担的一项基本职能，所以公共危机管理是政府的一
项重要职能。政府作为公共服务的提供者、公共政策的制订者、公共事务的管
理者以及公共权力的行使者，在公共危机管理中处于核心地位。能否良好地处
理公共危机，一直是判断各级政府执政能力的关键标准之一。在公共危机管理
过程中，政府不仅要组织动员各种力量和资源共同参与，而且要对各种组织机
构和人员进行统一指挥、协调、调度，有秩序地处理公共危机。

"何为体制？根据《辞海》的定义，它是国家机关、企事业单位在机构设
置、领导隶属关系和管理权限划分等方面的体系、制度、方法、形式的总称。
而《现代汉语词典》的定义则是'国家机关、企业、事业单位等的组织制度'。
据此而知，体制是特定主体内部的组织制度。"①对政府而言，体制通常是指政
府的组织结构形式及其职能配置模式，是政府组织为达成某种目标而做的一种
制度设计，体现了政府发挥作用的基本方向和职责范围。在形式上，它体现为

---

① 宋英华：《突发事件应急管理导论》，中国经济出版社，2009 年版，第 99~100 页。

具有不同职责权限的政府机构所组成的静态框架结构。①

公共危机管理体制主要是公共危机管理机构的设置与职责权限，是公共危机应对的制度化体系，是一个涉及公共危机管理组织目标、组织结构、职责分工、运行机制以及制度规范的有机整体。公共危机管理体制的涵义有广义和狭义之分。广义的公共危机管理体制是指包括政府部门、非政府部门、企业甚至公民个人在内的各类主体在公共危机应对中所形成的关系模式。其中，政府部门在公共危机管理中处于核心地位。狭义的公共危机管理体制是指国家和政府机关在进行公共危机管理中所采用或形成的关于机构设置、权责划分及运行机制等各种制度的总和。政府公共危机管理体制是指政府为完成法定的应对公共危机的任务而建立起来的具有确定功能的危机管理组织结构和行政职能。② 完善公共危机管理体制有助于整合各类社会资源，为公共危机管理活动提供组织保证，是政府各部门间高效协调和有序运作的前提和基础。

从公共危机管理体制的功能来看，主要体现在以下两个方面：一是公共危机管理活动的组织保证。公共危机的应对需要许多机构的分工与协作。一个合理的公共危机管理体制能够使各级各类机构明确分工、相互协调、有序运作，使各级政府及其所属部门能够各守其位，各尽其职，为规范公共危机管理行为提供组织保证，确保公共危机管理活动的正常进行，同时，还可以降低行政成本，提高政府在公共危机管理中的效率。二是有助于整合社会资源。公共危机往往涉及社会多元主体的利益。健全的公共危机管理体制合理界定了政府与社会组织、公民、企业及媒体等主体在公共危机管理中的合作关系，积极发动民间社会资源的作用，使各方在互信的基础上，相互沟通，彼此合作，共同应对危机。

政府公共危机管理体制建设所要解决的核心问题，归纳起来主要有三个：一是要明确指挥关系，按照统一指挥、分工协作、协调行动的要求，建立一个规格高、有权威的公共危机管理指挥机构，合理划分各相关机构的职责，明确指挥机构和公共危机管理各相关机构之间的纵向关系，以及各机构之间的横向关系；二是要明确管理流程，合理设定一整套危机管理响应的程序，形成运转

---

① 参见张成福等：《公共危机管理理论与实务》，中国人民大学出版社，2009 年版，第 36 页。

② 高小平：《建立综合化的政府公共危机管理体制》，《公共管理高层论坛》2006 年第 2 期，第 26 页。

高效、反应快速、规范有序的危机行动管理。三是要明确管理责任，通过组织整合、资源整合、信息整合和行动整合，形成政府公共危机管理的统一责任。①

公共危机管理体制的内容主要包含组织结构、职责分工与运行机制三个方面。其中，组织结构是公共危机管理体制的基础和载体；职责分工体现着政府进行危机管理活动的基本方向和主要作用；运行机制决定着危机管理的效率和效果。组织结构、职责分工、运行机制三位一体，推动着公共危机管理体制有序运转，从而实现政府公共危机管理的既定目标。公共危机管理的组织结构是指政府内部各组成部分为实现公共危机管理目标而进行分工协作，在职能范围、责任、权力方面所形成的结构体系。它既包括政府实施公共危机管理的机构设置，也包括各级各类政府部门在职责履行中形成的各种关系。公共危机管理的组织结构包括横向结构和纵向结构。纵向结构即指组织内部的上下级指挥与服从体系。横向结构是在水平分工的基础上形成的，指同一水平上的各个部门在公共危机管理分工协作中所形成的关系体系。公共危机管理组织体系应以减少层次、提高效率和节约资源为目标，理顺政府各部门间的职能划分，一方面要全面覆盖公共安全的需求，另一方面要尽可能避免多重管理的现象发生，防止职能的过分重叠与交叉。公共危机管理的职责分工，即政府各部门在公共危机管理的过程中所承担的职能和责任的划分，主要是同一级政府内部的危机管理各子系统之间的职责分工和不同层级政府之间的责权划分。政府在经过职权划分之后建立的运行机制，促进组成单位相互配合，相互支持，协调一致地运转，形成一个有机整体。

公共危机管理体制建设应该遵循的原则主要有：一是以人为本、以防为主。必须把保护和挽救公民生命安全放在第一位。坚持"生命第一"，因为人的生命权益是人最根本的权益，坚持以人为本，这既是出发点，又是落脚点。以防为主，坚持常抓不懈，防患于未然，完善包括应急预案、宣教演练、保障体系等在内的整个预防体系，减少和避免公共危机的发生。因为最成功的危机应对就是能够防止危机的发生。二是权责明确、依法行政。各职能部门必须分工负责、协同合作，做到权责明晰。不断制定和完善有关法律和行政法规，使公共危机管理工作规范化、制度化、法制化。事实证明，公共危机管理不能只

---

①　高小平：《建立综合化的政府公共危机管理体制》，《公共管理高层论坛》2006 年第 2 期，第 28 页。

依靠经验，更重要的是应当依靠法制，这不仅是我国依法治国基本方针的要求，也是我国公共危机管理过程中总结出来的经验和教训。为避免出现权力滥用的情况，必须依据相关法制实行依法行政。三是指挥统一、运转协调。以建立"统一指挥、反应灵敏、协调有序、运转高效"的公共危机管理机制为目标，注重领导体制和运行机制建设，坚持科学决策、统一领导、统一指挥，做到通力合作、运转协调，保障社会安全，稳定社会秩序。四是资源整合、信息共享。加强各类资源整合，强化资源储备，确保公共危机发生时，物资资源、人力资源和财力资源等能迅速到位。在信息资源方面实现信息共享与互联互通，使有限的资源发挥最大的效益。五是坚持循序渐进。在分清轻重缓急的基础上，制订公共危机管理体制建设与突发事件应对的近期、中期和长期目标与发展计划，每年抓一个或者几个重点，使之逐步完善。

在公共危机管理体制与日常行政管理体制的关系上，公共危机管理体制与日常管理体制有共性的一面：它们都是建立在一定机构设置的实体之上，并进行职能的区分和界定。公共危机呈现出强破坏性、高度不确定性以及时间紧迫性，这又使公共危机管理体制呈现出不同于一般管理体制的独特性，即一旦危机出现，必须及时、有效地救助或控制，预防次生、衍生事件发生，以减少人员伤亡、财产损失，防止危机扩散。为此，公共危机管理的组织机构设置，必须具备能够快速、高效、广泛地整合资源的特殊功能。

2.2 国外公共危机管理体制

在国外，特别是一些西方发达国家的公共危机管理经过较长时期的发展，其体制较为完善，并形成了一套行之有效的针对公共危机的管理措施及应对策略。世界上许多国家都把建立适合本国国情的公共危机管理体制作为完善公共危机应对制度的关键。西方发达国家在公共危机管理体制方面，有比较成熟的经验，大体上可分为三种模式：美国模式、俄罗斯模式和日本模式。美国模式的总特征为"行政首长领导，中央协调，地方负责"；俄罗斯模式的总特征为"国家首脑为核心，联席会议为平台，相应部门为主力"；日本模式的总特征为"行政首脑指挥，综合机构协调联络，中央会议制订对策，地方政府具体实施"。① 下面简要介绍美国、英国、俄罗斯、日本等几个西方国家的公共危机

---

① 张小明：《公共部门危机管理》，中国人民大学出版社，2006 年版，第 120 页。

管理体制。

2.2.1　美国的公共危机管理体制

美国是非常重视公共危机管理的国家，也是历史上较早建立公共危机管理体制的国家，其公共危机管理能力居世界领先水平。在 1908 年成立了以联邦调查局为主体的危机管理体制，在 1947 年成立了以国家安全委员会为主体的综合性危机管理体制，1979 年，成立了联邦紧急事态管理局(FEMA)，这是一个直接向总统负责、报告并处理国家灾情的独立政府机构。2003 年 1 月，美国成立了独立、专门、综合性的"捆绑式联邦应急机构"——国土安全部，合并了海岸警卫队、运输安全局、秘书保卫处等 40 多个联邦机构，接管了联邦与州、地方政府的协调职责。国土安全部每年向州政府拨款 22 亿美元用以建立全社会综合性的应急管理系统。① 国土安全部主要是预防美国境内的恐怖袭击，降低美国对于恐怖主义的脆弱性，减少潜在攻击和自然灾害的损失，这样就形成了以总统直接领导的国家安全委员会为决策指挥中心，应急性危机决策特别小组为行动指挥，国务院、国防部、司法部(包括其下属的联邦调查局和移民局)、国土安全部、美军北方司令部等相关部门分工负责，中央情报局等情报机构为跨部门协调组织，受国会监督的综合性的国家危机管理体制。美国的"这套危机管理体制构筑在整体治理能力的基础上，通过法制化的手段，将完备的危机应对计划、高效的核心协调机构、全面的危机应对网络和成熟的社会应对能力包容在体系中"。②

美国的公共危机管理体制以总统为核心，以国家安全委员会为决策中枢，国务院、国防部、司法部(及其下属的联邦调查局和移民局)等有关部委分工负责，中央情报局等跨部委独立机构负责协调，临时性危机决策特别小组发挥关键作用，国会负责监督的综合性、动态性组织体系。

美国公共危机管理体制的基本结构包括：美国国家安全委员会、危机决策小组、中央情报局、国务院、国防部、白宫办公室、联邦调查局、移民局和国土安全部等。国家安全委员会是美国国家安全管理的一个重要组成部分，也是美国国家安全与危机管理的最高决策机构。从 1947 年成立至今，它一直支配

---

①　汪永清：《〈中华人民共和国突发事件应对法〉解读》，中国法制出版社，2007 年版，第 13 页。

②　张小明：《公共部门危机管理》，中国人民大学出版社，2006 年版，第 121 页。

着美国的国家安全决策，不仅负责国内危机管理，而且负责国际危机管理；中央情报局的主要职责是向总统和国家安全委员会提供有关危机的情报和对策建议；国务院一般负责对外代表美国政府进行危机谈判，对内向总统和国家安全委员会汇报国际危机形势，提供对策建议；国防部在危机管理中主要负责军事情报的收集、分析与汇报、执行危机管理过程的相关行动，并负责对外军事谈判；白宫办公室是总统的私人政治智囊。白宫情况室是国家安全委员会情报汇总与分析中心，为总统、国家安全事务助理和国家安全委员会其他成员及时提供情报和信息保障。白宫情况室的另一项任务是负责总统与外国元首的热线联络。这在国际危机事态的处理中发挥着极其重要的作用；联邦调查局是美国国内危机管理机制中的龙头老大；联邦紧急事态管理局是一个直接向总统负责、报告并处理国家灾情的独立政府机构；国土安全部主要负责分析情报，将政府情报部门收集来的信息进行综合分析，其主要职责是负责美国本土安全。①

美国公共危机管理体制根据不同时期的实际情况多次做出重大调整，不断走向完善，实现了制度化和法制化，充分发挥了社会各界的力量，促使其公共危机应对能力不断提高，有效减少了公共危机造成的损失。

2.2.2　英国的公共危机管理体制

英国的公共危机管理体制经过较长时期的发展，日臻完善，并且形成了自己的特色。一是强调政府与社会力量的合作，即政府当局、危机服务部门、商业部门、志愿者组织之间必须进行双边和多边合作，进行信息沟通、资源分配、行动协调。二是分级负责。在中央政府层面，当公共危机规模和复杂性达到需要中央政府的支持和协调时，就由中央政府指定一个政府部门来牵头负责整体的统筹和协调。全国范围的公共危机牵涉若干个政府部门时，英国首相还会召开有内政部长和各相关部的部长参加的会议对公共危机应对做出决策。在地方层面，有的情况下侧重于公共危机的善后工作。

在英国公共危机管理体制发展过程中，疯牛病危机对其危机应对相关体制的改进起到了推动作用，重视沟通信息、危机研究及各部门间的合作管理、逐步与欧洲其他国家协调等都是在应对疯牛病危机的过程中不断完善与优化的。

---

① 参见胡税根等：《公共危机管理通论》，浙江大学出版社，2009 年版，第 303～304 页。

2.2.3　俄罗斯的公共危机管理体制

1986 年 4 月发生的切尔诺贝利核电站事故及政府在危机应对中暴露出的严重问题在很大程度上对苏联的解体起了催化作用。1991 年年底苏联解体，国内社会制度发生剧变，进而导致了急剧的政治动荡、经济金融危机、民族冲突和内战以及北约东扩所带来的巨大外部压力。俄罗斯在近 20 年的公共危机应对中，"逐步建立起了总统直接领导，以联邦安全会议为决策机关，包括联邦安全局、国防部、紧急情况部、外交部、联邦通信与情报署等权力执行部门在内的执行机关，既分工又相互协调的危机管理体制"。① 这种公共危机管理体制的特点主要表现为：一是以总统为核心，并有一个由总统直接领导的、跨部委的危机决策中心，即 1992 年成立的联邦安全会议。俄罗斯总统是公共危机管理体制的核心，起着至关重要的作用，可以说是总统强力型公共危机管理体制。因为总统不仅是国家元首和三军统帅，而且拥有立法提案权等多种权力，并直接领导国防部、内务部、紧急情况部、外交部、对外情报局、联邦安全局和联邦政府通信与情报署等强力部门。联邦安全会议统一指挥和协调各部委行动，其内部设置了宪法安全、国际安全、独联体合作、军事安全、信息安全、生态安全、居民保健、动员准备、社会安全、反犯罪和反腐败等跨部门委员会，其职能涵盖了从国家安全情报的收集与分析、对危机的预测、制订应对危机的预案，到形成实际决策、协调行动、决策效果评估等危机管理决策过程的全部环节。二是政府职能部门齐全，并且形成了既分工负责又相互协作、有机结合的完整体系。政府一方面通过危机管理决策机构的纵向决策和指挥，另一方面又通过相关机构情报部门的横向信息沟通，加强各职能机构在危机管理中的协调，从而构成了既分工又相互协作有机结合的危机管理体系。三是建立了专业化的民防抢险救援职能机构。这种机构既是危机管理体系中一个重要的行政职能部门，又是专业化程度、技术装备水平都很高的救援行动队伍。四是注重防范和打击恐怖主义。制订专门的法律，扩大危机管理体制的反恐权力。增设打击恐怖主义的专门机关，统一指挥协调反恐行动。五是制订紧急状态法和相关的法律法规，提升公共危机管理体制的法制化水平。2001 年 5 月 30 日，普京总统签署了《俄罗斯联邦紧急状态法》，规定了国家实施紧急状态的程序、方式和措施，并对紧急状态的定义、实施紧急状态的适用范围做了非常

---

①　张小明：《公共部门危机管理》，中国人民大学出版社，2006 年版，第 132 页。

明确、具体的规定。

俄罗斯以总统为核心，以联邦安全会议为决策中枢，政府各部门分工合作、相互协调的公共危机管理体制的特点与优势表现为：一是强有力的领导和强制性特征，这与苏联解体后俄罗斯 20 多年来的国情变化紧密联系在一起。二是快速高效，特别是在应对恐怖袭击事件中非常突出。总体说来，"俄罗斯危机管理体制是在管理和处置频繁发生的危机事件中构建并不断加以完善的，主要体现在以下几个方面：法律法规系统比较健全完备；危机管理中枢指挥系统强权集中；拥有强有力的危机管理支援保障系统与信息管理系统；注重借助、发挥现代传媒作用。在危机事件的处理过程中，俄罗斯政府及其相关职能行政部门会尽快确定能及时向公众发布有关政府信息的主流媒体，并在阻止'有害'、失真信息传播的同时，主动与媒体进行合作，建立和保障与媒体之间交流渠道的通畅，增加危机处理工作的透明度。联邦总统及其相关职能部门的负责人也都通过发表电视讲话或接受主流媒体记者的采访，以及定期或不定期召开的新闻发布会，及时公布或披露相关信息，以增强国民信心，缓和他们的紧张、恐惧心理，稳定社会情绪。为此，中国政府可以从中得到启示，例如，加快完善危机管理的法律保障体系；建立一个强有力的危机管理中枢指挥系统，加强各部门应对危机事件的综合协调能力；充分发挥新闻媒体在解决危机事件中的积极作用"。①

2.2.4　日本的公共危机管理体制

日本是一个典型的多灾国家，受地震、台风、暴雨和火山爆发的影响很大。日本危机管理体制的发展大体经历了以单项灾种管理为主进行防灾减灾管理、对多项灾种的综合防灾管理以及以加强内阁功能为主的新型综合性危机管理三个阶段。日本的危机管理体制从 20 世纪 50 年代以来逐步发展，从最初的防灾管理体制逐步演变为首相直接领导的公共危机管理体制，建立起一套从中央到地方的公共危机管理体系。日本政府从国家安全、社会治安、自然灾害等不同方面，建立了以内阁首相为危机管理最高指挥官的危机管理体系，负责全国的公共危机管理。1996 年 5 月，日本政府在首相官邸下一层建立"内阁危机管理中心"，指挥应对公共危机，而在其他有关政府部门设有负责危机管理的处室。该中心的情报室实行 24 小时五班制，与警察厅、消防厅、海上保安厅、

---

① 胡税根等：《公共危机管理通论》，浙江大学出版社，2009 年版，第 308 页。

防卫厅、气象厅的紧急传真直接连接，同时与国土厅的无线通信网络连接。一旦发生紧急事态，一般内阁会议决议成立对策本部，如果是比较重大的问题或事态，首相亲任部长，坐镇指挥。在危机管理体系中，安全保障会议主要承担日本国家安全危机管理的职责，下设专门对策委员会，为决策提供相关建议。以首相为会长的中央防灾会议负责应对全国的自然灾害，其成员除首相和负责防灾的国土交通大臣之外，还有其他内阁成员以及公共机构的负责人等。此外，政府还设立了紧急召集对策小组，为防止发生大规模自然灾害时指挥人员不到岗，出现混乱局面。1998 年 4 月，日本政府在内阁设立"内阁危机管理监"。日本的危机管理体制是以内阁首相为最高指挥官，通过安全保障会议、阁僚会议、中央防灾会议等决策机构制订危机对策，由警察厅、防卫厅、海上保安厅、消防厅等各省厅、部门根据具体情况予以配合，在这一体系中，根据危机种类的不同，启动不同的危机管理部门。

日本的公共危机管理体制是一个以法律为依托，内阁总理大臣（首相）为最高指挥官，内阁官房负责整体协调和联络，通过安全保障会议、中央防灾会议以及相关省厅负责人紧急协议等决策机构制订危机对策，由国土厅、气象厅、防卫厅和消防厅等部门负责具体实施的组织制度，在危机管理上拥有自己的独特优势。①

日本公共危机管理体制的优势体现在：为提高应对危机的效果，它拥有一套专门应对危机事件的法律体系；重视危机预防在整个危机管理体制中的作用；建立了专门防范生化危机的管理体系；注重国民危机预防意识的培养；不断提高政府在危机事件处置过程中的综合协调和快速反应能力；应对危机事件的物质储备充实，硬件设施科技化；提倡在危机管理中各方共同参与、合作等。②

总体来说，世界上一些国家对公共危机管理的强调和重视，首先就体现在国家层面的体制设计上。纵观各国中央或联邦政府对公共危机管理的体制构建，普遍经验包括：行政首脑担任最高领导；统一协调咨询机构；分工合作；设有常设、专门的危机管理机构等。各职能部门通过统一领导、横向协调、专

---

① 王德迅：《日本危机管理体制的演进及其特点》，《国际经济评论》2007 年第 3~4 期，第 47 页。

② 参见胡税根等：《公共危机管理通论》，浙江大学出版社，2009 年版，第 308~312 页。

业分工，共同维系国家层面危机管理系统的日常运转。① 西方发达国家的公共危机管理体制，包括机构运作、政策执行、综合管理等方面。其共同特点和趋势主要有：第一，行政首长担任最高领导，全面领导国家的危机管理工作。日常管理委托给直接下属的危机管理机构，重大突发事件仍然由担任最高指挥官和最终决策者的行政首长进行决策，并对关键性资源进行指挥调度和处理。第二，危机管理委员会或联席会议辅助决策。行政首长对跨部门的综合性指挥，通常依靠危机管理委员会或联席会议，提供决策的辅助和咨询，危机管理委员会还兼有宏观的信息中心和最高协调中枢的功能。第三，常设的危机管理机构处理日常事务。常设的危机管理机构工作一般可分为两类：一是日常的危机管理工作；二是紧急状态下的具体协调工作。概括地讲就是全面负责危机事件的准备、阻止、回应、重建和舒缓。第四，地方政府为操作主体，实施具体的危机管理任务，强调多方协作。在发达国家，社区、公民团体、志愿者组织等组织和团体，乃至家庭都是危机管理的重要力量。第四，强调全过程的危机管理，突出预防的重要性。第五，建立健全危机管理的法律和制度，实施标准化的危机管理。②

2.3　我国公共危机管理体制

改革开放以前，我国各级政府对社会实行比较集中的控制，社会比较稳定，发生公共危机的可能性与频率相对较低，因此，也没有建立一个统一的公共危机管理机构。2003 年的 SARS 危机可以说是我国普遍重视和快速建立公共危机管理体制的转折点。在 2003 年 SARS 危机以前，我国政府的公共危机管理基本上是一种分散管理、各负其责的体制，主体依赖于各级政府的现有行政机构，既缺乏专门机构和管理体系，又缺乏专业人员和应急运作规则，对于公共危机处理的方式经常是遇事就临时成立一个指挥部或领导小组，处理的经验性因素很突出，但科学性严重不足。一些灾种的部门化管理导致缺乏统一的公共危机管理体制，更没有形成一套完善的公共危机管理体制。"SARS 危机中的体制问题，对内表现为应急资源的'条块分割'，对外体现为民间力量参与

---

① 张成福等：《公共危机管理理论与实务》，中国人民大学出版社，2009 年版，第 36 页。

② 张小明：《公共部门危机管理》，中国人民大学出版社，2006 年版，第 120 页。

不足，官民合作渠道不通畅。"①忽视公共危机管理综合性体制建设，必将危及我国社会的协调发展和经济增长的可持续性。为快速高效地处理危机，我国必须建立一个职能明确、权责分明、组织健全、运行灵活、统一高效的公共危机管理体制。2003 年 SARS 危机充分暴露了我国公共危机管理体制的不足，也加强了我国党和政府深化和完善公共危机管理体制的决心。

2.3.1　我国公共危机管理体制的内涵

我国的公共危机管理是从事故处理、安全管理和灾害救治的基础上发展而来的。20 世纪 80 年代以前，对公共危机管理没有专门的法律规定，自 20 世纪 90 年代以来公共危机管理的法律开始建立。经过党和政府的强力持续性推动，2006 年，为进一步加强公共危机管理工作，全面履行政府职能，国务院办公厅设置国务院应急管理办公室，承担国务院应急管理的日常工作和国务院总值班工作，履行值守应急、信息汇总和综合协调职能，发挥运转枢纽作用。截至 2006 年年底，全国 30 个省(区、市)成立或明确了办事机构，96%的市级政府，81%的县级政府成立或明确了公共危机管理的常设机构，并设办事机构。2007 年颁布了《突发事件应对法》，根据该法第 4 条的规定，我国建立"统一领导、综合协调、分类管理、分级负责、属地管理为主"的"纵向集权式"公共危机管理体制，并加强了全社会的共同参与，这构成了我国公共危机管理体制的法律依据。

目前我国的"统一领导、综合协调、分类管理、分级负责、属地管理为主"的公共危机管理体制，其具体含义主要如下②：

关于统一领导，是指我国的公共危机管理体制是在党中央、国务院的统一领导下，各级地方政府分级负责，依法开展公共危机管理工作。统一由党委领导，这是由我国目前的政治架构决定的。从我国宪法来看，党在国家政治生活中处于领导地位，政府的公共管理活动要在党委的统一领导之下进行，公共危机管理在目前的政府管理活动中是不可忽视的组成部分，党对公共危机管理的领导能力也是党的执政能力建设的一个重要方面。统一由党委领导是我国公共

---

① 林鸿潮：《公共应急管理机制的法制化》，华中科技大学出版社，2009 年版，第 42 页。

② 参见王军：《突发事件应急管理读本》，中共中央党校出版社，2009 年版，第 71～78 页。

危机管理的现实需要。公共危机管理在很多时候是调动各个方面的资源来共同应对，包括党、政、社会，甚至军队的资源，而只有党委部门才能担当此任。从目前我国的实践来看，我国绝大部分公共危机管理，都是在党的统一领导下进行的。所以，统一在党委的领导下，不仅是由我国现有党政结构的现状决定的，也是由公共危机管理中所需要的特殊条件决定的。在很多公共危机具体应对中，统一由中央政府即国务院来领导。很多公共危机具有起因复杂、应对牵涉部门多、影响范围广等特点，其应对需要广泛的人力、物力和财力的支持，统一由国务院来领导能够很好地进行公共危机管理。

统一领导，便于快速高效地决策和调动资源，减少管理环节，减少相互推诿、扯皮现象的发生，节约管理成本，提高管理效率。集中统一领导，要求以一定的行政区域为单位，凡在此地域范围内发生的公共危机事件都应该由当地政府统一管理，实行行政首长负责制。根据授权政府最高行政长官在公共危机发生之时指挥各相关部门和力量统一行动，对公共危机管理全权负责。①

关于综合协调，是指政府成立专门的公共危机管理机构，协调不同部门共同应对公共危机。由于公共危机具有综合性和联动性等特点，常常超越一个部门甚至一级地方政府的应对能力，需要多个部门在信息、技术、物资以及救援队伍等方面的相互合作，因此，建立一个具有综合协调职能的公共危机管理机构就非常必要。在我国目前的公共危机管理实践中，各级政府设立了具有综合协调职能的应急管理办公室进行综合协调。

关于分类管理，是指根据公共危机的不同性质和专业应对要求进行专业处置，以达到科学应对和提高公共危机管理效率。在明确各个部门职责和责任主体的基础上，发挥专业应急组织的优势，以便在不同的专业应急领域内，形成一套统一的信息、指挥、救援队伍和物资储备系统，根据公共危机的类型、产生原因、表现方式、涉及的范围和影响程度等方面的不同，实施分类管理。我国目前一般把公共危机根据性质分为四大类：自然灾害、事故灾难、公共卫生和社会安全。其中每一大类又包括更细化的小类，这些公共危机因为其发生的过程、性质和机理不同，其对应的技术、物资以及对专业知识的要求也都不相同，必须依托相应的专业管理部门。应根据不同类别和不同的专业知识要求，建立起相应的专业应急机构、救援体系和队伍，并主要由它们承担不同类别的公共危机管理工作。

---

① 《公共危机管理的体制建设》，《党建研究》2008 年第 5 期，第 60 页。

关于分级负责，是指对不同层级的公共危机，各级政府根据相关法律规定和其自身的公共危机管理能力，分级开展公共危机管理工作。在我国目前的公共危机管理中，按照公共危机的性质、严重程度、可控性和影响范围等因素，分成四级：Ⅰ级(特别重大)、Ⅱ级(重大)、Ⅲ级(较大)、Ⅳ级(一般)。由于我国地域辽阔，公共危机类型繁多，中央政府无法对所有的公共危机实施集中统一管理，必须实施分级负责的管理体制，我国行政体制中现有的层级架构，正好为我国公共危机管理实施分级负责的管理体制提供了基本的组织保障。就中央层面而言，它主要负责那些涉及跨省级行政区域的，或超出当地省级人民政府处置能力的公共危机管理工作。县及县级以上地方各级人民政府，是本行政区域内公共危机管理工作的行政领导机构，负责发生在本行政区域内公共危机管理工作。当公共危机管理涉及两个及以上行政区域的，就由有关行政区域共同的上一级人民政府负责，或者由各有关行政区域的上一级人民政府共同负责。

属地管理为主，是指在我国存在"条块分割"的情况下，强调条块结合和"条"要配合"块"，由产生公共危机的地方政府在公共危机管理中发挥主导作用。就条块管理而言，一般都是专业性较强的领域，也都拥有自己的专业应急队伍，地方政府在决策和应对该领域的公共危机时，必须得到来自专业应急队伍和专业救援物资等的支持，所以，条块的配合是不可缺少的。就地方政府而言，由于它们身处公共危机的发生地，更能准确把握公共危机发生所造成的影响范围和程度，并能在第一时间到达现场、了解事态发展情况，也能及时地进行人力、物力和财力的调配，以便于更迅速地展开应对工作。所以，条块结合、属地管理为主的制度安排可以有效地发挥二者的优势。属地管理为主的制度安排要求，当垂直部门业务范围内发生了公共危机时，垂直机构的地方部门不仅要在第一时间上报其上级领导部门，还应同时通报当地政府的相关部门，发生地的地方政府应该迅速承担起公共危机管理工作。垂直机构的地方部门应该听从地方政府的统一指挥，积极配合地方政府做好公共危机管理工作。

2.3.2 我国公共危机管理体制的特点

我国公共危机管理体制的特点主要是：一是党和政府主导。在公共危机管理工作中，党对公共危机管理工作的领导，主要是政治领导、思想领导和组织领导。具体的公共危机管理工作由国家公共管理的主体政府来承担，并实行行政首长负责制。我国的公共危机管理机构是以行政领导人为核心组成的，由行政领导人负责具体的公共危机管理工作。二是发挥专家作用，提供智力支持。每一类公共危机的管理都需要较高的专业知识做支撑。公共危机管理需要在尽可能短的时间内做出决策，行政领导不可能对每一类公共危机都拥有很精深的专业知识，公共危机决策就必须依靠相关方面专家的参与，由他们来提供专业技术和智力支持。专家参与，发挥专业技术和智力支撑，也是我国公共危机管理体制的制度要求。三是社会协同。公共危机对社会公众的利益造成威胁或危害，要把其危害降低到最小限度，就需要社会公众的积极参与和配合，才能取得最佳效果。社会和民间拥有广泛的社会资源，这是公共危机管理所需要的宝贵资源，充分发挥这些资源的作用，在有的时候甚至是公共危机管理取得成功的关键因素。随着现代社会的发展，各种社会团体、企事业单位以及志愿者组织，包括一些国际性志愿者组织的力量也越来越强大，他们往往拥有很强的专业救援物资和队伍，而这些力量都可以有效地补充政府公共危机应对的疏漏和不足。而且社会力量的参与不仅可以极大地调动社会和公民参与公共危机管理的热情，还可以节约政府所使用的公共资源和降低政府公共危机管理的成本，提升政府公共危机管理的效率。①

2.3.3 我国公共危机管理体制存在的问题

相对于西方发达国家来说，我国目前形成的公共危机管理体制仅仅是初步确立，还有很多不成熟的地方，需要在今后通过深化改革日臻完善。我国公共危机管理体制现存的主要问题，表现为部门化管理，没有形成统一的指挥体制，对于新的突发事件引起的公共危机缺少相应的管理机构，不同管理部门之间存在职责交叉和相互扯皮推诿现象，中央和地方的管理职能没有完全理顺，责任机制不健全，监督不到位；民间组织体制不健全，社会力量发挥不够；专家咨询作用发挥不够和咨询组织不健全。② 除此之外，也有其他方面突出的问题。

法律法规方面，2007 年 8 月 30 日《突发事件应对法》的颁布，填补了我国公共危机管理方面基本法律的一个空白，但与我国公共危机管理的法律法规完善化存在不少差距。一是现行公共危机管理法制仍不健全，如有

---

① 参见王军：《突发事件应急管理读本》，中共中央党校出版社，2009 年版，第 78～84 页。

② 《公共危机管理的体制建设》，《党建研究》2008 年第 5 期，第 60 页。

的虽然制定了相关法律法规，但是内容过于追求原则和概括，缺乏明确的实体规定和程序规定，法律法规的可操作性不强。二是有些公共危机管理还缺乏法律规定，有的也只是停留在规章或规范性文件的层面上，权威性与效力都很低。三是在公共危机管理的实际工作中，有法不依的现象仍然不同程度地存在。

各方面通力合作应对公共危机方面，跨地区、跨行业、跨部门的公共危机管理方面的联动体制并不顺畅。目前我国正处于社会转型期，也是公共危机爆发的高频率时期，出现特别重大公共危机的可能性显著增加，公共危机特别是涉及范围非常广泛、影响非常大的公共危机，某一个地域、某一类行业、某一类部门是不可能独自应对的，必须从更高层面进行跨地区、跨行业、跨部门的合作，公共危机管理才能够有效实施。联动体制的缺乏或者不畅是我国目前公共危机管理体制中存在的突出问题之一，也是我国今后短时期内从体制上必须尽快解决的核心问题之一。解决这一问题需要日常工作中的制度建设，实现部门之间、条块之间和区域之间的信息共享。建立各部门之间、不同层级政府之间、条块之间、相邻的地方政府之间、党政之间的联动制度建设，调动各方面的资源，共同展开公共危机管理工作。

综合协调能力方面，各级政府的公共危机管理综合协调能力有待于进一步提升。各级政府的综合协调职能是公共危机管理工作本身特点的要求。目前我国公共危机管理体制中的各级政府应急管理办公室，在法律规定上具有值守应急、信息汇总、综合协调的职能，但是它在公共危机管理的实际工作中，级别较低，权威性不强，应急管理办公室的综合协调作用并没有充分发挥出来，所以，在今后要加强各级政府应急管理办公室的综合协调职能，使之真正成为协调各个方面资源进行应对工作的枢纽。

建立综合化的公共危机管理体制，从策略选择上可分为两个阶段。第一阶段主要是建立不同类型公共危机的综合协调机构，加大其对危机管理系统的统一集中管理功能。第二阶段主要是实现公共危机管理系统的全面整合，并在运行机制和法制保障得到加强的同时，提高我国公共危机管理体系的综合化、信息化、专业化和现代化水平。①

公共危机管理的社会参与方面，公共危机管理利害相关者参与存在不足与

---

① 高小平：《建立综合化的政府公共危机管理体制》，《公共管理高层论坛》2006 年第 2 期，第 40 页。

低效并存的情况。利害相关者即在其中受益或受损的实际或潜在主体，包括政府组织、营利组织、非营利组织、社区组织和社会公众等不同利益主体。政府组织不仅是公共危机管理的利害关系者，更在其中扮演着一种主导和核心作用的角色，这是由政府的本质、职责和能力所决定的。营利组织也是公共危机管理的利害关系者或者其本身可能引发公共危机，由于它们也是资源的拥有者，在公共危机状态下营利组织应该参与公共危机应对，成为政府的重要合作伙伴。公共危机管理需要众多营利组织的参与和帮助。非营利组织由于有自己的比较优势，在目前已成为世界范围内公共危机管理的重要力量和渠道，发挥着独特作用。"从实际情况看，非营利组织参与危机管理也存在着获取捐赠困难、政府不支持甚至阻挠以及效力优先等级较低等方面的问题。理顺非营利组织参与危机管理的机制，加大外部支持和内部建设，是推动其在危机管理中发挥作用的必然选择。"社区组织是现代城市公共治理系统的末梢和基础环节，是公共危机管理中的重要力量，可以发挥基础性作用。一般说来，社会公众是公共危机直接威胁的对象，在很多情况下，公众是公共危机现场的目击者、见证者或当事人，也是很多公共危机处置的直接参与者。志愿服务是社会公众参与危机管理的有效形式，这方面在我国目前还没有充分发挥出来，其实际效果不甚理想。

国际合作方面，我国公共危机管理的国际合作体制没有从根本上解决。在当今世界经济一体化、社会信息网络化的背景下，世界成为一个"地球村"，国际交往日益增强，有的公共危机波及的范围愈来愈广，复杂性愈来愈强，具有危机成因国际化、危机扩散信息化和危机制造组织化等特点，公共危机的原因和影响往往是全球性的，并且趋于严重化，一国的力量很难单独应付，这对各国公共危机管理体制提出了严峻挑战，因此，加强国际合作、利用国际力量应对跨国性、全球性公共危机极为必要，各国政府和国际组织应相互合作、协助和支持，建立有效的跨国性公共危机管理体制。在这些公共危机的应对过程中，通过全球合作，效果很明显，如 SARS 危机的应对、打击恐怖袭击等。公共危机管理由于参与主体的不同，国际合作存在协调方面的困难，因此国际合作最重要的就是如何解决合作过程中的协调问题。从现实来看，一个国家现有的公共危机管理体制都是针对本国设计的，全球性的公共危机管理国际合作体制尚未形成，而且目前公共危机管理的国际合作主要体现在事后国际救援上，很少涉及事前的阻止与准备工作，这也与缺乏长期稳定的国际合作机制有关，同时，各国之间在很多全球性公共危机上缺乏有效的信息传递合作制度，不利于全球性公共危机管理的有效开展。目前我国在公共危机管理的国际合作方面主动性不强，也曾经吃过大亏，今后应该积极主动与别国、国际组织合作，加强交流与合作的制度性建设，早日融入全球性公共危机管理的大潮中去，为应对全球性公共危机做出自己的贡献。

本章小结

本章首先概述了公共危机管理体制的必要性、概念、功能、主要内容，公共危机管理体制建设应该遵循的原则，公共危机管理体制与日常行政管理体制的关系。其次介绍了美国、英国、俄罗斯、日本等几个西方国家的公共危机管理体制，概述了各自的特点及对我国公共危机管理体制建设的借鉴作用。最后论述了我国公共危机管理体制建立的简单历程，公共危机管理体制的基本内涵、主要特点和目前存在的主要问题及今后应该完善的重点。

关键术语

跨国性公共危机　　全球性公共危机　SARS危机

综合协调能力　　危机管理委员会　　应急管理办公室

利害相关者　　公共危机管理体制　　美国公共危机管理体制

英国公共危机管理体制　　俄罗斯公共危机管理体制

日本公共危机管理体制　　中国公共危机管理体制

综合性危机管理体制　　公共危机管理联动体制

国际合作体制

思考题

1. 为什么要建立公共危机管理体制？

2. 什么叫公共危机管理体制？

3. 公共危机管理体制有哪些主要功能？

4. 公共危机管理体制的内容主要包含哪些方面？

5. 公共危机管理体制建设应该遵循哪些原则？

6. 公共危机管理体制与日常行政管理体制的关系是怎样的？

7. 美国的公共危机管理体制是一个什么状况？

8. 英国的公共危机管理体制是一个什么状况？

9. 俄罗斯的公共危机管理体制是一个什么状况？

10. 日本的公共危机管理体制是一个什么状况？

11. 西方发达国家的公共危机管理体制有哪些值得我们借鉴的地方？

12. 除了本书介绍的情况外，你了解德国、法国、瑞典、加拿大、澳大利亚、以色列、韩国等国家的公共危机管理体制吗？

13. 我国公共危机管理体制的主要内容是什么？其法律依据是什么？

14. 我国公共危机管理体制有哪些主要特点？

15. 目前我国公共危机管理体制存在哪些突出问题？如何改进？

本章主要参考文献

《公共危机管理的体制建设》，《党建研究》2008 年第 5 期。

高小平：《建立综合化的政府公共危机管理体制》，《公共管理高层论坛》2006 年第 2 期。

胡税根等：《公共危机管理通论》，浙江大学出版社，2009 年版。

林鸿潮：《公共应急管理机制的法制化》，华中科技大学出版社，2009 年版。

宋英华：《突发事件应急管理导论》，中国经济出版社，2009 年版。

汪永清：《〈中华人民共和国突发事件应对法〉解读》，中国法制出版社，2007 年版。

王德迅：《日本危机管理体制的演进及其特点》，《国际经济评论》2007 年第 3~4 期。

王军：《突发事件应急管理读本》，中共中央党校出版社，2009 年版。

张成福等：《公共危机管理：理论与实务》，中国人民大学出版社，2009 年版。

张小明：《公共部门危机管理》，中国人民大学出版社，2006
年版。

第 3 章　公共危机决策

引导案例

案例1　"9·11"事件与布什政府的危机决策

美国东部时间 2001 年 9 月 11 日早晨 8 点 46 分，一架喷气式客机撞入纽约世界贸易中心北塔楼，10 点 27 分北塔楼倒塌。9 点 3 分第二架客机撞入南塔楼，随后引起大爆炸，10 点 7 分南塔楼倒塌。9 点 5 分美国总统布什在佛罗里达州接到事件报告。9 点 30 分布什总统发表电视讲话，宣布美国遭到恐怖袭击。9 点 43 分一架飞机坠毁在华盛顿五角大楼内，产生大火。9 点 50 分联邦政府宣布关闭美国全国所有机场。10 点至 10 点 30 分关闭国会山、白宫、联合国等，所有政府部门疏散人群。美国证监会关闭所有的金融市场，纽约市市长朱利安尼号召疏散曼哈顿地区的人群，纽约市的消防员和警察在第一时间赶到现场开展救援活动。在遭受"9·11"恐怖袭击后，布什总统在事件发生后 45 分钟就发表电视讲话宣布美国遭受恐怖袭击，65 分钟后就宣布关闭全国机场，在 2 个小时之内就做出疏散人群、停止证券交易、关闭海关、禁止空中飞行物飞行等决定，其整个公共危机决策时间为一个多小时，可谓是快速果断。能够经受得住危机考验的政府往往可以赢得更多的信任、支持和更高的声望。这次事件的危机应对使布什总统在美国的支持率大幅度上升，美国民众对基本成功应对危机的布什总统的支持率高达 89%，民众支持率超过"二战"时期的罗斯福总统。

案例讨论

1. 布什政府的公共危机决策成功之处体现在哪些方面？为什么会这么快速有效？

2. 结合国内一些典型案例如开县井喷事故、SARS 危机、松花江水污染事件中的危机决策，谈谈布什政府的公共危机决策有哪些值得我国各级政府借鉴？

3. 在经济全球化进程中，我国政府公共危机决策的提升应该从国外的典型案例中吸取哪些经验教训？

案例 2　三鹿奶粉事件与我国的政府危机决策

2008 年 6 月 28 日，自从兰州解放军第一医院收治了首例患"肾结石"病症的婴幼儿以来，陆续有"肾结石"病症婴儿出现，经调查发现患儿多有食用三鹿牌婴幼儿配方奶粉的历史。随后，除甘肃省外，陕西、宁夏、湖南、湖北、山东、安徽、江西、江苏等地都有类似案例发生。直至 2008 年 9 月 10 日，卫生部没有发表任何(有关三鹿奶粉的报道)，甚至还有地方政府袒护和隐瞒事实的现象发生。三鹿奶粉事件再次对我国的政府危机决策水平提出了质疑，特别是在这起事件中政府的危机事中决策失效，导致危机处理最佳时机错过，暴露了政府危机决策方面还存在着诸多问题。

一是危机决策者的危机意识淡薄。自 2008 年 6 月 28 日甘肃省第一起病例发生后，将近 3 个月之久，没有任何负责人对此事承担责任，并向公众通报事件事实，作为此次危机中的主要决策者，卫生部未意识到这是一次重大危机。

二是危机决策机构存在缺陷。我国缺乏规范化、协调一致的危机决策核心机构：不仅中央政府没有常设的高层次的危机决策中枢机构，地方政府在公共危机上的自主权也比较小。如果一旦危机爆发，将缺乏一个将政府各个相关部门组织起来共同行动、共同解决危机的协调机构。

三是信息系统不完善。从此次公共危机应对情况看，由于各方对信息掌握得不准确，没能给公众一个透明的通告，对于奶粉事件可能造成的结果，波及的范围没有明确的统计数据可供决策采用。

四是法制环境不健全。我国已有一些应对公共危机的法律，但是条块分割、部门管理的色彩很浓，在公共危机的应对上也存在协调统一难等诸多问题。

可以说，"三鹿奶粉事件"对我国政府危机决策水平提出了质疑，暴露了地方政府危机决策能力不足和快速反应机制不健全等弱点。

（节选自巢莹莹、陈微：《比较中美政府危机决策——从个案中透析中美危机决策系统》，《消费导刊》2009 年第 3 期，第 112 页。）

案例讨论

1. 三鹿奶粉事件震惊全国，这次公共危机暴露了我国公共危机决策上存在哪些突出问题？

2. 在三鹿奶粉事件中，产生公共危机决策问题的深层次原因是什么？

3. 关于食品安全，我国有不少法律法规，为什么这些法律法规在这次公共危机决策中没有能够发挥应有的作用？

4. 三鹿奶粉事件应对为我国今后的公共危机决策提供了哪些教训？

3.1 公共危机决策的内涵与特征

3.1.1 公共危机决策内涵

公共危机决策属于现代公共决策的重要内容，由危机决策发展而来，"危机决策是指决策者在有限的时间、资源等约束条件下，制订应对危机的具体行动方案的过程。危机决策作为危机管理的核心，通常具有决策目标动态权变、决策环境复杂多变、决策信息不对称、决策步骤非程序化等特点"。① 关于公共危机决策，目前存在若干不太相同的界定，有的学者认为，"公共危机决策是指为了有效地应对公共危机，而在相当有限的时间、资源和人员等约束条件下，从多种可能的备选方案中加以选择和决断的非程序化过程，它是在对危机产生的原因、范围、将带来的后果以及利害相关者的需求等相关因素的综合考量基础上，做出的关于危机应对的最优路径选择"。② 也有的学者认为，"公

① 郭瑞鹏：《基于预案的危机决策方法研究》，《科技进步与对策》2006 年第 2 期，第 45 页。

② 刘霞、向良云：《公共危机决策网络治理结构学习机理探析》，《软科学》2006 年第 2 期，第 1~2 页。

共危机决策就是指：在政府主导下，政府、社会团体和公众共同参与的根据客观规律的认识，为解决社会中突然发生的、严重危害社会秩序、对社会的健康与公众的生命、财产安全以及正常生活造成重大损害的紧急事件或紧急状态，制订并选择行动方案的过程"。① 还有的学者认为，"公共危机决策是指决策者在时间压力和高度不确定的条件下，以控制危机蔓延为目标，调动有限的决策资源，经过全局性的考量和筹划之后所采取的非程序化的举措"。② 本书认为，公共危机决策就是在公共危机状态下，要求组织在极为有限的时间、信息、资源、人力等严格约束条件下快速采取非常规的危机应对具体措施来控制、降低和消除公共危机。公共危机决策的主体不仅仅是政府，而是以政府为核心，包括非政府组织、媒体与公众在内的决策群。政府及其领导干部作为决策的中枢系统，是危机决策的核心和灵魂。因为"单一政府危机决策主体因为其种种缺陷而成为危机应对的掣肘，甚至形成许多新的危机源"。③ "政府危机决策能力是指政府在面临危机时能够迅速地收集信息、研究对策并果敢地做出重要决策的能力，它包含对于危机的认识能力、信息收集能力、对策研究能力以及果敢决断能力等要素。"④

从决策的角度分析，公共危机的构成一般需要具备三个要素：一是公共危机的发生、发展具有突然性、急剧性；二是可供决策者利用的时间和信息等资源非常有限；三是决策后果很难预料。其中，公共危机决策信息的有限性主要表现为以下三个方面：第一，信息不完全。公共危机状态下，由于公共危机事态发展的随机性和不确定性，很多公共危机信息是随着事态的发展而演变的。因此，决策者需要适应信息，在非常有限的时间内掌握和控制事态发展信息。第二，信息的不及时性。由于公共危机事态发展的急剧变化性，而且公共危机信息要从事发现场传输到危机指挥决策机构，中间还需要经历许多的组织和环节，因此，核心决策机构掌握的信息常常具有滞后性。第三，人力资源紧缺。在公共危机状态下，由于时间紧迫，而且有关决策问题的信息和可供决策者选

---

① 陶叡：《浅析公共危机决策和公共危机管理》，《江西科技师范学院学报》2007 年第 4 期，第 49 页。

② 程卫星、李彩云：《公共危机决策能力分析》，《技术与创新管理》2010 年第 1 期，第 123 页。

③ 刘霞、向良云：《公共危机决策网络治理结构学习机理探析》，《软科学》2006 年第 2 期，第 1 页。

④ 李煜明：《加强政府危机决策能力建设》，《行政论坛》2004 年第 5 期，第 43 页。

择的备选方案都极其有限，因此，决策者往往要承受巨大的决策压力，在一定程度上必须依靠自己的判断进行决策，这就要求决策者要具有更高的心理素质。① 因此，公共危机决策是一种特殊类型的非程序化决策和有限理性决策，公共危机状态下决策的首要目标是控制公共危机事态的蔓延，把公共危机控制在一定的范围内，最大限度地保护民众的生命和财产安全。这就要求公共危机决策具有快速、高效的特点，也就相应地要求把公共危机管理权力高度集中于决策者手中，以便决策者能够随机决断。② 公共危机决策强调快速的原则，决策权力高度集中，决策者主要依靠自己的智慧和胆略，审时度势，随机决断。

由于公共危机具有紧迫性、不确定性等特点，公共危机决策是一种在特殊环境下非常规性的判断、抉择活动，具有超前性、快速性和有限理性等特点。这就要求公共危机决策者及时做出富有弹性而又极具力度的决定。公共危机决策问题在危机管理中都是热点和焦点性的问题，全球化和信息化对行政组织的决策、结构和运作方式都产生了巨大影响；尤其是信息化，更是改变了组织的决策进程、管理结构和运作方式。

由于公共危机的影响是综合性的，公共危机对决策者是一种巨大的考验，对决策者的应变能力、心理承受能力、决断能力、沟通能力、学习能力等都是一种全面性考验。这就要求公共危机决策满足宏观性、科学性、公正性、合法性等要求。公共危机决策在公共危机管理中居于核心地位，它承担着保证国家安全，制订危机防范、危机状态控制的目标、原则和选择危机对抗行动、对抗方案等重大职能。③

总体说来，公共危机决策的意义重大。公共危机决策是衡量政府快速反应能力的核心指标，领导者面对公共危机的决策能力是衡量一个领导者行政能力高低的重要标志，在危机决策中领导者的心理素质是提高决策能力的关键，公共危机决策能力是公共危机处理的核心能力，是政府行政能力的重要体现，是公共危机决策者必须具备的基本素质。衡量政府危机决策系统效率有两个直观的标准：决策的高效和决策的有效。

① 参见贺仲雄、王伟：《决策科学：从最优到满意》，重庆出版社，1988 年版，第 287~313 页。

② ［美］卡尔·伯顿、大卫·沙维奇：《政策分析和规划的初步方法》，孙兰芝等译，华夏出版社，2002 年版，第 5 页。

③ 胡宁生：《中国政府形象战略》，中共中央党校出版社，1998 年版，第 1240 页。

3.1.2 公共危机决策特征

一般说来，公共危机决策具备以下几个特点：

一是快速果断。公共危机的突发性、严重性和高时限性使决策者根本不可能有充分的时间和条件按照常规程序进行决策，要求决策者在不损害决策合理性的前提下适当简化决策程序。决策者难以对公共危机发展状态进行精确估量，需要在非常有限的时间内做出决策和反应，应急决策的首要目标是控制事态的蔓延，把公共危机控制在一定的范围内，最大可能地保护民众的生命和财产安全。对于决策者来说，必须具备快速判断、快速反应、快速决策、快速行动及快速修正等决策能力，必须避免优柔寡断、犹豫不决、过度分析的倾向，迅速做出决策，及时控制和解决危机，否则就可能失去宝贵的解决危机的机会和造成更大的生命和财产损失。危机情境下，事态不确定、时间紧迫、信息有限、主体盲思、技术支持稀缺等因素常常制约危机决策的过程及其效用的发挥。

二是决策环境条件的严酷性与决策的高风险性。公共危机决策的时间紧迫，反应时间有限，迫使决策者必须迅速决策。决策者应当具有敏锐的洞察力，恰当估计形势，快速应变，有效控制危机。信息有限主要体现在信息不完全，并且不断处于发展变化中；信息不及时，并且传递可能滞后；信息不准确，并且容易扭曲失真。资源紧缺表现在公共危机管理对各种各类资源需求在短期内迅速上升，而实际可用的各类资源则显得极为缺乏。决策者为控制危机必须快速运用大量的应急资源，这对公共危机决策工作提出了很大的挑战。公共危机状态下的信息一般都是以模糊、散乱、混沌、"雾状"存在，所掌握的信息与真实的信息之间往往存在着质与量的严重"不对称"，决定了公共危机决策必然是一种高风险的组织行为。

三是决策程序的非常规性与效果的非预期性。由于公共危机状态的严重性亟须采取及时有效的具体措施进行控制，所以公共危机决策属于典型的非程序性决策，不可能按照常规性的程序进行，很多在平时必须遵守的"繁文缛节"都应该省略和尽可能简化。由于公共危机事态及其发展具有不确定性，加上决策者难以在短时间内掌握充分和准确的信息，所以，决策者只能是在有限的时间内和高强度的压力下迅速做出他们认为可行的决策方案。

四是决策者个人的人格化与创新性。公共危机状态的危害性，信息的不对称和决策的高风险性，使决策者不可能有充分的时间进行深思熟虑的推断，决策的理性分析受到极大限制，这时候的理性是一种局部理性。"同常规决策相比，危机时的决策权一般由少数人掌握，因此，决策者个人因素对危机政策有相当大的影响。决策者个人因素是指参与政策的成员，特别是最高决策者的个人经历、学识、信仰、特点、风格、能力、习惯、家庭等因素，以及由这些因素所决定的决策者对事物的认识与理解。"①在这种情况下决策者个人在一定程度上依靠自己的经验、洞察力和对现实态势的体察甚至直觉来决定，有时决策者的判断对决策方案的选择可能起到决定性的作用。整个决策过程易受决策者个人情感因素的影响，其结果也很难预料，这种情况下的决策是一种模糊决策和非预期决策，决策者需要一定的创新精神。"决策者在他处于绝对的支配地位、危机时刻和面临许多不确定因素的时候，个性因素表现得最为突出。个性包含各种成分：冒险倾向、对分歧的容忍性、智商、自尊、主导或让步意识、权力欲、成就欲、归属心理、自信、偏好、能力及创造性和主动性、挑剔性、信念、动力(动机)、领导能力、背景(社会、教育和经历背景)、感情等。"②同时，决策是人的思维与行为，危急情况下决策者的人格常常会通过组织与非组织渠道转化为组织人格，影响甚至决定着组织行为的特征与后果，提高决策者的人格素质是成功决策的关键。

3.2 公共危机决策的原则与目标

3.2.1 公共危机决策原则

公共危机决策应遵循的原则可以分为两类：基本原则和特殊原则。基本原则是指任何决策都应普遍遵循的原则；特殊原则是指因具体决策的特点和要求不同而应遵循的具有个性、非普遍性的原则。③

公共危机管理决策是一种行政决策，应遵循的基本原则有：一是以人为本。坚持生命第一，把人民群众的生命安全放在第一位，最大限度地减少人员伤亡。

---

① 卢锐、黄强：《公共危机决策的影响因素与化解思路》，《党政干部论坛》2005 年第 12 期，第 26 页。

② 卢锐、黄强：《公共危机决策的影响因素与化解思路》，《党政干部论坛》2005 年第 12 期，第 26 页。

③ 其中部分内容参见中国行政管理学会课题组编：《中国群体性突发事件成因及对策》，国家行政学院出版社，2009 年版，第 75~82 页。

二是可行性。公共危机决策必须是切实可行的，这是化解公共危机的关键步骤，不具有可行性的公共危机决策只会恶化危机，是决策失当的突出表现。所以，公共危机决策必须是在危机状态下能迅速解决问题、化解矛盾。三是动态性。在公共危机情况下，可变因素很多，危机决策面对的是一个充满复杂性的不确定状态，而且公共危机状态是不断变化的。所以，公共危机决策也是一个随着危机状态不断变化的动态过程，应该根据情况、信息的变化及时调整公共危机决策，不断适应公共危机情况的变动，保持调节的弹性和随机适应性。

公共危机管理决策应遵循的特殊原则有：（1）快速有效。公共危机决策是一种临场决策，面对公共危机状态，决策必须快速、及时和有效，不能延误时机而错失最佳处理机会。要做到"三快"：一要快速发现，快速报告；二要快速到位；三要快速展开，快速介入，以便抓住先机，争取主动，尽快控制危机局势，这是公共危机决策的首要任务。（2）符合比例原则。公共危机决策和采取的具体措施从公共危机管理成本考虑，原则上不能大于公共危机所造成的损失，否则就会造成反应过度的情况。所以，公共危机管理决策中不能一出现公共危机状态就要求全社会"不惜一切代价"来应对公共危机，违背了这一原则的公共危机决策是不科学、不成功的危机决策。（3）依法科学。公共危机决策是政府在高度压力情景中的政策制订过程，决策的时限程度很高，需要尽快决策，拿出对策，便于立即处理。这种情况对以前缺乏公共危机应对经验的决策者来说，容易出现仓促决策、随意决策即因忙乱和时间紧迫草率"拍板"的决策方式，因缺乏慎重性而常常导致决策失误。有的在新型公共危机情况下仍然沿用原先固定的、经验式的个人决策来应对公共危机，造成决策质量低下和公共危机的持续恶化。有的公共危机决策因为决策的时限性而独断专行，否定决策的法定程序，不遵循科学的操作程序和手段，使公共危机决策缺乏科学性。所以，即使在公共危机的状态下，仍然要坚持科学决策依法决策，才能提高决策质量，实现决策科学化，尽可能避免决策失误。为此，决策者应该重视科学决策，在制度上完善以高质量的决策为核心的现代决策体制。（4）责任追究。公共危机决策是对决策者综合素质的严峻考验，有的决策者因为害怕承担应有的责任而不愿或不敢做出决策，也可能存在敷衍决策、互相推诿、扯皮和拖延决策，对这些行为必须建立和完善追究责任制度，防止逃避责任，所以，应完善相关法律法规，明确谁是决策主体和对决策结果负责。按照"谁主管谁负责"、"谁管辖谁处理"的原则，及时解决，对于涉及多个部门的问题，要明确第一责任主体。明确谁是决策主体，应该由谁负责决策处理，对不承担责任者要追究其责任。从制度上防止和杜绝决策的随意性，从外部强化决策监督约束机制，提高决策水平。

3.2.2 公共危机决策目标

公共危机决策的目标主要有直接目标、阶段与过程目标、最终目标等。公共危机决策的直接目标是尽快采取各种有效措施控制和消灭公共危机，最终目标是预防公共危机的发生，这也是危机管理的最高境界和最理想状态。

关于公共危机决策的阶段划分，罗伯特·希斯直接把危机管理划分为事前决策和事中决策两种模式。① 关于事前决策，罗伯特·希斯认为，危机事前决策要多方参与。在时间允许、信息充分的情况下，应当通过集体参与、评估以做出最优的决策。具体有以下8个步骤：(1)确认决策面临的问题。决策开始时都会遇到这样的问题：预期情境和实际情况之间总有差距，因此就可能做出某一决策，或者不做决策。是否要决策，在本质上可能是主观的，这要看决策者是否认识到问题的存在。(2)确认决策标准和事实。决策者需要限定决策，在询问危机事故有关问题时一定要细心、翔实。因为语句、数据以及重点的变化都会引发不同的选择。因此决策者需要了解他们用于定义决策的各种术语。(3)决策评估标准的权重和含义。为保持系统性和连贯性，每一标准的权重和含义应通用于计划决策方案及其备选方案中。然而，在很多情况下，决策者使用一种标准，并对其权重进行评估，然后把它们集合成单一权重。因此最优的决策就是对有着很大的单一集成权重的选择。权重值可以是任何数字，关键是某一标准在诸多标准中的相对地位。(4)发展备选方案。决策的下一步就是要寻找尽可能的替代方案。殊途同归，完成某一任务总有许多方案，因此，决策者可以通过集思广益的头脑风暴方法以及正式、非正式的专业咨询，形成所有可能的备选方案，寻求更多的选择和方法，努力使"预料之外"变为"意料之中"。(5)分析备选方案。一旦大多数完整的替代方案形成，决策者就需要评估他们各自对有效解决问题的贡献。(6)选择一个备选方案。累积决策模式产生的最高分数，便是最好的选择，因此这一步决策者的工作就是从替代方案和选择中挑选出最优备选方案。如果时间允许，对标准及其计算进行回顾更有效，累计获证和模式可帮助使用者判断哪些替代方案是不恰当的。(7)执行备选方案。有时，决策者认为一旦做出决策，他们的任务也就完成了，这是不对

---

① 参见董传仪：《危机管理学》，中国传媒大学出版社，2007年版，第63~70页。

的。决策者还要向那些受到影响以及围绕决策采取行动的人们传达决策效果，同时检验并评估制订程序以及决策的影响。(8)评估决策程序以及决策结果的影响。决策者需要重温产生决策结果的过程和决策的影响，以提高决策水平。

关于事中决策，罗伯特·希斯认为，在正式的决策环境中，理性非常有限，纷繁复杂的方案、层出不穷的问题、头绪杂乱的决策往往交织在一起，会扭曲决策者的看法，以致出现盲点，现实中，决策者更倾向于构建简单模式而不是复杂模式，很多情况下，决策者会制订"满意的"或是"次优"的决策。第一个符合标准的替代方案就会被采纳，这样节省了时间和精力，但是以牺牲最优的选择和结果为代价。

3.3　公共危机决策的方法与模式

3.3.1　公共危机决策方法

公共危机决策是危机情境下的一种非常规性决策，其决策的质量直接关系到危机处置的行动效能。公共危机决策如何针对特定的问题、特定的决策环境做出最佳决策，这是危机管理的关键问题。下面针对不同的危机情景，介绍几种公共危机决策的主要方法。①

一是危机事前决策法，危机事前决策应该多方参与，在时间允许、信息充分的情况下，通过集体决策、评估已做出的最优决策，这种决策包括以下几个步骤：(1)确认决策面临的问题。因为预期情境与实践情况之间总有差距，决策者在决策之初都会遇到一些问题，所以他们必须清醒地认识到问题的存在。(2)确认决策标准。对决策的主张及约束的明确分析，能够清楚地知道决策的内容及标准，从而做出决策，所以决策者不仅要选取各种可能的标准，还要对其相应的结果进行评估。(3)决定评估标准、方式、权重。为保持系统性和连贯性，每一标准的权重和含义应通用于计划决策方案及其备选方案之中。(4)制订和评估备选方案。完成某一任务有许多方法，因此决策者可以通过集思广益的头脑风暴法以及正式、非正式的专业咨询，形成所有可能的备选方案，以寻求更多的选择方法，努力使"预料之外"变为"意料之中"；一旦大多数完整

---

① 参见肖鹏军：《公共危机管理导论》，中国人民大学出版社，2006 年版，第 172～176 页。

的替代方案形成，决策者就需要评估他们各自对有效解决问题的贡献。(5)选择和执行备选方案。累计决策模式产生的最高分数，便是最好的选择，因此这一步决策者的工作就是从替代方案的选择中挑选出最优备选方案；决策者向那些受到影响以及围绕决策采取行动的人们传达决策结果，同时检验并评估决策制订程序以及决策的影响。(6)评估决策程序以及决策结果的影响。决策者需要重温产生决策结果的过程和决策的影响，以提高决策水平。

二是危机事中决策法。在真实的决策环境中，理性非常有限，纷繁复杂的方案、层出不穷的问题和头绪杂乱的决策往往交织在一起；现实中，决策更可能是跳跃式理性思维的集合，决策者更倾向于构建简单模式而不是复杂模式；很多情况下，决策者会制订"满意的"或是"次优"的决策。

三是快速决策分析法。快速决策分析法是指专门针对那些需要在很短的时间内，凭借有限信息和有限资源做出决策的决策方法。这种方法在可利用的时间范围内有条不紊地解决各种决策问题，从而使政策分析和政策规划者迅速完成所承担的项目以帮助决策者制订政策。这种方法由卡尔·帕顿和大卫·沙维奇提出，他们把快速、初步的决策分析方法的过程区分为六个步骤：认定及细化问题、建立评估标准、确认备选政策、评估备选政策、展示和区分备选政策以及监督和评估政策实施。①

四是危机专家紧急咨询决策法。"有限理性"观认为：危机情境下，决策者并不掌握有关决策状况的所有信息——诸如危机状态的规模、形式、强度、发展趋向、认清危机状态的导因和根源；他们处理信息的能力有限，危机情境下某些特殊的环境组合会使决策团体的内在群体压力升高，以致出现"群体盲思"，严重影响公共危机决策的质量。为保证决策者对决策问题、备选方案的考查，对信息的收集与处理以及对权变性计划的拟订，公共危机决策者必须充分利用各种类型的"外脑"，充分发挥智囊机构的作用。现代公共危机决策的智囊机构，是属于一种软科学研究机构。一般来说，它是由一些具有专门知识的专家、学者按照一定的目标和方式组成的专门输出智力成果的机构，它包括危机管理的各种信息，参谋咨询组织体系。智囊机构若要在危机情境下发挥充分的作用，必须在平时就做好各项研究工作，模拟危机情境，理清对策思路，否则，对政府有效处理危机是毫无裨益的。也正因为如此，政府及其他决策组织必须在危机事发前做好专家库和智囊团的建设，做好"思想库"的储备工作，

---

① 胡税根等：《公共危机管理通论》，浙江大学出版社，2009 年版，第 136~137 页。

使危机爆发时能有的放矢，忙而不乱。①

　　危机管理专家库和智囊团的作用主要包括：第一，为公共危机决策提供信息。决策者可以组织各领域的专家，运用他们专业方面的知识和经验，根据预测对象和外界环境，通过直观归纳，对预测对象的过去、现在的状况，变化发展的过程，进行综合的分析与研究，预测社会变迁中危机发生领域、可能性、频率和强度，帮助政府制订反危机的战略规划和应急计划，使政府的公共危机决策和管理建立在科学的基础之上。第二，更为重要的是，在危机真正发生的时候决策者必须在基于这些"思想库"拥有的专业技能的基础上，充分发挥他们的积极作用。智囊机构一般都拥有一支专业化的政策分析队伍，具有一整套政策研究的科学方法，将政策研究引入专业化、规模化的轨道——对于一些技术复杂或者专业领域色彩很强的决策问题，智囊机构的作用就体现得更为明显。需要注意的是，决策者在利用专家预测和智囊机构紧急咨询过程中，一方面，智囊机构要相对独立地进行工作，敢于同政府唱"对台戏"；另一方面，政府决策者绝不能放弃其独立抉择的权力，不能让智囊机构代替决策，而是要加强对这些智囊机构的领导和指导。

　　在当前，促进我国的智库建设以促进公共危机决策的科学化、科技化至关重要。智库(Think Tank)即思想库，它是指由专家学者和知识分子组成的研究机构，或者说就是对政治、经济等领域进行调查研究，为决策者建言的专家团。智库是现代决策体制的产物。在知识经济时代，它对社会生活的作用，特别是对政府决策的影响，正在变得更加重要。在现代社会，智库的作用是十分重大的。它为社会提出新的思想观点和价值目标，引导公众舆论和社会走向；它为政府决策提供咨询参谋，影响政府的政策；它把学者的研究成果转化为政府的政策产品，是沟通政治和学术的桥梁；它及时反映和汇集社会各种意见和需求，起着利益表达的作用。在一些国家，智库专家往往是本国政府施政方略的设计师与背书者。

　　近年来，具有中国特色的智库系统正在我国逐步形成，相当一部分智库正在成为党和政府的"外脑"。智库正在取代昔日的"幕僚"、"文胆"、"智囊"，成为影响决策过程的重要因素。因为，在当前公共危机形势复杂多变的情况下，仅靠经验，靠少数人的智慧，是很难做出正确决策的，必须广泛听取各方面的意见，加强决策的科学化、民主化。而智库运用新兴技术、手段，更多依靠数据分析与逻辑推

---

①　胡税根等：《公共危机管理通论》，浙江大学出版社，2009 年版，第 137～138 页。

断来进行研究，而非仅凭理论与经验。智库在政府决策，尤其是公共决策中，具有深刻的影响力，并持续增强。政府危机管理，在一定程度上，是危机决策者的一系列决策活动，当然具有特殊的情境。从智库的构成来看，专家作为其中的核心，将会提升政府决策的科学性，避免自身决策的内生思维局限。

我国的智库创办开始于 1993 年。2003 年，决策者正式向包括民间智库在内的智库公开采购思想产品。2007 年中共十七大报告中首次出现了"发展智库的重要性"论述。党的十八大之后，新一届中央政府把智库建设提升到非常重要的高度，政府推动智库建设热潮。2012 年中央经济工作会议上，习近平总书记指出，要健全决策咨询机制，按照服务决策、适度超前的原则，建设高质量智库。2013 年 4 月 15 日，习近平又对智库建设作出重要批示，首次提出"建设中国特色新型智库"的目标，并视之为国家战略。11 月，党的十八届三中全会通过《中共中央关于全面深化改革若干问题的决定》，提出"加强中国特色新型智库建设，建立健全决策咨询制度"。它表明加强中国特色新型智库建设，已成为推进国家治理体系和治理能力现代化的组成部分。2013 年至今，智库体系进入了中国特色新型智库创新发展的新阶段。全国高校以"协同创新"为抓手，纷纷出台关于加强高校新型智库建设的指导意见，掀起了一股智库建设的新浪潮。2014 年 2 月 10 日，教育部发布了《中国特色新型高校智库建设推进计划》。2014 年 3 月 习近平总书记在访问德国时，把智库建设提到了国家外交层面，"智库外交"将会成为我国国际交流与合作的"第二轨道"。

据统计，目前中国已有各类智库 2000 个左右，其社会影响正在日益扩大。但是，现代意义的智库在我国毕竟还是一个新生事物。正如俞可平教授认为的，我国的智库还存在许多问题。例如，宏观的制度环境还很不完善，一些相关的法律制度还不健全；智库的定位还不十分明确；社会对智库还有许多误解；官方智库和民间智库的反差很大；大多数智库的素质有待提高；一些智库大而无当、运行成本过高、官本位现象严重，等等。根据 2013 年有关研究显示，在当今 6000 多个全世界智库中，中国以 429 个智库数量居世界第二，但是仅 6 家研究机构进入全球智库前 150。①这在一定程度上可以说，在"目前，中国智库面临官办智库大而不强、高校智库曲高和寡、民间智库弱而无力的问

---

① 《中国仅 6 家研究机构进入全球智库前 150》(2013 年 6 月 2 日)，http：//data.163. com/13/0602/22/90DAE36100014MTN. html。

题。如何建设新型智库，正在考验国人的智慧"①。

五是电子会议法。此法结合快速沟通的电脑科技，决策成员坐在电脑终端机的桌子前，在报告完讨论事项后，与会者将其意见输入键盘，最后总体结果与个人意见都显示在大型屏幕上，呈现给所有人，这种允许充分表达意见，不怕与别人意见不同的匿名特性，符合解决危机的速度要求，所以此法将来可以作为公共危机决策的重要形式。

3.3.2　公共危机决策模式

公共危机决策模式可以分为以下几种:②

一是理性行为决策模式。它将政府作为单一的行为体，决策者设立明确的政治目标及其优选次序，选定实现目标的手段，并设想各种选择的结果。但是决策往往不具备选择所需要的各种最佳条件，而且决策者也不可能总是能做出各种完全理性的选择，只能是一种有限理性，在此基础上采取次佳决策。

二是组织过程决策模式。它认为决策是基于组织内标准作业程序的一种机械或半机械过程和各种组织间竞争与妥协的产物，是国家利益、部门利益和政治目标的平衡结果。政府决策者常为官僚机构所左右，决策部门缺乏多种选择，难以解决政策的执行问题。

三是政府政治决策模式。它认为决策是国家政府成员间讨价还价的产物，关键者是总统、总理、高级行政和立法部门领导，当然，政府外成员(如利益集团)有时也起重要作用。它强调谁参与决策，决策参与者同面临的问题之间的利害关系，决策成员间如何调整相互关系。这种模式认为，决策参与者并不真正关心制订和执行最佳政策，而只关心其最佳政治利益和影响，因而常会导致政策的前后不一、目标不明乃至危险的结果。

四是领袖和非理性行为决策模式。在非常时期，常规模式不足以解释相关的决策，最高领导人不同的个性、偏向、天赋和思想等都会导致不同的决策。它强调领导人、追随者、环境和目标四者的相互关系。领导人的心理或身体健康问题、判断失误问题、缺乏制衡体制等因素都会导致决策的非理性行为。

五是精英团队决策模式。它强调组成决策集团的精英人士具有自己的信念体系、过滤系统和固定形象，以此来观察世界和做出判断。但是作为个人，他们又难免有程度不同的错觉，如一厢情愿、持有成见、非此即彼、相互对立，

---

① 韩玮：《中国智库现状调查》，《时代周报》2014 年 11 月 4 日。

② 参见肖鹏军：《公共危机管理导论》，中国人民大学出版社，2006年版，第167～168页。

这些错觉都会造成决策失误。

六是集体动力决策模式。在公共危机决策过程中，由于少数决策者要在压力大和时间紧的形势下做出关系重大的决定，易犯的错误之一是"集体动力"或被称为"随大流思想"，即为避免承担个人责任而随大流。这种决策至少有六大缺陷：小范围讨论限于少数的选择；不能探讨多数认可决定的可能危险和缺点；拒绝评估原先提出过的不怎么引人注目的选择；不征求专家和外界的意见；只接受赞同意见并排斥不同意见；很少考虑如何执行的问题。

前三种模式的重点在于体制上的分析，后三种模式则重点在于个人因素的分析。在应对公共危机时不应拘泥于某一模式，而应根据实际情况将其有机地综合起来。

3.4 公共危机决策的流程与配套措施

3.4.1 公共危机决策流程

在公共危机管理过程中，公共危机决策经常建立在信息残缺不全的基础上，决策者也可能会遭受心理反应的困扰，从而导致决策的混乱。危机情境下的高度紧张、压力与危机中的决策者"主观判断式"的意识毫无疑问地会影响到公共危机决策的制订。罗伯特·希斯提出了危机情境下达到最优决策的几个步骤：确认决策面临的问题；确认决策标准或"事实"；决定评估标准、方式、权重；发展备选方案；选择一个备选方案；执行备选方案、评估决策程序以及决策结构的影响。我们可以将公共危机决策流程分为公共危机决策的问题界定、目标设定、方案规划、方案选择以及绩效评估等几个阶段。

影响公共危机决策流程的约束条件包括：时间紧迫、信息有限、人力资源紧缺以及技术支持稀缺等。欧文·贾尼斯提出了各项重要决策流程的约束模型。参见图 4.1 决策流程的约束模型。①

在欧文·贾尼斯所提出的决策流程的约束模型中，包含决策者具体操作的 4 个步骤，参见图 4.2 重大决策/公共危机决策的主要步骤。②

---

① 参见 Irving L. Janis. *Crucial Decisions*：*Leadership in Policymaking and Crisis Management*. The Free Press, A Division of Macmillan, Inc. 1989, pp. 153-158.

② 参见 Irving L. Janis. *Crucial Decisions*：*Leadership in Policymaking and Crisis Management*. The Free Press, A Division of Macmillan, Inc. 1989, pp. 89-96.

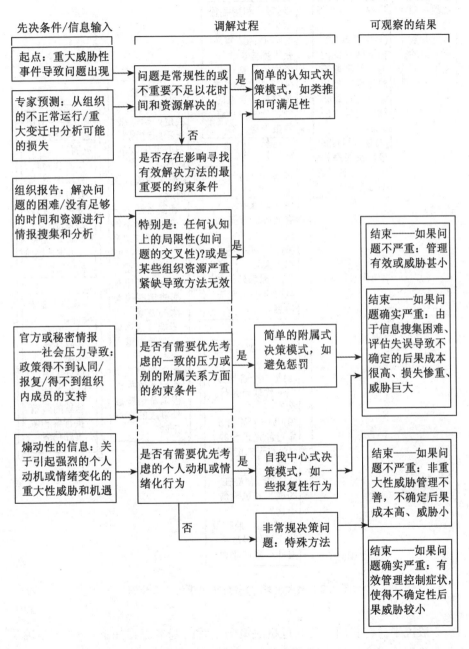

图 4.1 决策流程的约束模型

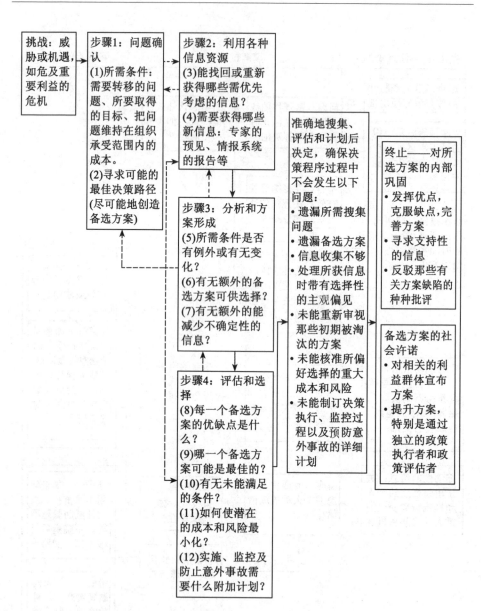

图4.2 重大决策/公共危机决策的主要步骤

一般说来，在我国，公共危机决策与处置的基本流程如下：（1）当确认公共危机即将或已经发生时，事发地政府及其职能部门应立即做出响应，按照"统一指挥、属地为主、专业处置"的要求，成立由各部门领导者参加符合规定的现场指挥部，确定联系人和通信方式，指挥协调公安、交通、消防和医疗急救等部门应急队伍先期开展救援行动，同时组织、动员、帮助群众开展防灾、减灾和救灾工作。（2）现场指挥部应维护好事发地区治安秩序，做好交通保障、人员疏散、群众安置等各项工作，全力防止紧急事态的进一步扩大。及时掌握公共危机变化情况，随时向政府有关部门报告。同时结合现场实际情况，尽快研究确定现场公共危机处置方案。（3）参与公共危机管理的政府各个部门，应立即调动有关人员和处置队伍赶赴现场，在现场指挥部的统一指挥下，按照专项预案分工和公共危机处置规程要求，相互配合、密切协作，共同开展应急处置和救援工作。（4）现场指挥部应依据公共危机的性质与影响程度，适时建议派出专家顾问组共同参与公共危机管理工作。专家顾问组应根据上报和收集掌握的情况，对公共危机状态进行分析判断和事态评估，研究并提出决策和处置措施，为现场指挥部提供咨询意见。（5）现场指挥部应随时跟踪事态的进展情况，一旦发现事态有进一步扩大的趋势，有可能超出自身的控制能力时，应立即向上级政府发出请求，由上级政府协助调配其他应急资源参与处置工作。同时应及时向公共危机可能波及的地区通报有关情况，必要时可通过媒体向社会发出预警。

如果公共危机扩大，需要扩大公共危机决策与处置流程，这是为了应对公共危机的扩大升级而设置的流程。总体而言，扩大公共危机决策与处置流程包括上报、判断、报批和协同 4 个环节：（1）如果公共危机事态进一步扩大，预计凭现有应急资源和人力难以实施有效处置时，应请求上级和相关部门共同参与处置工作。（2）需要宣布部分地区进入紧急状态的，提请国务院决定或报请国务院提请全国人大常委会决定后实施。（3）当公共危机已经波及其他地区，造成的危害程度已十分严重，超出一个省（区、市）自身控制能力，需要国家或其他省市提供援助和支持，这时当地政府应将情况立即上报党中央、国务院，由党中央、国务院直接指挥或授权指挥，统一协调、调动各方面应急资源共同参与公共危机管理工作。

当公共危机状态一结束，就应终止公共危机决策流程。

3.4.2　公共危机决策配套措施

公共危机决策是一套系统工程，必须坚持系统原则，所以，在公共危机决策时，除了坚持公共危机决策必须遵循的原则、流程外，还需要一些配套措施，在当今社会发展日新月异的时代，这些措施对公共危机决策的及时性、准确性、可行性和有效性起着越来越重要的作用。大致说来，这些配套措施主要包括①：一是决策手段的现代化。当今时代是信息化时代，科学技术发展处于加速度状态，新的科技工具对公共危机决策的科学化和准确化起着推动作用，所以，在公共危机决策中，要不断运用现代化的科技手段如现代通信工具、电子计算机、统计分析技术等，有助于大幅度提升公共危机决策的速度与效率。二是决策程序的科学化。当今我国处于社会转型期和矛盾凸显期，公共危机发生的可能性和频率逐步增加，公共危机决策是各类各级决策者必备的素质，以前习惯于"拍脑袋"的决策方式早已过时，必须遵守决策的科学程序，在决策时不但要深入实际及时了解情况，而且还要考虑决策实行的人力、物力和财力条件，这就是公共危机决策科学化的要求。这就要求决策者在平时培养着眼于全局性决策、科学决策、公开决策、效率决策等危机决策新理念，培育包括应变能力、心理约束能力、决断能力、沟通能力、学习能力在内的公共危机管理决策者的基本能力和素质。很多时候公共危机的恶化是与决策者的素质低下导致事态恶化分不开的，提高决策者的科学素质，关键是要使其掌握决策方法和最先进的配套工具，并进行必要的公共危机管理实战训练，全面提高决策者的公共危机决策素质，不断提升其公共危机管理中的决策能力。同时，建立专家参与制度，弥补决策者的专业知识，科学、快速地解决公共危机。三是做好公共危机决策的沟通与宣传工作，以取得群众的理解和支持。公共危机特别是事故灾难类和社会安全类公共危机，公众的情绪和矛头有时候直指政府的决策者，公众与政府之间有时候甚至呈对立对抗状态，这时作为决策者，必须认真、诚恳、耐心地听取群众意见，积极做好疏导、解释和说服工作，加大宣传力度，使公共危机决策为民众所接受，宣传过程要做到以情动人，以理服人，使公共危机引起的损失减少到最低限度。从制度上还要建立公共危机决策的反馈机制和社会参与机制，反馈机制能够及时把决策中的问题反馈给决策者，以便决策者及时调整决策。社会参与机制可以及时让群众通过正常的渠道了解公共危机决策，推动决策公开。同时拓宽各种形式的参与渠道，给群众以经常表达意见的机会，有助于决策者了解到底发生了什么，有利于消除群众心中长期积累的不满情绪。加强决策沟通，有助于决策者更多地得到真正的决策信息和适时地根据群众意

---

① 中国行政管理学会课题组编：《中国群体性突发事件成因及对策》，国家行政学院出版社，2009 年版，第 74~75 页。

见做出决策调整，并且得到决策对象的支持。

3.5　公共危机决策的执行

执行是实现危机决策的重要途径，决策只有通过有效的执行才能收到实际效果，只有通过执行后反馈的信息才能进行调整。① 建立公共危机管理的执行机制，首先，要设立纵向指挥层面，每一级指挥层面成立相应的功能性小组。每一级指挥层听从上一级指挥层的指挥，对上一级指挥层负责，确保决策的顺利执行。其次，建立分级执行机制。公共危机如果是轻型的，可由基层指挥中心直接解决。当危机的破坏程度超出了基层指挥中心的救援能力时，成为中型的，由基层指挥中心负责向上一级指挥中心报告。公共危机决策的执行过程包括决策执行的计划、决策执行的指挥和决策执行的协调等。②

决策执行的计划。指根据实际情况，科学、及时地制订达到决策目标的行动方案。其内容主要有：第一，对决策总目标进行分解，分清目标结构主次，明确行动方向；第二，分析决策执行的主客观条件，编制决策执行的计划，进行人力、物力、财力的统筹安排，合理配置资源；第三，确定时间期限，制订较为周密、具体的行动措施；第四，确定实施程序、方法及有关的具体制度，规定人员的岗位职责要求等。

决策执行的指挥。决策执行指挥是具有执行危机决策能力的领导者按照既定决策目标和计划，对下层管理活动进行指示、引导、监督和控制的过程。决策执行指挥是保证危机决策执行协调有序进行的重要手段。在复杂的、涉及面广的公共危机管理中，管理工作往往层次多、分工细，各项管理措施环环相扣、相互制约，一环脱节就会影响全局。如果没有强有力的指挥，整个决策执行过程就不可能有序有节奏地进行。

决策执行的协调。协调是指在管理过程中，不同的管理主体为了达到共同的目标，在决策执行过程中建立相互信任、互助合作、配合默契的良好关系，有效地实现危机决策目标以及为此目标而制订的相关管理活动。决策执行中的

---

① 张成福、唐钧：《政府危机管理能力评估：知识框架与指标体系研究》，中国人民大学出版社，2009 年版，第 128 页。

② 参见肖鹏军：《公共危机管理导论》，中国人民大学出版社，2006 年版，第 168～169 页。

协调，可以避免不同管理部门和管理人员之间发生扯皮、互相推诿的现象，避免内耗，达到和谐一致，保证管理工作的有序进行，提高工作效率。

3.6 我国公共危机决策中的主要问题及改进措施

3.6.1 目前我国公共危机决策中的主要问题

在目前，我国公共危机决策中存在一些突出问题，主要是①：

一是公共危机决策意识不强。"决策者是决策中枢系统的核心，是决策系统主观能力的集中体现者，决策者能力的强弱直接影响决策水平的高低。"②在我国公共危机决策的现实过程中，危机发生后组织很难做到在高度紧张和压力之下，在有限的时间内迅速进行决策，控制危机事态的蔓延，同时决策者也往往不能从发生的危机中吸取教训，危机决策意识薄弱甚至缺失，致使政府危机情境下决策时没有足够可支配的财力、物力、人力、信息及其他各种资源，严重影响着决策资源的有效供给，影响和制约着决策系统功能的正常发挥。

二是公共危机决策机构存在缺陷。目前，我国在国家层面上没有建立具有会商决策功能的综合体系和常设性的危机管理综合协调部门，也没有从国家安全的高度制订长期的反危机战略；在地方各级政府层面上也没有设置相关部门，明确具体的组织形式及职能。总体而言，我国缺乏专门的专业化、规范化、制度化、高效的公共危机决策核心机构。当今权力的部门化和利益的部门化引起了决策的部门化，把决策变成维护本部门权力、谋取本部门利益的手段，从而影响了决策功能的有效发挥。体现在上下级危机协调机制方面，容易出现"报喜不报忧"、"欺上瞒下"的现象。

三是公共危机决策的公开性和可预测性较差。目前，我国危机管理各部门进行公共危机决策时基本上是各自为政、自行决策，相互之间缺乏统一的核心协调机构；与此同时，我国在行政规定公布程序上目前也还缺乏统一有效的法律规则，导致我国政府公共危机决策的透明度和公开化程度不够，影响政府公

---

① 部分内容参见张超：《全球化趋势与我国政策制订系统的改进》，《理论探讨》2001年第3期，第66~67页。

② 胡优玄等：《从"三鹿奶粉事件"看地方政府的危机决策》，《重庆科技学院学报（社会科学版）》2009年第5期，第59页。

共危机决策的效能。而且公共危机决策时缺乏统一及时和权威的信息流通媒介支持系统，这就导致危机发生后各种报道和传说众说纷纭，各家媒体的报道和官方公布的事件伤亡数字可能大相径庭。更有甚者，地方政府往往抗拒舆论监督并殴打新闻记者，为封锁、控制信息，不惜动用警力对记者围、追、堵、截，甚至非法拘禁记者，阻止记者采访。我国公共危机决策可预测性较差主要表现为决策的执行效果，上有政策、下有对策，上级政府出台的很多政策往往在下级很难真正得到贯彻、执行，导致危机频频发生。

四是公共危机决策人员素质普遍较低。公共危机决策是一个非常复杂的过程。危机情境下，高度的不确定性使危机事态的发展处于转折关头，即时决策效能成为一个关键性、甚至是决定性的力量，这就要求决策者具有较高的素质和非凡的决策能力，比如：适应性、灵活性、权威性、自信心、协调能力等。有学者认为，"目前，我国很多危机决策人员素质较低，主要表现在：一是这些决策者中的一部分从未接受基本的危机技能培训，缺乏起码的危机决策知识；二是危机决策者结构单一、知识片面，缺乏综合型、高技能的危机决策人才"。① 这种评价非常符合当前我国公共危机管理的实际情况。

五是公共危机决策工具缺乏创新。我们正处在决策过程的技术革命中，科技与社会进步带动决策手段和工具日益朝程序化、自动化、规范化的方向发展。我国的一些公共危机决策者不了解和有效利用各种先进的决策技术和方法，并在实践中灵活、合理地运用。比如：各种信息技术、人工智能技术以及运筹学、规划论、对策论、系统分析等决策技术和方法。现代信息社会，决策者往往拘泥于传统的"拍脑袋"决策，单凭个人或少数人的阅历、知识和智慧进行决策，实际上还停留于一种经验水平的决策，难免会有失误。一些公共危机决策者缺乏善用"外脑系统"的艺术，决策时往往带有强烈的个人感情色彩，固执己见，排斥或干预各类智囊机构对公共危机决策的参与，或是越俎代庖，或是求全责备。决策者这样做的结果是导致智囊机构具有相当程度的依附性，不可能相对独立地进行工作，很难提出不同看法、不同方案，或不敢直言相谏。公共危机决策机构往往倾向于以简单化的方式处理复杂的互相依存的社会经济和生态问题。

在公共危机决策方面，我国目前存在的主要问题可以归结为：多内部决

---

① 胡优玄等：《从"三鹿奶粉事件"看地方政府的危机决策》，《重庆科技学院学报（社会科学版）》2009 年第 5 期，第 59 页。

策，少公共沟通机制；多经验决策，少科学分析机制；多随意处置，少规范应对机制；多部门决策，少协调行动机制；多权力行使，少责任追究机制。[①]

3.6.2 完善我国公共危机决策的改进措施

针对我国公共危机决策中的问题与困境，改进的措施主要如下：[②]

一是转变公共危机决策观念。大体说来，这些观念转变的具体内容包括：(1) 事前决策观念。加强组织日常的民主化、科学化建设，预先建立有针对性的机构、制度、法规和体制，在情报收集、信息预测、资源利用及权力行使等方面早做准备，以应付可能出现的危机。"信息是危机决策的重要基础和核心要素，危机决策是一个信息处理和交流的系统，也是一个信息的输入、处理、输出的过程。改进政府危机决策必须克服信息封锁、信息隔离、信息封闭三方面的障碍，建立健全覆盖全面、公开透明、高效便捷的信息处理和交流系统，为危机决策奠定坚实的信息基础。"[③] (2) 效率至上观念。要在有限的时间内迅速做出公共危机决策，决策者必须解决公共危机决策的实质问题，提高决策系统对环境的敏感性，增强对正在变化的环境的反应，并增强决策方案的预见性、防范性。(3) 沟通交流观念。随着冲突型决策的增多，决策者要充分考虑到其他参与者策略决策的影响，利用各种时效性、互动性、容量大的现代信息技术，开展自愿、互动和横向的信息交流，追求双赢的决策。(4) 技术创新观念。全球化条件下，创新过程的方法由线性向互动和系统的方向转变，公共危机决策同样讲究决策方法和决策艺术。因而，现代信息社会里，决策者必须提高决策的艺术性，增加决策方法的技术含量。决策者还必须通过案例分析、情景模拟、应急演练等积累处理危机的经验，从而增强其迅速决策的心理素质。

二是优化公共危机决策组织机构。公共危机决策组织机构的优化，大体包括如下几个方面的内容：(1) 建设公共危机决策制订、协调的核心机制。公共危机决策权应适度集中于综合性的核心协调机构，以提高决策系统的整合能

---

① 彭宗超等：《我国危机决策机制的转型特点与未来选择分析》，《中国行政管理》2005 年第 6 期，第 37~38 页。

② 参见张超：《全球化趋势与我国政策制订系统的改进》，《理论探讨》2001 年第 3 期，第 67 页。

③ 钟开斌：《危机决策：一个基于信息流的分析框架》，《江苏社会科学》2008 年第 4 期，第 126 页。

力；同时，还要注意提高决策系统的协调和沟通能力。（2）强化公共危机决策智囊机构。各种类型的公共危机决策信息、参谋咨询组织体系应保持相对的独立性，为决策者提供及时、有效的有关危机演进脉络和发展前景信息传导，并思考多种决策方案供决策者选择。（3）提高地方政府决策能力。全球化趋势导致危机部分决策权向地方政府转移，从而对地方政府的公共危机决策能力提出更高的要求。针对公共危机决策中的协调机制问题，为地方政府的行为选择创造一定的参与约束和激励相容约束，即提供相应的正向激励。

三是提高决策系统的创新能力。如今，信息技术发展日新月异，它不仅大大改变了人们的日常生活方式，而且也大大冲击着政府固有的运作方式、组织架构和办事流程。公共危机决策者也必须对这一挑战和机遇做出积极的回应。（1）知识基础设施的应用。决策者充分利用各级学校、培训机构、研究实验室、电信网络、图书馆、数据库等设施系统，完善决策研究的科学方法，将公共危机决策引入专门化、规模化的轨道。（2）充分利用信息技术。公共危机决策者要顺应信息技术发展和电子政府发展需要的过程，利用技术增进信息的收集、储存、提取、分析和交流，提高公共危机决策的规范化、科学化和高效化程度。（3）创新决策新方法。成立专门的独立组织机构，建设突发事件及其应对案例库，举一反三，吸取教训，最大限度地杜绝和减少类似公共危机的发生；并结合实际案例，为公共危机管理和决策提供新的方法。"在危机决策中，领导的认知模式、风险承受能力、认知策略和认知水平差异对危机决策起关键作用，从众心理、顾虑心理、侥幸心理和悲观心理等消极认知心理构成了危机决策的主要认知障碍。"[1]

四是优化决策环境。公共危机决策的变革，跟整个国家的发展、社会制度的变迁和个体的进步都是密切相关的，必须做好相关配套措施的建设。（1）法制环境的构建：加速决策的责任立法和程序立法进程，用法制化的方式明确公共危机决策各方的责、权、利；加快新闻立法和信息披露机制建设，保持适度的新闻自由，创造媒体公正介入危机报道的秩序。（2）社会参与机制的完善：建立和完善听证制度、新闻监督制度，利用网络技术等手段，提高公共危机决策的公开化、程序化、透明化程度；培育非政府组织，加强基层民主建设，促进我国公共治理结构的完善。

---

① 陈仁芳：《危机决策中领导认知心理的障碍误区及其优化途径》，《东南学术》2007 年第 3 期，第 51 页。

公共危机决策是一个复杂的过程，要求决策者具有过硬的业务素质和非凡的决策能力。然而，任何决策者都是有限理性人。在非常规决策过程中，这种有限理性更为突出。但是，我们可以通过后天的努力弥补先天禀赋的不足，千方百计地增加主观的知识积累量，培养和提高公共危机决策者的决策能力。公共危机决策是一门十分复杂的决策艺术，化解危机既依赖于决策者个人的胆识、学识和个人阅历，又要跳出这些个人因素，站在更高的层面上思考问题；既要依赖于决策层的智慧，又要有相应的制度和机制做保障。"现阶段，我国公共危机决策还存在着诸如决策机构分散、权责不清，决策信息系统不完善，决策主体能力与水平不高，公众利益诉求表达渠道不畅等影响公众信任的因素。"① 在公共危机决策实践中，应该充分发挥非理性因素在认识过程中的作用，提高决策者素质，加快信息系统现代化建设，发挥智囊机构的作用，更新决策技术与方法等方面并进行危机决策途径优化。在公共危机决策系统建设上建构科学的危机决策中枢系统、支持系统、信息系统和环境系统。

本章小结

本章主要概述了公共危机决策的概念，论述了公共危机决策的主体、性质，公共危机决策是一种特殊类型的非程序化决策，公共危机决策是一种在特殊环境下非常规性的判断、抉择活动。在公共危机决策特征上，公共危机决策具有快速果断、决策环境条件的严酷性与决策的高风险性、决策程序的非常规性与效果的非预期性、决策者个人的人格化与创新性等特点。在公共危机决策原则上，公共危机决策应遵循的原则可以分为两类：基本原则和特殊原则。应遵循的基本原则有以人为本、可行性、动态性等；应遵循的特殊原则有快速有效、符合比例、依法科学、责任追究等。在公共危机决策目标上，主要有直接目标、阶段与过程目标、最终目标等。公共危机决策的直接目标是尽快采取各种有效措施控制和消灭公共危机，最终目标是预防公共危机的发生。根据公共危机决策的阶段分为事前决策和事中决策。在公共危机决策方

---

① 张建荣、余玉花：《论公共危机决策中的信任问题》，《理论与改革》2010 年第 2 期，第 92 页。

法上，有危机事前决策法、危机事中决策法、快速决策分析法、危机专家紧急咨询决策法、电子会议法等。在公共危机决策模式上，主要有理性行为决策模式、组织过程决策模式、政府政治决策模式、领袖和非理性行为体决策模式、精英团队决策模式、集体动力决策模式等，在应对公共危机时不应拘泥于某一模式，而应根据实际情况将其有机地综合起来。在公共危机决策流程上，公共危机决策包括问题界定、目标设定、方案规划、方案选择以及绩效评估等几个阶段。在公共危机决策配套措施上，决策手段的现代化、决策程序的科学化、公共危机决策的沟通与宣传工作对公共危机决策的及时性、准确性、可行性和有效性起着越来越重要的作用。在公共危机决策的执行上，公共危机决策的执行过程包括决策执行的计划、指挥和协调等过程。

关于目前我国公共危机决策中存在的问题主要有公共危机决策意识不强、公共危机决策机构存在体制缺陷、公共危机决策的公开性和可预测性较差、公共危机决策人员素质低、公共危机决策工具缺乏创新等，在此基础上，提出的相关改进措施是转变公共危机决策观念、优化公共危机决策组织机构、提高决策系统的创新能力、优化决策环境等。

关键术语

公共危机决策　　智囊团　　决策基本流程　　事前决策
事中决策　　非程序化决策　　高风险性　　非常规性
非预期性　　人格化　　快速决策分析法　　危机专家紧急咨询决策法
理性行为决策模式　　组织过程决策模式　　政府政治决策模式
领袖和非理性行为体决策模式　　精英团队决策模式
集体动力决策模式　　决策手段　　决策环境　　决策信息

思考题

1. 公共危机决策的定义与主体是什么？
2. 公共危机决策的约束条件是怎样的？
3. 简述公共危机决策的特征。

4. 公共危机决策的基本原则和特殊原则有哪些？

5. 公共危机决策的目标如何划分？哪些目标最需要优先考虑？

6. 公共危机决策的方法有哪些？

7. 公共危机决策的模式有哪些？各自有什么优点和局限性？相互之间如何取长补短？

8. 公共危机决策的基本流程是什么？

9. 现代公共危机决策需要哪些配套措施以提升危机决策的有效性和准确性？

10. 试述专家辅助在公共危机决策中的作用。

11. 公共危机决策的执行包括哪些环节？如何做到执行达到预期效果？

12. 当前我国公共危机决策中存在哪些突出问题？如何改进和完善？

13. 公共危机决策者应该具备哪些素质和能力？

14. 试举一个在国内外最近发生的公共危机案例，并系统分析公共危机决策中的经验教训。

本章主要参考文献

Irving L. Janis. *Crucial Decisions*: *Leadership in Policymaking and Crisis Management*. The Free Press, A Division of Macmillan, Inc. 1989.

［美］卡尔·伯顿、大卫·沙维奇：《政策分析和规划的初步方法》，孙兰芝等译，华夏出版社，2001 年版。

巢莹莹、陈微：《比较中美政府危机决策——从个案中透析中美危机决策系统》，《消费导刊》2009 年第 3 期。

陈仁芳：《危机决策中领导认知心理的障碍误区及其优化途径》，《东南学术》2007 年第 3 期。

程卫星、李彩云：《公共危机决策能力分析》，《技术与创新管理》2010 年第 1 期。

董传仪：《危机管理学》，中国传媒大学出版社，2007 年版。

郭瑞鹏：《基于预案的危机决策方法研究》，《科技进步与对策》2006 年第 2 期。

韩玮：《中国智库现状调查》，《时代周报》2014 年 11 月 4 日。

贺仲雄、王伟：《决策科学：从最优到满意》，重庆出版社，1988 年版。

胡宁生：《中国政府形象战略》，中共中央党校出版社，1999 年版。

胡税根等：《公共危机管理通论》，浙江大学出版社，2009 年版。

胡优玄等：《从"三鹿奶粉事件"看地方政府的危机决策》，《重庆科技学院学报（社会科学版）》2009 年第 5 期。

李煜明：《加强政府危机决策能力建设》，《行政论坛》2004 年第 5 期。

刘霞、向良云：《公共危机决策网络治理结构学习机理探析》，《软科学》2006 年第 2 期。

卢锐、黄强：《公共危机决策的影响因素与化解思路》，《党政干部论坛》2005 年第 12 期。

彭宗超等：《我国危机决策机制的转型特点与未来选择分析》，《中国行政管理》2005 年第 6 期。

陶叡：《浅析公共危机决策和公共危机管理》，《江西科技师范学院学报》2007 年第 4 期。

肖鹏军：《公共危机管理导论》，中国人民大学出版社，2006 年版。

张超：《全球化趋势与我国政策制订系统的改进》，《理论探讨》2001 年第 3 期。

张成福、唐钧：《政府危机管理能力评估：知识框架与指标体系研究》，中国人民大学出版社，2009 年版。

中国行政管理学会课题组编：《中国群体性突发事件成因及对策》，国家行政学院出版社，2009 年版。

钟开斌：《危机决策：一个基于信息流的分析框架》，《江苏社会科学》2008 年第 4 期。

《中国仅 6 家研究机构进入全球智库前 150》（2013 年 6 月 2 日），http：//data．163．com/13/0602/22/90DAE36100014MTN．html。

第 **4** 章 预防和应急准备

引导案例

案例 1　北京市社区将组建红十字应急辅助队

2009 年 4 月 23 日召开的第三届北京红十字工作国际研讨会提出建立红十字应急辅助队，这支队伍的主要职责是在突发事件中帮助专业急救队员施救。

1942 个站点陆续开始招募。北京红十字会常务副会长韩陆介绍，一方面发挥 7 万名注册红十字志愿者的优势，同时要从社区选拔退休医务人员加入其中。今后北京市 1942 个社区红十字服务站点，将陆续开始招募退休医务人员和志愿者。韩陆说："这些志愿者将在社区为居民开展一系列健康教育培训和健康服务活动。"目前，市红十字会正在积极把奥运期间建成的 40 多支救援队伍转型为应急辅助队伍，同时也在吸纳蓝天救援队等民间专业救援队伍作为辅助力量，协同应对突发事件。

千余名专家组成应急教育队。未来，一支由 1000 余名急救专家组成的红十字应急教育队伍也将走进市民生活中。专家队伍将通过网络、电视、面对面传授等多种形式，帮助社区居民了解和掌握一些基本的现场急救技能，从而提高社区居民的应急和自救互救能力。

每年对 10 万市民进行培训。目前，市红十字会正在以每年 10 万人的速度对市民进行急救知识培训。预计 5 年后，全市户籍人口接受红十字应急培训人数将从 1/60 提高到 1/50。同时，今年市红十字会将为全市 500 万市民家庭免费发放《急救手册·家庭版》，在公共交通工具上配置红十字急救箱。

999 新急救指挥平台 5 月建成。999 紧急救援中心的急救指挥平台正在升级改造，2000 平方米的新指挥平台将在今年 5 月中旬建成。这一平台包括全天候数字化地图、智能化车辆调度、GPS 手机定位等高端技术，显著提升了指挥系统的科技含量和调度能力，提高派出急救车的速度。另一方面，针对北京早晚交通拥堵状况，999 在国内率先推出了摩托车、电动自行车、急救车接力救援的新模式，缩短了应急反应时间。同时，要加强与国际 SOS 等国内外救援力量的合作，着手开展空中救援课题研究，探索与现代化大都市相适应的立体救援模式。

（资料来源：《社区将组建红十字应急辅助队》，《北京青年报》2009 年 4 月 23 日。）

案例讨论

1. 在美国等国家，红十字会是法定的公共危机应对的重要力量，为什么国外公共危机管理比较发达的国家都非常重视 NGO 的力量？

2. 国外公共危机应对中政府与红十字会等的密切合作有哪些借鉴意义？

3. 红十字会在公共危机预防与应急准备方面有哪些行之有效的良好做法？

4. 目前我国在公共危机管理中社会力量的参与存在哪些问题？

5. 制约或阻碍我国在公共危机管理中社会力量参与的主要因素有哪些？

6. 北京市红十字会参与北京市公共危机应对在今后还需要完善哪些方面？

案例 2 我国第一个功能化并公开标示的应急避难场所
——北京元大都城垣遗址公园

蓝底白色的箭头、奔跑的小人、中英文"应急避难场所"的字样，当如此标识的指示牌竖立于车水马龙的北京街头，着实让人摸不着头脑："难道最近北京要发生什么灾难？"顺着箭头方向来到元大都城垣遗址公园一探究竟，疑窦却更添一层："公园怎么成了避难所？"这个北京最大的带状公园新近建成，坐落于城市中轴线两端及奥运公园南侧。说它是自然景观，有水潭小溪和花草林木为凭；说它是"避难所"，除了园内 150 块应急避难场所指示牌渲染了些许神秘色彩外，游人恐怕很难发现具体的避难设施。

"生命线工程"的策划者和设计者之一、北京市地震局震害防御处处长宋伟介绍，一旦发生地震、特大火灾或其他突发事件等灾难，这些避难设施就能为危险中的人们提供生存保障。"如果让帐篷、应急厕所、应急水井等避难设施随意暴露，这不仅有碍观瞻，影响游客心情，也容易遭到破坏或发生意外事故。因此，我们把这些"机关"巧妙地融在了景观设施中。"宋伟说着话，冷不丁拎起了草坪上的一座假山，假山下竟然是个加着井盖的应急水井。"瞧，应急水井就是这样隐藏的，一旦地下隐藏的自来水管线因为地震等原因出现故障不能正常使用，水井就能发挥作用了。你别以为我是大力神，假山是用塑料制品制作而成的，仅仅是空心的一个壳，但逼真的涂层让不知情的游客以为它就是一座真假山，园内每隔 50 米左右就有一座暗藏玄机的假山。"记者接过手试了试假山的重量，也就 5 公斤左右。

记者跟随他又来到一片林木背后，只见地上有一排十几个加盖的水泥槽。记者正暗自纳闷这又是什么"机关"，宋伟解释道："这就是应急厕所，它的地下连着近旁的公共厕所。如果发生 8 级以上的地震，公共厕所就有可能倒塌，这时，应急厕所上面搭个帐篷，就能正常使用了。"他告诉记者，为了更好地隐藏这个不雅之处，近期公园将在水泥槽上加铺一层草坪，这样，谁还会猜到脚底下有个厕所呢？

"我再带你看个有意思的。"宋伟拉着记者走到一盏"路灯"底下，"你猜猜这又是什么。"记者瞧了老半天还是不明白。"这是个监控器。"宋伟说："一旦公园作为应急避难场所投入使用，监控器就可用来观测园内情况，调度员依靠它就可以做出科学调度。"这些特殊的"路灯"和真的路灯并排站立，可以以假乱真。

避难设施的匠心设计随处可见：花丛中的小假山居然是个应急广播；小卖部的仓库同时还是应急物资的储备库；观望台在应急避难时期就成了直升机坪；公园行政办公楼的一角被辟作卫生防疫的预留用房……作为一个设计者，宋伟颇感自豪："表面上看，这是个很普通的公园，但它却具备 11 种应急避难功能，包括应急避难指挥中心、应急避难疏散区、应急供水装置、应急供电网、应急简易厕所、应急物资储备用房、应急卫生防疫用房、应急直升机坪、应急消防措施、应急监控和应急广播。在北京市乃至全国，元大都城垣遗址公园是第一个功能化并公开标示的减震防灾应急避难场所。"

"元大都"拥有4.8公里的狭长身躯，应急避难场所的外围周长因此达到最大化，疏散时能做到迅速有序；它横跨6条街道，自然分解为7个避难区，附近居民能各得其所；它依小月河而建，一旦自来水系统出现故障，能自身完成水体循环；它地势平坦，用于地震避难场所面积达38万平方米，按照人均1.5平方米的安置密度，可同时容纳25万人应急避难；在道路交通出现问题或不能满足形势需要时，可马上启用空中运输通道，它所跨的熊猫环岛南侧两平台可作为直升机紧急起降平台。元大都城垣遗址公园主要为与其相邻的亚运村、小关、安贞里和平街4个街道办事处的居民提供避难场所。4个街道的28个社区共有常住人口23万，流动人口6万，流动人口中的2万人可进入本辖区避难场所避难，其余人员由区政府安排到其他场所避难。一旦意外发生，人们将按照各道路口的应急避难场所指示牌有序疏散，如安慧里社区的居民由安立路经安定路、北土城路至4号避难区，安华里社区的居民由安华路经北三环中路、安定路至3号避难区。

（资料来源：节选自《北京应急避难所揭秘》，新华网2008年5月13日。）

案例讨论

1. 应急避难场所是公共危机应对中必不可少的应急准备，北京元大都城垣遗址公园有哪些示范意义？

2. 应急准备需要大量的资金等方面的投入，目前我国在应急准备方面有哪些制度性缺陷和思想文化上的障碍？

3. 目前我国的应急准备存在哪些薄弱环节？

4. 应该怎样逐步推进我国公共危机的应急准备建设？

4.1 公共风险管理

预防是公共危机管理的基本原则之一，也是公共危机管理至关重要的基本环节，有效的公共危机预防可以减少甚至杜绝公共危机的发生，做好应急预防就必须有针对性，加强针对性的重要前提就是做好风险评估与风险控制工作，实践中很多公共危机的发生，都是由于对风险隐患不了解、监控不到位、排查不及时导致的。目前公共危机应对发展趋势上的"关口前移"与"重心下移"都是把公共风险管理作为公共危机应对的核心内容之一。公共风险评估是组织对公共风险信息进行加工、处理的重要环节。可以从两个角度来评估公共风险：一是发生的可能性；二是影响程度。一旦确定了组织所面临的主要风险及其组合，风险分析的焦点就转移到了风险的评估。

4.1.1　公共风险分类与等级

风险是指影响未来事件及其结果的某种不确定性，它是关于某一事件发生的可能性及其对发展目标影响的描述。公共风险是以多种形态存在的，公共风险类型的划分十分复杂。按照风险分布的领域划分，风险可以分为政治的、经济的、社会的、个人的、道德的等几类。按照风险来源划分，可以分为自然具有的风险、技术引发的风险、制度引发的风险、政策或决定造成的风险以及个人造成的风险。按照吉登斯的理解，这些风险可以被归纳为两大类：外部风险，即自然具有的风险；人为风险，包括其他所有风险。按照人类的认知程度划分，可以分为已知的风险、疑似的风险以及假定的风险等。[①] 有的认为，风险在当代社会中的主要表现形式有经济风险、系统性金融风险、战略风险、国家风险、政治风险、声誉风险、社会风险、传染疾病风险、环境风险等。[②] 但是这些风险的划分没有遵循同一类逻辑。按照公共风险的表现形式一般可以把公共风险分为静态公共风险和动态公共风险两种。静态公共风险是一种在外界条件没有变化的情况下，一些自然行为和人们的失当行为形成的损失可能性。动态公共风险则是在外界条件变化的情况下造成损失的可能性。与静态公共风险相比较，动态公共风险因缺乏规律性而难以预测。危机应对策略必须对有可能出现的这两种公共风险都考虑在内，相对而言，后者更难于把握。

风险都是具体的和个性化的，并且所有的风险都由两个要素组成：不确定性和风险暴露（影响）。影响程度的大小可以决定风险的等级，划分和确定公共风险等级就是要找出公共危机管理中的重点，并安排有关人员去具体执行。

[①] 杨雪冬等：《风险社会与秩序重建》，社会科学文献出版社，2006 年版，第 19~20 页。

[②] 参见卢林：《制度转型及风险管理》，上海人民出版社，2010 年版，第 54~144 页。

在公共风险评估时，必须在充分估量公共风险属性和组织自身实际的基础上，把有限的资源集中到最需要关注的问题上。譬如，组织通过一定的程序和方法，确认自身面临的各种公共风险，即可按照危害性、紧迫性和解决的现实可能性等指标，排定公共风险管理的序列，然后再根据组织自身的情况做出一个统筹安排，制订出翔实可行的公共风险管理计划。在对已经列出的公共风险等级进行明确的衡量之后，还必须通过科学的方法去量化公共风险的破坏程度，即衡量公共风险对组织所可能带来的不利影响。这包括衡量潜在的损失频率和损失程度，并按其重要性分类排序。有的学者将风险划分为三个等级：第一个等级可接受风险（acceptable risk），基本不会对社会造成安全威胁；第二个等级可容忍风险（tolerable risk），社会受到一定程度的扰动，但可以依靠自身的能力加以修补和矫正；第三个等级不可容忍风险（intolerable risk），社会受到严重影响，需要采取特别手段，进行紧急处置。①

4.1.2 公共风险识别

风险管理是对风险进行识别、评估和控制，以最小的成本使风险损失降到最低的管理活动。所以，风险管理的第一个步骤就是风险识别，有些风险是有前兆与迹象的，这些前兆和迹象就是风险信息，这为风险识别提供了可能。

1. 公共风险识别的任务

只有在正确识别出自身所面临的风险的基础上，人类才能够主动选择适当有效的方法进行相应的处理。公共风险识别的任务就是要从错综复杂的环境中找出政府以及整个社会所面临的主要风险。公共风险识别一方面可以通过感性认识和历史经验来判断，另一方面也可通过对各种客观的资料和风险事故的记录来分析、归纳和整理，以及必要的专家咨询，从而找出各种明显和潜在的风险及其损失规律。

2. 公共风险识别的原则

（1）全面系统性。公共风险通常具有不确定性、公共性、外部性等特征，

---

① 参见王宏伟：《突发事件应急管理：预防、处置与恢复重建》，中央广播电视大学出版社，2009年版，第77页。

这些特征决定了公共风险的影响对象和作用方式往往具有很强的不确定性，从而导致了公共风险识别工作的复杂性。正是基于这样的复杂性，我们在识别公共风险的时候必须坚持全面系统的原则。（2）连续动态性。任何事物都是在不断变化发展中的，而现代社会更是一个高速变化发展的社会，因此在这样一个社会中孕育产生的公共风险往往具有较强的变动性。其本身的质和量、表现形式、作用方式以及结果都在发生改变，同时新的风险还会随着各种条件的变化而层出不穷。

3. 公共风险识别的依据

公共风险识别的依据主要包括：政府的应急管理目标、风险管理规划、历史资料、环境制约因素和公共风险种类等。

在现代社会，信息无处不在，我们每天都处于大量的不同类别的信息包围之中。在传统的报纸、杂志、电视、广播等信息传播渠道的基础上，随着互联网的扩张，信息来源更趋丰富和快捷。在目前信息化时代，大众传播网络更是我们获取公共风险信息的主要手段。所以，要不断搜寻信息、确认信息和分析信息，总结归纳隐藏在信息背后的核心要素。信息收集主要通过大众传媒、事故及隐患鉴定报告、实地调研等途径。在信息收集之后，就应该立即进行信息整理分析，采取不同的方法与手段识别出有用信息和无关信息，总结出有用信息的特点与发展趋势。公共风险信息的收集、识别与组织日常的信息管理工作密不可分，公共风险信息的收集与识别必须是持续的全天候行为，中途不能有人为的中断。

4.1.3　公共风险评估

风险识别之后，接着需要做的就是风险评估，风险评估是风险管理的重要环节，也是公共危机管理工作的重要组成部分。国家《突发事件应对法》明确规定建立重大突发事件风险评估体系。

1. 公共风险评估的定义

关于风险评估的定义，有的观点认为，风险评估就是对识别后所存在的风险做进一步的分析和度量，也就是对某一特定的公共风险的性质、发生的可能性以及可能造成的损失进行估算、测量。有的观点认为，"风险的评估是指对风险程度的度量和评级，它包括对风险事件在给定时间内发生的可能性的估计，以及对风险暴露——即风险事件一旦发生，可能造成的后果的估计"。①
还有的观点认为，风险评估是指通过识别分析风险发生的概率和可能的后果，
确定风险级别，并制订哪些风险需要控制以及如何控制的过程。公共风险评估
是指在公共风险识别的基础上，应用一定的方法对所收集的大量的信息加以分
析，估计和测定公共风险发生的可能性及其影响程度，确定其风险级别和管理
优先级的过程。这一过程又包括两个方面：风险分析和风险评价。风险评估的
任务具体包括识别系统面临的各种风险、评估风险概率和可能带来的负面影
响、确定系统承受风险的能力、确定风险消减和控制的优先等级、探究风险消
减对策等。

2. 公共风险评估的原则

在公共风险评估过程中，主要有以下几项原则应当遵守：（1）整体性或
系统性原则。整体性原则是风险评估的最基本原则。风险造成的损失往往是多
方面的，风险评价必须考虑整体性，系统地评析造成损失的各种因素，并研究
这些因素之间的相互作用，因此，在评价潜在损失程度时，由同一事件所引起
的各方面的损失必须一起考虑。进行风险评估时，应该全面系统地收集信息，
综合考虑各种因素，在此基础上开展评估。因此，在进行风险评估时，必须从
系统的角度出发，尽可能全面、充分地考虑各种风险的相关性、叠加性。影响
风险评估的因素包括评估时间、力度、展开幅度和深度，这些都需要综合考
虑。（2）统一性原则。风险评估是针对某一风险事件或者风险单位进行的，
这就要求风险评估要保持统一性的原则，不能将与风险因素或者风险单位无关
的材料考虑进去，作为风险评估的依据。同时，风险评估工作要有统一的组织
领导，最好由专门的评估机构或是委员会负责组织风险评估工作。（3）客观
性原则。风险评估的方式和方法是多种多样的，不同的衡量和评估风险的方法
可以获得不同的结果，这是不可避免的。风险评估的原则是尽可能使风险预
测、评估的结果与实际发生的损失相一致，尽可能反映客观存在的风险。偏差
过大，会造成不必要的损失。同时，我们也不能盲从权威或出于部门利益的考
虑而故意放大或缩小风险。（4）可操作性原则。风险评估是涉及面广，管理
难度较大的项目。这就要求风险管理人员掌握评估方法，灵活运用风险评价方
法，对风险的评价要具有操作性和通用性，避免运用高深繁杂的评价方法。

---

① 卢林：《制度转型及风险管理》，上海人民出版社，2010 年版，第 16 页。

（5）规范化原则。公共风险评估的规范化是指进行风险评估所使用的方法和程序等应有一个统一规范的基本准则，其中包括评估程序、评估方法、评估指标体系等方面的内容。规范化有利于信息交流沟通，有利于不同风险、不同地区的比较对照。（6）动态性原则。公共风险是处于不断运动变化之中的，风险评估得出的结论具有一定的时效性。因此，我们必须持续地进行监测，动态性地进行评估，不断发现新的风险，及时采取应对措施。不断通过先进的监测技术装备，对公共风险进行持续跟踪，不断地获取、处理数据，为进行风险评估奠定坚实的基础。

3. 公共风险评估途径与方法

目前的风险评估途径一般包括基线评估、详细评估和组合评估三种。关于基线评估，如果系统运作不是很复杂，并且对信息处理和网络的依赖程度不是很高，或者组织信息系统采用普遍且标准化的模式，基线风险评估就可以直接而简单地实现基本的安全水平，并且满足系统环境的所有要求。基线风险评估，系根据自己的实际情况，对信息系统进行安全基线检查，得出基本的安全需求，通过选择并实施标准的安全措施来消减和控制风险。关于详细评估，它要求对风险进行详细识别和评价，对可能引起风险的威胁和弱点水平进行评估，根据风险评估的结果来识别和选择安全措施。关于组合评估，鉴于基线风险评估耗费资源少、周期短、操作简单，但不够准确，适合一般风险的评估；详细评估准确而细致，但耗费资源较多，适合严格限定边界、较小范围内评估的特点。目前多采用二者结合的组合评估方式。这种评估途径将基线评估和详细风险评估的优势结合起来，既节省了评估所耗费的资源，又能确保获得一个全面系统的评估结果，而且系统的资源和资金能够应用到最能发挥作用的地方，具有高风险的信息系统能够被预先关注。但组合评估也有缺点，如果初步的高级风险评估不够准确，某些本来需要详细评估的系统也许会被忽略，最终导致结果失准。

在风险评估过程中，可以采用多种操作方法：一是基于知识（Knowledge-based）的分析方法，又称作经验方法；牵涉对来自类似系统的"最佳惯例"的重用，适合一般性的信息安全社团。二是基于模型（Model-based）的分析方法；系统不需要付出很多精力、时间和资源，只要通过多种途径采集相关信息，识别系统的风险所在和当前的安全措施，与特定的标准或最佳惯例进行比较，从中找出不符合的地方，并按照标准或最佳惯例的推荐选择安全措施，最终达到消减和控制风险的目的。三是定性（Qualitative）分析。四是定量（Quantitative）分析。无论何种方法，共同的目标都是找出面临的风险及其影响，以及目前安全水平与系统安全需求之间的差距。①

4. 公共风险评估流程

风险评估的类型分为定性、半定量和定量评估三种类型。实际运用中，大多数是把这三种类型结合在一起使用。具体的评估流程通常如下：（1）制订总的风险评估计划。"总体的风险评估计划是对风险评估的领域、部门、职责和程序等的一个总体的规定和解释，是具体风险评估工作的指南。总体风险评估计划的制订应该注意以下五个方面：一是总体的评估计划规定各部门风险评估的领域（哪些地区、哪些危机需要评估）、责任范围、评估的基本原则和指导方针、评估工作的标准程序、评估信息的报告和交流渠道。二是总体评估计划明确在什么时候风险评估的重点发生变化。三是总体风险评估计划应针对不同类型危机，制订具体的危机风险评估计划，作为总体计划的细化。四是总体风险评估计划的制订要注意实际评估部门的参与，保证评估计划的实用性。五是总体风险评估计划应明确管理不同风险的责任。"② （2）建立风险评估标准。对风险的准确评估是建立在科学合理的评估标准上的，单个风险和整体风险都需要确定评估标准，这种评估标准就是针对每一种风险后果而确定的可接受水平。风险的可接受水平可以是绝对的，也可以是相对的。这是风险评估的前提条件。这就要求风险评估主体必须根据实际情况建立风险评估标准。（3）损失概率分析。在对损失概率，即公共风险发生的可能性进行估算和分析时，需要综合考虑风险单位数、损失形态、损失事件（或原因）三方面的因素。这三项因素的不同组合，会使风险损失概率的大小有所不同。（4）损失程度评价。损失程度评价，即对风险事件后果的严重程度进行分析和估计。在对损失程度进行评估时，主要从三个方面进行衡量：损失性质、损失范围和损失时间分布。（5）绘制风险坐标图。根据风险事件的损失概率分析和损失程度评价绘制风险坐标图。风险坐标图的作用主要是用来确定风险管理的优先顺序和策略。在具体应用中，为了准确地绘制风险坐标图，一般而言，依据风险坐标

---

① 李涛等：《突发事件应急救援手册》，军事医学科学出版社，2010 年版，第 33 页。
② 张成福、唐钧：《政府危机管理能力评估——知识框架与指标体系研究》，中国人民大学出版社，2009 年版，第 27 页。

图，就基本可以在总体上制订风险管理的策略了。（6）风险发展趋势评估。由于公共风险总是处于动态变化中的，其发生的概率及其影响程度也是动态的，因此我们在公共风险的识别、评估过程中始终需要充分考虑其动态性。换句话说，我们有必要对风险进行趋势评估，进而完善风险坐标图，确保后续制订风险策略的科学性。

4.1.4　公共风险控制

1. 风险控制的概念

风险控制是风险管理的关键环节，在它之前的一切工作均可以看作是为了能有效地控制存在风险而做的准备。风险控制的重点在于改变引起意外事故和扩大损失的各种条件，达到减少损失概率、降低损失程度，使风险损失达到最小之目的。一般说来，广义的风险控制是指所有避免风险、减少损失、降低不确定性的工具和技术策略，主要包括风险规避、风险转移、风险控制和风险承受四种措施。而狭义的风险控制则是指为了最大限度地降低风险事故发生的概率和减小损失幅度而采取的风险处置技术。从突发事件的发展过程及应对规律来看，风险控制实际上是衔接风险预警和危机处置的中间环节，它既是风险预警的后续措施，又为危机来临或扩大后的紧急处置做准备。

2. 公共风险控制的基本原则

（1）及时性原则。公共风险控制是衔接风险预警和危机处置的重要中间环节，它既是风险预警的后续措施，又为危机来临或扩大后的紧急处置做准备。为避免公共风险衍生或演化为公共危机，必须在发现风险征兆之后及时做出判断，采取必要的公共风险控制措施。（2）合法性原则。为避免或者减轻公共风险可能带来的危害，行政机关需要在危机真正来临之前采取各种预控措施，这些措施必须依法而为。（3）多层次控制原则。多层次控制可以增加系统的可靠程度。通常包括根本性的预防性控制、补充性控制、防止事态扩大的预防性控制、维护性能的控制、经常性控制及紧急性控制等层次。各层次控制采用的具体内容随风险危险性质不同而不同。[1]（4）动态调整原则。公共风险控制工作并不是一成不变的，要根据公共风险的发展态势及

---

[1]　罗云等：《风险分析与安全评价》，化学工业出版社，2004 年版，第 110 页。

运动变化规律，适时调整风险控制措施的内容，以适应于实际工作的具体需要。

3. 公共风险控制措施

公共风险控制就是使公共风险降低到组织可以接受的程度，当公共风险发生时，不至于影响组织的正常运作。在对公共风险进行排序之后，接下来就要根据不同的公共风险类别确定应对的策略，公共风险策略应从以下几个方面入手：(1) 制订日常安全控制措施。应该识别和选择合适安全控制措施，并把这些措施渗透到日常工作的安排中去，选择安全控制措施应该以公共风险评估的结果作为依据，判断与威胁相关的薄弱点。决定什么地方需要保护，采取何种保护手段。(2) 公共风险控制的方法。根据控制措施的费用应当与公共风险相匹配的原则。达到降低公共风险的途径有很多种，如避免公共风险、转移公共风险、减少威胁、减少薄弱点、进行安全监控等。(3) 确定可以接受公共风险。当组织根据公共风险评估的结果，完成事实所选择的控制措施后，会有残余的公共风险。残余的公共风险可能是组织可以接受的公共风险，也可能是遗漏了某些次要的信息未能实行安全措施。为确保组织的运作过程中留有余地而不至于束手束脚，有些公共风险应该控制在可以接受的范围内。(4) 公共风险动态改进措施。公共风险是随时间而变化的，公共风险管理是一个动态的管理过程，这就要求我们实施动态的公共风险评估与公共风险控制，即要定期进行公共风险评估。

4.2 应急预案的制订与宣教演练

应急预案是应急管理理念的载体，是公共危机预防的必要措施之一。2003年以来，在国家政策与各级政府的强力推动下，我国已经建立起了"横向到边，纵向到底"的各级各类应急预案，截至 2010 年 5 月，我国各级各类应急预案已经达到 420 多万份。应急预案将公共危机的应对从"无备"变为"有备"。客观地说，应急预案是政府整个应急管理过程中非常重要的一个环节，好的应急预案能够在公共危机发生前做到事先预警防范，对可能发生的公共危机超前思考、超前谋划、超前化解，把政府应急管理工作纳入常态化、制度化、法制化的轨道，从而变应急管理为常规管理，化危机为转机，最大限度地预防或减少公共危机造成的损失。

4.2.1　应急预案概念在我国的起源与发展

应急预案，20 世纪 80—90 年代在国内某些专业领域也叫"应急计划"，如 1990 年的《国外海洋溢油应急计划简介》[①] 一文使用的是"应急计划"一词。1993 年 8 月 4 日国务院发布的《核电厂核事故应急管理条例和处理规定》中使用的是"应急计划"、"应急方案"等词汇，里面没有"应急预案"的说法。1994 年 11 月 17 日建设部颁布的《建设工程抗御地震灾害管理规定》中使用了"预案"、"计划"、"规划"等词汇，其中第 10 条规定："抗震防灾规划的内容主要包括：规划纲要，工程震害预测，抗震设防区划，生命线工程、房屋、工程设施及设备的抗震设防和加固，地震次生灾害的预防，避震场地的布置和疏散道路的安排，震时应急反应和工程排险抢修预案等。"1995 年 2 月 11 日国务院颁布的《破坏性地震应急条例》中的第三章专门规定了"应急预案"，其中第 13 条规定了破坏性地震应急预案的主要内容，即（1）应急机构的组成和职责；（2）应急通信保障；（3）抢险救援的人员、资金、物资准备；（4）灾害评估准备；（5）应急行动方案。1996 年国务院在此基础上又制订了《国家破坏性地震应急预案》（国办发 ［1996］54 号）。

在政府政策文件方面，关于应急预案的提法，在 20 世纪 80 年代就有相关文件，如这一时期国务院制订的处理突发性森林火灾事故预案和国家森林防火总指挥部的《关于制订处理森林火灾预案的通知》等。1991 年国务院办公厅的《关于印发国内破坏性地震应急反应预案的通知》（国办发 ［1991］75 号）中也有这一概念。在官方文件中，1995 年 2 月 11 日国务院颁布的《破坏性地震应急条例》中"第三章"第 9 条至第 14 条有应急预案相关规定，但是没有列出官方定义。关于应急预案的官方定义，在中央的有 2006 年 9 月 20 日国家安监总局颁布的《生产经营单位安全生产事故应急预案编制导则》，其中对应急预案的明确定义是"应急预案（emergency response plan）针对可能发生的事故，为迅速、有序地开展应急行动而预先制订的行动方案"。在地方政府层面的也有一些，如 2006 年 11 月 28 日北京市应急办发布的《北京市突发公共事件应急预案管理暂行办法》（京应急办发 ［2006］10 号）中第 2 条规定："应急预案是各地区、各部门、各单位组织管理、指挥协调相关应急资源和应急行动的计划、程序和规

---

① 参见杨庆霄：《国外海洋溢油应急计划简介》，《海洋环境科学》1990 年第 3 期，第 62~67 页。

程。"2009 年 8 月 7 日陕西省人民政府办公厅颁布的《陕西省突发事件应急预案管理暂行办法》第 2 条规定:"应急预案是各市、各部门、各单位为预防和处置可能发生的突发事件,预先制订的工作计划或行动方案。"

从早期关于应急预案的定义来源看,大多集中在自然灾害中的地震灾害、森林火灾等方面,也有的与事故灾难、公共卫生事件有直接联系,如 1993 年北京市卫生防疫站的徐建约、邰其生的一篇关于灾害预防医学论文中说:"北京市人民政府和市卫生局非常重视应急预案的制订工作。1989 年以来,组织有关部门制订了一系列的应急预案。包括《北京市处理重大疫情和中毒事故预案》、《亚运村、比赛场馆和有关宾馆、饭店发生食物中毒、传染病和饮水污染事故的应急处理办法》、《北京市救灾防病预案》等。各部门还制订了执行应急预案的《实施办法》。"① 总体看来,这一时期这些应急预案与社会安全事件基本上没有直接联系。"应急预案(emergency plan)是建立在对危险源辨识基础上事先制订的用于应对危险发生时的行动计划,其最初大量应用于安全生产当中,'非典'之后国家开始建立应急预案体系,这实际上是将在安全生产领域应用的比较成熟的应急管理方法,推广至自然灾害、公共卫生和社会安全领域,并将《突发事件应对法》提升为国家制度。"② 应急预案在军队系统一般叫作"非作战行动方案",即针对可能出现的情况制订的行动基本预想方案。

在学术界,关于"应急预案"的较早提法,来自 1988 年的《编制抗震防灾应急预案的初步探讨》一文,③ 但是这篇论文并没有对应急预案进行定义。关于预案相对较早的定义,1991 年的《略论减灾预案》一文中认为,"所谓预案,即防御灾害方案,是指防灾、抗灾及救灾的预施性规划或预施性方案"。④ 1992 年的《防灾预案研究》一文认为"所谓预案,是指防灾、抗灾及救灾的预施性规划或方案"。⑤《现代汉语词典》中认为预案是"为应付某种情况的

---

① 徐建约、邰其生:《制订应急预案,做好突发事件和灾害中的卫生防病工作》,《中国公共卫生管理》1993 年第 3 期,第 163 页。

② 张海波:《应急预案的编制、应用与优化》,《江苏社会科学》2008 年第 6 期,第 22~23 页。

③ 参见鱼海深:《编制抗震防灾应急预案的初步探讨》,《灾害学》1988 年第 4 期,第 57~58 页。

④ 闵政:《略论减灾预案》,《中国减灾》1991 年第 8 期,第 36 页。

⑤ 陆立德、徐旭初:《防灾预案研究》,《灾害学》1992 年第 2 期,第 17 页。

发生而事先制订的处置方案"。①

虽然 2004 年以来国家要求建立"横向到边，纵向到底"的应急预案体系并强力开展推进工作，但是一些学者对应急预案的定义存在较大分歧。吴宗之等人认为，"应急预案是针对各种可能发生的事故所需的应急行动而制订的指导性文件。"② 召平认为，"应急预案又称'应急计划'或'应急救援预案'，是针对可能发生的突发公共事件，为迅速、有效、有序地开展应急行动而预先制订的方案，是用以明确事前、事发、事中、事后的各个进程中，谁来做，怎样做，何时做以及相应的资源和策略等的行动指南"。③ 刘铁民认为，"应急预案是针对具体设备、设施、场所和环境，在安全评价的基础上为降低事故造成的人身、财产与环境损失，就事故发生后的应急救援机构和人员，应急救援的设备、设施、条件和环境，行动的步骤和纲领，控制事故发展的方法和程序等，预先做出的科学而有效的计划和安排"。④ 郭济认为，"应急预案就是在平时就假设好会出现的紧急状态，并事先制订好相应的应对措施"。⑤ 钟开斌等人认为，"预案即预先制订的行动方案，是指根据国家、地方法律、法规和各项规章制度，综合本部门本单位的历史经验、实践积累以及当时当地特殊的地域、政治、民族、民俗等实际情况，针对各种突发事件类型而事先制订的一套能切实迅速、有效、有序解决问题的行动计划或方案"。⑥ 计雷等人认为，"所谓预案，有时也称为应急预案，是针对可能的重大事故（件）或灾害，为保证迅速、有序、有效地开展应急与救援行动、降低事故损失而预先制订的有关计划或方案。它是在辨识和评估潜在重大危险、事故类型、发生的可能性及发生过程、事故后果及影响严重程度的基础上，对应急机构职责、人员、技术、准备、设施、物质、救援行动及其指挥与协调等方面预先做出的具体安

---

① 中国社会科学院语言研究所词典编辑室编：《现代汉语词典》（2002 年增补本），商务印书馆，2002 年版，第 1542 页。

② 吴宗之、刘茂：《重大事故应急救援系统及预案导论》，冶金工业出版社，2003 年版，第 19 页。

③ 召平：《应急预案的基本概念》，《安全与健康》2008 年第 5 期（上），第 44 页。

④ 参见刘铁民：《应急体系建设和应急预案编制》，企业管理出版社，2004 年版，第 13 页。

⑤ 郭济：《政府应急管理实务》，中共中央党校出版社，2004 年版，第 39 页。

⑥ 钟开斌、张佳：《论应急预案的编制与管理》，《甘肃社会科学》2006 年第 3 期，第 240 页。

排。应急预案明确了在突发事件发生之前、发生过程中以及刚刚结束之后，谁负责做什么，何时做，怎么做，以及相应的策略和资源准备等"。① 李飞认为，"预案是为完成某项工作任务所做的全面、具体的实施方案。"② 张彧通认为，"应急预案应当从其内容和功能上定义，是指：应对突发事件的应急行动方案，是从事某些危险行业的有关部门或者面临发生突发事件潜在危险的相关组织应对突发事件的计划和步骤"。③ 林鸿潮认为，"应急预案则是应急机制——尤其是通过法律固定下来的那一部分方法，与结合特定地域、部门、行业、单位应急管理的特点相结合之后所形成的具体应急操作方案"。④ 王军等人认为，"突发事件应急预案，是指政府、企事业单位或其他社会组织针对可能发生的突发事件，为降低突发事件破坏性后果的严重程度，保证迅速、有序、有效地开展应急与救援行动，而预先制订的有关行动计划或方案"。⑤

关于应急预案定义的探讨，至今仍然没有一个为共同认可的统一标准，把应急预案和方案、计划、规范、规程、程序、办法等同起来的现象极为常见，出现了一种"泛预案化"的不良趋势。

4.2.2 应急预案的特点与体系

规范的应急预案应具备以下特点：（1）科学性：应急预案的制订必须建立在科学研究的基础之上。（2）全面性：应包括所有潜在或者发生的公共危机及所有的利益相关者，应跨越公共危机管理的整个过程，包括事前、事中和事后。（3）简洁性：语言简洁，容易理解。（4）详尽性：应急预案内容应尽量具体，各项职责应具体到"谁来做、做什么、如何做"的程度。（5）权威性：实时更新，必要时还可对其进行较大改动。（6）适用性和可操作性：这是编制应急预案的关键。（7）预案与其他计划类文种不同的特点：具体任务明确，内容详细系统，措施行之有效。上述预案的特点也可以笼统归纳为应急

---

① 计雷等：《突发事件应急管理》，高等教育出版社，2006 年版，第 118 页。

② 李飞：《中华人民共和国突发事件应对法释义》，法律出版社，2007 年版，第 33 页。

③ 张彧通：《论应急预案的法律性质及效力》，《法制与社会》2009 年第 8 期（上），第 327 页。

④ 林鸿潮：《公共应急管理机制的法制化》，华中科技大学出版社，2009 年版，第 5 页。

⑤ 王军：《突发事件应急管理读本》，中共中央党校出版社，2009 年版，第 120 页。

预案的预见性、应急性、系统性、可操作性。①

应急预案的体系是指由不同层级、不同类型预案组成的、相互联系的、全方位的多层次的预案群。关于应急预案的体系，2006 年 1 月 8 日国务院发布的《国家突发公共事件总体应急预案》中规定："全国突发公共事件应急预案体系包括：（1）突发公共事件总体应急预案。总体应急预案是全国应急预案体系的总纲，是国务院应对特别重大突发公共事件的规范性文件。（2）突发公共事件专项应急预案。专项应急预案主要是国务院及其有关部门为应对某一类型或某几种类型突发公共事件而制订的应急预案。（3）突发公共事件部门应急预案。部门应急预案是国务院有关部门根据总体应急预案、专项应急预案和部门职责为应对突发公共事件制订的预案。（4）突发公共事件地方应急预案。具体包括：省级人民政府的突发公共事件总体应急预案、专项应急预案和部门应急预案；各市（地）、县（市）人民政府及其基层政权组织的突发公共事件应急预案。上述预案在省级人民政府的领导下，按照分类管理、分级负责的原则，由地方人民政府及其有关部门分别制订。（5）企事业单位根据有关法律法规制订的应急预案。（6）举办大型会展和文化体育等重大活动，主办单位应当制订应急预案。各类预案将根据实际情况变化不断补充、完善。"

2007 年颁布的国家《突发事件应对法》第 17 条规定："国家建立健全突发事件应急预案体系。国务院制订国家突发事件总体应急预案，组织制订国家突发事件专项应急预案；国务院有关部门根据各自的职责和国务院相关应急预案，制订国家突发事件部门应急预案。地方各级人民政府和县级以上地方各级人民政府有关部门根据有关法律、法规、规章、上级人民政府及其有关部门的应急预案以及本地区的实际情况，制订相应的突发事件应急预案。应急预案制订机关应当根据实际需要和情势变化，适时修订应急预案。应急预案的制订、修订程序由国务院规定。"

应急预案体系根据责任主体不同可分为六个层次：国家总体预案、专项预案、部门预案、地方预案、企事业单位预案和大型活动预案。其中，总体预案是全国应急预案体系的总纲，适用于跨省级行政区域，或超出事发地省级人民政府处置能力的，或者需要由国务院负责处置的特别重大突发事件的应对工作，其主要特点：纲领性、准则性、指南性和指导性；专项应急预案主要是国务院及有关部门应对某一类型或某几个类型突发事件而制订的应急预案，由主

---

① 宋英华：《突发事件应急管理导论》，中国经济出版社，2009 年版，第 62 页。

管部门牵头会同相关部门组织实施；部门应急预案由制订部门负责实施；地方应急预案指的是省、市（地）、县及其基层政权组织的应急预案，明确各地人民政府是处置发生在当地的突发事件的责任主体；企事业单位应急预案则确立了企事业单位是其内部发生突发事件的责任主体。此外，举办大型会展和文化体育等重大社会活动，主办单位也应当制订一个应急预案并报同级人民政府有关部门备案。[1]

4.2.3 应急预案制订的基本原则

应急预案的制订，就是根据风险评估的结果，按照假设的各种公共危机类型、规模、程度，配备相应的设备、设施、队伍及确定相应的处置程序，为应急决策与应急指挥提供依据。应急预案的制订要求制订者不仅要预见到公共危机发生的各种可能，而且要针对这些可能拿出具体可行的解决措施，达到预定的目标。这个目标就是预防、减少危机的发生和在危机发生后把损害和影响降到最低限度。所有的应急预案都必须围绕这个核心目标来制订。所以，在预案制订中必须坚持以下几个基本原则，主要包括：

（1）法制性原则。公共危机的应对需要通过立法赋予指挥机构协调、调动各种资源和统一指挥的权力。应急预案要明确应急状态下各级组织的权限，防止权责不对等和不当使用权力而过分侵害社会公众利益。

（2）统一性原则。在组织结构上，建立统一的应急管理系统与指挥中心，以统一指挥应急管理的全过程，保证应急反应系统的高效协同与快速反应。强化统一指挥，以提高资源使用效率，统一指挥资源的调动，避免不同部门或局部之间争夺资源的冲突和局部过激反应造成资源使用的浪费。

（3）成本控制原则。应急预案的制订也要考虑到可操作性、预案的实施在经济上是否可行以及如何才能更有效地节约人力物力等问题。应急预案的执行必然需要大量人力、物力的投入，这些都要计入政府或组织的管理成本。所以，在制订应急预案时要对其可行性和经济性进行科学的分析和评估。

（4）简洁性原则。所有措施都要结合组织内外部的实现情况，具备具体性原则。预案中的文字要简单、易懂，必要时采用标志或图案等。

（5）可操作性原则。制订应急预案必须对涉及危机处理的所有方面和所

---

[1] 詹承豫等:《大城市应急法制建设探索——<北京市实施〈中华人民共和国突发事件应对法〉办法>解读》，中国法制出版社，2008年版，第27页。

有工作内容等进行完整的安排，强调可操作性，包括为实现既定目标而进行的所有工作安排等。应急预案必须体现危机的可预见性，以增加组织处理的预见能力并有利于组织有效处理，通常在预案中需要标明危机事件的性质和大概原因，危机演化的方向，可动用的资源，可采取的措施等。

此外，在编制预案中应当注意：第一，应急预案的编制必须基于重大事故风险的分析结果、应急资源的需求和现状以及有关的法律法规要求。第二，编制预案时应充分收集和参阅已有的应急预案，尽可能减小工作量和避免应急预案的重复和交叉，并确保与其他相关应急预案的协调和一致。第三，在编制和检查预案时，应考虑组织是否合理，是否具有连续性、一致性和兼容性。①

4.2.4　应急预案的编制流程

在制订应急预案之前，制订者要开展以下几个方面的准备工作：（1）明确身份，获得支持。这是工作开展的第一步，必须让各方都知道谁是危机管理工作的负责人，让各相关部门的人员都支持他的工作。（2）加强沟通，协调一致。应急预案编制管理的负责人应当起草一份言简意赅的书面计划。（3）创造良好的协调机制。制订应急预案的工作必须取得组织内部各方面的广泛支持。（4）取得财务上的支持。（5）加强在组织内部的宣传。应急预案归根结底是一个信息资源库，是必备信息的汇编。应急预案可以把一些零散的资讯进行收集、整理并更新。

应急预案制订的流程主要包括：（1）明确指导思想。为了防患于未然，把危机的隐患消灭在萌芽之中，必须把制订应急预案提高到战略的高度来认识。就是说，制订应急预案的指导思想，必须与预期目的相一致。其指导思想包括强调实用性和灵活性，简洁高效以及需广泛征求意见等。（2）掌握策略与方法。适用、正确、有效的策略与方法是确保危机管理成功的重要条件，是应急预案的重要内容之一：其一，调查研究不可少。调查与解决问题在任何类型的管理中都是紧密相连的两个重要环节。制订应急预案应在充分调查研究的基础上进行，同时，要把调查研究贯穿于应急预案制订与实施的始终，这是我们从事危机管理的重要策略。其二，预案的完善是一项长期工作。根据主客观相一致的原则，组织及危机管理部门的工作人员必须把应急预案的完善当作一项长期工作来做。应急预案的完善过程是在摄取了许多隐性危机因素的情况下

---

① 王军：《突发事件应急管理读本》，中共中央党校出版社，2009 年版，第 96 页。

得出的结论，事实上呈现出波浪式、曲折迂回的发展趋势。其三，以实用性为主导。实用性标准是应急预案所遵循的基本原则。在危机管理决策中，应调整心态，把坚持"最优化"原则转变为"适用性"原则。（3）应急预案制订的具体步骤：其一，成立专职危机管理小组。确认总负责人、子项目负责人、专业成员和相应的骨干力量。其二，聘请有关专家进行培训和指导，并根据各自的特长进行分工，明确责任。其三，收集信息，分析总结，预测可能出现的危机。其四，写出初稿。其五，在动态监控的基础上修改、补充和完善初稿。其六，召开由危机管理专家参加的会议，对应急预案初稿进行反复论证，检查审核危机应对程序与对策是否合理。其七，将会议的审核意见进行整理，用于应急预案的修改工作并使之形成应急预案的正式文件。

4.2.5　应急预案的基本内容

一般来说，应急预案的基本内容包括：组织指挥体系与职责、预防和预警机制、处置程序、应急保障措施、恢复与重建措施等。[1]

应急预案中的组织指挥体系与职责有：（1）领导机构和职责。国务院是突发事件应急管理工作的最高行政领导机构。在国务院总理领导下，由国务院常务会议和国家相关突发事件应急指挥机构负责突发事件的应急管理工作，必要时，派出国务院工作组指导有关工作。（2）办事机构和职责。国务院办公厅设国务院应急管理办公室，履行值守应急、信息汇总和综合协调职责，发挥运转枢纽作用。（3）工作机构和职责。国务院有关部门依据有关法律、行政法规和各自的职责，负责相关类别突发事件的应急管理工作。具体负责相关类别的突发事件专项应急预案和部门应急预案的起草与实施，贯彻落实国务院有关决定事项。（4）地方机构和职责。地方各级人民政府是本行政区域突发事件应急管理工作的行政领导机构，负责本行政区域各类突发事件的应对工作。（5）专家组和职责。国务院和各应急管理机构建立各类专业人才库，可以根据实际需要聘请有关专家组成专家组，为应急管理提供决策意见，必要时参加突发事件的应急处置工作。

突发事件的预防和预警机制。突发事件的预防工作主要通过对公共风险隐患的普查和监控来实现。普查就是全面掌握本行政区域、本行业和领域各类公

---

① 李飞：《中华人民共和国突发事件应对法释义》，法律出版社，2007年版，第35页。

共风险隐患的情况。监控是对具有各类公共风险隐患地点或设施，实行长效管理、监控和检查，及时排除公共风险隐患。突发事件预警是对各类公共风险隐患信息进行综合、科学的公共风险分析后，针对有可能发生或即将发生的突发事件的情况及时发布预警信息。预警信息包括：突发事件的类别、预警级别、起始时间、可能影响范围、预警事项、应采取的措施和发布机关等内容。

应急预案对处置程序一般应规定以下 4 个步骤：（1）信息报告。突发事件发生后，各地区、各部门要立即报告，同时通报有关地区和部门。应急处置过程中，要及时续报有关情况。（2）先期处置。突发事件发生后，事发地的人民政府在报告突发事件信息的同时，根据职责和规定的权限启动相关应急响应程序，及时有效地进行处置，控制事态。（3）扩大响应。对于突发事件事态严重恶化，要及时在初步响应的基础上扩大响应，进一步开展处置工作。现场应急指挥机构负责现场的应急处置工作。（4）应急结束。突发事件应急处置工作结束，或者相关危险消除后，现场应急指挥机构予以撤销。

应急保障措施，包括人力资源保障、财力保障、物资保障、基本生活保障、医疗卫生保障、交通运输保障、治安维护、人员防护、通信保障、公共设施正常运转、科技支持等方面。

应急预案关于恢复与重建措施的内容一般分为 4 部分：（1）善后处置。对突发事件中的伤亡人员、应急处置工作人员以及紧急调集、征用有关单位及个人的物资，按照规定给予抚恤、补助或补偿，并提供心理服务及司法援助。做好疫病防治和消除环境污染的工作。保监机构应督促有关保险机构做好理赔工作。（2）调查与评估。对突发事件的起因、性质、影响、责任、经验教训和恢复重建等问题进行调查评估。（3）恢复重建。根据受灾地区的重建计划，组织和实施恢复重建。（4）信息发布。突发事件的信息发布应当及时、准确、客观、全面。突发事件发生的第一时间向社会发布简要信息，随后发布初步核实情况、政府应对措施和公众防范措施等，并根据突发事件处置情况做好后续发布工作。信息发布形式主要包括授权发布、散发新闻稿、组织报道、接受记者采访、举行新闻发布会等。

编制应急预案，即根据曾经发生的危机情况，按照假设的各种危机类型、规模、程度，配备相应的设备、设施、队伍及确定相应的处置程序，为危机决策与危机指挥提供依据。编制应急预案，对于危机决策的科学、高效，对于危机指挥的权威、规范，具有重要意义。这种意义主要体现在：（1）有助于增强危机决策的科学性。危机决策的科学性来源于对危机情况的准确判断，来源于对应急资金的准确了解及科学配置。编制应急预案，在总结以往经验教训的基础上，按照危机爆发的规模、程度、等级确定相应的警戒等级及处置方式、程序，一旦危机爆发，只需要通过现场检测或者情报检测，就能够比照相应的等级确定相应的处置方案，从而增强应急决策的科学性。（2）有助于增强应对危机决策的时效性。危机应急决策的关键在于时效性和科学性。能够在最短的时间内做出最优的决策，对于减轻危机的危害，具有重要意义。而编制应急预案，将各种类型的危机可能爆发的规模、程度、等级一一列举出来，在危机爆发时，只要了解了危机的基本情况，就能够按照应急预案进行处置，这就大大缩短了危机决策的时间，为合理解决危机奠定了基础。（3）有助于加强危机管理的规范性。应急预案的制订能够加强应急指挥的规范性，减少盲目性。因为编制应急预案，将不同类型、不同层次的危机处置按照精简、统一、高效的原则进行程序编排，不同等级的危机类型由不同层次的指挥机构、指挥人员进行指挥，一旦确定危机的等级，就可以按照应急预案，确定相应的指挥机构、指挥人员和处置程序。当危机爆发时，由专业人员按照确定的、有条不紊的程序进行处置，才能及时化解危机或者最大限度地减轻危机的危害。（4）有助于增强危机指挥的权威性。危机指挥的权威性基于两个前提，一是指挥人员的专业性；二是指挥人员的法定性。前者表明指挥人员对业务的熟悉了解程度，后者表明指挥人员权力的合法性。应急预案对指挥人员的指挥程序做出规定，尤其是对法定的指挥人员出现空缺时的递补规则做出规定，凡是按照递补规则可能作为指挥人员的人都必须了解危机处置的内容、程序及决策方案，否则就是不称职。

应急预案的模板，一般是以执行手册的形式体现的。以下是危机管理执行手册的标准范本，即预案的内容体系。一份应急预案的模板主要内容如下：

（1）序曲部分。①封面。主要包括预案名称、版本号和日期等；②授权书。由组织最高管理者签署发布，确保文件的权威性。③预案的传达对象和反馈签名。这里描述的不仅包括需要全部阅读预案的人，还包括需要阅读策略预案的人或者使用预案的特定人员或组织。通常由预案阅读者签署。许多结束阅读预案的人在上面签名，并且附加日期。④相关制度说明。包括保密制度、预案维护和更新制度、预案审批程序以及启动应急响应的时机和条件。

（2）正文部分。①明确管理目标。描述危机管理的总目标和阶段性目标。②确定管理任务。列出为实现危机管理目标而必须在各环节、阶段完成的主要任务。③制订管理原则。对长期预案而言，应从组织的核心价值观和形象定位出发，明确危机管理的根本原则，使之成为组织危机管理的纲领。如果是中短期预案，则必须对原则部分进行细化，具体内容包括组织运作原则、执行原则、资源配置原则、奖惩原则的明确规定。④危机管理机构。制订预案的主体；维护预案的相关人员；如何改变预案（包括在有限的时间内修订或者评估事件）；预案修订和审计的程序；演习和培训；人事变动方案：危机发生后，如果有的危机管理成员因故不能履行职责，那么由何人替补，方案是什么；参与预案的外部专家，包括相关成员以及他们的简历、专业特长和负责领域；指挥、行动、沟通与协作程序；小组成员的联络方式。⑤危机评估。何时及如何进行公共风险评估，并且描述可能遇到的主要公共风险和事项。⑥沟通政策。明确沟通的主题、内容、渠道和策略，规定沟通任务执行者的权限，具体包括如下几个方面：明确沟通任务执行者的权利与责任；确定沟通主题；设计沟通内容；选择沟通对象：受害者及其家属、组织内部员工、相关媒体、政府、竞争对手及其他利益相关者；选择沟通渠道并有效开发；选择并制订沟通策略。⑦应急管理的程序。以文字、图示、表格等形式明确标示应变策略、目标任务和完成时限。⑧相应的资源配置。应急预案的预算：包括危机管理小组的日常运转费用、危机管理设备的购买、维护和储存费用、沟通与宣传费用、赔偿费用等。财务和物资的管理：由谁审批，由谁管理，通过何种途径获得，如何使用等。财务和物资的应急措施：当预案外情况出现时，超预算、超损耗问题如何应对、所需资源用完后，如何实现持续补给。⑨非预期情况出现后的应对方法：说明非预期情况发生后的报告、决策和解决方式。⑩相关法律问题的处理方案：介绍危机管理中可能包括的相关法律准则，以及紧急状态下的法律求助程序。此外还包括危机恢复管理和危机管理效果的事后评估。

（3）备注。①各类管理人员（包括相关组织领导者和危机管理机构相关人员）及专家的联系方式。②相应的监控工具：主要包括工作日志和各类工作表单，如工作进度表、任务审批表、预算执行表等。

预案制订的好坏将直接关系到危机应对的成功与否。因此，在制订预案时，必须做到科学合理可行，为此，应该注意以下几个问题：

（1）预案要有弹性。应急预案旨在提供对付一般危机的通用方法，而并非是一个危机管理的完全手册，它难以穷尽所有危机，也难以穷尽危机的所有细节。应急预案的条款不能规定得太死，应有较强的灵活性。

（2）制订不同的危机处理备选方案。不是所有的危机处理对策都能成功，因此在制订危机处理对策时，要有一些备用对策。

（3）充分利用外部资源。在制订应急预案时，既要注重对内部资源的利用，也要注重对外部资源的利用。在危机处理中，尤其要注重发挥外部专家的作用，这些外部专家包括行业技术专家、学者、媒介精英、政府官员等。

（4）预案应避轻就重。有时候可能同时爆发几种危机。为避免多种危机并发式的混乱，应根据应急预案中提出的排序标准及危机爆发后的实际情况，首先确定并解决主要问题。

（5）信息要全面。在制订预案时，不仅要考虑影响公共危机的各个变量，可能受公共危机影响的地区、单位、个人等情况，还要预测环境变化后该地区、该单位及个人环境将发生什么样的变化，信息必须始终保持及时、客观、全面、真实、稳定、连续、完整，只有全面系统地了解公共危机的各种信息，周密地考虑了公共危机相关的各种要素，才可能科学合理有效地进行危机管理。

（6）权变性预案与部分性预案相结合。要把权变性预案与部分性预案结合起来，相互补充。权变性预案是全面考虑对付不同危机情况下应采取的不同行动方案。权变性预案的优点在于，它充分考虑了每一类危机各种可能的情况，对每一类危机的各种可能情况，对每一种情况都提出了相应的处理办法，适用范围比较广。但是，它的缺点是预案拟订起来比较复杂，不是很简明。部分性预案则侧重于在某一种危机中对那些事先可以确定的情况制订预案，部分性预案的优点在于，它比较明确、具体、简明，对首要事项规定得比较详细，操作性比较强。当然，部分性预案也有不足，最突出的表现是缺乏灵活性，不能根据不同情况采取不同的措施，容易导致反应过度或者反应过轻。因此，在制订预案时，应将两种预案结合起来，使之相互补充，相得益彰，既保证可操作性，又保证灵活性。

（7）预案要不断修改调整。要高度重视预案的修改调整工作。促使预案修改的因素有很多，但是，最重要的因素有两个：第一，在预案的演练过程中，预案存在问题，或者通过实施说明预案的一些方面不能符合事实的需要，有许多需要修改的地方。第二，环境是不断变化的，环境可能引发预案变量的变化，人类应对公共危机的能力也在发生变化。预案必须适应环境发生的这些变化，及时做出调整。当然，制订预案时应当注意的问题还有很多。总之，预案必须科学合理有效，预案要便于阅读、查询，预案中的重点内容要清楚，使人一目了然。

4.2.6　应急预案的实施与演练

编制预案时要强调预案的培训、宣传和演练。针对预案目标与内容的培训、宣传和演练是应急预案管理的基础，《美国国家应急预案编制指南》的前言中提出"没有经过培训和演练的任何预案文件只是束之高阁的一纸空文"；"预案不仅是让人看，更重要的是要在实践活动中切实应用"。应急预案中列入的所有功能和活动都必须经过培训演练，包括切实提高领导干部在内的各类应急工作人员的意识和能力，熟悉和掌握应急响应程序和方法。在培训和演练中发现的问题可以称为预案修改更新的参考。①

应急预案在实施中得到逐步改进，应急预案实施的原则主要包括：（1）系统化原则。实施危机管理预案必须坚持全面系统的原则，既不能顾此失彼，也不能厚此薄彼，而要从全局着眼；既要重视相关人员的选拔、培训，又要重视物资的配备，还要重视关系的疏通、矛盾的化解等。（2）实效性原则。危机管理预案与危机管理的纲领性文件，必须贯彻和落实，从而使危机管理预案尽快发挥作用。因此，必须注重危机管理预案的时效性。一经审定，应尽快贯彻落实，不可束之高阁，更不能认为可有可无，可执行也可不执行。（3）灵活性原则。危机管理预案要在实施中根据不断变化的实际情况进行修正。为此，必须坚持灵活性原则，切不可脱离实际机械地照搬。在实际实施的过程中，由于情况十分复杂，人们凭借分析和预测所制订的危机管理计划不可能百分之百得到实施。

应急培训与应急预案演练的基本任务如下：（1）锻炼和提高队伍在突发事件情况下的快速抢险堵源能力；（2）提高及时营救伤员的能力；（3）正确指导和帮助群众防护或撤离；（4）有效消除危害后果；（5）开展现场急救和伤员转送等应急救援技能和应急反应综合素质的培训；（6）有效降低事故危害，减少事故损失。

应急演练是检验应急预案可操作性和实用性的重要步骤。应急演练主要是针对社会公众进行的模拟突发事件时的应对演练，应急演练可以提高参与者对危机的熟悉度和处理危机的能力。有效的演练可以降低实际操作过程中人为的错误，同时降低现场调派资源的时间耗费。进行任何联合演练对一个组织来说都有积极的影响，它具备两个核心意义：增加对潜在危机的警惕性；增加处理

---

① 王军：《突发事件应急管理读本》，中共中央党校出版社，2009 年版，第 96 页。

危机的经验。演练的意义主要包括：（1）使每个成员熟悉他们在危机中的任务和位置，并知道如何应付由于危机时可能出现混乱导致的指挥失灵。（2）通过演练，调动、组合、部署人员，当危机真正发生时，为管理人员节余更多的时间。（3）加强互助，熟悉预案的具体实施。（4）找到危机状态下最有效的沟通方式。（5）体会媒体在危机状态是如何发挥作用的。（6）学习尽快恢复危机告一段落之后的组织正常状态。总之，实地演练可以提高参加者对危机各个方面和结果的熟悉性，同时明了他们在完成任务时可能面对的困难。而且，演练的现实性能够测试出应急预案中各个因素在压力下是如何结合在一起的。

培训演练的主要内容是：（1）心理演练。这是一种值得借鉴的危机模拟实习。这种实习能够创造一种近似真实的危机情景，可以用来进行心理素质的演练，提高心理承受能力。组织可以聘请心理学家等为管理者举办仿真的危机模拟实习。（2）组织培训。培训的目的是要使所有参加危机处理的人员都清楚危机处理整体方案以及各自的具体职责。（3）基本功训练。危机处理时间紧迫，对危机处理人员的要求，不仅是应知怎么做，而且要在短暂时间内准确无误地完成规定操作。（4）实地演练。主要包括三种主要方法：在会议室中分析案例；管理团队讨论决策的演练；现场情况的描述。

危机管理预案的演练必须有一个科学化的程序做指导，通常情况下，我们可以用如下程序来指导实际的操作：

（1）做好演练的准备工作。这些准备工作包括思想动员、成立指挥机构、设计演练步骤及检查标准和方法、落实物资的准备工作等。在演练前要根据危机管理预案的要求，认真做好各项准备工作。

（2）演练的具体实施。演练的实施就是把预案变成实际行动。除了预案上的一些内容外，还要设计一些事先没有准备的事情，让执行者在紧急情况下做出反应，以提高应付危机的能力。

（3）总结演练。总结的目的在于发现所存在的问题，以利于日后改进。演练结束后的总结要及时，通过总结评估危机管理预案是否切实可行，能否起到应有的作用。对演练中的好人好事要表彰，对存在的问题要采取措施，做到奖罚分明。

（4）完善预案。总结结束后，还必须对原有预案做出评价，肯定、保留好的方面，对其中的不足给予补充完善。同时，要将完善后的预案重新公布，下发执行。对于执行人员要进行更新培训，确保万无一失。

（5）做好善后处理。危机过后，组织财产受到了某些方面的破坏，造成了巨大的损失，要恢复正常工作，就要采取一些补救措施。因此，危机处理的善后工作亦是危机管理预案中应强调的内容之一。同时，这些补救措施也要着眼于组织今后的发展。

总之，危机管理预案的实战演练，是危机管理必不可少的内容。掌握危机管理预案的演练技巧，是把危机管理预案的指导思想落到实处必不可少的一项重要工作。

4.2.7 我国目前应急预案存在的主要问题

总体说来，我国的应急预案编制总体上起步较晚，目前很多地方的应急预案只是一种理念的设计，真正到了具体操作中还有很多无法预料的情况。更有甚者，一些地方的应急预案往往是作为一种应付检查的"文件"而存在，是纸上谈兵。这些应急预案暴露出"启而不动"、"应不了急"、成为"应付预案"等严重弊病，缺乏针对性和可操作性是当前应急预案最具普遍性的通病，也是当今应急管理研究人员和应急处置工作人员的最大共识，在实际工作中造成一些地方对应急预案的认同程度较低，应急预案的作用没有得到充分发挥。这方面的例子不胜枚举，如 2004 年 2 月 5 日，北京市密云县在灯展期间发生踩踏事故，造成 37 人死亡、多人受伤的惨剧。据悉，密云县在灯展前有关部门也制订了突发事件应急预案，相关部门还多次召开会议进行专题研究部署，可谓"非常重视"。然而，在事故发生时该"应急预案"却被束之高阁，根本未起到应急作用。又如 2005 年 7 月 30 日，威海市突发事件总体应急预案出台。但是从 12 月 3 日到 20 日，连续数场有气象记录以来的最大暴雪，造成威海（后来还有烟台）市部分航班取消，交通停运，数万市民徒步上班，学校三次停课。12 月 10 日，在接受媒体采访时，威海市委副书记、常务副市长刘命信坦言，"从来没遇到过这么大的雪，出乎意料，已经成灾"。威海市政府副秘书长高杰则表示，"我们觉得 3 日之前的准备工作已经做好，不会有什么问题的，但暴风雪还是太大了"。虽有应急预案，暴雪还是让威海、烟台"措手不及"，应急预案应不了急的情况非常典型。

又如，在应对 2008 年初低温雨雪冰冻灾害中，广州火车站应对旅客滞留的预案是 1998 年按滞留旅客 15 万~20 万人规模编制的。2008 年春节前夕，广州火车站共滞留旅客 200 多万人，以致预案因为陈旧失效而启动不了。在这场灾害中，郴州市的应急预案也应不了急，导致郴州的电网全面崩溃。在

2008 年 1 月 8 日，湖南省气象台发布了 1 月中下旬湖南会出现大面积雨雪冰冻天气的预报。1 月 17 日又发出了冰雪天气会加剧的预报。但郴州市没有因此启动应急响应程序。1 月 19 日，电流融冰已不起作用。郴州市区最早在 1 月 23 日便有部分地区停电。1 月 25 日，冻雨形成的覆冰导致电力设备倒塌，短时间内郴州地区全面断电，这时郴州市的应急预案也应不了急。上述现象严重暴露出我国当前处置的应急预案陈旧、不科学和缺少联合应急预案等突出问题。就当地的领导干部来说，他们缺少具备启动应急响应的科学决策能力，这次灾害之后的紧迫任务之一就是应该积极编修现行预案，尽可能保证应急预案的科学性、可行性、实用性和协调性。

"防患于未然"是应急预案的基本要求之一。制订应急预案的要求之一就是把突发事件中隐性的常态因素显性化，尽可能考虑周全导致突发事件发生的所有可预测因素、现象和状态。开展风险分析，建立和完善预测预警系统与机制是突发事件应急预案的重要内容之一。危险辨识与风险评估是编制应急预案的关键和主要依据，所有应急预案都必须建立在风险评估基础之上。这就决定应急预案具有针对性和假设性，其针对性是指它以危险源普查、评估和控制为基础，主要侧重于危险源、关键点、薄弱环节等方面。其假设性是指假设可能发生突发事件的原因和情景，这种假设性是建立在科学分析之上的，其假设的前提与基础也是培养领导干部分析预测能力的重要源泉。应急预案的针对性和假设性越充分、越全面、越科学，越有助于提升公共危机应对的应急准备。

定期开展各种形式的应急演练，演练假设的场景及其效果也是提升公共危机应对能力的重要途径，目前重视应急演练及其效果评估对提升公共危机应对能力至关重要。在当前，一些地方和部门的应急预案制订之后，将其下发了事或束之高阁，没有进行演练和实战检验。有的虽然进行了演练，但是演练过于局限于书生气十足的脚本，而且以脚本剪裁实际，缺乏逼真性和突发性，最终结果是"演练"变成了"演戏"，基本上是只演不练。不但对应急预案的完善无益，而且无助于在实践中真正提升公共危机应对能力，这种状况应该尽快改变。

4.3 应急准备

4.3.1 应急设施设备建设

应急设备与设施储备是开展应急救援工作必不可少的条件。为保障应急工作的有效实施，各地区和应急部门都应制订应急救援设备的配备标准。平时做好装置的保管工作，保证装备处于良好的使用状态，一旦发生危机就能立即投入使用，应急装备的配备应根据不同的应急救援任务和要求选配。选择装备要根据实用性、功能性、耐用性和安全性以及客观条件配置。应急装备可分为两大类：基本装备和专用救援装备。基本装备一般指应急救援工作所需的通信装备、交通工具、照明装备和防护装备等。专用救援装备主要指各专业救援队伍所用的专用工具或物品。①

我国《突发事件应对法》第 19 条规定："城乡规划应当符合预防、处置突发事件的需要，统筹安排应对突发事件所必需的设备和基础设施的建设，合理确定应急避难场所。"可见，法律明确要求，城乡规划应当符合预防、处置突发事件的需要，统筹安排应对突发事件所必需的设备和基础设施建设，合理确定应急避难场所。(1) 统筹安排应对突发事件所必需的设备和基础设施建设。在城市建设用地选择时，综合考虑地形、地质、气象、危险源场所、防洪抗震、防风等安全因素，使居住用地、公共设施用地、工业用地等主要功能区尽量避开灾害和生态敏感地带，实现城市总体布局的合理化。(2) 合理确定应急避难场所。省会城市和百万人口以上城市按照有关规划和相关标准，加快应急避难场所和紧急疏散通道建设工作。扩展广场、绿地、公园、学校、体育场馆等公共场所的应急避难功能，设置必要的基本生活设施。推进台风、地震、地质灾害、洪涝等多灾、易灾的农村地区，以及国家规划的防洪保护区和蓄滞洪区等区域的避难场所基础设施建设。

4.3.2　应急救援队伍建设

应急救援队伍可分为专业应急救援队伍和非专业应急救援队伍。专业应急救援队伍是指专门负责突发事件应急救援工作的队伍，主要是由防汛抗灾、抗震救灾、森林消防、海上搜救、铁路事故救援、矿上救护等专业人员组成的队伍。非专业应急救援队伍并非为突发事件应对而设也没有从事危机救援和控制的职责，但某些突发事件发生时，临时需要他们承担一些应急救援和应急控制的任务，例如由政府或有关部门招募建立的由成年志愿者组成的应急救援队伍等。

---

① 参见宋英华：《突发事件应急管理导论》，中国经济出版社，2009 年版，第 201～202 页。

根据国务院有关文件的要求，应急救援队伍建设的具体要求是：

（1）强化公安、武警和军队等骨干队伍应急能力建设。以骨干队伍为主干，以专业队伍为补充，逐步形成一批布局合理、综合能力强、精干实用的国家级应急救援力量。

（2）加强专业队伍处置能力建设。进一步加强防汛抗旱应急队伍和森林消防队伍建设，补充完善相应装备，提高应对洪涝、旱灾以及森林大火的应急处置能力。

（3）推进企事业单位专兼职应急队伍建设。推进矿山、危险化学品、高风险油气田勘探与开采、核工业、民航、铁路、水运、电力和电信等企事业单位应急队伍建设，按有关标准和规范配置应急技术装备，提高现场先期快速处置能力。推进企事业单位建立应急互助机制，发挥企事业单位应急队伍在区域联防和救援互助中的重要作用。

（4）加强应急专家队伍建设。各级政府及其有关部门开展专家信息收集、分类、建档工作，建立相应数据库，逐步完善专家信息共享机制，形成分级分类、覆盖全面的应急专家资源信息网络；完善专家参与预警、指挥、救援、救治和恢复重建等应急决策咨询工作的机制，开展专家培训和演练等活动。

（5）大力发展应急志愿者队伍。依托共青团组织、中国红十字会、中国青年志愿者协会、基层社区以及其他组织，建立形式多样的应急志愿者队伍，重点加强青年志愿者队伍建设。通过构筑设置参与平台和制订相关鼓励政策，逐步建立国家支持、项目化管理、社会化运作的应急志愿服务机制，发挥志愿者队伍在科普宣教、应急救助和恢复重建等方面的重要作用。

（6）提高专业队伍与非专业队伍的合成应急、协同应急能力，在应对危机时，每个地区都必须充分利用现代化的科学技术，整合现有的应急管理资源，加强专业应急救援队伍与非专业应急救援队伍的合作，合成应急、协同作战。这就要求县级以上人民政府平时重视专业应急救援队伍和非专业应急队伍的联合培训、联合演练，提高应急队伍的合成应急、协调应急能力。

应急救援队伍的业务培训应该根据救援队伍的种类、性质和需要进行科学设置，要有基本理论和实践的结合，要注意国内外的信息动态，要借鉴他人成功的经验和失败的教训，要会使用现有的设备器材，重视研发有前途的救援设备器材，使应急救援手段方法不断创新。如人员搜救队伍，侧重于各种环境下快速的人员搜寻和解救；医疗救援队伍，要以快速实施医疗救助，降低致残致死率为主。工程抢险、交通运输、"三防"等救援队伍的业务培训以此类推，根据自身的专业特点进行设置和授课，努力达到能够"应对多种安全威胁，完成多样化任务"的要求。非医疗专业救援人员要尽可能掌握急救医学基本操作技术，可以暂时起到医务人员到来之前的急救互补作用。①

目前应急救援力量的构成与实际要求还有较大差距，主要表现为一般救援队伍多，专业救援队伍少；战时应战队伍多，平时应急队伍少；作战保障队伍多，民事保障队伍少。

4.3.3　应急物资准备

应急物资准备主要包括以下 3 个方面：

（1）国家建立应急物资储备保障制度。我国现已初步建成应急物资储备保障制度，包括重要应急物资的监管、生产、储备、调拨和紧急配送体系等。国家已在沈阳、天津、武汉、成都、西安等 10 个城市设立了中央级应急物资储备库。国家在对现有各类应急物资普查和有效整合的基础上，合理规划建设了国家重要应急物资储备库，并按照分级负责的原则，合理规划应急物资储备库的建设。

（2）市级以上人民政府和突发事件易发、多发地区的县级人民政府应当建立应急物资储备制度。为在第一时间采取有效措施应对突发事件，省级和市级政府应当建立应急救援物资、生活必需品和应急装备的储备制度。同时，在突发事件易发多发地区的县级人民政府也应当建立应急救援物资、生活必需品和应急处置装备的储备制度。

（3）县级以上地方各级人民政府应当根据本地情况，为保障应急物资的生产和供给，与有关企业签订协议。县级以上地方各级人民政府与有关企业所签订的协议是一种行政合同。行政合同结合了合同和行政行为的特点。《中华人民共和国突发事件应对法》第 52 条规定，履行统一领导职责或者组织处置突发事件的人民政府，必要时可以要求生产供应生活必需品和应急救援物资的企业组织生产、保证供给。为了保障应急救援物资、生活必需品和应急处置装备的生产和供给，县级以上地方人民政府与有关企业签订应急物资的生产、供给合同是相当必要的。

应急物资准备是公共危机预防的物质基础，必须坚持经济和实用原则。所谓经济原则，即是按经济规律办事，讲究投资的经济效益和厉行节约，降低成

---

① 李涛等：《突发事件应急救援手册》，军事医学科学出版社，2010 年版，第 44 页。

本，避免闲置、积压和浪费，千方百计地提高资源的利用率，以有限的资金投入获得最佳的效果。

本章小结

本章主要从公共风险评估、应急预案和应急准备三个大的方面介绍了应急预防和应急准备。公共风险评估主要包括公共风险的类型划分、等级排序以及包括风险识别、风险评估、风险控制在内的风险管理过程。在应急预案方面，主要论述了应急预案概念在我国的起源与发展、应急预案的特点与体系、应急预案编制的基本原则和主要流程、应急预案的主要内容、应急预案的实施演练以及我国目前应急预案在编制与实施过程中存在的主要问题等。在应急准备方面，主要探讨了应急设施设备建设、应急救援队伍建设和应急物资准备等。

关键术语

应急预防　　应急准备　　公共风险　　　风险识别

风险评估　　风险控制　　应急预案　　　预案体系

应急演练　　宣教培训　　应急设施设备　　应急救援队伍

应急物资

思考题

1. 应急预防应该从哪些方面体现出来？
2. 公共风险评估的意义和步骤是什么？
3. 如何进行风险识别？
4. 风险控制的核心是什么？
5. 公共风险管理对公共危机应对有什么重要意义？
6. 应急预案这一概念在我国的发展是怎样的？
7. 应急预案有哪些特点？
8. 我国的应急预案体系包括哪些内容？
9. 应急预案制订的基本原则是什么？

10. 概括应急预案的编制流程。

11. 简述应急预案的基本内容。

12. 应急预案演练具有什么作用？

13. 当前我国应急预案在制订和实施过程中存在哪些主要问题？

14. 你知道公共危机管理发达国家的相关预案吗？它们有哪些值得我们借鉴？

15. 应急准备在公共危机应对中有什么作用？

16. 应急设施设备建设应从哪些层面入手？

17. 如何加强应急救援队伍建设？

18. 应急物资准备的重要性体现在哪里？

19. 通过分析汶川地震的危机应对过程，你能够发现我国应急准备方面存在哪些欠缺？如何尽快弥补？

20. 如何从思想上培养和加强我国公民的公共危机应对意识？

本章主要参考文献

郭济：《政府应急管理实务》，中共中央党校出版社，2004年版。

计雷等：《突发事件应急管理》，高等教育出版社，2006年版。

李飞：《中华人民共和国突发事件应对法释义》，法律出版社，2007年版。

李涛等：《突发事件应急救援手册》，军事医学科学出版社，2010年版。

林鸿潮：《公共应急管理机制的法制化》，华中科技大学出版社，2009年版。

刘铁民：《应急体系建设和应急预案编制》，企业管理出版社，2004年版。

卢林：《制度转型及风险管理》，上海人民出版社，2010年版。

陆立德、徐旭初：《防灾预案研究》，《灾害学》1992年第2期。

罗云等：《风险分析与安全评价》，化学工业出版社，2004年版。

闵政：《略论减灾预案》，《中国减灾》1991年第8期。

宋英华：《突发事件应急管理导论》，中国经济出版社，2009年版。

王宏伟：《突发事件应急管理：预防、处置与恢复重建》，中央广播电视大学出版社，2009年版。

王军：《突发事件应急管理读本》，中共中央党校出版社，2009年版。

吴宗之、刘茂：《重大事故应急救援系统及预案导论》，冶金工业出版社，2003年版。

徐建约、邰其生：《制订应急预案，做好突发事件和灾害中的卫生防病工作》，《中国公共卫生管理》1993年第3期。

杨庆霄：《国外海洋溢油应急计划简介》，《海洋环境科学》1990年第3期。

杨雪冬等：《风险社会与秩序重建》，社会科学文献出版社，2006年版。

鱼海深：《编制抗震防灾应急预案的初步探讨》，《灾害学》1988年第4期。

詹承豫等：《大城市应急法制建设探索——<北京市实施〈中华人民共和国突发事件应对法〉办法>解读》，中国法制出版社，2008年版。

张成福、唐钧：《政府危机管理能力评估——知识框架与指标体系研究》，中国人民大学出版社，2009年版。

张海波：《应急预案的编制、应用与优化》，《江苏社会科学》2008年第6期。

张彧通：《论应急预案的法律性质及效力》，《法制与社会》2009年第8期（上）。

召平：《应急预案的基本概念》，《安全与健康》2008年第5

期（上）。

中国社会科学院语言研究所词典编辑室编：《现代汉语词典（2002 年增补本）》，商务印书馆，2002 年版。

钟开斌、张佳：《论应急预案的编制与管理》，《甘肃社会科学》2006 年第 3 期。

第 **5** 章 监测与预警

引导案例

案例 1　美成功测试地震预警系统　可提前数秒预警

2011 年 8 月，美国发生一场地震并导致一座核电站关闭。一个月后，加利福尼亚州的地震学家成功测试了一个地震预警系统。这一系统能够在探测到断层断裂产生的第一个能量脉冲时发出早期预警。

这个地震预警系统由加州大学研发，目前还没有推向公众或者企业。也就是说，在发生地震时，只有一组科学家能够接到警告。但随着时间的推移，这个预警系统将投入使用，为美国公众提供预警服务。8 月，弗吉尼亚州路易莎县发生 5.8 级地震。地震发生后，距离震中 10 英里（约合 16 公里）的一座核电站关闭，避免了一场更大的灾难。

类似的地震探测系统已经在日本、墨西哥、中国台湾省和土耳其出现。在 3 月 11 日发生 9 级大地震并引发海啸时，日本的预警系统挽救了数千人的生命。由于这一系统，东京居民在高层建筑开始摇晃前 10 秒到 30 秒收到警告。借助于早期预警系统，大约有 12 辆列车立即刹车，避免灾难发生。美国采用的一种预警系统允许空中交通管制员及时终止飞机的起降。

9 月 1 日，加州发生 4.2 级地震，加州大学地震学家伊丽莎白·科克兰利用这个机会测试预警系统。她说："如果不是得知发生地震，我会认为是一辆从附近经过的卡车。"早期预警系统的支持者表示，由于很难预测地震，最理想的做法就是让居民和商业部门在地面晃动前做好准备。即使能够争取短短 5 秒钟也是非常宝贵的。

加州大学项目参与者理查德·艾伦表示："你一定希望在墙壁倒塌前钻到坚固的桌子底下。我们不希望人们慌忙跑出建筑。"早期预警系统能够感知到断层断裂后产生的第一个能量脉冲，根据有限的信息评估地震强度。由于地震波的移动速度存在差异，这一点是可以做到的。部署在地下的传感器网络可以探测到快速移动但破坏性较小的 P 地震波，P 波之后是破坏性较大的 S 波，警报将在 S 波到达前发出。

预警系统能够争取到几秒到几十秒的时间，具体取决于与震中之间的距离。距离越远，时间越长。项目负责人道格·加文表示，如果预警系统取得成功，列车可以及时刹车，飞机会被及时禁飞，发电厂可以做好准备，学生也会被撤离到安全地带。预警在地震源头无法发挥作用，因为震动几乎立即扩散。

在 1995 年 6.9 级神户地震之后，日本开始投入巨大努力，研发公共预警系统。具体研发工作开始于 2000 年。在投入 5 亿美元和历时 7 年之后，日本建立了世界上第一个早期地震预警网络。除了日本外，墨西哥、中国台湾省和土耳其同样部署预警系统，但先进程度远不及日本。

3 月，日本地震预警系统接受"实战考验"，当时的大地震袭击日本东北部地区并引发海啸。在传感器首次探测到地震发生迹象后 8 秒钟，日本政府通过电视、电台和手机向公众发出警告。数百万人收到警告，争取到 5 秒到 40 秒时间，具体取决于他们与震中之间的距离。东京距离震中大约 230 英里（约合 370 公里），在收到警告大约 10 秒到 30 秒后，东京的高层建筑开始出现摇晃。十几辆列车及时刹车，避免灾难发生。在地震后一周举行的众议院附属委员会听证会上，美国地质勘探局负责人玛西娅·麦克努特对议员表示，日本的预警系统挽救了数千人的生命。

另外，2011 年 5 月 10 日，美国官员称，美国今年年底前将推出手机预警系统，以应对恐怖袭击威胁。目前联邦政府和地方政府已经要求手机制造商，在所有新生产的手机里安装一种芯片，使得这些手机的用户将能直接收到政府危险预警短信和失踪儿童的信息。美国联邦通信委员会表示，美国各大无线运营商都将加入这一系统。届时，运营商将允许手机用户屏蔽当地政府信息和失踪儿童的信息，但无法拒绝接收由美国总统发布的紧急通知。该系统计划于今年底正式推出。预计在未来4年内，手机用户在纽约地铁内都能接收到政府警报信息。

就在2011年5月10日这同一天，纽约市市长彭博宣称，在今年年底前，纽约市将启用一套手机预警系统，该系统能基于突发事件所在位置对该区域内所有具有接收功能的手机发送危险警报等预警信息。官方可以通过这一被称作"个人定位警报网络"的预警系统，通过无线运营商，向位于区域范围内的手机携带者发送相关信息。彭博表示："我们可以通过这个系统以文字信息、邮件或者语音等形式，向人们发送危险警告，这将为美国国内紧急事件通信处理树立榜样。""万一在世贸中心、时代广场这样人流集中的地方出现危险状况，也因为我们可以通过这个系统向这些区域内的人们发送信息，而让情况变得更加安全。"据了解，预警系统要求运营商在新手机内预装一种专用芯片，最近开卖的手机可能已经预装了有关芯片。将有三种内容被允许通过系统发布：总统授权的信息、即将到来的危及生命的危险以及失踪警报。手机收到信息时将伴有特殊的铃声及震动。这一预警系统由美国联邦通信委员会和联邦应急管理局共同参与实施。

（资料来源：节选自秋凌：《美成功测试地震预警系统 可提前数秒预警》，新浪科技微博2011年9月22日。孙宇挺：《纽约市今年底启用手机预警系统发布危险警报》，中国新闻网2011年5月11日。《美国拟推手机预警系统 总统可向市民发紧急通知》，《钱江晚报》2011年5月12日。）

案例讨论

1. 美国、日本等的地震预警系统在公共危机管理中发挥了什么样的作用？

2. 美国（含纽约市）的手机预警系统对我国公共危机管理有什么启示？

3. 发达国家和发展中国家的公共危机管理的监测预警方面存在差距的基本原因是什么？

4. 如何进一步强化监测预警以提升我国的公共危机管理水平？

案例2　北京西单商业街监控人潮　预警系统首次启用

位于天安门西侧的西单商业街与王府井、前门大栅栏并称北京三大最著名的传统商业区。一提起西单商业街，最先出现在人们脑海的可能不是它悠久的历史，而是整日熙来攘往的人流拥挤在并不宽敞的街道上。

为了防范由于人群过于密集而发生踩踏等情况，一套客流预警系统于 9 月 22 日开始在这个商业区试用了。

"客流量预警指标与场所、人数密切相关。大部分的踩踏事故表明，拥挤踩踏时的人群密度通常都非常高，达到每平方米 4 人，甚至更高。而且场所不同，人数也并不固定，在天桥、平面步行道、楼梯上的预警指标都不一样。同样密度，在平地上可能没有危险，但在楼梯上有可能就非常危险了。"北京市劳动保护科学研究所相关人员介绍。

在西单商业街的一栋大楼里，监测设备就被摆放在一间无尘的电脑房中。工作台上的液晶显示屏播放着西单各主要路段的实时监控录像，几名工作人员坐在显示屏前目不转睛地监控着。在他们的正对面，一面由几块液晶屏拼成的巨大屏幕布满了整面墙。大屏幕上显示的是用色块模拟的西单街道地图。

记者从大屏幕上看到，整套监控系统包含了 19 个数据采集点，分布在天桥、西单文化广场、地铁 1 号线出口、1 号线和 4 号线换乘站、西单周边商场及公交站；它们用绿色圆形图案显示在屏幕上。仔细观察可以发现，这些大绿圆点其实是由上下两个半圆组成的。

工作人员解释说，上方的半圆显示当前的实时数据，下方的半圆则预测 10 分钟后的数值。如果客流超过标准值，屏幕上的圆点就会变成红色，警告这个点位的人数超标。

直到下午 5：30，大屏幕上的几个绿点始终没有一个发出红色预警信号，西单商业区的客流量全部处于正常范围之内。实时监视屏中，行人匆忙有序地移动着，虽然看不清面部长相，但衣着穿戴却能轻松辨认。

研究开发此系统的北京市劳动保护科学研究所介绍，预警系统在北京市是首次启用。通过安装在不同地点的视频设备，实时采集客流数据，再由无线网络传输到指挥中心进行智能分析。预警系统可以分析预测 10 分钟后客流是否会达到警报数值，以使管理部门提高警惕，预留采取措施的缓冲时间。此外，预警系统还能监测人群的非正常聚集、非法入侵、人包分离等异常行为。

一位该研究所工作人员说，西单商业区近年来，新增了新的大型商场、过街桥、地铁站等，密集人群聚集程度和规模都有所增大。现在，西单商业街的客流量每天有几十万人次，在这里试行客流预警系统，能更好地收集数据。当客流量超过预警值时，指挥中心会立即通知其他点位的值班人员到达报警点位，引导游人绕行报警区域。

引导疏散客流的主要途径有 3 个，即地铁、公交和天桥。由于 4 号线西单站首次在西单大街西侧设立了出入口，因此，一旦西单大街东侧的地铁站客流超过警戒数值，工作人员就会疏导客流从西单大街西侧进入地铁。这使得原有西单大街东侧的 1 号线客流压力也减轻了很多。类似的方法也可适用于公交车站引导疏散。

西单地区的 4 座天桥是监测的重点区域。一旦天桥客流猛增，西长安街街道以及西单大街派出所、城管队等都将协助行人疏散。除了对个别天桥进行限流外，还会根据实际情况，开通地面应急通道。西单大街虽然中间隔离带安装了铁栅栏，但是预留了活动门。一旦天桥上客流激增，活动门就可能会启用。

"在国外，客流预警装置服务对象主要是地铁等有特别出入口的场所，但在像西单这样的开放区域，还没有类似的预警装置。"这位研究人员说，西单客流预警系统示范成功后，可以服务于北京市及其他地区的商业区、车站等人员密集场所。

记者了解到，为了更加全面地掌握西单地区的客流状况，数据采集点在"十一"之后还将向西单北大街扩展，达到 40 个。这套系统除了监测客流量、提供预警干涉决策辅助信息外，还可以服务于步行交通特性、步行空间优化等方面的研究和管理工作。

（资料来源：《北京西单商业街监控人潮　预警系统首次启用》，《北京科技报》2009年 10 月 10 日。）

案例讨论

1. 为什么监测预警中的信息收集至关重要？

2. 北京市西单商业街监测预警系统从哪些方面突破了传统的监测预警方式？

3. 现代社会中监测预警的科技支撑体系为什么会越来越重要？

4. 北京市西单商业街的监测预警系统对其他大城市有什么借鉴意义？

5.1　监测与预警概述

公共危机在发生之前有一个孕育的过程，且都表现出一定的征兆或迹象，如果能在危机还在萌芽状态或初起时及时发现这些征兆，对其发生发展做出准确的预测和判断，及时采取有针对性的措施，或能防止公共危机发生和升级，有效地控制事态发展；或能提高应对的针对性和有效性，减轻应对压力，减少损失。监测预警是公共危机管理过程中的前期基础和重要环节，对于保障公共危机管理工作的顺利开展，减少危机对人民群众生命财产的影响程度，维护社会安全稳定，具有重要意义。

5.1.1　监测与预警的含义及特征

公共危机监测是指根据公共危机的性质和种类长期地、连续地收集、核对、分析监测目标的动态分布、影响因素、影响范围和后果等资料，并将信息及时上报和反馈，以便及时采取干预措施。建立监测机制的目的是通过对危机诱因、危机征兆的严密观察，收集整理反映危机迹象的各种信息和信号。监测是预警的基础，为了有效地应对公共危机，必须及时掌握有关信息，对可能发生公共危机的各种现象进行监测。需要建立健全基础信息数据库，把收集上来的数据分门别类、科学存储；完善监测网络，划分监测区域，确定监测点。

关于危机预警，其概念界定相对较多，有的认为，"所谓公共危机的预警是指在已经发现可能引发危机的某些征兆，但危机仍未爆发前所采取的危机管理措施，如信息收集、信息传递、信息处理和信息识别以及信息发布等"。[①]有的认为，"公共危机预警，指根据有关危机现象过去和现在的数据、情报和资料，运用逻辑推理和科学预测的方法、技术，对某些危机现象出现的约束性条件、未来发展趋势和演变规律等做出估计与推断，并发出确切的警示信号或信息，使政府和民众提前了解危机发展的状态，以便及时采取应对策略，防止或消除不利后果的一系列活动。公共危机预警系统是为了能在危机来临时尽早地发现，所建立的一套能感应危机来临的信号，并能判断这些信号与危机之间关系的系统。公共危机预警系统从不同角度可以分为以下几类：从手段上可以

---

① 黄顺康：《公共危机管理与危机法制研究》，中国检察出版社，2006 年版，第 119~120 页。

分为电子预警系统和指标性预警系统。从时间上可以分为中长期预警和短期预警两类"。① "从内容上看，危机预警主要包括'预'（预测）和'警'（警示）两个组成部分。其中，'预'指的是特定部门以先进的信息技术平台，通过预测和仿真等技术收集、整合、处理相关信息，预测某一类事件的发展动态。从信息流程来看，'预'以由外而内为主，间有互动；其作用对象也主要为特定的部门机构。'警'指的是根据预测结果，通过公共媒体、政府内部信息渠道等，及时对特定的目标人群发布警示信息，从而把危机可能给特定部门和潜在的受众群体造成的损失降至最低。"②

　　一些学者把预警作为一种机制来看待，有的认为"预警机制是指根据公共危机的预测信息和风险评估结果，依据公共危机可能造成的危害程度、紧急程度和发展态势，确定相应预警级别，标示预警颜色，并向社会发布相关信息的机制。预警机制是在公共危机发生之前对危机的预报、预测及提供预先处理操作的重要机制，主要包括对预警范围的确定，即规定监控的时间范围、空间范围以及监控对象范围；预警级别的设定及表达方法的规定；紧急通报的次序、范围和方式；公共危机范畴与领域预判。对公共危机涉及的范畴和领域进行预判，初步对公共危机给出一个类别和级别，以匹配应对预案"③。有的认为"预警机制就是利用现代化的技术监测手段，对公共卫生、气象、地震、安全生产等专业部门的各种隐患进行数字化实时监测和分析，制订综合预警体系建设的技术标准，建立健全对各种突发事件的预警指数和等级标准，并根据情况向不同范围内的组织、媒体及公众进行通告"④。还有的认为"公共危机预警机制则是指动员社会各种力量，积极做好公共危机预警的各项准备工作和保障措施，并利用有效的公共危机监控系统，对可能引起公共危机的各种因素及其所呈现出来的危机警源和危机征兆进行严密监控，对其发展趋势、危害程度等作出科学、合理、有效的判断，通过公共危机传导流程，发出正确的危机警报，并在政府其他各部门的协同工作下，充分保证公共危机预警有效运行的

　　① 肖鹏军：《公共危机管理导论》，中国人民大学出版社，2006年版，第64页。
　　② 张成福等：《公共危机管理：理论与实务》，中国人民大学出版社，2009年版，第126页。
　　③ 参见王军：《突发事件应急管理读本》，中共中央党校出版社，2009年版，第102页。
　　④ 宋英华：《突发事件应急管理导论》，中国经济出版社，2009年版，第133页。

组织体系"。①

关于危机预警的特征，有的学者认为，"一是快速性，即危机预警系统的第一要务就是建立灵敏快速的信息收集、信息传递、信息处理、信息识别和信息发布系统，这一系统的任何一个环节都必须建立在'快速'的基础上，如果失去了快速性，危机预警机制就失去了任何意义。因为危机预警尚未发出，危机很可能已经大规模爆发，根本来不及发布危机预警警报，也不可能实施预控。危机预警这个'报警器'就没有发挥任何作用。二是准确性，现代社会的信息复杂多变，危机预警不仅要求快速收集和处理信息，更重要的是要对复杂多变的信息做出准确的判断。判断是否正确，关系到整个危机管理的成败。要在短时间内对复杂的信息做出正确判断，必须事先要针对各种危机制订出科学、实用的信息判断标准和确认程序，并严格按照指定的标准和程序进行判断，避免信息判断及其过程的随意性。三是公开性，即危机信息一经确认，就必须客观、如实地向社会公开发布信息。因为战胜危机需要动员全社会的力量，隐瞒危机信息，社会上必然形成小道消息满天飞，无法形成政府和社会的良性互动，其后果是，政府的形象会受到损害，民众的非理性行为反而会受到变相鼓励"。② 有的学者还增加了复杂性、持续性等特征，复杂性体现在公共危机的监测、评判和预报需要大量信息、各类行业专家、各种资源以及方法，它们还必须通过政府统一领导、指挥全社会各方面力量紧密配合才能有序、高效地进行。持续性包括公共危机预警系统必须是全天候、不间断地收集各类信息，监控和预报潜在危机，并时时刻刻准备应对危机。③

监测预警机制是指政府为有效预防、应对公共危机，针对监测、预测以及预警工作，建立能够灵敏、准确地昭示风险前兆，并能及时提供警示的机构、制度、网络、举措。目前我国政府的危机应对多为撞击反应式的"事后救火"，由于事先缺乏科学的监测和预警分析，所以无法在更远的时间内对公共危机进行宏观性的总体考虑。为此，建立一套专门的政府监测预警系统，科学、定量、实时地诊断、监测并预警社会稳定和公共安全的总体态势，以防患

<hr>

① 刘鹏：《城市公共危机预警研究》，中央编译出版社，2010 年版，第 40 页。

② 黄顺康：《公共危机管理与危机法制研究》，中国检察出版社，2006 年版，第 119~120 页。

③ 参见刘鹏：《城市公共危机预警研究》，中央编译出版社，2010 年版，第 41~42 页。

于未然，就成为当前我国政府的一项重大课题。另外，公共危机预警级别的确定往往是预测性的，考虑到社会公共危机的特殊性，如比较敏感，紧急程度、发展态势和可能造成的危害程度不易预测等特点，目前我国还没有要求社会公共危机必须划分预警级别。

5.1.2 监测与预警的功能与基本原则

"危机前预警是公共危机管理的首要阶段，也是危机管理的第一道防线。通过预警系统的建立，可以帮助政府对可能发生的各种形式的危机事先有一个充分的估计，提前做好应急准备，选择一个最佳应对方案，以最大限度地减少危机所造成的损失。"[1] 科学的危机监测预警机制是应对危机、战胜公共危机的法宝。现在我们面临的许多危机，如地震、海啸等，都是很难控制的，因此灾害发生之前的监测预警就显得极其重要。发出预警信号，是减少损失最有效的方法，危机预警在对危机进行预控、减少危机损失，防止危机扩大或升级等方面有着不可替代的作用。但是，由于很多公共危机具有突发性、紧急性和高度的不稳定性，再加上公共危机的先兆可能很微小，并且很多难以监测到，因此，预警工作难度很大。有时候，也可能危机征兆出现的频率很高，以致麻痹了人们的神经，未能引起人们重视。还有比如像破坏性地震这样的危机，从先兆出现，到地震发生的时间很短，有关部门来不及做出反应，还可能预报不准确造成损失，给从事预警预报工作的工作人员带来巨大的压力。可见，要做好预警工作，既十分重要，难度也非常大。监测预警机制有助于危机预控措施的制订与实施，降低危机可能造成的损失；有利于政府迅速做出反应，提升危机应对的效能，鉴于它的作用如此之大，构建科学的监测预警机制也就成为了公共危机管理的重要内容。

一般说来，公共危机预警的功能主要有：一是监测功能，公共危机的监测功能是指通过对有关指标的评估，定期或及时地监测潜在的公共危机的发展状况。监测即跟踪公共危机的产生、发展的全过程，将公共危机产生的结果同政府公共危机管理部门预测的结果进行对比，找出偏差，当危害社会发展的不利因素出现警兆时，提出警告信息，以让政府部门更为迅速、主动地应对公共危机，以减少公共危机对社会的危害。二是警报功能，通过对公共危机信息和公共危机管理组织中可能产生的问题设定指标，对可能出现的各种危机征兆和诱

---

① 肖鹏军：《公共危机管理导论》，中国人民大学出版社，2006 年版，第 65 页。

因进行识别，保证社会发展处于安全与有效的状态。三是评判功能，根据跟踪、检测的结果对比分析，运用现代公共危机管理技术、评价技术对公共危机的发展状态做出判断，找出组织运行中的弊端及其病根之所在。四是免疫功能，通过预警分析，政府公共危机管理部门能系统而详细地记录公共危机发生的缘由、处理经过、解除公共危机的各项措施，以及处理反馈与改进的建议，作为未来类似情况的前车之鉴。这样政府将纠正偏差与过失的一些经验、教训转化为公共危机管理的典范，以免犯同样的错误，不断增强免疫能力。① 也有学者认为，危机预警的功能主要表现在以下几个方面：一是预见功能。通过对各个领域中特定指标要项的研究，找出某些敏感性指标的异常变化并预先指出其发展征兆。二是警示功能。通过对特定指标的监测，可以就有关信息和结果向有关部门或社会公众发出警示，发挥导向作用，提醒各方做好准备。三是阻止、化解功能。对于很多现实问题，可以通过预警加以相应的阻止和化解，从而在某种程度上防范危机的发生。这是危机预警最重要也是最现实的目标。四是减缓、延缓功能。对于可能难以规避的危机类型，如恶劣天气、自然灾害等，只能尽可能地利用现有和潜在的条件来尽力减缓、延缓其发展的速度，减少其带来的损失，避免危机的扩大和升级。这也是危机预警的重要功能。②

一般来说，建设监测预警机制，需要遵循以下原则：

（1）以人为本原则。通过监测预警机制的建设，积极预防和最大限度地减少公共危机对人民群众的危害，维护广大人民群众的根本利益，保障人民群众生命财产安全，是监测预警工作的核心，任何决策的制订和执行必须以人民群众根本利益为出发点。

（2）政府主导原则。很多公共危机由于具有突发性、公共性、多变性、多样性、危害性、信息有限性等特点，其监测预警工作必须在政府主导下进行，尤其是相关预警信息必须由政府直接或授权权威机构进行发布。政府的统一领导能够有效促进和带动监测预警机制的建设，并预防和最大限度地减少公共危机给人民群众带来的危害。只有在政府的统一部署和领导下，人民群众才能坚定信心、有条不紊地应对公共危机带来的各种不测，度过难关。在国家突

---

① 参见刘鹏：《城市公共危机预警研究》，中央编译出版社，2010 年版，第 42～44 页。

② 张成福等：《公共危机管理：理论与实务》，中国人民大学出版社，2009 年版，第 127 页。

发事件应对法、国家突发事件总体应急预案等文件中体现了政府主导的原则。

（3）理论联系实际原则。任何理论都必须经过实践的反复检验才能成为真正成熟的理论。理论联系实际是将监测预警工作落到实处的关键环节，对于监测预警机制的各项具体内容，各行业各部门必须根据自己行业的工作性质、特点等对其进行理论联系实际的验证，并在实践中加以不断的完善和修改。

（4）公开透明原则。对于公共危机，只要不涉及机密性质的信息尽可能让群众知晓。公开透明是实行民主化、科学化监测预警管理的重要手段，为取得社会各方面的理解和支持创造有利的保障。群众知晓公共危机的发展趋势，一方面，能更有效地做好预防工作，减少群众损失；另一方面，对于提高群众监测预警的精度与效率具有重要的意义。

（5）规范化原则。按照规划标准建立统一的监测预警机制，使应对公共危机的工作规范化、制度化、法制化。规范化的监测预警机制可以保证在公共危机爆发时，各级各部门各行业相关决策者有法可依，用相对少的时间快速做出正确决策。此外，规范化、制度化、法制化的监测预警机制有利于各行业部门之间进行沟通和交流，借鉴彼此的工作经验，为理论联系实际工作打下良好基础。

（6）科技支撑原则。监测预警工作高效的开展离不开先进科学技术作为支撑，必须高度重视利用科技力量提高应对公共危机的能力。根据国家中长期科技战略规划，应在可能涉及公共危机的相关领域开展基础性研究，并密切关注国外特别是发达国家相关领域先进科学技术的发展动态。同时，采用系统科学的理论和方法，建立四色预警指标体系是监测预警工作的核心所在。

（7）常备不懈原则。公共危机不能只靠事发后的补救，应该更多偏向事前的预防。把信息收集、分析和处理工作落实在日常管理之中，加强基础工作，提高防范意识，注重监测预警分析。力争实现早发现、早控制、早解决，将公共危机造成的损失减小到最低程度，这就要求各级相关部门必须坚持常备不懈，做好日常预防、监测工作。另外，要将监测预警工作贯穿于公共危机的事前、事中、事后等各个环节，及时动态调整监测预警信息，着重强调预防、预测和预警。

（8）多部门协同原则。某一行业的公共危机往往会涉及其他领域和部门，而多数公共危机的妥善解决也不是某一部门独自就可以完成的，这就要求在制订监测预警机制时必须坚持多部门协同原则。坚持多部门协同原则有利于提高监测预警监督以及效率，有利于资源整合和降低成本，可以有效实现组织、资源、信息的有机整合，充分利用和发挥各类资源和优势，形成合力，共同应对公共危机带来的危害。

另外，监测预警还要强调及时性、全面性、准确性，因为监测预警的效果与其及时性、准确性和全面性成正比。监测预警越及时、越准确、越全面，则监测预警的效果越好。

5.1.3　监测与预警的组织机构及工作流程

公共危机具有较强的不可预测性，任何一个因素的改变都可能使事态方向发生变化，要根据公共危机应对的需要设计合理、科学的应急管理制度，使各种应对行为包括预警级别的确定、警报的宣布和解除、预警期的开始和终止、有关措施的采取和解除，都能够充分发挥作用，既能够有效地用于控制和消除公共危机，又能防止和杜绝公共权力被滥用的可能，尽量减少因公共危机应对行为而导致的负面影响。"危机预警系统的设计是一项复杂的系统工程，需要投入人力、财力、物力进行系统研究。为此，需要建立一定的组织机构来具体负责。组织机构的建立是危机预警系统设计的前提和基础，通过设立一定的组织机构，配备必要的专业人员并明确其职责，预警系统的设计才具有组织保障。"① （见图5-1）

1. 监测预警的机构设置

（1）监测预警领导小组。主要职能：负责监测预警工作的统筹管理，对监测预警会商结果进行决策，并将预警结果报送专项指挥部。人员构成：专项指挥部的有关领导兼任组长，组员由下属分部门负责人组成，人员数目为奇数。

（2）专家组。主要职能：对预警分析部门呈报的警情报告进行会商，确定公共危机的预警级别，辅助监测预警领导小组的决策。在日常阶段对数据采集工作、技术分析工作进行指导。人员构成：由相关行业的专家组成，人员应具有较强的分析能力，并具有丰富的理论和实践经验。

（3）监测分析部门。主要职能：日常信息监测与采集，信息传送，系统维护。岗位设置：实时监测人员，系统管理与维护人员。岗位职责与人员素质

① 张成福等：《公共危机管理：理论与实务》，中国人民大学出版社，2009年版，第129页。

125

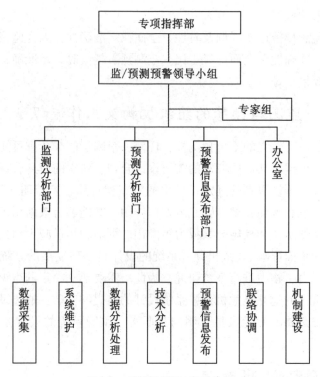

图 5.1　监测预警组织结构图

要求：①实时监测人员。信息监测来源包含布点监测、其他部门的预警联动信息、外省市的预警联动信息。根据行业具体情况设立各级监测站点，进行 24 小时持续监测，获取数据并将数据传送到监测分析部门。②系统管理与维护人员。对监测系统、传输网络进行管理与维护，保障数据采集与传输工作的正常运行。要求本岗位人员具备一定的通信、计算机网络、信息管理专业的相关知识。

（4）预测分析部门。主要职能：建立和完善四色预警标准体系，实施日常脆弱性评估，分析处理数据，进行初步预警定级，撰写警情报告。岗位设置：数据分析处理人员，技术分析人员。岗位职责与人员素质要求：①数据分析处理人员。对周期传送的数据进行分析处理，补充入知识库；对紧急传送的数据在第一时间进行分析研判，在监测信息及历史数据的基础上进行预测。②技术分析人员。建立和完善四色预警标准体系。根据数据分析结果与监测预警标准进行初步预警定级并预测公共危机发生的时间和概率，对公共危机可能造成的衍生次生灾害进行预估，形成警情报告，上报监测预警领导小组。

（5）预警信息发布部门。主要职能：负责预警信息的对外发布和宣布取消工作，将根据预案定级后的预警信息通过合理的渠道准确发布给外界社会，在预警危机解除时宣布取消预警信息。岗位设置：预警信息发布人员。岗位职责与人员素质要求：在对数据进行监测和预测的基础上将监测预警信息及时、准确、无误地发布给外界社会。对于一般或较重级别的预警，由本部门按照有关规定，组织对外发布或宣布取消；严重或特别严重级别的公共危机预警信息，需报请相应的主要领导批准，由应急办负责组织，统一对外发布或宣布取消。要求本岗位工作人员具有初步的专业知识，较强的文字处理能力和语言表达能力。

（6）办公室。主要职能：进行各部门之间以及对外的协调运作，完善监测预警机制建设。岗位设置：联络协调人员，机制建设人员。岗位职责与人员素质要求：①联络协调人员。负责协调监测预警组织中各岗位的运作，组织与协调专家组工作；负责与应急办及其他专项指挥部的联络协调。②机制建设人员。在监测预警领导小组的指挥下，分析监测预警机制建设现状，对建立和完善监测预警机制工作提出建议，并负责落实实施工作。要求本岗位人员具有初步的专业知识以及较强的分析总结与组织协调能力。

2. 监测预警的工作流程

监测预警工作流程包括日常、事前、事中、事后四个阶段。在各个阶段，设计科学合理的步骤。监测预警工作流程如图 5.2 所示。

对于监测预警工作的基本流程，大体上可以分为日常和事发两部分。

（1）日常工作基本流程

①对监测信息进行采集与分析：信息监测来源包含布点监测、其他部门的预警联动信息、外省市的预警联动信息。根据行业具体情况设立各级监测站点，进行 24 小时持续监测，获取数据并将数据传送到监测分析部门。常规数据根据事先规定的周期收集传送，异常数据要在第一时间传送。对于其他专项部门以及其他省市的数据，进行筛选和综合，进行传送。

②对社会系统进行评估，排查隐患：根据公共危机的性质、严重程度、影响范围、可控性等因素，对公共危机管理能力进行综合分析和评价，评估社会系统所存在的缺陷以及薄弱环节和薄弱程度，从而进一步研究在多大程度上容

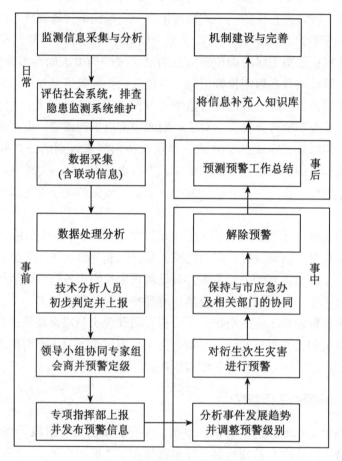

图 5.2　监测预警工作流程图

易引起公共危机的发生，以及一旦发生会造成多大的危害和应急保障所能够控制的程度。

③对监测系统进行维护：对监测系统、传输网络进行管理与维护，保障数据采集与传输工作的正常运行。

④监测预警机制建设与完善：根据知识库中的信息不断建设和完善监测预警机制，对不同政府部门在公共危机预警行为中的责任做出针对性的规定，使有关政府部门在公共危机预警中明确自身肩负的责任，积极做好预警工作，为公共危机的尽早发现和解决提供一定的制度保障。同时，完善监测预警组织体

系和预警工作流程，确保监测预警工作的顺利开展。

（2）事发工作流程

在公共危机发生时，监测预警工作流程可分为事前、事中、事后三个阶段。

①在事发前，通过各方面数据的采集与分析，发现危机征兆后，加大信息的采集力度，进行重点分析，并做出初步研判定级，形成警情报告，上报监测预警领导小组。必要时监测预警领导小组组织专家组进行会商，形成预警定级最终结果，上报专项指挥部领导会签并在需要时由预警信息发布部门及时做出预警信息的对外发布工作。

一般或较重级别的预警，由本部门按照有关规定，组织对外发布或宣布取消。严重或特别严重级别的公共危机的预警信息发布，需报请政府主要领导批准，由应急办事机构负责组织，统一对外发布或宣布取消。

②在事发过程中，保持与应急机构以及相关部门的协同，对公共危机发展状态进行跟踪监测，并不断对其发展趋势进行预测、上报。特别要对公共危机可能造成的次生衍生危机进行预测并通报相关部门。预警信息发布单位要密切关注公共危机发展变化情况，并依据事态变化情况和专家顾问组提出的预警建议，适时调整预警级别，并将调整结果及时通报各相关部门，在公共危机结束后及时对外发布取消信息。

③在事后，对监测预警工作进行总结，将信息数据归入知识库，作为未来监测预警工作的参考依据。

5.2　公共危机预警

5.2.1　公共危机预警系统

公共危机预警系统建立的目标，一是要能采集到预警所需要的信息；二是预警要准确，既不能把不是风险的信号发布为风险信号，出现错误预警，也不能忽视任何危险的征兆，延误预警；三是预警信号必须及时发布，并使所有应该接收到的人能及时收到；四是发出的预警信号必须明确，容易为接收者所理解；五是要避免各种预警信号之间相互干扰影响接收者；六是预警系统的建立和使用必须既经济又合理。

公共危机预警系统的建立，一要根据危机预警的要求选择合适的指标体系，这些指标应能较好地反映出危机发生与否。二是设计的指标所需要的信息是可以持续得到的。三是建立的指标体系具有相对稳定性。四是指标数据要根据情况的不同和危机的不同而更新。

公共危机预警系统的建立，在过程上一是要确定哪些危机建立预警系统。二是评估危机风险源、危机征兆、危机征兆与危机发生之间的关系。三是根据评估结果，确定危机监测的内容和指标，并确定危机预警的临界点。四是确定建立什么样的危机预警系统，采用什么样的技术、设备、程序，需要为危机预警系统配备哪些资源。五是评估危机预警系统的性能，了解系统的特性，如系统的误差、准确性、可信度、连续性，系统需要什么样的维护措施及可能受到的干扰等。六是为危机预警系统的使用和维护配备适当的人力资源，并制订相应的规章制度，确定使用和维护人员的责任、权利和义务。七是向需要接收危机警报的公众说明危机预警系统的原理和使用方法，使他们理解危机警报，并在收到危机警报时能做出正确的反应。

危机预警系统包括信息收集子系统、信息加工子系统、决策子系统、警报子系统和咨询子系统等。相应的危机预警系统工作过程是：信息收集；信息分析或转化为指标体系；将加工整理后的信息和指标与危机预警的临界点进行比较，从而对是否发出警报进行决策，发出警报。信息收集子系统的任务是对危机风险源和危机征兆等信息进行收集。设计时要保证信息收集的全面性，危机预警系统要确定信息收集的范围。在信息收集时要注意信息传递的障碍，这些障碍可以分为人为的障碍和非人为的障碍。信息加工子系统的功能包括信息整理、信息识别和信息转化三大功能。决策子系统的功能是根据信息加工子系统的结果决定是否发出危机警报，并向警报子系统发出指令。在制订决策依据时，要确定危机预警各个级别的临界点，这些临界点需要指标达到何种水平。警报子系统的功能是向危机管理小组成员和危机潜在受害者发出准确无误的警报，使他们采取正确的措施，警报系统要告诉相关人员危机的来临，这就要求警报系统能与危机管理小组成员和危机潜在受害者进行有效的沟通。在各种公共危机和潜在危机面前，要充分发挥专家咨询的作用，保证危机应对决策的科学性。这是由公共危机预警所涉及领域的复杂性、广泛性和专业性决定的。①

---

① 参见肖鹏军：《公共危机管理导论》，中国人民大学出版社，2006 年版，第 66~71 页。

5.2.2　公共危机预警分析

公共危机预警分析是对危机的迹象进行监测、识别、诊断与评价，并由此做出警示的管理活动，目的是引起对危机的了解和重视，以便于做好必要的应对准备。在外部，警示的对象是与可能出现的危机密切相关的公众，目的是告诉他们危机信息，以便于他们及时离开危机险境。公共危机预警分析主要包括四个方面：一是危机迹象监测，它是指危机预警系统就已经或可能出现的危机迹象进行监视和预测，收集各种反映危机迹象的信息。进行危机迹象监测时，一般要把握的问题有：一要确定危机监测的对象。二要明确危机监测的任务。三要采取危机监测的有效手段。二是公共危机识别，根据危机监测收集的危机迹象信息，在分析的基础上，判断危机迹象的实际存在状态，确定和描述已经出现的危机迹象，是危机预防管理的重要内容，也为开展危机迹象诊断做好认识上的充分准备，危机迹象识别一般要注意必须具有确定的识别指标，危机迹象识别必须进行综合的比较分析，同时必须做到有效的描述。三是公共危机迹象的诊断，即深入分析危机产生的原因和合理预测危机的发展趋势。四是公共危机评价，即对已被确认的主要危机迹象进行损失性评价，以明确在这些危机迹象冲击下会遭受什么打击，造成什么损失。危机迹象评价主要有两个方面：一是对已被确认的危机迹象正在造成的损失进行评价；二是对已被确认的危机迹象在将来一定时期内可能造成的损失进行评估。对危机迹象可能带来的损失的评价结论是进行危机管理工作的决策依据。[①]

5.2.3　公共危机预警过程

公共危机监测与预警过程主要包括信息监测、信息发布、不同级别的预警措施以及预警的调整与解除等。[②]

一是信息监测。加强监测制度建设，建立健全监测网络和体系，是提高政府信息收集能力，及时做好公共危机预警工作，有效预防、减少公共危机的发生，控制、减轻、消除公共危机引发的严重社会危害的基础。一方面要根据公

---

① 参见肖鹏军：《公共危机管理导论》，中国人民大学出版社，2006 年版，第 71~73 页。

② 参见王军：《突发事件应急管理读本》，中共中央党校出版社，2009 年版，第 102~109 页。

共危机的特点，建立健全基础信息库。所谓公共危机基础信息库，是指应对公共危机所必备的有关危险源、风险隐患、应急资源、应急避难场所、应急专家咨询、应急预案等基础信息的数据库。建立完备、可共享的基础信息库是应急管理、监控和辅助决策必不可少的支柱。目前，我国公共危机的基础信息调查还比较薄弱，信息不完整、家底不清现象还普遍存在，信息侵害现象还比较严重。建立健全基础信息库，各级政府开展各类隐患、风险源、应急资源分布情况的调查并登记建档，为各类公共危机的监测预警和隐患治理提供基础信息。要统一数据库建设标准，实现基础信息的整合和资源共享，提高信息的使用效率。另一方面要完善监测网络，划分监测区域，确定监测点，明确监测基础，提供必要的设备、设施，配备专职或者兼职人员，对可能发生的公共危机进行监测。这是对监测网络系统建设的规定。无论是完善哪一类公共危机的监测系统，都要加大监测设施、设备建设，配备专职或者兼职的监测人员。

二是信息发布。全面、准确地收集、传递、处理和发布公共危机预警信息，一方面有利于应急处置机构对事态发展进行科学分析和最终做出准确判断，从而采取有效措施将危机消灭在萌芽状态，或者为公共危机发生后具体应急工作的展开赢得宝贵的准备时间；另一方面社会公众知晓公共危机的发展态势，以便及时采取有效防护措施以避免损失，并做好有关自救、他救准备。公共危机预警信息的发布、报告和通报工作，是建立健全公共危机预警机制的关键性环节。一般来说，建立完整的公共危机预警信息制度，主要包括以下几个方面的内容：一是建立完善的信息监控制度。政府要针对各种可能发生的公共危机，不断完善监控方法和程序，建立完善事故隐患和危机源监控制度，并及时维护更新，确保监控质量。二是建立健全信息报告制度。一方面要加强地方各级政府与上级政府、当地驻军、相邻地区政府的信息报告、通报工作，使危机信息能够在有效时间内传递到行政组织内部的相应层级，有效发挥应急预警的作用；另一方面要拓宽信息报告渠道，建立社会公众信息报告和举报制度，鼓励任何单位和个人向政府及其有关部门报告公共危机隐患。同时要不断尝试新的社会公众信息反应渠道，如在网络和手机普及的情况下，开通网上论坛，设立专门的接待日、民情热线、针对有关领导的公共危机专线等。三是建立严格的信息发布制度。一方面要完善预警信息发布标准，对可能发生和可以预警的公共危机进行预警，规范预警标识，制订相应的发布标准，同时明确规定相关政府、主要负责单位、协作单位应当履行的职责和义务；另一方面要建立广泛的预警信息发布渠道，充分利用广播、电视、报纸、电话、手机、街区显示屏和互联网等多种形式发布预警信息，确保广大人民群众能够在第一时间内掌握预警信息，使他们有机会采取有效防范措施，达到减少人员伤亡和财产损失的目的。同时还要确定预警信息的发布主体，信息的发布要有权威性和连续性，这是由公共危机发展的动态性特点决定的。作为预警信息发布主体的有关政府要及时发布、更新有关公共危机的新信息，让公众随时了解事态的发展变化，以便主动参与和配合政府的应急管理工作。因此，可能预警的公共危机即将发生或者发生的可能性增大时，有关政府应当依法发布相应级别的警报，决定并宣布有关地区进入预警期，同时向上一级政府、当地驻军和可能受到危害的毗邻或者相关地区的政府报告或通报。

三是预警措施。公共危机即将发生时，有关政府应当根据公共危机发生的紧急程度、发展态势和可能造成的危害程度，发布相应的预警级别。其中，三、四级预警是比较低的预警级别。发布三、四级预警级别后，预警工作的作用主要是及时、全面地收集、交流有关公共危机的信息，并在组织综合评估和分析判断的基础上，对公共危机可能出现的趋势和问题，由政府及有关部门发布警报，决定和宣布进入预警期，并及时采取相应的预警措施，有效消除产生公共危机的各种因素，尽量避免公共危机的发生。

发布三、四级警报后，政府采取的主要是一些预防、警示、劝导性措施，目的在于尽可能避免公共危机的发生，或者是提前做好充分准备，将损失减至最小。发布一、二级预警级别后，政府的应对措施主要是实施具体的防范性、保护性措施，主要是：要求有关应急救援队伍、负有特定职责的人员进入待命状态，动员后备人员做好参加应急救援工作的准备工作；调集应急所需物资、设备、设施、工具，准备应急所需场所，并检查其能否正常使用；采取必要措施，加强对核心机关、部门、重要基础设施、生命线工程等的安全防护；向其他地方人民政府预先发出提供支援的请求；根据可能发生的公共危机的性质、严重程度、影响大小等因素，制订具体的应急预案；及时关闭有关场所，转移有关人员、财产，尽量减少损失；及时向社会发布采取特定措施防止、避免或者减轻损害的建议、劝告或者指示等。

四是预警的调整和解除。很多公共危机具有不可预测性，当紧急情势发生转变时，行政机关的应对行为应当适时做出调整并让公众知晓，这不仅是公共危机管理的需要，也是降低危机管理成本、保护行政相对人权益的措施之一。有关应对机关应当根据危机状态的发展态势分别规定相应的应对措施，并根据公共危机的发展变化情况进行适时调整。总体来说，在应急预警阶段，预警级别的确定、警报的宣布和危险、预警期的开始和终止、有关措施的采取和维系，都要与紧急危险等级及相应的紧急危险阶段保持一致。即使是具有极其严重社会危害的最高级别的公共危机，也有不同的发展阶段，并不需要在每一个阶段都采取同样严厉的应对措施。因此，一旦公共危机的事态发展出现了变化，以及有事实证明不可能发生危机或者危险已经解除的，发布危机警报的人民政府应当适时调整预警级别并重新发布，并立即宣布解除相应的预警警报或者终止预警期，解除已经采取的有关措施。这既是有效应对公共危机、提高行政机关应对能力的要求，也是维护应急法治原则和公民权利的需要。

5.3 美国和日本公共危机预警及其启示

5.3.1 美国公共危机预警及其启示

美国的公共危机预警系统有完备的公共危机应急体系和应急指挥系统做后盾，完备、科学的公共危机应急体系是建设高效的公共危机预警机制的必然要求，有利于政府对公共危机管理中的所有事项，包括对公共危机预警的整个过程进行科学部署，使政府部门职责清晰，公共危机预警工作有条不紊。同时，美国的紧急事务管理机构都建成了实用且各具特色的"911"应急指挥系统，它具有双重功能：当遇有重大紧急事件时，它是政府最高领导处置事件的指挥司令部；在日常工作中，通过各种信息的及时收集、反馈和相关数据分析，对政府各部门的工作情况实施监督，找出发生各种紧急事件的规律并实施预警。

在公共危机监测预警方面，美国非常注重社会参与。在公共危机预警管理实践中，美国政府在高度分化和多元化的社会基础上，依托政府之外发达的社会组织系统，逐步建立了一整套社会参与机制，形成了公共危机管理过程中全社会参与的公共危机预警与应急网络系统，在公共危机管理中发挥了重要的功能。经过长期的发展，一是塑造了发达的应急文化，美国积极运用各种渠道和机制，进行公共危机应急知识的宣传和应急能力的教育培训和演习，把塑造发达的应急文化、提高市民和各种社会组织的应急意识和应急能力作为公共危机预警与应急管理建设的一项基础工程。例如，纽约市危机处理部门专门在其网站上公布了该市平时几乎所有可能对市民生命和财产安全造成威胁的突发事件，包括建筑物的坍塌或爆炸、一氧化碳中毒、海岸飓风、传染性疾病的爆发、破坏性地震、酷暑天气、严寒天气、龙卷风、公用设施故障、社会秩序动荡和恐怖袭击等在内的所有公共危机事态。二是注重发挥社区自治组织的作用。社区自治组织是公共治理系统的末梢。社区自治组织的健全发展，以及它在公共危机预警管理全过程中功能的发挥，直接延伸和扩展着城市政府的公共危机预警能力。社区自治组织在社区的公共危机预警机制建设过程中，能够发挥重要的辅助作用，有时甚至起着主导作用。三是重视志愿者组织的作用。四是政府与社会组织在公共危机管理中建立起伙伴关系。美国政府一直重视开展公私合作应对公共危机，通过与工商业界的积极互动，发展出多种具体的公私合作项目，如帮助工商业机构规划和发展一套有效的危机应对方案；帮助它们建立良好的危机信息交流机制和危机监控系统；鼓励它们采取一切措施，如购买保险，以最大限度减少可能造成的负面影响；在大规模的危机发生后，允许工商业组织进入危机现场，抢救那些对它们的业务开展具有决定性影响的资料和设备；吸纳主要的私人工商业组织代表进入危机指挥中心；承诺支持受危机影响的工商业主，通过不懈努力，恢复正常业务运作，实现经济复苏等。①

5.3.2 日本公共危机预警及其启示

日本公共危机预警的优点与启示较多，这里试举两例，一是其公共危机管理的相关法律体系比较健全，有坚强的法制保障。日本的公共危机预警与管理主要是根据国家法律进行的。国家法律有母法，如：《灾害对策基本法》、《大规模地震对策特别措施法》、《原子能灾害对策特别措施法》、《消防法》等；在组织法方面，有《消防组织法》、《警察法》等；灾害预防方面，有《地震防灾对策特别措施法》、《台风常袭击地带的防灾特别措施法》、《关于促进密集市区建设防灾街区的法律》等；在灾害应急对策方面，有《灾害救助法》等。日本地方法规相当完善。在国家制定法律后，马上制订相应的条例和实施规则或细则，当然还包括地方本身需要而制订的条例和规则。二是其公共危机预警网络发达。为了提高日本的公共危机预警能力，使公共危机预警工作高效进行，日本政府对预警设备的配置非常重视。以危机预警部门的信息化设备为例，目前，日本在首相官邸设置了联通各相关省厅的热线、卫星携带电话、紧急集团电话等通信设备和大型液晶投影设备等；在负责收集、整理、分析各相关部门提供情报的情报汇总中心，还配备了不易受干扰、最先进的情报通信设

---

① 参见刘鹏：《城市公共危机预警研究》，中央编译出版社，2010 年版，第 72～74 页。

备，能召开电视会议，传送图像、地图信息等数据；为了确保在发生大规模灾害时，首相官邸、中央省厅与相关防灾公共机构间的情报收集、联络，在内阁府还设置了被称为中央防灾无线网的情报通信网络，该通信网络从 1978 年开始建设，到目前为止，已在首相官邸、指定行政机构等 27 个国家机关、49 个指定公共机关，及 47 个都道府县建立了通信网络。①

5.4 我国公共危机监测与预警及其完善

5.4.1 信息监测系统及其完善

公共危机监测系统的职能是通过对危机诱因、危机征兆的严密观察，收集整理反映危机迹象的各种信息和信号。② 公共危机管理成功与否，很大程度上取决于是否侦测到危机信号。公共管理者应通过各种渠道，对主要的危机诱因、危机征兆进行全过程的侦测。公共危机信息系统由综合信息系统和专门信息系统两个部分构成。综合信息系统主要是实现与公共危机应对指挥中心、社会公众和其他信息系统的连接。公共危机的专门信息系统一般按公共危机的类型分别建设。从整体上看，一个国家公共危机信息系统的建设，应当实现专业性与综合性的统一。一方面，考虑到不同公共危机的本质差异而需要大力发展各种专门的公共危机信息系统，提高危机信息收集、分析、评估的专业性和科学性。另一方面，又要避免各专门信息系统因缺乏互联互通所造成的信息分割、各自为政、重复建设、资源浪费等现象。

信息监测系统主要包括：①划分监测区域，确定监测点。根据可能发生的公共危机的种类、规模、影响范围以及监测设备、技术等因素，划分监测区域，在各区域中将发生概率高或者有代表性的地点作为监测点，开展监测工作。②建立监测指标体系，明确监测项目。根据公共危机的性质、种类建立监测指标体系，明确监测项目。③加强监测硬件建设，完善人员、设备体系。在现有条件下加强监测投入，发展高科技监测技术，改进监测设备，建立并完善监测信息数据库以及信息传输网络。④完善监测工作规章制度，改进监测方

---

① 参见刘鹏：《城市公共危机预警研究》，中央编译出版社，2010 年版，第 79~86 页。

② 赵平则：《危机管理》，山西人民出版社，2005 年版，第 93 页。

法。不断制订并完善工作规章制度，明确人员职责，建立考核规定，保障监测工作的正常运行。在技术上探讨改进、优化监测方法，必要的情况下实现连续监测、动态监测、空间无缝隙监测。特别是对社会舆情的监测，需要采取灵活有效的方式方法。

在当今时代，信息监测需要不断强化高科技技术的应用，密切关注国外发达国家相关行业该领域的发展前沿动态，充分发挥实时监控技术、通信技术、卫星遥感技术的作用。因为危机预警系统是一个高科技的信息系统，技术的先进与否直接影响到系统的整体效率。

在目前，我国已经建成了针对多种类型公共危机特别是自然灾害的专门信息监测系统，有的达到了相当可观的水平。但是，还有相当一部分领域的公共危机专门信息系统仍然处于空白状态或者发展缓慢，如经济危机预警系统、社会心理监测系统等。目前我国在很多领域都建立起自己的信息检测系统，但横跨各领域的全国性或区域性的综合信息监测系统尚未建立。各信息系统各自为政，有分工而无合作，重视专门信息系统而轻视综合信息系统导致弊端丛生，如缺乏统一协调，统一指挥；危机监测系统高度分散，造成了网点重复建设、设备重复购买、浪费惊人的现象；由于综合信息系统的缺失，没有与民众直接联动的信息交流平台，公民无法参与进来，使各个信息系统的灵敏度和有效性降低。为了克服这些弊端，我国政府已经开始致力于实现各专门信息系统的互联互通和综合信息系统的建立健全，并且出台了许多法律、法规和应急预案以推进建立与完善统一的公共危机信息系统。同时建立专业的、综合性的危机监测数据库。

5.4.2　信息收集、分析及其完善

公共危机信息收集的内容主要包括公共危机的类型、发生的地点和时间、事态的规模和影响、可能的引发因素和未来发展趋势等。对于已经发生的公共危机，其内容还应包括已造成的损害和已采取的初步应对措施。在明确了危机发生的信息各式各样的渠道来源之后，下一步的工作就是从这些信息源着手，尽可能地收集与组织潜在危机相关的危机信息，总结归纳和分析隐藏在这些信息背后的核心要素。信息收集主要通过公共危机监测系统、大众传媒、事态报告、实地调研等途径获得。公共危机信息通过报告、报送和通报的方式进行传输。

信息分析的任务是对收集来的信息进行整理和归类、识别和转化，以保证

信息的准确性和及时性。信息的来源是多渠道、多角度的，只有经过系统的整理才能发挥作用。在整理的过程中要注意对信息的真实性进行甄别、对信息进行归类、关注重要的危机预警信号等。公共危机信息收集分析要坚持动态化，同时避免过分自信和陷入传统思维惯性、认识盲区和切忌粗心大意，应纠正公共危机管理中激励机制和惩罚机制错位所引发的种种弊病，从源头上降低公共危机发生的可能。

在公共危机管理过程中，由于系统本身设计的原因或操作过程中的各种失误，可能会导致危机信息收集、分析和预警失灵。分析其原因对改进危机预警系统的设计、提高危机预警的准确性和工作效率很有帮助。这方面的原因主要有：一是危机预警系统设计上的缺陷。如危机信号缺乏合理性；系统本身的运行问题，使系统感应到危机信号时无法发出或不能及时发出危机警报；系统容易发生故障，使系统出现部分瘫痪或完全瘫痪。二是对危机预警的激励不足。三是信息传递过程中出现障碍。四是危机评估准确性不高。五是危机预报不及时。六是对危机信息不予重视，对危机预报反应迟钝等。

影响信息收集、分析与预警效果的因素有很多，如预警系统的可靠性、信息的清晰度、信息的连贯性、信息的频率、信息源的权威性、预警的权威性、危机或者灾难发生的频率等。要提高公共危机预警的效率，必须注意经常对公共危机预警系统的可靠性进行评估，避免发出错误的警报，预警信号必须简单、明确，要提高个人对预警信号的接收能力等。[1]

5.4.3　公共危机预警及其完善

公共危机预警指的是国家通过各种公共危机信息系统的监测，在发现公共危机即将发生，或发生的可能性增大，或已经发生但可能升级扩大时，向社会发布警报信息的行为。公共危机预警系统的任务是当监测结果显示社会中有冲突或危机的征兆时，立即向危机反应者和潜在受害者发出明确无误的警报，使他们采取正确的措施。

公共危机预警是公共危机管理的关键一环，公共危机预警应该具有及时性、准确性、合法性、真实性和公开性。只有这样，危机预警才能够为人们应对公共危机提供基本依据，为行政机关采取预控措施提供合法性。综合国家突

---

[1]　参见肖鹏军：《公共危机管理导论》，中国人民大学出版社，2006 年版，第 73～76 页。

发事件应对法和有关应急预案的规定，对公共危机的预警发布机制从发布主体、发布条件、发布内容、发布方式等方面进行了规定。由于公共危机的发生和发展均具有高度不确定性，而有关公共危机管理机关据以发出预警的信息也可能不准确，即使在获得准确信息的情况下也有可能做出错误的判断。因此，在事态变化或发现预警错误的情况下，有关机关应当及时调整预警的级别，或者解除预警。

要提高公共危机预警的效率，一是必须确保公共危机预警信号的准确性。确保预警信号的准确性，首先要保证预报信号的简单、明确。发出的预警信息必须言简意赅、直截了当。危机预警系统所传达的内容必须通过准确简练的信息向组织的每一个人发出，还应该通报给组织的利益相关者，并且要不断重复，使相关群体能够注意到细节，准确理解信息的含义。二是防止发出错误的警报。错误的预警将降低警报的可信度，甚至会使人们变得麻木，怀疑正确的预警，当出现错误预警时，必须及时对预警系统、整个预警机制加以检查，以发现问题，及时加以纠正，并在以后的工作中减少误报率。三是加强评估。危机预警系统的评估应该是一个动态的过程，在这个过程中，系统要随着组织内外部情形的变化而不断修正，还要建立对系统的定期检查制度，并为系统的维护做好必要的物资储备。四是加强预警信号的接收。只有让每一个人、每一个组织了解到预警警报的确切含义，警报才能发挥最大的功效。①

5.4.4　公共危机预控及其完善

"所谓公共危机的预控，是指在发现危机征兆和危机信号，并进行确认后，或者在危机已经开始来临，但还没有造成巨大损失时，迅速采取措施，对危机进行及时、有效地控制，尽可能用较小的代价迅速化解危机，避免危机扩大和升级，避免危机造成大规模的人员伤亡和财产损失。"② 也有的观点认为，公共危机预控是指在确认公共危机即将发生或发生可能性增大并发出预警之后，或者在公共危机已经发生但尚未升级、扩大之前，为了阻止、限制事态的发生和发展，或者避免、减轻事态所可能造成的危害，而对公共危机进行防御、控制的措施。虽然二者形式上不同，但是在本质上是一致的。在时间上，

---

① 董传仪：《危机管理学》，中国传媒大学出版社，2007 年版。
② 黄顺康：《公共危机管理与危机法制研究》，中国检察出版社，2006 年版，第 130 页。

危机预控是衔接危机预警和危机处置的中间环节。危机预控实施于危机预警之后、危机发生之前，或者危机已经发生但升级、扩大之前。它既是危机预警的后续措施，又为危机处置提供准备。在目的上，危机预控是为了阻止、限制公共危机的发生和发展，或者避免、减轻危机可能造成的危害而采取的措施。有的公共危机可以通过预控来避免，有的尽管不能完全避免，但也可以通过预控来最大程度降低其所造成的损害。具体说来，"危机预控的目的主要包括两个方面：一是在发现危机征兆，确认危机可能爆发时，或者是危机已经在相邻地区爆发时，迅速采取果断措施，把危机消灭在爆发之前，或者消灭在萌芽状态。这样，就可以避免危机大规模爆发，或者阻断危机蔓延到本地的途径，避免危机在本地发生。二是即使不可能把危机消灭在爆发之前，或者消灭在萌芽状态，也要尽可能地采取措施缓解危机，即尽可能把危机的强度控制在一定的范围以内，避免危机迅速扩大和升级，避免造成惨重的人员伤亡和财产损失"①。在内容上，危机预控主要采取的是预备性、防范性、保护性措施。公共危机预控的作用是阻止危机的发生、缓解无法避免的危机的发展、避免或减轻不能阻止其发生或减缓的危机所可能导致的损害等。我国的公共危机预控措施主要包括调动应急资源、强化某些重要的日常工作、进行应急避险的指导、采取避险措施等。

目前，我国在危机预控方面存在不少问题，主要表现在：一是对危机预控的认识不清楚，不明确，有些地方没有建立起高效的危机预控机制，甚至没有制订危机应对预案。二是危机预防工作不到位，造成危机预控由于缺乏准备而起不到应有的作用。三是危机预警机制不健全，导致危机预警缺位，危机预控机制无法启动，失去把危机消灭在萌芽状态的最佳时机；或者危机预警错误，导致危机预控机制的错误启动，造成不必要的损失。四是危机预控机制指挥、协调不灵，反应迟钝，致使危机预控达不到预期的效果。五是危机预控缺乏足够的法律规范，有些方面还是一片空白。②

改进我国危机预控机制，一要建立高效的能够执行预控任务的危机管理机构。在建设危机管理机构时，要充分考虑到这些机构的快速反应能力，使他们

---

① 黄顺康：《公共危机管理与危机法制研究》，中国检察出版社，2006年版，第131页。

② 参见黄顺康：《公共危机管理与危机法制研究》，中国检察出版社，2006年版，第134页。

具有迅速控制危机的各种手段，以便他们能够随时执行危机预控任务。二是平时要为危机预控做好充分的准备。危机预控能否发挥有效作用，平时的准备至关重要。首先要针对各种可能发生的公共危机制订出各种基本的预控方案，并按照预控方案进行反复演练，一旦危机发生，就能很快在基本的预控方案基础上制订具体的实战预控方案，这样，既可以提高反应的速度，又能避免在慌乱中制订的预控方案出现致命的错误。其次要做好技术上和物资上的充分准备。平时要针对各种可能发生的公共危机做好危机预控所需要的技术准备和物资准备，危机的控制技术一定要先进，因为危机预控的主要任务就是控制危机，把危机消灭在萌芽状态。而物资准备既要保证实战的需要，又要杜绝浪费。再次是建立准确、高效的危机预警机制，只有准确的危机预警，才能够为危机预控留出足够的空间。三是把危机预控纳入法治轨道。要建立一套相关的法律和制度，使危机预控能够依法实施。四是加强危机预控的理论研究。不断总结有关危机预控的成功案例和失败案例，不断改进和完善危机预控方案，不断地培养和锻炼危机管理队伍。一般来说，预控措施能否成功，一要平时准备充分，既要制订各种危机预控方案，又要有充分的物资准备和技术准备；二是预警信息快速、准确；三要有反应灵敏、行动迅速、效率很高的预控指挥机构和各种专业水平很高、训练有素的应急队伍；四要有一套完备的法律制度，四者缺一不可。①

　　总之，建立和完善公共危机监测预警，首先必须建立监测预警网络，全面开展公共危机的监测工作。监测是预警的基础，加强公共危机监测是建立预警、应急机制的关键手段。要树立危机意识，把危机管理纳入到常规管理之中。各个地区、各个单位、各个部门要结合实际，因地制宜，建立监测本地区公共危机的监测预警网络，形成上下结合、分工协作、效能统一的公共危机监测体系。建立网络就是要明确机构、明确人员、明确责任和任务，分工负责，实行常规和动态的监测预报。在工作中加强对公共危机发生、发展规律的研究，探讨公共危机的监测预警指标，不断完善危机监测预警的指标体系，做到科学监测和预报。各部门要按照自己的责任区，制订公共危机年度监测计划。其次是制订预测信息管理制度，开展预测预报工作。制订公共危机预测信息管理制度，建立健全信息汇集、报告、通报、发布制度。加强公共危机预测信息

---

① 　参见黄顺康：《公共危机管理与危机法制研究》，中国检察出版社，2006 年版，第134~135 页。

的统一归口管理。做好公共危机的统计、评估工作，同时建立起危机预测信息网络，并纳入预测信息系统，实现信息共享共用和有效传递。及时整理并发布危机预警信息。预测信息必须保持及时、客观、全面、真实、稳定、连续，保证信息网络的畅通。再次是设置公共危机的警戒线。对公共危机进行分级管理是公共危机管理的一项重要举措。事先根据危机可能波及的范围以及造成的危害，规定预警事项，建立预警事项处置程序，最大限度地减少危机对社会的影响。对不同的危机设立不同的级别。根据危机事件的危害程度和政府的控制能力不同，可将危机事件分为特别严重（Ⅰ级）、严重（Ⅱ级）、较重（Ⅲ级）和一般（Ⅳ）四级，依次用红色、橙色、黄色和蓝色进行预警和分级管理。当公共危机发生时，及时公布危机的级别，以便于各级管理部门和社会大众提高防范意识，及时采取相应的对策。

本章小结

本章首先概述了公共危机监测与预警的含义、特征、功能、基本原则、组织机构及工作流程。其次探讨了公共危机预警系统建立的目标、内容、过程和公共危机预警分析，分析了公共危机监测与预警过程，主要包括信息监测、信息发布、不同级别的预警措施以及预警的调整与解除等基本环节。再次是美国和日本公共危机预警的优点及其对我国的启示。最后是从公共危机信息监测系统、信息收集与分析、公共危机预警和公共危机预控等方面梳理了我国公共危机监测与预警的主要内容、存在问题及其完善措施等。

关键术语

公共危机监测　　公共危机预警　　信息监测系统
公共危机预控

思考题

1. 公共危机监测与预警的含义、特征是什么？
2. 公共危机监测与预警的功能与基本原则有哪些？

3. 监测与预警的组织机构是如何设置的？有怎样的工作流程？

4. 公共危机预警系统是如何建立的？

5. 公共危机预警分析包括哪些内容？

6. 公共危机预警的过程是怎样的？

7. 美国和日本在公共危机监测预警方面有哪些值得我们借鉴的有益做法？

8. 我国在公共危机监测与预警方面存在哪些突出问题，如何改进和完善？

本章主要参考文献

董传仪：《危机管理学》，中国传媒大学出版社，2007 年版。

黄顺康：《公共危机管理与危机法制研究》，中国检察出版社，2006 年版。

刘鹏：《城市公共危机预警研究》，中央编译出版社，2010 年版。

宋英华：《突发事件应急管理导论》，中国经济出版社，2009 年版。

王军：《突发事件应急管理读本》，中共中央党校出版社，2009 年版。

肖鹏军：《公共危机管理导论》，中国人民大学出版社，2006 年版。

张成福等：《公共危机管理：理论与实务》，中国人民大学出版社，2009 年版。

赵平则：《危机管理》，山西人民出版社，2005 年版。

第 6 章 应急处置与救援

引导案例

案例 1 北京市应急处置流程体系

北京市的公共危机管理经过若干年的改进和发展，其应急处置流程体系基本确立，按照先后顺序主要如下：

首先是应急处置的基本响应流程。（1）当确认突发事件即将或已经发生时，事发地的区县和市、区县所属各相关委办局应立即做出响应，按照"统一指挥、属地为主、专业处置"的要求，成立由各部门领导同志参加符合规定的现场指挥部，确定联系人和通信方式，指挥协调公安、交通、消防和医疗急救等部门应急队伍先期开展救援行动，同时组织、动员、帮助群众开展防灾、减灾和救灾工作。（2）现场指挥部应维护好事发地区治安秩序，做好交通保障、人员疏散、群众安置等各项工作，全力防止紧急事态的进一步扩大。及时掌握事件进展情况，随时向市应急委员会办公室报告。同时结合现场实际情况，尽快研究确定现场应急事件处置方案。（3）参与突发事件处置的各相关委办局，应立即调动有关人员和处置队伍赶赴现场，在现场指挥部的统一指挥下，按照专项预案分工和事件处置规程要求，相互配合、密切协作，共同开展应急处置和救援工作。（4）现场指挥部应依据突发事件的级别和种类，适时建议派出由该领域具有丰富应急处置经验的人员和相关科研人员组成的专家顾问组，共同参与事件的处置工作。专家顾问组应根据上报和收集掌握的情况，对整个事件进行分析判断和事态评估，研究并提出决策和处置措施，为现场指挥部提供咨询意见。(5) 现场指挥部应随时跟踪事态的进展情况，一旦发现事态有进一步扩大的趋势，有可能超出自身的控制能力时，应立即向市应急委员会办公室发出请求，由市委、市政府协助调配其他应急资源参与处置工作。同时应及时向事件可能波及的地区通报有关情况，必要时可通过媒体向社会发出预警。

其次是扩大应急处置流程。扩大应急决策与处置流程是为了应对突发事件的扩大升级而设置的流程。总体而言，扩大应急决策与处置流程包括上报、判断、报批和协同 4 个环节。（1）如果突发事件的事态进一步扩大，凭北京市现有应急资源和人力难以实施有效处置时，应以市突发事件应急委员会的名义，协同中央在京单位、北京卫戍区、北京武警总队共同参与处置工作。(2) 需要宣布北京市部分地区进入紧急状态的，市应急办在报请市主要领导批准后，依法以市政府名义提请国务院决定；如需要全市进入紧急状态，则依法按国家突发事件总体应急预案有关规定，报请国务院提请全国人大常委会决定后实施。(3) 当突发事件已经波及本市大部分地区，造成的危害程度已十分严重，超出北京市自身控制能力，需要国家或其他省市提供援助和支持，这时市突发事件应急委员会应将情况立即上报党中央、国务院，请求成立首都突发事件应急委员会，由党中央、国务院直接指挥或授权北京市指挥，统一协调、调动北京地区各方面应急资源共同参与事件的处置工作。

再次是应急处置结束流程。决策与处置结束是指突发事件各种问题处理完毕，各种隐患已经消除，符合处置结束标准，进入恢复重建的阶段。处置结束意味着应急决策与处置宣告完毕，各种应急处置的物资与队伍撤离现场。因此，处置结束必须保证各种隐患彻底消除，应该处理的事件完全结束，否则，则可能带来新的危害后果。(1) 一般而言，突发事件处置工作已基本完成，次生、衍生事件和其他危害基本消除，应急处置工作即告结束。(2) 突发事件应急处置工作结束后，承担事件处置工作的市各突发事件专项指挥部、区县、相关委办局和现场指挥部，应将应急处置工作的总结报告上报市应急委员会办公室，报请委员会主要领导批准后，做出同意应急结束的决定。（3）一般和较大突发事件由发布启动应急响应的突发事件专项指挥部、区县或相关委办局宣布应急结束。重大、特别重大突发事件由发布启动应急响应的各突发事件专项指挥部或市应急委员会办公室宣布应急结束。（4）突发事件应急处置工作结束后，应将情况及时通知参与事件处置的各相关部门，必要时还应通过新闻媒体同时向社会发布应急结束消息。

案例讨论

1. 应急处置中的基本响应与扩大响应之间应该如何界定并实现有机衔接？
2. 应急处置中现场指挥部的职责与作用如何体现？
3. 应急联动机制如何有效实行？

案例2　韩失事客轮失踪者家属发呼吁书　斥政府搜救不力

据韩国 News1 通讯社（2014年）4月18日报道，18日上午，韩国"岁月"号客轮失踪者家属对策委员会在珍岛体育馆内发布了对国民呼吁书，指责韩国政府目前的搜救工作。"现在的搜救情况令人愤怒，我们含着眼泪向国民呼吁。"

学生家长们在呼吁书中说，16日接到消息来到这里，当时这里没有紧急办公室，也没有负责人。当晚他们要求和民间潜水员一起前往事故现场，但遭到了海警的阻挠。他们要求负责人出面解释，但没有任何回答。在之后的10余小时内都没有任何搜救。

他们还在呼吁书中表示，"我们要求持续搜救，但海警方面反复表示洋流很严重，搜救人员会有生命危险等，完全无视我们父母希望去现场的要求。17日，在我们的抗议下，海警终于允许我们去现场，但当时只有不到200名搜救人员、2架直升机、2艘军舰、2艘海安警备舰、6艘特种部队皮艇和8名民间搜救人员。但是灾难总部告诉我们有555名搜救人员、121架直升飞机、169艘船正在进行搜救我们的孩子，他们在撒谎"。

据韩国KBS电视台报道，韩国时间20日凌晨1时30分左右，珍岛室内体育馆内的家属们抗议救援工作进度缓慢，在失踪学生家长对策委员会的组织下，100余名家属决定去韩国总统官邸青瓦台抗议。凌晨3时，韩国国务总理郑烘原来到体育馆，劝阻家属们，经过三个小时对峙，总理离开。目前，韩国警方封锁了家属们前往首尔的道路。

据韩国媒体报道，韩国总理郑烘原（2014 年 4 月）22 日就政府对"岁月号"客轮沉没事故的初期应对不力致歉。郑烘原在 22 日的政府会议开始，就政府未能就沉船事故采取足够措施向遇难者家属致歉。他同时敦促所有韩国官员严格遵守纪律，在事故发生后谨言慎行。郑烘原当天还表达了对遇难者及其家属的深切同情。他说，韩国政府会制定一个全新的安全总体规划，致力于危机应对。郑烘原还承诺，政府会及时向遇难者家属和公众公布实时救援信息，政府还会将重点放在对获救者的援助上。

16 日韩国"岁月号"客轮沉没事故发生后，韩国政府多次更改客轮搭载人数和乘客信息等相关内容。韩国媒体认为，这暴露了政府事故处理工作的不到位。

韩国总统朴槿惠已经表示，政府需要对事故应对能力和初步应急能力等进行反省，现在国民对政府极其不信任，今后韩国政府公布数据时要准确，要重拾国民信任。

调查　客轮出事后驾驶舱混乱

据报道，"岁月"号船员没有执行韩国海上交通管制中心下达的乘客逃生命令，浪费了可拯救更多生命的宝贵时间。关于"岁月"号是否曾下达逃生令仍众说纷纭，船上的通讯官说，他没有接到任何指示要乘客弃船逃生。

韩国客轮"岁月"号驾驶舱的最后通话录音显示，船长和船员在客轮出事后手足无措，现场一片混乱，船上的广播系统也出现故障。此外，"岁月"号船员没有执行韩国海上交通管制中心下达的乘客逃生命令，以致浪费了可拯救更多生命的宝贵时间。

韩国海警 20 日公开"岁月"号与济州、珍岛海上交通管制中心的通话录音，在双方沟通过程中，"岁月"号一直在广播"请在客舱内等候"的信息，并一度宣称"现在连广播也不可能了"，显示广播系统出现故障。

根据通话录音，曾有船员问船长是否有救生艇可以让乘客疏散时逃生，船长李俊锡当时犹豫不决，表示担心乘客会被海浪冲走，这最终耽搁了让乘客逃生的时间。据一名在驾驶舱内的船员说，他听到船长在离开驾驶舱前下达疏散乘客的命令，但没有听到广播系统通知乘客逃生。

另外，"岁月"号客轮事故发生后，除了弃船逃生的船员外，在初期救援、善后处置等诸多方面表现不力的韩国官员群体也成为众矢之的。韩国总理郑烘原昨日宣布引咎辞职时承认，"岁月"号让他意识到韩国社会一些存在已久的不法和玩忽职守行为。韩国总统朴槿惠更在近日的一次会议上对公务员群体严词斥责。

救援力量来迟

尤其是，事故应对的主要负责部门——韩国安全行政部和海洋水产部海洋警察厅，自事故发生之初开始，在初期应对、营救幸存者、搜救失踪者等方面问题百出。

韩联社报道说，16日上午8时58分，木浦海警接到客轮的求救信号，9时30分，一艘110吨位的海警船才赶赴事发海域，海警直升机随后到达，但海警船和直升机上都没有搭载专业的救援队员和救援设备。

海军方面也姗姗来迟。两艘隶属于海军的海难救援船直到次日凌晨才抵达现场。海军方面给出的理由是，当时这两艘船一艘正在训练，另一艘处于休整状态。另外，虽然海军派出了导弹快艇、"山猫"直升机和UH-60直升机，但这些装备或用于作战，或用于潜水艇监测，无一能承担海上救援任务。

应急机制滞后

本应从泛政府层面进行迅速应对的韩国安全行政部，在接到事故报告53分钟后才启动中央灾难安全对策。安全行政部状况室则在事故发生39分钟后才通过手机短信向青瓦台危机管理中心报告。因此，事故发生5小时后，潜水员才正式投入救援工作。事发后9小时，专业救援人员才首次进入船舱。为船舱内可能存在的幸存者注入空气，更是在50小时30分钟后才进行。

安全监管不力

有关部门监管不力也备受诟病。美联社说，调查人员发现，排水量6825吨的"岁月"号事发时装载货物总计3608吨，是这艘客轮安全载货上限吨位的3倍多，远远超出船长先前递交文件中申报的150辆汽车和657吨货物的总重量。

此外，在应对遇难者和失踪者家属方面也存在诸多问题。韩国舆论关注到，虽然聚集在珍岛体育馆内的家属们要求设置情况汇报板，以便随时了解现场救援情况，但相关部门却置之不理。直到朴槿惠来到体育馆两个小时后，大型屏幕才设置起来。

（资料来源：节选自邹嘉懿：《韩失事客轮失踪者家属发呼吁书 斥政府搜救不力》，《环球时报》2014年4月18日。黄海燕：《失踪者家属抗议救援缓慢 警方封锁去青瓦台之路》，人民网2014年4月20日。《韩国总理就政府初期应对沉船事故不力致歉》，中国新闻网2014年4月22日。钟欣：《韩国总理就初期应对不力致歉》，《泉州晚报》2014年4月23日。《韩国沉船救援被批：海警迟到半小时 海军次日抵达》，《南方都市报》2014年4月28日。）

案例讨论

1. 2014年4月16日的韩国沉船事故的应急处置与救援中，出现哪些极为低级的错误？

2. 韩国沉船事故应对暴露出其公共危机管理的哪些致命性缺陷？

3. 韩国沉船事故应对中出现问题的直接原因和深层次原因是什么？

4. 如何从现代化与公共危机管理的关系角度反思韩国沉船事故？

5. 韩国沉船事故对我国的公共危机管理有哪些警示？

6.1 应急处置与救援概述

6.1.1 应急处置与救援的内涵

公共危机的处置与救援是公共危机管理的核心环节之一。公共危机发生后，政府应当根据公共危机的性质、特点和危害程度，在第一时间组织各方面力量，调动各种应急资源，依法及时对公共危机进行有效的处置，开展应急救援工作，努力减轻和消除其对社会公众生命、健康与财产的损害。因此，应急处置与救援就是当公共危机发生时，应急处置部门或人员在有关政府部门领导的指挥下，为保障生命和财产安全，最大限度地减少公共危机所带来的负面影响，而采取的一系列应对的行动和措施。应急处置与救援的内涵是：应急处置与救援是一种事中阶段的反应，是危机管理极为重要的阶段，它直接决定着公共危机管理效果的好坏。应急处置情况下政府的权力会有一定程度的扩张，这种权力的扩张是必要的。应急处置与救援包括先期处置和应急响应两部分。先期处置是指在公共危机发生后，事发单位或者事发地基层政府在向上报告的同时，还须立即采取相应的先期处置措施，防范公共危机危害的进一步扩大。应急响应则是指各级政府根据公共危机的性质和严重程度，按级别及时启动相关应急预案中规定的响应程序，开展处置工作。

6.1.2　应急处置与救援的基本原则

应急处置与救援的基本原则主要包括以下 7 个方面：

（1）以人为本的原则。公共危机产生的威胁和造成的损失是多方面的，如对生命、财产等造成的危害，在应急处置与救援时要坚持"生命第一"的原则，把挽救生命与保障人们的基本生存条件放在首要位置，同时高度关注应急救援人员的人身安全，避免次生、衍生事件的发生。

（2）快速高效原则。公共危机造成的危害一般都是严重状态，而且具有扩散效应，如果不及时采取有效措施，极易引发更大的危机。所以，当公共危机发生后，必须立即采取应对措施，以最快的速度控制并解决危机，要最大限度降低危机对于人民生命和财产的损害。同时，对引发或者影响危机的各种因素进行监测，防止危机的衍变和扩散。

（3）主动公开原则。在公共危机发生后，政府及有关部门应该做好公共危机沟通，及时公布公共危机的发生变化情况和应急处置救援情况。因为公民拥有知情权，有权利知道应急处置和救援的进展情况、实际效果以及处置措施可能造成的影响。同时政府及时、如实公布相关信息，能有效地减少公民的疑虑和消灭小道消息的生存空间，能够安抚和稳定人心，有利于民众配合政府的应急工作，也有助于应急处置和救援工作的开展。

（4）科学应对原则。科学应对就是要尊重和依靠科学，强化专业处置，在应急处置与救援过程中，要充分利用和借鉴各种高科技成果，发挥应急专家"外脑"的作用，避免蛮干。同时充分利用专业人员的专业装备、专业知识、专业能力，实现公共危机的专业处置，使公共危机处置能够依法、科学、有序地进行，进而减少不必要的生命、财产损失。否则会适得其反，公共危机的危害就有可能进一步扩大。

（5）统一指挥原则。公共危机的危害是综合性的，常常涉及多个领域，所以，应急处置与救援工作需要跨部门甚至跨地域调动各种应急资源，因而必须形成高度集中、统一领导与指挥的应急管理指挥系统，实现资源的整合，避免各自为战，确保政令的畅通。其中，统一领导的关键是要在各级党委的领导下，发挥政府的主导作用，调动全社会的力量，形成应急合力。

（6）社会参与原则。公共危机往往因其涉及范围广、社会影响大，超出了某个政府部门甚至地方政府的控制能力，而且公共危机危及社会公众，在应急处置与救援过程中，政府单打独斗的效果一般是不理想的。根据国内外的经验，只有全社会共同参与，同心协力来应对公共危机，其效果才是最好的。社会公众的积极参与可以形成共同应对公共危机的网状化格局，实现公共危机应对效果的最大化。在全球性公共危机如极端气候变化、能源危机、粮食安全、恐怖袭击等的应对中，还必须强调国家、国际组织之间的协调与合作。

（7）次优选择原则。由于很多公共危机本身具有很大的不确定性，并且处于瞬息万变之中，决策者是在有限时间、有限资源、有限信息的情况下制订应对措施，本质上是非程序化决策，决策风险非常大，而且与决策者的个人判断能力和相关经验密切相关，这时候的危机决策难以做到全面性、正确性，决策失误的现象也时有发生。危机决策与应对措施一般是一种次优选择。为了保证应急处置和救援的有效性，必须在平时培训和提高危机决策人员的领导素质和专业水平并建立科学的决策机制。

6.2　应急处置与救援机制

应急处置与救援机制是应急处置与救援部门或人员在应对公共危机中建立起来的一系列系统化、规范化、程序化的组织体制、处置策略、处置程序及其内在的相互关系。它是围绕应急处置与救援活动而形成的多种要素的有机系统，其核心包括应急处置与救援的组织机构、人员配备、处置方法和流程以及资源调配方式等。

6.2.1　应急处置与救援的职责划分

所谓应急处置与救援的职责划分，其实质就是明确应急处置与救援的实施主体及其应当开展的活动。它主要解决政府在公共危机管理中应该承担什么责任？责任的内容是什么？责任的界限在哪里？应急处置与救援职责的划分是由应急管理体制所决定的，不同的应急管理体制，其应急处置与救援的实施主体是不同的，其所承担的具体事务也是有所差异的。而应急管理体制的构建在很大程度上又受到本国的行政管理体制的制约，因此，在不同的国家，其应急处置与救援的职责划分是有所不同的。

1. 政府在公共危机管理中应承担主要责任

从政府的本质、政府的职能和政府的能力来看，政府在公共危机中应承担主要责任。其主要理由如下：

（1）从政府的本质特征看，维护公共安全是现代国家的首要责任。公共安全是社会文明的基本价值，为社会提供公共安全，是国家产生的重要原因，维护公共安全是现代国家的本质特征。无论是建立在马克思主义基础上的社会主义国家，还是建立在自然法和社会契约论基础上的资本主义宪政国家，都是把维护公共安全视为国家产生的基础和国家的本质特征。因此，可以认为，维护公共安全是现代国家的首要职能。而公共危机是对公共安全的严重威胁，可见，当公共危机爆发时，政府的首要责任就是团结全体人民，领导全社会去应对危机，最终战胜危机。

（2）从政府的职能看，公共危机管理是政府的重要职能。现代政府，是以提供公共产品、为人民服务为首要职责的政府。我国是实行人民主权的国家。公共安全是最重要的一种公共产品，提供公共安全服务，保护公民的生命、财产安全，是现代服务型政府所必须承担的一项基本职能，它直接关系到一个国家的发展与稳定。因此，在公共危机对公民的生命、财产受到严重威胁时，领导人民进行公共危机管理，控制和战胜危机，就成了政府的重要职能。

（3）从政府的能力来看，只有政府具备在公共危机管理中承担领导责任和主要责任的能力。公共危机来势凶猛，给社会造成强大冲击，给民众的生命和财产造成巨大损失。由于个人的力量在危机面前显得微不足道，无法与巨大的灾难相抗衡，因此，公共危机管理的主体主要是政府组织、企业和各种非政府组织，其中起主导作用的只能是政府，因为只有政府才具有在公共危机管理中承担主要责任的能力。从政府的能力来看，由于政府掌握着大量的资源，享有制度安排和制度实施的合法权力，拥有层级化的、组织程度、专业化程度很高的政府组织体系和法律授予的合法强制权力，具有强大的动员能力和组织能力，这是任何非政府组织都无法与其相比的巨大优势。当巨大的灾难降临时，人类只能依靠组织化的力量才能与灾难抗衡，而任何其他非政府组织都不具备带领全社会去控制危机、战胜危机的能力。因此，在公共危机管理中政府应当责无旁贷地承担领导责任和主要责任。

2. 政府在公共危机管理中的责任分析

在公共危机管理中政府承担的责任应当怎样分类，换句话说，政府在公共危机管理中应当承担一些什么责任呢？

（1）政治责任。在当今社会，政府在公共危机管理中的责任首先是一种政治责任。在公共危机管理中，政府要承担巨大的政治风险。由于现代社会危机频发，并且破坏力巨大，因此公共危机管理往往成为社会舆论关注的焦点。公共危机管理是否成功，已经对政府的公共管理能力形成巨大挑战，公共危机管理失败，甚至会影响人们对执政党执政能力的怀疑和对政府公共管理能力的认同，也就是说，会直接影响政府的合法性。例如，2005 年 8 月底美国南部地区遭受飓风灾害，大量的住房被淹，上千人死亡，大量人员流离失所，经济损失估计达万亿美元，民众指责联邦政府在公共危机来临时反应迟钝、救援不力，加之布什政府的环保政策被视为飓风威力加大的重要原因之一，以及政府把大量的国民卫队调去伊拉克，严重影响了政府的救灾能力，使布什政府的支持率大大降低，政府的合法性受到了严重威胁。

（2）法律责任。政府在公共危机管理中的责任也是一种法律责任。世界上很多国家都制定了《紧急状态法》，来规范公共危机管理中的政府行为，保障公共危机管理的成功。因此，政府在公共危机管理中必须要依法行事，否则就必须承担法律责任。首先，政府在公共危机管理中如果没有履行自己应尽的义务，承担相应的法律责任，致使公民的生命和财产遭受损失，公民可以向政府提起诉讼，要求政府给予赔偿。其次，政府在公共危机管理中如果没有依法行事，也要依法承担相应的法律责任，甚至受到法律的制裁。

（3）经济责任。政府在公共危机管理中承担着大量的经济责任。第一，在危机的预防、预警、预控过程中，政府承担了主要的成本，如为了建立预防危机的宣传、培训成本；制定有关法律、法规的成本；建立公共危机管理组织机构的成本；制订危机应对预案，购买预警、预控设施和设备的成本；进行物资储备和物资调配的成本；以及传递、处理危机信息，发布预警警报，组织危机预控的成本。第二，在公共危机爆发时，政府全力投入应急管理，政府的指挥和决策、信息平台的运转；启动应急响应、组织应急疏散、紧急救援、实施危机控制等都需要投入大量的人力、物力，花费大量的成本，这些成本绝大部分都是由政府承担。第三，危机后的恢复秩序，危机评估，危机后的重建，部分危机后的赔偿、补偿和救助，危机后的心理干预，以及危机后总结的成本大部分都由政府承担。

3. 政府在公共危机管理中的责任界限

政府是否在公共危机管理中承担所有的责任呢？答案是否定的。政府不可能承担公共危机管理中的所有责任，也承担不起。要弄清政府在公共危机管理中的责任界限，首先要弄清企业和其他组织在公共危机管理中应承担的责任。

（1）企业在公共危机管理中的责任。企业在公共危机管理中是否应当承担责任？这是一个有争议的问题。

其一，企业在公共危机管理中的责任。有学者认为，公共危机属于公共领域，属于市场经济领域的企业不应当承担公共领域的责任。但是，在现实生活中，有不少危机是由企业的生产事故引发的。尤其是一些大型企业、从事高危生产的企业在生产活动中会发生一些事故，有时甚至是十分严重的事故，这些事故往往会侵入公共领域，引发公共危机。例如1984年12月2日印度中央邦首府帕博尔发生毒气泄漏事件，造成3000多人中毒死亡，12.5万人遭到毒害，上万人因此致残。这次事故的直接责任者是美国联合碳化物公司，该公司把设在印度的这家工厂建在人口稠密地区，而该公司设在美国本土西弗吉尼亚的厂址却远离人口稠密区。跨国公司为了追求高额利润，往往把更具危险性的工厂设在发展中国家，以逃避其在国内必须遵守的严格限制。很明显，美国联合碳化物公司对这次危机的发生，以及对这次危机的应急管理和危机后赔偿都负有不可推卸的责任。又如重庆开县2003年"12·23"特大井喷事故，造成243人因硫化氢中毒死亡，4000多人受伤，6万多人被疏散转移，9.3万多人受灾。这次危机是由于中石油四川石油管理局川东钻探公司在起钻过程中多次违反操作规程导致天然气井喷，很明显，该公司对这次危机的发生、应急管理和危机后赔偿也负有不可推卸的责任。企业在从事可能引发重大事故的生产时，必须采取预防措施防止事故发生，企业必须制订应急预案，并严格按照应急预案做好技术和物资等方面的充分准备，严格执行应急预案，一旦发生事故，企业有责任采取各种措施，千方百计地防止危机扩大和升级，尽量减少危机造成的损失。当然，企业也应该把事故的情况及时告知政府（如果当地有公共危机应急指挥中心，应告知应急指挥中心），这样才能实现公共危机管理的统一指挥，才能动员全社会的资源来战胜危机，对于企业造成的公共危机，企业还要承担相应的赔偿责任。可见，企业在所有公共危机中都不承担责任的观点是站不住脚的。

其二，企业在公共危机管理中承担责任的界限。是不是所有的公共危机管理企业都负有责任呢？答案显然是否定的。因此，企业在公共危机管理中承担责任应当有一个明确的界限。一般说来，企业只应对自身原因引发的公共危机负有责任。一个企业，如果它的生产具有某种危险性，它就应该制订周密的应急预案，做好危机预防方面的工作，做好技术和物资方面的充分准备，这样，一旦发生事故，引发危机，才能够在公共危机管理中掌握主动，在当地政府或危机应急指挥中心的领导下及时消除险情，把损失降低到最低程度。对于自身引发的危机，企业有义务对造成的损失进行赔偿，并承担法律责任。不过，对于非自身原因引发的公共危机，企业也有配合政府做好公共危机管理的义务，承担道义上的责任，这是作为法人应尽的义务，这与前文所说的责任性质截然不同。

（2）其他组织在公共危机管理中的责任。在公共危机管理过程中，政府以外的其他组织同样也起着十分重要的责任。

其一，非政府组织在公共危机管理中的责任。在公共危机管理中，常常活跃着大量的非政府组织，尤其是在紧急救援和危机后的救助中，仅有政府是不够的，政府的财力毕竟有限，还需要广泛的社会参与。在组织社会各界参与的过程中，各种非政府组织发挥着越来越重要的作用。例如红十字会、红新月会，各种慈善组织和各种宗教组织都在历次的灾难中发挥过十分重要的作用。那么这些组织在公共危机管理中承担的是一种什么责任呢？基本上是一种道义责任。在一般情况下，这种责任没有任何强制性的约束力，不承担责任也不会受到惩罚。

其二，保险责任。保险公司在公共危机管理中常常要承担赔偿责任。但保险赔偿与一般的赔偿不同，它的赔偿义务不是因过错而产生，而是因合同而产生。保险也是一种救灾形式。它是保险公司通过与受灾体签订保险合约，按经济合同履行灾害赔偿义务、参与救灾活动的特殊救灾形式。尽管保险参与救灾活动的方式和手段与其他救灾形式不一样，但最终目的都是为了分散风险，减少灾害损失，帮助被保险人及时获得灾后的经济补偿，从而迅速恢复生产，重建家园。世界上很多重大的危机事件，都由于保险义务的履行而减轻了受害人的损失。

（3）政府在公共危机管理中的责任层次和责任范围。从上面的分析中可以看出，企业在公共危机管理中应承担自己的责任，不过，企业在公共危机管理中只承担局部的责任，次要的责任。而政府承担的是全局性的责任和主要的责任。

其一，政府在公共危机管理中的责任层次。政府在公共危机管理中应承担的责任可以分为三个层次：首先，政府对公共危机的产生负有直接责任，也就是说，政府的过错是引发公共危机的直接原因。例如，新中国成立以后，由于对公共政策缺乏深入的研究，加之个别领导人强制推行一些错误的政策，给国家造成了严重危机。20世纪50年代后期批判北大校长马寅初先生的人口理论，使我国错误地进入了生育高峰期。由于人口暴涨，人口结构严重失调，引发了我国严重的社会危机。后来不得不实行严厉的计划生育政策，现在我国的就业难和2000年以来越来越严重的养老问题在很大程度上是人口结构失调带来的恶果。对于这种危机的应急管理，政府显然负有不可推卸的责任。其次，政府对公共危机的产生负有间接责任，也就是说，危机的发生虽然不是政府行为的直接结果，但政府的过错是引发公共危机的间接原因。例如，从历史上看，单纯的自然灾害领域是很狭小的，绝大多数灾害的产生或轻或重都存在人为因素，有些灾害甚至人为因素的作用更大。过度开垦、工业污染、人口膨胀、水土流失、地面沉降等造成人类生存环境的恶化，就是大量灾害发生的重要原因。许多灾害与其说是自然灾害，毋宁说是人为灾害。因此，大量灾害引发的公共危机，很多含有政府政策失误的因素。又如我国2003年爆发的SARS危机，也存在一些政策失误的因素，如重医轻防的医疗卫生体制使我国在疾病防治方面存在不少缺陷，加之没有制订应急预案，技术和物资方面都缺乏足够的准备，还有卫生部和部分地方政府在疫情爆发初期不是积极应对，而是控制新闻、隐瞒疫情延误了控制疫情蔓延的最佳时机，造成危机失控。在这种危机的应急管理中政府同样负有不可推卸的责任。再次，危机产生的原因与政府毫无关系。对于这种危机的应急管理政府是否应负责？回答当然是肯定的。也就是说，危机发生的原因不论与政府是否有关，政府都对应急管理负有不可推卸的责任。这是因为国家的本质特征、政府的主要职能和政府在道义方面的义务所决定的。

其二，政府在公共危机管理中的责任范围。政府在公共危机管理中应承担的责任很多，一般说来，主要的责任包括：首先，制订危机应急预案，建立公共危机的预防机制，在全民中树立危机意识，普及危机文化，健全危机法律制度，建立公共危机管理的常设机构，做好危机管理技术和设备的研究、开发、购买和配套等工作，为危机应急管理打好基础。其次，建立危机预警和预控机制，建立各种危机应对的监测体系，建立信息联动系统和信息处理制度，不断完善危机信息识别、信息收集、信息传递、信息处理、信息发布和信息互动系统，一旦发现危机征兆，就能迅速进行分析和确认，及时发出预警警报，并立即采取预控措施，尽可能把危机消灭在萌芽状态。再次，公共危机爆发时，政府应立即启动危机应对响应程序，通过危机指挥中心和信息联动系统，组织协调各部门、各行业、各救援机构、各种民间组织和广大民众，动员一切需要的资源，组织应急疏散、紧急救援和危机控制，以便尽快消除险情，或者防止危机扩大和升级，尽可能减少危机造成的损失。最后，危机消除以后，要尽快恢复公共设施，组织疏散的群众返回家园，恢复正常的社会秩序，迅速制订方案，重建被毁坏的家园，并对危机应急管理中征用的私人物品进行赔偿或者补偿，对生活困难的群众进行救济，组织心理专家，通过心理干预帮助在危机中遭受心理伤害的群众恢复正常，组织专家和群众对危机进行评价和总结，以吸取经验教训等。①

6.2.2　应急处置与救援的现场指挥

现场指挥是应急决策与处置组织体系中最为重要的部分，它是应急决策与处置的纽带，也是整个应急管理的核心环节。一般而言，只有重大或者特别重大的突发事件才设立现场指挥部，但对于一般或较大的突发事件而言，现场指挥部制度也具有指导意义。

现场指挥部是指在应急决策与处置过程中，由相关部门组织的、临时性地应对突发事件的决策、指挥与处置机构。它是应急决策与处置的中枢神经，是决定应急处置高效与快捷的核心因素。现场指挥部是应急决策与处置的最高决策机构的延伸，或者说，它本身就是应急决策和处置在突发事件现场的最高决策机构。因此在决策与处置过程中，应该授予现场指挥部决策与处置的充分权力。各级各类突发事件一般都应该设置现场指挥部，可以根据事件的性质和规模相应增加或减少现场指挥部的构建要素，以免造成不必要的浪费。

1. 现场指挥部的要素

（1）场所。现场指挥部要根据突发事件的性质、种类、危害程度或实际需要合理选址，原则上应设在灾害事故现场周边适当的位置，也可以在具有视

---

① 黄顺康：《公共危机管理与危机法制研究》，中国检察出版社，2006 年版，第 96~103 页。

频、音频、数据信息传输功能的指挥通信车辆或相应场所开设。要保证及时掌握现场情况、信息通信畅通、指挥迅速不间断。要部署相应警力,建立专门的工作标识,保证现场指挥部的正常工作秩序,严禁无关人员出入。

(2)设备。每一个现场指挥部都应该尽可能地保证配有现场办公设备,包括电话、传真、电脑、打印机、投影仪器等必备的办公设备;同时要考虑召开决策会议所需要的基本设备,如办公桌椅、展示平台、信息发布的设备等;各种设置醒目,标识齐全。

(3)人员与车辆标识。突发事件发生后,各级领导、专项指挥部、各相关部门、事故处理专家以及新闻记者等到达现场,应急办人员应该确认各成员单位是否到场,并发放各种标识,维持现场秩序,禁止无关人员进出现场。

2. 现场指挥部的职能

(1)根据突发事件的进展、相关工作预案和领导指示,组织指挥参与现场救援的各单位,迅速控制局势,力争把损失降到最低限度;

(2)实施属地管理,组织公安等相关部门,做好交通保障;搞好人员疏散和安置工作、维护社会秩序;

(3)协调各相关职能部门和单位,做好调查、善后工作,防止出现次生、衍生灾害,尽快恢复正常秩序;

(4)及时掌握和报告重要信息,研究制订紧急处置情况并报本级或上级应急管理机构。

现场指挥部应随时跟踪事态的进展情况,一旦发现事态有进一步扩大的趋势,有可能超出自身的控制能力,应立即向上级政府发出请求,由上级政府部门协助调配其他应急资源。同时,及时向事件可能波及的地区通报有关情况,必要时可通过媒体向社会发出预警。一旦事件升级,现场指挥部也应该升级。

6.2.3 应急处置与救援的基本流程

应急处置与救援是公共危机应对的关键环节,为科学、高效地应对公共危机,应遵循以下流程:

1. 启动应急响应

根据我国《突发事件应对法》以及其他相关法律法规的规定,在应急准备阶段,各级政府应制订突发事件的总体应急预案以及专项预案。一旦宣布启动应急预案中的应急响应程序，也就是进入了危机状态，各有关部门都应该根据相关规定承担起应急职责，并且迅速派出人员参与应急处置与救援工作。

2. 制订处置与救援方案

处置与救援方案的制订本质上也是一种非程序化决策，是整个危机管理决策的重要组成部分。与危机管理其他阶段的决策相比较，这一阶段决策者所面临的约束条件更为苛刻：时间的紧迫性、信息的有限性、人力资源的紧缺性以及技术支持的稀缺性都要更为严重。方案制订者必须在很紧迫的时间压力和事态发展极为不确定的情况下，制订恰当且科学的处置措施和救援方案。在这种情况下，现场决策者的能力素质尤为重要，可以说危机决策的关键就在于决策者的科学决策能力、驾驭全局的能力、开拓创新的能力以及丰富的经验上。[1]

3. 实施处置与救援方案

应急处置与救援的方案制订出来以后，相关部门及人员就应该立即着手执行该方案。方案在实施过程中主要涉及以下三个方面内容：

（1）人员配置。危机发生以后，急需大量的救援人员对现场滞留人员进行疏导转移、对伤亡人员进行救助（现场急救和转移）、对事态进行控制、对财产进行抢救和转移等。因而，人员配置包括：专业的抢险救援系统人员、专业医疗救护人员、工程抢险人员、训练有素的志愿者等。

（2）物资调配。物资短缺是危机现场处置存在的普遍现象。因为危机现场的救援物资是短时间和规模化投入，现场附近的物资一般满足不了需要，所以必须在日常工作中有所准备。一般而言，应急处置与救援需要的物资包括：专业人员的装备、通信设备（危机现场的原有通信设施一般已经遭到破坏）、抢险必备的工具、抢救伤员的担架和药品等。

（3）协调沟通。在实施应急处置与救援的方案过程中，参与行动的各系统之间的协调联络沟通是极其重要的。往往是危机事件越大，参与应急救援的系统就越多，而协调沟通也就越难，但也就越重要。要保证协调沟通的顺畅，一方面是在方案制订时就要充分考虑各参与主体间的协调问题，另一方面是在具体实施过程中创新协调沟通的方式和方法。

---

[1]　董传仪：《危机管理学》，中国传媒大学出版社，2007 年版，第 147 页。

4. 调整处置与救援方案

应急处置与救援方案一般是在时间紧迫、信息有限的情况下制订出来的，因此方案不可能是完美无缺的，需要在实施过程中，根据具体的情况，不断进行调整。在调整的过程中，一是要注意信息的收集和分析；二是征求和听取相关专家的意见；三是领导要对现场情况进行准确的判断；四是调整的情况既要及时地向上级部门汇报也要及时告知参与处置救援的部门和人员。

5. 应急处置与救援结束

在危机局势得到控制、相关危险因素得以消除后，应急处置和救援工作也就随之结束，即相关处置与救援措施停止，现场指挥部取消，相关政府部门发布信息告知公众。

6.2.4 应急处置与救援的主要策略

应急处置策略是对危机处置的整体性思考。选择恰当的应急处置策略，有助于危机管理者理清思路，改善应急处置的效果，减少危机的危害程度，甚至可以促进危机的转变。危机事件应急处置的基本策略可以分为以下4种。[1]

（1）危机中止策略。危机中止策略一般用于危机刚刚发生，其负面影响尚未扩散或者还不严重时。在这个时候，应及时发现危机产生的根源和扩散的途径，采取积极有效的措施阻断其扩散，中止其危害。

（2）危机隔离策略。由于危机的发生往往具有"涟漪效应"，如果不加以控制，危机影响的范围将不断扩大。隔离策略旨在将危机的负面影响隔离在最小的范围内，避免造成更大的伤亡和财产损失。隔离策略主要有以下两种：

第一，危害隔离。危害隔离即对危机采取物理隔离的方法，使危机所造成的财产损失尽可能控制在一定范围内。比如，当火灾发生之后，采取果断措施切断火源，以避免火势蔓延。

第二，人员隔离。危机发生后，应进行有效的人员隔离，即在人员资源上让以首席危机官为首的危机管理小组成员专门负责处理危机，让其他人继续从事正常的活动，以防止危机对正常的活动造成巨大的冲击。

---

[1] 肖鹏军：《公共危机管理导论》，中国人民大学出版社，2006年版，第109~110页。

（3）危机消除策略。消除策略旨在消除危机所造成的各种负面影响，这种负面影响既可能包括物质财富上的损失，如生产场地遭受破坏、产品大量积压等，也可能包括精神上的损失和打击。

（4）危机利用策略。危机事件所带来的也并非仅仅是威胁和损害，在一定程度上它也提供了一种转变的可能性。只要危机管理者处理得当、表现得体、诚实负责，往往也可能将坏事变为好事。

这 4 种危机处置策略并非彼此隔离的，在应急处置过程中，往往需要综合运用不同的危机处置策略达到相辅相成的效果。在危机处置的不同阶段，以不同的处置策略为重点。通常而言，中止策略和隔离策略在危机处置的前期被广泛采用，消除策略和利用策略则在危机处理的后期经常使用。

6.3　应急处置与救援措施

6.3.1　应急处置与救援措施的性质与实施依据

为了应对突发事件，政府可以依法采取各种应急措施，虽然有些应急处置措施带有强制性，在形式上可能有限制公民权利的特征，但其性质是国家行政机关采取的强制性行政手段，是一种行政行为，其根本目的是保护人民生命财产安全，维护国家安全、公共安全、环境安全和社会秩序，为顺利开展处置与救援服务。应急处置措施限制的是公民或组织的部分权利，是为了更有效地保护全体公民和社会整体的利益。应急处置措施是一种暂时的强制性行政措施，当突发事件的威胁和危害得到控制和消除后，履行统一领导职责或者组织处置工作的人民政府应当停止相关的应急处置措施。从性质上来说，应急处置措施是一种暂时的强制性行政应急措施。①

由于应急处置措施具有明显的紧急性、强制性、侵略性等特点，极易对公民的合法权益造成伤害。因此行政机关对应急处置措施的采用，必须以明确法律作为其实施依据。就我国的情况而言，我国的应急法律规范体系包括宪法、法律、法规、规章等层次。除了《突发事件应对法》、《突发事件总体应急预案》等应急一般法外，就突发事件的不同类别而言，有关紧急状态的法律规范有《国防法》、《戒严法》、《兵役法》、《人民防空法》等；有关自然灾害的

---

① 李飞：《中华人民共和国突发事件应对法释义》，法律出版社 2007 年版，第 92 页。

法律规范有《防震减灾法》、《防洪法》、《森林法》、《草原法》、《草原防火条例》等；有关事故灾难的法律规范有《消防法》、《民用航空法》、《安全生产法》、《矿山安全法》、《道路交通安全法》、《民用运输机场应急救援规则》、《铁路行车事故救援规则》、《核电厂核事故应急管理条例》、《危险化学品安全管理条例》等；有关公共卫生事件的法律法规有《传染病防治法》、《突发性公共卫生事件应急条例》、《传染病防治法实施办法》、《食物中毒事故处理办法》等；有关社会安全事件的法律规范有《戒严法》、《民兵战备工作规定》、《制止恐怖主义爆炸的国际公约》、《打击恐怖主义、分裂主义和极端主义上海公约》等。

6.3.2 非社会安全类事件的应急处置与救援措施

《突发事件应对法》第 49 条规定：自然灾害、事故灾难或者公共卫生事件发生后，履行统一领导职责的人民政府负责应急处置工作。一项突发事件发生后，到底要采取哪些应急措施，应当视具体情况而定。

1. 救助性措施

主要是对公民人身的救助。在危机已经来临可能危及公民生命、健康时，对处于洪区、疫区、火灾区、放射区、地震区等灾区的公民，行政机关通过营救、疏散、撤离等方式，将在危险区域内受到威胁的人员转移到安全地带，并妥善安置，解决受到威胁人员急需的衣、食、住、行等问题。这里的"疏散"是应急疏散，具有以下特征：

（1）应急疏散的时间是在危机已经来临时，这与危机爆发前的紧急疏散是有区别的。危机爆发前的紧急疏散属于在预警期内的危机预控，而危机已经爆发后的应急疏散属于危机应急管理；

（2）应急疏散的依据是被疏散的人员将面临巨大的危险，如果不紧急疏散很可能造成人员重大伤亡，当然没有危险的群众就不必疏散，不然会造成不必要的损失；

（3）应急疏散的内容是指导安全受到威胁的民众紧急转移到安全地带；

（4）应急疏散的目的是最大限度地减少人员伤亡。应急疏散在危机管理中的意义重大，它是危机管理的一项行之有效的紧急措施，因为它可以以较小的代价最大限度地减少人员伤亡。

2. 控制性措施

主要针对场所的强制。其中，"危险源"是危险物品大量聚集的地方，如被传染病病原体污染的公共饮用水源、易燃易爆物品、危险化学品、放射性物品存放地，这些危险源具有较大的危险性，在自然灾害、事故灾难、公共卫生事件发生后，负责应急处置工作的人民政府应当及时予以控制。"标明危险区域"，目的是起到警示作用。"封闭危险场所"，如封闭可能造成传染病扩散的场所、对传染病疫区实行封锁。"划定警戒区"，是指公安机关在一些特定地方，划定一定的区域限定部分人员出入。"实行交通管制"，在应急处置中经常具有特别的意义，这种社会性管制也是一种常用的应急措施。

3. 保障性措施

"立即抢修被损坏的交通、通信、供水、排水、供电、供气、供热等公共设施"，这一保障性措施不仅对减少灾害损失很重要，而且对生活恢复、生产恢复以及整个社会恢复都是十分重要的。"向受到危害的人员提供避难场所和生活必需品"，这是给受灾人员的生活帮助和物质帮助。遭受灾害的人员，正常的生产、工作可能因灾害被迫停止，生活受到影响。"实施医疗救护和卫生防疫"，也是保障性措施之一。

4. 保护性措施

火灾发生后要截断电力、可燃气体和液体的输送，限制用火用电；传染病发生后，为防止疫情的传播，限制或停止集市、集会、影剧院演出或者其他人群聚集的活动以及停工、停业、停课等。

5. 预防性措施

在突发事件处置的过程中，应急管理部门不仅要着力减轻已经造成的损害结果，还要对有关的设备、设施以及活动场所潜在的风险进行排查，并采取有效的预防性措施，防止社会公众蒙受新的损失。比如，伦敦地铁爆炸案发生后，在场的应急管理人员要求禁止使用手机，目的是防止手机信号引爆未被发现的炸弹。

人员的密集活动和某些生产生活活动可能会加剧突发事件的影响或成为突发事件新的诱因，比如传染性疾病的扩散，为此，在必要的情况下，可取消、中止人员密集活动或停止某些生产活动。比如，在 2003 年"非典"期间，为了减少人员的流动和聚集，临时性地取消了劳动节长假，2007 年当安徽华源药业有限公司的"欣弗注射液"被发现存在问题后，政府部门责令其停止生产并召回该产品。

此外，应急管理部门防止各种次生、衍生事件的发生，比如自然灾害引发的群体性事件。

6. 动员性措施

突发事件的处置不能缺少强有力的资金、物资和人力保障。应急管理部门需要启用各级政府的财政预备和应急物资储备。必要时，应急管理部门可开展社会动员，紧急征用企业、社会所储备的物资、设备、设施、工具。当然，应急活动结束后，政府应给予被征用单位和公民以适当的补偿，这样，紧急征用活动才具有可持续性。此外，社会公众有义务参与突发事件的处置工作，特别是有特定技术专长的社会公众，更应在突发事件处置的过程中发挥自己的独特作用。

7. 稳定性措施

突发事件发生后，商品供应可能出现短暂性的奇缺。一些人可能会囤积居奇、哄抬物价、制假售假，扰乱市场秩序。还有些不法分子趁火打劫，可能利用突发事件造成的混乱局面进行违法犯罪活动。这些都会造成不必要的社会混乱，干扰应急处置工作的开展。因此，应急管理部门应协调国家执法机关，采取有效的稳定性措施，严厉打击违法犯罪活动，为突发事件的应急处置营造一个良好的外部环境。①

6.3.3　社会安全事件的应急处置与救援措施

我国《突发事件应对法》第 50 条规定：社会安全事件发生后，组织处置工作的人民政府应当立即组织有关部门并由公安机关针对事件的性质和特点，依照有关法律、行政法规和国务院其他有关规定，采取相应的处置措施。概括来讲主要有以下几种措施：

---

① 王宏伟：《突发事件应急管理预防、处置与恢复重建》，中国广播电视大学出版社，2009 年版，第 125~127 页。

（1）强制隔离措施。当社会安全事件发生时，应急管理部门应协调公安机关根据事件的性质和危害程度，依法采取果断行动，进行强制干预，将冲突双方隔离，有效地控制现场事态，维持正常的社会秩序。

（2）保护控制措施。社会安全事件发生后，特定区域内的建筑物、交通工具、设备、设施等可能会成为破坏对象，需要进行重点保护。燃料、燃气、电力、水等供应关系着千家万户，涉及国计民生，应急管理部门应协调公安部门，对其采取必要的控制性措施，避免社会安全事件影响的扩散。

（3）封锁限制措施。社会安全事件发生后，公安部门要实施现场控制，对出入封锁区域人员的证件、车辆、物品进行检查，限制有关公共场所内的活动。这有助于及时维持处置现场秩序，抓获犯罪嫌疑人，避免新的社会安全事件的发生。

（4）重点保卫措施。国家机关、军事机关、国家通讯社、广播电台、电视台、外国驻华使馆是易受社会安全事件冲击的关键部门。在现实生活中，这些部门经常是群体性突发事件中公众表达利益诉求、发泄不满情绪的对象，如日本驻华使馆就是涉日游行的众矢之的。不仅如此，它们还因具有较高的象征性价值，是敏感地点，容易成为恐怖袭击等暴力活动的对象。为此，在处置社会安全事件的过程中，要重点加强对以上机关的保卫工作。

（5）其他合法措施。由于社会安全事件千差万别，在必要的情况下，可依照法律、行政法规和国务院的规定，采取以上几种措施之外的其他措施。

此外，为适应社会主义市场经济体制的需要，我国制定了银行、证券、保险、税收、外汇等经济方面的法律、法规，建立了各种经济调控措施和监管制度，规定了各种宏观调控时采取的措施。在没有法律、行政法规规定的情况下，为保障人民群众的基本生活需要，最大限度地减轻突发事件的影响，国务院或者国务院授权的有关主管部门可以采取保障、控制等必要应急措施。

6.4　应急处置与救援中的资源管理

"兵马未动，粮草先行"，政府应急处置与救援行动要想取得成功，除了决策科学，措施果断之外，还要求有雄厚的物资储备和人力资源储备作为基础。应急处置与救援中的资源管理包括人力资源管理、财政资源管理、物资资源管理、信息资源管理 4 个方面。

1. 应急处置中的人力资源管理

（1）发挥危机管理中心的核心作用。应急处置是政府危机管理的核心内容之一，危机管理中心是专门的危机应对常设机构。当危机管理中心接警后，中心的所有工作人员自动快速返回中心展开应急处置的有关工作。根据危机的不同等级，危机管理中心便获得各种相应的自动授权，统一负责各部门的联络，协调，指挥等具体工作。

负责人要对危机的处理有一个基本构想和方案，并就有关内容进行简要的通报，诸如危机的大致情况及等级，应急处置和救援的思路以及救援的重点、难点、注意事项等；现场指挥部的设置；协调与联络方式等。

作为危机管理的领导者必须当机立断，采取迅速有效的应急行动，才能保障安全、减轻灾害损失。在应急处置中领导者的权威决策起着至关重要的决定性作用。主要领导人亲赴危机事发现场，发挥领导者的权威，不仅表明组织对危机事件的责任和重视，具有凝聚和威慑的作用，提高工作人员的自信心，而且也便于调动组织内外的各种资源和各方积极沟通，以实施有效决策。国外的反危机策略专家将领导亲临第一线指挥的任务归纳为三项，也称 3C 策略，即命令（command）、控制（control）和沟通（communication）。

（2）适度把握应急防范力度。要根据危机爆发的特点来合理确定应急防范的范围，防范范围大固然会起到更好的保护作用，但同时也会造成高成本，故应急防范的范围贵在"适度"，并不是越大越好。同样道理，应急处置也不是投入参与的人员越多越好，要根据危机事件的大小深浅轻重的不同程度，合理确定应急队伍及装备设施。只要人员精干，组织得当，方法正确，较之某些一窝蜂的人海战术，反而会起到事半功倍的效果。

（3）发挥技术专家的技术特长。对于那些由工业技术引起的突发事件，在处理过程中应当特别注意技术性、科学性，不能盲目行事，如果没有专业技术人员的指导，组织的决策者应当火速派遣大批相关的技术专家赶赴事发现场，加入危机管理队伍，用科学的方法应对技术性危机。现实中，一些技术性危机正是由于得不到专业技术人员的指导和支持，而常常引发新的危机。

（4）协调各有关部门的职能。专门职能机构的职责在各自专业的法律中已有明确的规定，但是当危机达到一定等级，职能部门的权力便受到应急处置有关法律的约束，并自动地得到相应的授权，转换为危机管理和决策机构。

2. 应急处置中的财政资源管理

财政资源管理主要包括两个方面，即资金的筹集和配置。

（1）资金筹集。危机爆发时亟须资金解决危机，如何紧急调集资金，缓解财政压力，实为当务之急。①为解决危机爆发所需要的资金，各级政府应当把危机管理的预算纳入政府的预算体系之中，并通过运用其政策资源，比如税收政策、财政政策等加强危机所需资金的筹措。②设立危机处理基金，尽力用于应对各种突发事件和危机的必要的专项基金。③通过动员社会筹集，把政府、社会保障和保险以及公民的自助相结合，全面扩大危机管理的资源保障。

（2）资金配置。①建立危机专项资金的监督制度和程序以保证基金的合法、合理有效使用。②危机专项资金经由危机领导小组审核后方可使用。③危机专项资金必须用于危机管理的重要方面，充分发挥资金的综合使用效果。

3. 应急处置中的物资资源管理

保证物资及时有效的供给和合理配置是危机后勤保障的重要任务。

（1）物资的获取和储备。通常，为了预防危机，都会储备一定的应对危机所需要的物资。①要根据危机的具体情况和对危机发展的预测，判断现在和将来危机需要什么样的资源、需求量的大小以及如何获取尽可能多的资源。②资源获取后，如果不需要立即或全部用于当时的危机反应，就需要储备那些暂时不用的资源。储备这些资源的总体原则是：尽量方便使用，同时又不会遭到危机的破坏。③危机资源的获取和储备应当不断重复地进行，不能等到储备资源耗尽时再考虑资源的补给，以使资源的获取和储备能跟上危机发展的需要。

（2）物资的合理配置。在危机管理中，危机物资的优先性使得物资的合理配置显得极其重要。合理地配置资源能在很大程度上弥补资源的不足和缺陷，后勤部门进行资源配置时，应综合考虑危机的重要方面和资源的主要功能，使资源在危机反应中产生最大的综合使用效果。

（3）物资的供给。后勤部门获取资源并决定资源的配置后，要将资源提供给危机反应者使用，才能产生实际的作用。因此，后勤人员应尽可能清除那些影响资源传递的障碍，根据传递过程的实际情况选择合适的传递工具和传递方法，同时要尽量减少过程中的失误，将资源准确完好地传递给危机反应人员。

4. 应急处置中的信息资源管理

信息资源管理主要包括两个过程：一是信息收集，二是信息传递。信息的来源是多方面的，如危机的受害者、危机管理人员、危机的利益相关者，还可以来自媒体等。在危机管理中，要特别注意媒体在信息传播方面的管理。一方面，要发挥媒体传递信息的功能，通过媒体及时将危机事态发展的信息直接传递给社会公众和政府，缩短信息传递过程；另一方面，要降低媒体传播信息失真的可能性，避免谣言的产生或终止谣言的传播。

6.5 应急处置与救援中的社会参与

政府在突发事件的预防、应急处置和恢复重建的过程中，发挥着最主要的作用，但仅仅依靠政府的力量并不能做到真正意义上的突发事件应急管理。因此，在强调政府部门突发事件应急管理的快速反应性、责任性、透明性等原则的同时，也要运用公共治理理论，实现政府突发事件应急管理系统参与主体的多元性，最大可能地吸纳社会各种力量、调动各种社会资源共同应对危机，通过明确各自的责任、制订相关政策等手段构成统一的突发事件应急管理系统参与机制。本书所讲的突发事件应急管理的社会参与机制包括以下几方面的内容。

1. 突发事件应急管理的社会参与主体构成

（1）非政府组织

作为社会的自发组织体系，非政府组织（NGO）具有众多促进社会发展的功能：推动政策制订的公正性，协助弱势群体及普通大众，落实及促进社会公共利益，监督政府公共政策的实施；整合民间社会资源，倡导社会改革运动，推动公益活动；推动公民参与，唤醒公民意识及塑造公民文化；促进社会整合，满足人类的高级需求等。每一项都和整个社会以及人民群众的切身利益紧密相关，在某种意义上充当了人民大众代言人和社会公仆的重要角色。由此可见，非政府组织在政府和民众之间起到了协调各方利益、积极促进社会和谐的桥梁作用。

目前来说，非政府组织参与推动社会发展的策略和方式主要有组织公益活动、呼吁公众参与、倡导社会议题、发动宣传教育等，其参与公共政策的过程主要有政策倡导、游说、舆论、自力救济（互助）、策略联盟等。

当然，政府与非政府组织本身性质存在着较大的差异：政府是公共权力的代表机构，具有高度权威性；而非政府组织却是以非政府性、非营利性和奉献性为典型特征。因此，在具体参与危机管理的目标、资源调动、决策过程、危机管理权限等许多方面都存在较大差异。

从表 6-1 的比较结果可以看出，在具体的某一突发事件应急管理过程中，政府和非政府组织拥有各自不同的资源、组织和社会时，参与危机事件应急管理的目标、身份、地点、方式、运行程序等都存在不同特点。因此，作为两类各具特色的社会组织，政府与非政府组织之间应当互相配合、取长补短、加强沟通、协同运作。

表 6-1　　　　　　　政府与非政府组织参与应急管理的异同一览表

比较内容	政府组织	非政府组织
应急目标	保障公民的生命财产安全 维护法纪 维护社会秩序 若为冲突事故，则可能包括维护国家安全	保障受灾人群的基本权利
中立性	如果政府为其中的冲突一方，则政府参与应急管理不具备中立性	一般而言中立（不分种族、国际、宗教、性别、政治面貌等）并按实际需要提供援助
工作地点	管辖区域	一般比政府小得多，按本身网络、资源、政策等而定
行政决策过程	视中央和地方权责划分而定	在问责和效率之间取平衡，强调独立志愿人员的参与
资源调动	从政府财政支出	部分机构有储备资源可做周转，但一般也需要尽快筹集、募捐专项资金
应急手段	若为暴力性或特别重大的事件，政府可能动用军队、警察等暴力机器	人员派遣 物资援助 募集资金 心理援助

（2）各种营利性组织

在西方发达国家，政府非常重视各类社会组织，特别是营利性组织在突发事件应急管理体系中的参与作用：一方面它是突发事件潜在的危害对象；另一方面，对于那些重大和特别重大突发事件的应对，政府在调动所掌管的各种公共物资和资源进行突发性危机管理活动时，有可能还得动用各种营利组织的资源，支持政府危机管理活动的需要。营利性组织是除非政府公共组织、社会大众外社会的重要组成力量。相对于非政府公共组织，营利性组织具备更为强大的经济实力和物资储备，人际资源上接触的范围和对象要广于这些公共组织；相对于人民大众，营利性组织又具备更为严密的组织体系和严谨的规章制度。在和政府的互动上，通过日常有关政府部门的指导和监督，可以帮助这些组织建立起良好的应急组织文化氛围，既提高了他们自身抵御危机的能力，也加快了灾后整个社会的恢复重建进度；同时，还实现了通过在物资调配、人员调动等方面与政府部门的良性互动，提高政府和整个社会的危机应对能力的目的。因此，政府应努力开创条件，提供让营利性组织广泛参与到危机管理活动中来的机会，发挥它们的优势和特殊作用，通过寻求科学的互动政策、建立良好的合作关系、明确各自危机应对职责的方式达成统一的社会协作体系。

（3）普通公众

突发事件不仅是对政府能力的挑战，更是对社会整体能力的综合考验。在通常情况下，社会公众是危机事件直接威胁的对象，也可以称它们为直接的"受灾体"。此时，公众的生命和财产安全便成为政府危机管理最为重要的内容，而公众自身的危机意识、危机预防能力和危机应对水平便成为决定政府危机管理质量的重要因素。

①加强危机意识教育。危机造成的一个主要不良影响就是公众的心理恐慌。因此，加强公众的危机意识必须首先要使他们在危机出现时有良好的心理承受能力。与此同时，政府的危机管理体系功能的发挥，也必须有广大公众的参与和积极配合，因此，建立政府危机管理体系也应加强公众的危机意识教育。危机意识教育不是简单地列举可能存在的危机，更重要的是在于公众应对危机的基本常识和做法。除了引导公众正确认识危机，塑造理性平和、自信向上的和谐心理之外，还应教会公众掌握基本的应对危机的方法和措施，学会自救和互救。只要政府和公众一条心，就没有战胜不了的灾难。

②普及危机模拟训练。作为政府危机管理的一项重要内容，在统一社会价

值观念，增强社会管理能力，提高社会抗逆水平，健全社会道德约束的同时，政府要更积极有效地通过社会宣传、社会演习等各种方法和手段，最大限度地向公众提供熟悉和学习危机应对知识的机会和平台，从而吸收更多的公众参与到危机管理中来，从源头上提高社会整体的危机应对能力。

2. 突发事件应急管理的专职应急机动队伍

突发事件需要训练有素的人去应对。人既是组织的主体，又是资源的主体，任何先进的救援仪器都是由人来操纵和支配的。要通过配备各类先进的救援器材和装备，提高应急装备和技术水平，制订应急处置专业技术方案，提高组织协同和各专业保障单位的能力，提高快速反应和执行任务的能力。各级政府应花费一定的成本对应急决策、应急执行等系统的骨干成员开展有目的、有计划、有系统的实用技术培训和模拟实战演练，使他们能够掌握应对各类突发事件的扎实功底，以便在将来可能发生的突发事件面前处变不惊、指挥若定。平时也应做好相应的物资储备，做到有备无患。

3. 突发事件社会动员机制

突发事件社会动员指应对突发事件时，各级政府、社会团体、企事业单位在政治、经济、科技、教育等方面统一组织的动员准备、实施和恢复活动。政府依据突发事件的危险程度、涉及范围、人员伤亡等情况，确定社会动员等级，报请上级部门批准。相关应急部门负责属地社会动员工作，包括宣传教育、制订社会动员方案、组织实施和协调各部门开展工作，在启动属地区域应急响应时发布社会动员令，向社会公众发布灾害信息，实施现场动员，提供有关保障，组织人员疏散、隐蔽和隔离等。政府是参与突发事件应急处置的主力军，但考虑到我国的国情以及应急工作的实际需要，可以大胆探索市场经济体制下拓宽应急思路的可行方法。根据国外经验，可以充分发动民间力量参与应急处置，政府可以通过政策引导、经费资助、规范指导等多种途径使民间应急力量得到发展壮大，成为政府应急力量的重要补充。同时，应特别重视基层和各项基础工作，做好城乡社区、学校、医院、企事业等基层单位和社会应急管理工作，提高基层应对突发事件的处置能力。广泛宣传和普及公共安全知识、应急管理知识、灾害知识、防灾救灾和自救知识，提高公众参与应急管理能力和自救能力。

4. 突发事件应急管理的传媒环境

正确的思想舆论导向在实现和谐社会的事业中起着旗帜指引的作用。在现代信息社会中，大众传媒在塑造公众价值观念、强化公众意识、反映和引导社会舆论等诸多方面都发挥着巨大的作用。可以毫不夸张地说，媒体的社会传播效果直接影响着政府管理的能力和绩效，直接影响着一个社会的风气和政治稳定。

随着科技的发展和社会的不断进步，媒体的类型越来越呈现出多样化发展趋势，既有报纸、杂志等纸介媒体，又有广播、电视等电子媒体，还有互联网、手机等网络媒体。在危机肆虐的现代社会，公众的心理有时是十分脆弱的，他们需要强大的政府支持。如果此时社会流言已经出现，政府就有必要通过媒体告知一些必要的内幕，以维护政府在危机处理中的形象。通过媒体的正确宣传，才能降低社会恐慌，安抚民众。

（1）建立由政府宣传教育部门、媒体和社会相关培训教育组织共同参与的多层次传媒网络。在危机事件报道上，政府应允许媒体、社会相关培训组织等参与其中，既能够最大限度地调动社会的力量营造和谐传媒环境，完善危机应对机制中的媒体网络，又可以加大政府相关部门对这些组织的监督管理力度，真正使他们发挥应尽的作用。

（2）继续完善信息公开制度，变"堵"为"疏"，实行积极的新闻约束。新闻发言人、新闻发布会等信息公开制度一方面是政府控制新闻传播的手段，另一方面也是政府并通过新闻界和公众进行沟通的方式。新闻发言人制度是政府从自身立场出发，根据社会的需要、公众的需要以及危机管理进程的需要，设定政策议程以此对传媒议程和公众议程进行引导的一种有效手段。

（3）牢牢掌握主流媒体，进行正确的舆论引导。主流媒体具有巨大的社会影响力，是新闻界的领头羊。在对主流媒体的行为进行约束时，必须强调加强对危机管理活动的正面报道，通过主流媒体的声音，树立政府的形象并鼓励公众在政府的领导下信心百倍地迎接挑战。

（4）通过媒体加大社会危机意识教育，增强社会抗击灾害水平。提高全社会的危机应对水平，首要的是必须在全社会树立正确的危机意识，未雨绸缪，这就有赖于充分发挥媒体的信息传播和社会扩散功能。每一次危机爆发后，都要号召公众认真总结经验教训，最大限度地杜绝和减少危机的再次发生。同时，运用现代先进媒体技术支撑，通过学校教育、公务员培训、社会公益宣传等方式，提高社会整体的危机应对能力。

5. 突发事件应急管理的区域合作机制

电子信息和通信技术以及交通事业的迅猛发展将不同区域的人们紧密地联系起来，随着危机事件波及地理空间的多元化，加强区域间的沟通已是大势所趋。这不仅是资源得到优化整合的良好契机，也是增强区域竞争能力、加快区域建设的重要举措。

（1）开通城际间（特别是邻近城市、省份）反危机专线，及时发送危机通报，警醒公众做好防范潜在危机的准备工作，并及时得到他人提供的物资和技术上的支持，为有效控制危机的蔓延和恶化争取宝贵的时间。

（2）创办城际间、国际间危机交流网站，运用现代通信技术及时向外界发布危机信息和背景资料，加强技术上的交流和合作，可以创建共享的危机信息数据库，任何城市和地区的先进经验和做法都可以在网上公布，为受影响地区和人民出谋划策，提供建设性的意见和建议。

（3）定期邀请各个城市和国家的有关专家和学者，也可以是危机管理的职能部门，开展学术讨论和经验交流会，不断更新国际危机管理的指导思想和管理理念，调整和改革落后的危机管理的制度和体系，为各个国家和地区创造互相学习和交流的机会。[①]

6.6 应急处置与救援中的国际合作

一个国家的应急响应能力与几个因素有关，包括灾害的易发性，地方和地区的经济资源，政府的组织体制，技术、学术与人力资源的供给。但是，在巨灾面前，国家自身缺少响应能力，这种情况日益增多，并呼唤着外援。影响整个地区的灾害并不罕见，应对需要国际响应机制。国际合作是应急管理综合性特征在经济全球化时代的新表现，即要整合国内与国际力量以应对可能发生的巨灾。

1. 国际合作的原则

从某种意义上说，国际社会处于无政府状态。各国在共同应对突发事件的

---

① 宋英华：《突发事件应急管理导论》，中国经济出版社，2009 年版，第 141 ~ 146页。

过程中，虽无一个"世界政府"来约束，但需要有一套为国际社会共同认可的"游戏规则"。一般认为，重大突发事件应对的国际合作应遵循以下原则：

（1）预防为主。重大突发事件应对的国际合作不仅要注重灾后的救援援助，也要注重灾前的防范合作，如开展关于重大传染病防控知识的普及与宣传，推行巨灾保险，建立海啸、地震等灾害的联合预警及信息共享系统，进行打击恐怖主义的跨国军事演习等。也就是说，重大突发事件的国际合作要体现于应急管理的全过程。在20世纪90年代，联合国提出了国际减灾10年计划，推动了应急管理从灾害响应导向型向灾害减缓导向型的转变。

（2）体现国际公平与正义。在经济全球化的进程中，发达国家是主导者和主要受益者。在某种意义上讲，它们的发展是以牺牲发展中国家的利益为代价的。在重大突发事件应对的国际合作中，发达国家应该比发展中国家承担更多的义务。这体现了国际公平与正义的原则。

由于经济发展水平所限，许多发展中国家对重大突发事件减缓与准备的投入严重不足，这导致了贫困与灾害之间的互动：因为贫困而脆弱性强，因为脆弱性强而频发灾害，进而造成更加贫困。对此，发达国家应给予发展中国家更多的经济援助，帮助其提高对重大突发事件的抗逆能力。

（3）奉行人道主义原则。重大突发事件应对的国际合作机制应该体现人道主义的原则，避免某些国家借国际合作之机，或附加政治条件、干涉别国内政，或扩大势力范围、彰显战略意图。背离人道主义原则是重大突发事件应对中开展国际合作的大忌。2004年，印度洋发生特大海啸，沿岸国家损失惨重。美国提供了价值3.5亿美元的对外援助，其目的之一是向伊斯兰国家示好，以期消除反美主义情绪；日本同时向印度洋地区派出了海上、陆上和航空自卫队，进一步突破了和平宪法的限制，凸显了日本争做政治大国的强烈愿望。印度为了防止美日向南亚地区的势力扩张，拒绝了国际援助。可见，一旦重大突发事件应对的国际合作背离人道主义的原则，就会面临严峻挑战。

（4）标本兼治。在经济全球化背景下，增强国际合作、确保人类的共同安全是世界各国的共同心愿。但是，各国合作、共同应对重大突发事件必须坚持既治标又治本的原则。以打击核恐怖主义（nuclear terrorism）为例，国际社会必须加强合作，因为：第一，打击恐怖主义事关国际安全，提供的是一种全球公共产品，世界各国均有义务参与、支持此项事业；第二，只有增强全球合作，才能真正控制核技术与核材料的扩散，从源头上遏制核恐怖主义。但是，在加强打击核恐怖主义国际合作的过程中，相关国际组织及有关国家奉行标本兼治的原则，增强发展中国家和平利用核能的能力，以此来促进经济社会的可持续发展、消除贫困、改善人民的生存条件，从根本上铲除恐怖主义滋生的根源。

（5）充分发挥联合国的主导作用。联合国是世界各国政府间进行集体合作的核心机构，也是促进全球和平与安全、推动全球发展、保护人权并加强国际法作用的重要场所。在重大突发事件的应对过程中，国际社会应充分发挥联合国的主导作用。"当灾害发生时，联合国立即做出响应，并动态地提供食品、住宅、医疗救助和后勤支持等援助。联合国紧急救助协调员通过人道主义机构委员会对危机做出国际响应，其中包括联合国儿童基金会、联合国发展署、世界粮食署、联合国难民实务高级专员以及其他与事件相关的必要机构。"这些机构致力于消除自然灾害、人为灾难及人道主义紧急事件引发的严重后果。

此外，联合国还将减灾纳入全球可持续发展战略的框架下，通过项目开发来推动灾害的预防与减缓，如鼓励建立预警系统，进行日常的监测与预报，提高地方和地区的应急准备水平。联合国通过的《国际减灾战略》中，将减灾和风险减缓作为自身的核心任务，以提高全球恢复力，并通过一系列的机制来减少经济与社会的损失。今后，在对联合国机制进行改革的过程中，应充分考虑重大突发事件对人类生存影响日益加剧这一现实，使联合国成为各国在重大突发事件应对中开展国际合作的平台与纽带。

2. 国际合作的形式

从层次和范围上看，重大突发事件应对的国际合作可以分为三种形式：全球合作、区域合作、双边合作。例如，1998 年 6 月，在俄罗斯的建议下，北约总部在和平伙伴关系框架下成立了欧洲—大西洋灾害响应协调中心（Euro-Atlantic Disaster Coordination Center）。该中心负责协调欧洲—大西洋地区的北约及其伙伴国家之间的灾害响应行动。从 2001 年起，它开始协调各国反恐行动，进行恐怖袭击的结果管理（consequence management）。此外，该中心还起到灾害援助信息共享平台的作用，开展有关自然、人为灾害的国际演习，与联合国人道主义救援办公室、国际原子能机构、世界卫生组织等国际机构进行密切的合作，鼓励各国以双边或多边协议的形式解决跨境往来签证等可能影响救援效率的问题。多年来，该中心参与了全球三十多场针对重大突发事件的跨国救援行动，包括对美国"卡特里娜飓风"、巴基斯坦地震的救援。

但从合作伙伴的性质来说，我们可以把国际合作分为以下三种：一是非政府组织合作；二是救援企业合作；三是政府合作，包括军事合作。通过这些合作，各国密切联系、协同应急，共同抵御面临的威胁。

（1）非政府组织合作

在国际合作中，我们需要发挥以联合国为主的国际组织的作用，也需要借助规模不断壮大的非政府组织的力量。具体来说，在重大突发事件应对中，非政府组织可以提供以下几种资源：一是信息资源。非政府组织可以收集信息，准确提供灾害损失和援助需求情况。二是救援人力资源。非政府组织可以在短时间内调集具有各种技能的救援人员。三是财政资源。非政府组织具有很强的筹资能力，能够迅速地在国内外筹措大笔应急资金。

以红十字会与红新月国际联合会（IFRC）为例，它们在全球拥有众多的成员机构，是各国应对重大突发事件、开展国际合作可依托的重要网络。IFRC 的全球重要合作行动包括：降低灾害易发地带社区及家庭的脆弱性，提高其承受灾害影响的能力；增强各国红十字会、红新月会的灾害准备与灾后响应能力，等等。

这样的非政府组织一方面具有国际组织的特征，拥有遍及全球的网络，可以与地方政府结成应急伙伴关系，在重大突发事件中发挥重大作用；另一方面又具有草根组织的特点，组织结构分散化，反应灵活，处置效率很高，且具有独立、中立、人道主义色彩，在一些重大突发事件的应对中发挥着独特的作用。不仅如此，它们的成员接受了正规的培训，实践经验丰富，敬业精神强，可以从事灾害救助到灾后重建的各种工作。

（2）救援企业合作

在重大突发事件应对的过程中，一个国家可以与国际非政府组织合作，也可以与其他国家的救援公司合作。在国外，紧急救援已经成为一个仅次于银行、邮电、保险业的重要服务型产业，是政府救援的有益与必要的补充。例如，法国"亚洲国际紧急救助中心"（AEA）成立于 1984 年，总部设在新加坡，在欧洲、美洲、亚洲、大洋洲和非洲建立了 22 个分支机构。仅在亚洲，AEA 就有 12 个报警中心，主要分布在新加坡、日本、韩国、泰国、越南、缅甸、印度尼西亚、菲律宾，中国内地及中国香港、台湾地区，是亚洲最大的紧急救援网络。

为此，在重大突发事件应对过程中，一国政府可以按照商业化模式，调用国外的紧急救援公司。但是，国外紧急救援公司的行为必须受到严格的法律规范约束和委托人的有效监管，必须实行严格的行业自律。对此，西方国家政府官员、学者也在积极探讨如何使紧急救援公司成为可资信赖的应急处置国际伙伴。

（3）政府间合作

在当前的国际形势下，民族主权国家仍是国际关系的主要行为体。重大突发事件应对的国际合作离不开民族主权国家，其形式可能是：国家与国家之间的双边合作；国家参与地区或国际合作等。比如，中国政府高度重视区域间的救灾互助关系，积极推动上海合作组织国家在救灾领域的合作。各国签署了《上海合作组织成员国政府间救灾互助协定》，通过了《上海合作组织成员国救灾合作行动方案》。

军事合作是政府合作的特殊表现形式。近年来，世界主要国家的军队都将更多的目光锁定在非传统安全问题上，承担职责实现了向多样化的转变，反恐救灾等非战斗军事任务明显增多。军队之间在国际维和、人道主义救援、打击跨国犯罪、铲除国际恐怖主义等方面开展了一系列的交流与合作。不仅如此，随着国际交往的日益密切，军队还承担着救助重大突发事件发生地侨民、保卫驻外机构人员安全的职责。这些职责的成功履行离不开当地政府的合作与支持。

3. 中国应急管理的国际合作

在 1949 年新中国成立以后相当长的一个历史时期内，中国不断地向发展中国家提供灾害救助，却拒绝其他国家提供的援助。1976 年，唐山大地震发生后，联合国与日本、英国等国都提出给予我国援助。当时我们把接收外援与自力更生对立起来，拒绝了一切国际救灾援助。

改革开放后，我国对国际救灾援助问题逐步解放思想。特别是，1987 年大兴安岭发生特大森林火灾后，我国调整了接受国际救灾援助的方针。"我国是从 1980 年开始接收国际救灾援助的。当时所确定的方针为：'对联合国救灾署的援助可适当争取，可及时提供灾情（包括组织报道），情况严重的亦可提出援助的要求。'到 1981 年改为：'不主动提出和要求援助，对方主动提出援助又不附加先决条件，可以接受。'1987 年又调整为：'要有组织有计划地向国际社会通报和提供有关灾情、救灾工作资料，有选择地积极争取国际救灾援助'。"

近年来，随着国内外重大突发事件的不断发生，我国密切了与世界其他国家的国际应急管理合作关系。这主要表现在：中国积极参与国际重大突发事件救援，向受灾国提供大量的援助，展示了中国作为"负责任大国"的形象。

2004 年，印度洋海啸发生后，中国政府反应积极，向受灾国提供了大量的资金和物资援助，派出了多支医疗救援队和技术救援队等，参加灾害救助、卫生防疫等工作。北京还于 2005 年 1 月主办了中国—东盟海啸研讨会，中国还和东盟签署了《建立地震海啸预警系统技术平台的行动计划》。

不仅如此，中国国家地震局、中国人民解放军总参谋部联合组成中国国家地震救援队，参加国际灾害救援。2005 年 9 月，亚洲减灾大会在北京召开，会议通过了《亚洲减少灾害风险北京行动计划》，推动了亚洲区域减灾与灾害救援合作的发展。还有，中国通过上海合作组织加强了与中亚各国在救灾、反恐领域里的交流、联动。

多年来，中国积极参加有利于各国共同应对重大突发事件的国际公约。以打击核恐怖主义为例，2005 年 4 月，第 59 届联合国大会通过了《制止核恐怖行为国际公约》。此项公约是联合国制订的第 13 项反恐公约，也是首项打击核恐怖犯罪的专项公约。它要求各国为打击核恐怖行为加强情报交流，加强对本国放射性物资的监管。这为国际社会加强反核恐怖主义合作提供了法律框架。同年 9 月 14 日，外交部长李肇星代表中国政府签署了该公约。

2006 年 10 月，"打击核恐怖主义全球倡议"首次会议在摩洛哥拉巴特召开，中国作为该倡议的 12 个创始国之一参加会议。会议通过了《原则声明》，强调：必须制止恐怖分子拥有、运输或使用核材料和放射性材料，防止其对核设施采取任何破坏行为。同年 11 月，为防范核恐怖主义、促进和平利用核能的国际合作，我国修改《中华人民共和国核出口管制条例》。2007 年 1 月，我国公布了《国务院关于修改〈中华人民共和国核两用品及相关技术出口管制条例〉的决定》，在原条例中增加"防范核恐怖主义行为"的内容。

2008 年 11 月 22 日至 23 日，亚太经济合作组织第十六次领导人非正式会议在利马举行。气候变化、防灾减灾成为会议的两个重要的主体。作为一个负责任的大国，中国积极奉行可持续发展的方针，推动全球应对气候变化国际合作，努力寻求国际社会在人才、智力与技术方面的支持，降低温室气体的"生存性排放"。一方面，中国政府成立了以温家宝总理为组长的国家应对气候变化领导小组，发布了《中国应对气候变化国家方案》。另一方面，中国政府提出：各国应该在可持续发展的前提下，坚持《联合国气候变化框架公约》及《京都议定书》的核心机制和主渠道作用，遵循共同但有区别的责任的原则，通过广泛开展国际合作，积极加以应对，保护全球环境。

今后，在突发事件的国际合作中应进一步关注以下方面：一是加强与有关国家、区域或国际组织的交流与合作，联合建立预警监测、应急救援等方面的工作机制；二是积极参加国际应急救援；三是与国外应急管理研究机构联合开展项目合作。①

本章小结

本章首先介绍了应急处置的含义、原则、目的与程序。其次论述了应急处置机制中的职责划分、现场指挥、基本流程与主要策略。再次分析了应急处置措施的性质、实施依据和包括自然灾害、事故灾难或者公共卫生事件在内的非社会安全类突发事件、社会安全突发事件的应急处置措施的不同。最后探讨了应急处置的人力、财力、物资和信息等应急资源的管理以及应急处置中的社会参与机制与国际合作。

关键术语

应急处置　　应急处置机制　　应急处置基本流程　　社会参与国际合作

思考题

1. 什么是应急处置？应急处置应该坚持哪些原则？
2. 应急处置程序的基本步骤是什么？
3. 应急处置的职责体系是什么？
4. 如何实行有效的现场指挥？
5. 举例说明一种突发事件发生时应当采取的可行措施。
6. 应急处置中各类资源应当如何管理？
7. 如何有效进行应急处置中的社会参与？

---

① 王宏伟：《突发事件应急管理——预防、处置与恢复重建》，中央广播电视大学出版社，2009 年版，第 282~288 页。

8. 应急处置中的国际合作的必要性与重要性是什么？

本章主要参考文献

董传仪：《危机管理学》，中国传媒大学出版社，2007 年版。

黄顺康：《公共危机管理与危机法制研究》，中国检察出版社，2006 年版。

李飞：《中华人民共和国突发事件应对法释义》，法律出版社，2007 年版。

宋英华：《突发事件应急管理导论》，中国经济出版社，2009 年版。

王宏伟：《突发事件应急管理——预防、处置与恢复重建》，中国广播电视大学出版社，2009 年版。

肖鹏军：《公共危机管理导论》，中国人民大学出版社，2006 年版。

第 **7** 章　恢复与重建

引导案例

案例1　宝兴县长落泪：汶川重建房子又毁了 百姓拿不出钱了

今日对话"我的心理压力很大，就是想着要把老百姓安顿好。但我有信心，要不然对不起宝兴的老百姓。"昨日，在地震重灾区宝兴县灵关镇的一顶帐篷内，（四川省雅安市）宝兴县县长马军接受广州日报记者的独家专访，说到灾情和百姓，马军不禁言语哽咽，眼含泪水。站在记者面前的马军穿着一身迷彩服，眼中夹杂着血丝。地震发生后，马军一直在抗震救灾的一线，他说，"宝兴县去年一年的财政收入只有 1.2 亿元，单靠县政府是无法承担灾后的重建工作的"。

记者：到目前为止，宝兴县震后救灾和交通保障方面的最新情况如何？

马军：人员救治方面，目前的死亡人数又增加了 3 个，现在死亡人数一共是 29 人，失踪 15 人，受伤大约 2500 人，这个数字还在不断变动。新增加的 3 名死者，有两人是在灵关镇塌方的泥土中掏出来的，还有一个是送出去救治以后，于昨天上午去世的。现在交通状况有所改观。据我所知，从芦山到宝兴的路基本畅通，北边的省道 2110 线从雅安到马儿康已经打通，保证物资可进入。现在宝兴到各个乡镇的道路也打通了，但是很多村道还不通，还在清理。虽然村道不通，但村里的伤员都已经转移出来了。

赈灾物资正陆续送过来

记者：昨晚下了一夜雨，有没有造成新的滑坡？

马军：山区一般都比较危险，现在很多区域还有塌方、飞石，哪怕是乘车都有危险。我赶到灵关镇时，就遇到了石头飞落。目前我们十分注意预防二次灾害。不过，比较好的情况是，赈灾物资都能陆续送过来。成都军区今天捐助了200多吨的物资，车队从阿坝州出发翻过4000多米的雪山，现在已经到达灾区，他们还捐了1000万元，都是部队官兵自发捐的。

记者：抗震救灾的难点在哪里？

马军：最重要的是让大家先安定下来，恢复正常的生产生活。灵关镇房屋损坏的面积比较大，还要进行鉴定。下一步怎么办，还要根据实际情况来定。宝兴县城的建筑也较多损毁，问题比较严峻。现在防止疫情发生也很重要，流动厕所正陆续运进来。

灾后重建面临大量资金缺口

记者：目前灾区最缺的是什么？

马军：现在最难的是灾后重建，面临着大量的资金缺口。老百姓经过上一次的汶川地震以后，大多数人把所有积蓄都拿出来修了房子，但这次地震又把房屋摧毁了，很多老百姓都拿不出钱了。我真的希望发达地区能多奉献爱心，我们有灾后重建的经验，一定会把重建工作做到位，让党政和捐助的热心人放心。

记者：目前房屋受损的具体情况怎样？重建的资金要多少？

马军：居民和农户受损的房屋有4.65万间，受损房屋很大一部分要推倒重建，另一部分经过鉴定可能只需加固，具体要专家来估定。重建的资金需求很大，具体不太好说，都是按百亿元为单位来算，可能要几百亿元。据国家地质专家介绍，相比汶川地震，这次又增加了30%到40%新的地质灾害点，我们又多了一项地质灾害防治工作。此外，宝兴通往外部的道路需要全面改造，另外基础设施、水利设施、电信、通信这些建设都要花钱。

记者：宝兴县灾后重建的资金从哪来？

马军：宝兴县去年一年的财政收入只有1.2亿元，只靠宝兴县自己是无法承担灾后的重建工作。这里马上就要进入雨季了，如果不采取有力的措施，会很麻烦。汶川地震后采用的是对口援建的方式，这次地震目前还没有明确。但群众希望有比汶川地震还要特殊和倾斜的政策。

建设全被摧毁只能从头再来

记者：您这几天是怎么度过的？

马军：我的心理压力很大，就是想着要把老百姓安顿好。但我有信心，要不然对不起老百姓。这段时间没法回家，也不敢回家。这些老百姓就是我的父母，我的兄弟，我不希望再出现更多的问题。

记者：这场地震是不是把您的工作蓝图全部改变了？

马军：我到这里上任一年半了。这个县是旅游大县，原来付出的建设全部被摧毁。现在只能从头再来。我们的信心和目标都不会变，就是要动员各方面的力量进行重建。地震发生后，我是坐了一段车，再走进来的。看到震后的情况，我就跟县委书记说，我就留在这里指挥好了，而他在县里主持工作。我们会不留余力地做好重建工作。（原标题：《历经两次强震 百姓钱房两空 宝兴县县长马军接受本报独家专访》。）

（资料来源：节选自何涛等：《宝兴县长落泪：汶川重建房子又毁了 百姓拿不出钱了》，《广州日报》2013年4月25日。）

案例讨论

1. 恢复重建是一个长期复杂的过程，宝兴县长落泪折射出恢复重建中哪些困难？

2. 恢复重建的艰巨性需要公共危机管理善后环节考虑哪些阻碍因素？

3. 恢复重建与长期发展如何做到有机统一？

案例2　日本核污染清除工作进展缓慢 阻碍灾区重建

据日本放送协会（NHK）（2012年9月）11日报道，日本大地震和福岛核泄漏事故已过去一年半，因为核污染清除计划的制定有所延误，再加上污染泥土尚未确定存放地点，清污工作进展缓慢，成为灾区重建道路上的一大障碍。

根据既定计划，福岛县内被指定为疏散区域的11个市町村将由中央政府负责开展核污染清除工作，而疏散区域以外的福岛县等8县104个市町村则由国家拨款，地方政府自行清污。

但由于日本政府准备先重新划定疏散区域,再开展清污工作,因此导致疏散区域的清污计划迟迟未能出台,现阶段疏散区域内已正式开始清除核污染的只有田村市一处。而在地方政府负责清污的 104 个市町村中,已有 7 成地区制定了清污计划,剩余的 25 个地区尚未决定清污方法和范围,计划仍有待商榷。

但在已出台计划的地方政府中,部分地区却因为无法确保污染泥土的临时存放地点,而导致清污工作难以推进。目前,日本中央政府和各地方政府都在努力征得包括疏散区域在内的灾区民众的谅解,尽快推进清污工作。

为了加快恢复重建进度,在半年前,日本复兴厅等政府部门(2014 年 3 月)23 日在东京举行"复兴特区"说明会,呼吁海外企业参与和投资灾区重建。

说明会主要面对外国企业代表和驻日外交官。来自岩手、宫城、福岛、茨城、青森 5 县的工作人员向与会者介绍了各自的灾后复兴蓝图和投资环境,提出了税收减免、投资和雇用奖励等招商引资优惠政策。

日本复兴副大臣末松义规在会上表示,震后一年,大部分灾区的水电煤气等基础设施基本修复,道路交通网也在持续改善;灾后重建相关的预算、法律、组织机构也基本完备,各地灾区创立的"复兴特区"将有助于吸引投资、刺激经济和就业。

日本国会去年 12 月通过复兴特别区域法案,受灾地区的 222 个市町村被列入复兴特区对象。日本政府今年 1 月开始陆续受理申请和认定"复兴特区"。截至 3 月 23 日,日本复兴厅已在上述 5 县认定 9 处"复兴特区"。

在日本地震海啸一周年来临之际,潘基文在大地震一周年赞扬日本恢复取得的进展。据联合国网站报道,日本东部去年 3 月 11 日发生强烈地震和海啸,夺走了 2 万多人的生命,造成了 2100 亿美元的经济损失,以及 25 年来世界最严重的核泄漏事故。在这次灾难一周年之际,联合国秘书长潘基文对日本在灾后恢复方面取得的进展表示赞赏。

在 3 月 8 日晚由日本常驻联合国代表团举办的地震和海啸一周年纪念活动上,潘基文秘书长表示,联合国环境署专家几天前所作的报告表明,日本在灾害恢复方面取得了巨大进展。仅在仙台,每天处理的废水量多达 460 吨;在整个受影响地区,人们在进行回收,废墟被用来建设新建筑,这让人倍感鼓舞。潘基文对日本人民战胜灾害的努力表示钦佩，并强调联合国将继续改善防备和应对大规模灾害的能力。

（资料来源：节选自：《日本核污染清除工作进展缓慢 阻碍灾区重建》，中国新闻网 2012 年 9 月 11 日。《日本鼓励外资参与灾区重建》，《上海证券报》2012 年 3 月 24 日。《潘基文在大地震一周年赞扬日本恢复取得的进展》，中国新闻网 2012 年 3 月 11 日。）

案例讨论

1. 汶川地震和日本"3·11"地震恢复重建的异同点主要有哪些？
2. 汶川地震和日本"3·11"地震恢复重建各自有哪些经验教训？
3. 如何促进汶川地震和日本"3·11"地震恢复重建基本经验的交流？

7.1　恢复与重建概述

当危机局势得以控制，不会再对生命和财产造成大的损害时，就进入了危机管理的下一阶段——恢复与重建，危机应对中的恢复与重建一直持续到所有系统恢复或基本恢复正常状态之时，是全过程突发事件应急管理的重要组成部分和不可或缺的环节。在我国现有的应急管理框架下，切实加强恢复重建机制建设，提高政府在突发事件善后的恢复重建能力，对最大限度地减少突发事件造成的损害，尽快恢复经济社会秩序，维护群众的切身利益和社会稳定，促进经济社会全面、协调、可持续发展，具有重要意义。

7.1.1　恢复与重建的含义及内容

1. 恢复与重建的含义

恢复与重建是消除突发事件短期、中期和长期影响的过程。从字面上看，它主要包括两类活动：一是恢复，即使社会生产生活运行恢复常态；二是重建，即对于因灾害或灾难影响而不能恢复的设施等进行重新建设。关于恢复与重建的含义，国外比较有代表性的基本观点有：

（1）计划与项目运行观。认为突发事件应对中的恢复与重建主要体现为恢复预案及其项目的运行过程。如，美国《全国突发事件管理系统》对恢复的解释是，"制订、协调和实施服务设施和现场复原预案，重建政府运转和服务功能，实施对个人、私人部门、非政府和公共的援助项目以提供住房和促进复原，对受影响的人们提供长期的关爱和治疗，以及实施社会、政治、环境和经济恢复的其他措施，评估突发事件以吸取教训，完成事件报告，主动采取措施减轻未来突发事件的后果"。①

（2）手段集合观。它强调恢复与重建的一系列措施和手段的集成。如澳大利亚紧急事态管理署认为，紧急事态管理由预防/减除、准备、应对和恢复四个阶段构成（合称为"PPRR"），恢复是其最后阶段。其定义是：恢复是为受影响的社区提供恢复手段。主要措施和内容包括：修复基础设施、社区康复、咨询方案、临时住处、财政支持与帮助、卫生与安全情报、长期医疗保健、物资恢复/重建、公共情报、实施经济影响研究。②

（3）阶段递进观。认为突发事件恢复与重建可以划分为前后相继、依次递进的几个阶段。比如，凯提斯和皮亚卡的恢复管理四阶段论认为恢复管理包括四个阶段的内容：一是紧急事态，二是复原，三是重建更替，四是发展。这样的界定比较具体地描述了恢复管理各个阶段的特点、任务、时间范围及前后相继的关系，能够反映恢复与重建的整体全貌，对于实践有比较普遍的指导意义。

（4）组织发展观。强调恢复管理对于组织实现转机，获取新的发展机会的作用及其具体的功能机制。罗伯特·希斯从组织管理的角度提出了危机管理范畴的"4R"（即缩减、预备、反应和恢复）模式。其中，"恢复"的含义是，分析危机的影响，制订危机应对计划，采取相应的行动策略，并适时做出评估。③ 它包括人的管理以及物和系统的恢复两个方面，依赖与人的关系，需要将有形和实体的活动与人、人的参与以及连续的感觉这些无形和心理方面综合起来。

国内学者对突发事件恢复与重建的理解与界定，大多是引鉴国外学者的理论与观点。比如，李经中认为灾难评估是恢复与重建的前提，需要在评估的基础上做好恢复与重建工作④；何海燕、张晓甦等人认为危机的善后处理系统是消除危机遗留下来的问题并对前期的危机管理进行分析评估的一个系统⑤，胡

---

① Department of Homeland Security, National Incident Management System, March 1, 2004, p. 135.

② http: //www. ema. gov. au/agd/ema/emainternet.

③ 罗伯特·希斯：《危机管理》，王成等译，中信出版社，2004年版，第20~23页。

④ 李经中：《政府危机管理》，中国城市出版社，2003年版。

⑤ 何海燕、张晓甦：《危机管理概论》，首都经济贸易大学出版社，2006年版。

百精等人认为，恢复管理是组织在危机紧急事态得到遏制后，通过持续性的策略恢复与利益相关者的沟通关系和利益关系，以重塑组织形象、重建利益互惠机制的管理行为，等等。

总地来说，公共危机的恢复与重建可以广泛地界定为在应急处置结束后，管理主体为恢复正常的社会秩序和运行状态所采取的一切措施的总和，这一阶段是危机管理由非常态转向常态的关键环节，其基本要求是实现常态管理与非常态管理的有机结合与顺利转换。

2. 恢复与重建的内容

公共危机的恢复与重建主要包括物质重建、社会重建、心理恢复三方面内容。

（1）物质重建

公共危机会造成公民生命财产的损失，因此危机发生之后的物质重建是危机恢复与重建的首要内容。物质重建主要包括基础设施重建、公民生命安全的关注、公民财产补偿三方面。① 基础设施恢复主要是对被破坏的住所、交通要道、通信设施等为居民生活和社会生产提供公共服务的物质工程设施的恢复和重建。对公民生命安全的关注主要指依靠医生、救援组织及有关专家对受伤群众进行救助治疗。对公民财产的补偿，恢复和重建有三种方式，一是社会各界的支持和救援，通过社会捐款等方式为受灾地区及其群众筹集资金；二是保险的支付和赔偿；三是政府主导的重建工作。

（2）社会重建

物质重建是公共危机应急管理恢复工作的物质性基础，社会重建则从制度安排的角度为受灾人员、受灾组织和受灾地区提供更为长远的恢复机制。② 社会重建主要包括以下内容：

①建立面对受灾具体情况的调查评估制度。恢复重建阶段的首要任务就是对受灾的具体情况进行调查评估，如评估受灾的程度、性质等，通过科学评估，为以后的工作奠定良好的基础。

②建立面对全地区全员的恢复重建计划。在对受灾具体情况进行科学评估的基础上，建立全方位的恢复重建计划，包括对受灾地区的住房、道路等基础

① 　胡税根等：《公共危机管理通论》，浙江大学出版社，2009年版，第101~105页。
② 　胡税根等：《公共危机管理通论》，浙江大学出版社，2009年版，第105~123页。

设施进行恢复重建的计划，对受灾人群财产、健康等方面的恢复计划等，只有在总体计划方案的指导下，才能保障恢复重建工作有序、规范地实施。

③建立面对政府等公共组织的职责体系和法律规范。恢复重建工作还应当明确公共组织的职责体系和法律规范，保障恢复重建的每一个步骤都是在法律规范的范围内实施，每一部分由特定的责任人负责，以便对恢复重建过程中出现的问题能够进行有效的问责。这一过程一方面能够保障社会公众的权益，另一方面有助于政府及有关组织更好地发挥恢复重建的职能。如果发生违规行为，就要追究一定的法律责任。

④建立面对受灾人员的专项救助机制。如对受灾人群的保险理赔、再就业指导等方面的救助，保障受灾人员灾后能够迅速恢复到正常的生活轨道上。

（3）心理恢复

所谓心理恢复是指由于公共危机的突发性和破坏性，很容易造成受灾人员身心巨大的创伤后进行的心理危机干预并使之回复到正常的心理状态。对于这些人员进行心理干预和心理救助是灾后恢复重建工作的重要内容，体现了现代政府和社会更多的人文关怀。① 心理恢复机制包括政府统一部署、相关法律法规提供制度保障、从业人员力量的整合等方面的内容。

7.1.2　恢复与重建的意义

突发事件得到初步平息之后，恢复与重建工作就成为摆在组织面前的首要任务。恢复与重建是公共危机管理目标的落脚点，在整个公共危机管理中同样占有非常重要的地位。恢复与重建阶段的任务并不是简单地恢复到突发事件前的水平，而是应该利用危机管理这次机会转"危"为"机"，在更高的起点上向着更高的目标改革、建设和发展。因此，加强恢复与重建的法制与机制建设，提高恢复与重建阶段的执行力，对于突发事件发生后最大限度地减少损害，维护群众的切身利益和社会稳定，具有重要意义。

（1）恢复与重建有助于维护受灾地区及人员的利益。公共危机发生后，受灾地区受到破坏，相关人群的生命财产也受到损害。因此，必须通过恢复与重建来弥补受灾地区及其人员受到的损失。同时，恢复与重建的目标还不止于此，而是要在恢复的基础上进一步重建，使受灾地区获得更大的发展。对于受灾人员来说，除了对他们的伤病进行救助治疗，对其受到损失的财产进行赔偿

---

① 胡税根等：《公共危机管理通论》，浙江大学出版社，2009 年版，第 105~123 页。

外，还要进行再就业等方面的安置，实现人的更高层次的发展。

（2）恢复与重建有利于维护社会稳定，促进政府和群众之间的情感交流。危机发生之后的一段时间往往是其他危机乘虚而入的高危时期，特别是一些社会安全危机容易从潜伏状态被激发出来，造成极大的社会危害性。恢复与重建工作是安抚民心的关键，只有把恢复与重建工作落实、做好，才能减少社会动荡，防止次生危机、衍生危机的发生。同时，恢复与重建还为政府和群众提供了交流的平台，政府能够走进群众，切实了解群众的需要，群众也可以感受到政府的温暖。恢复与重建有利于改善政府和群众之间的关系，维护社会稳定。

（3）恢复与重建体现了政府管理方式转变、管理理念创新和民主社会的价值。首先，恢复与重建体现了民主政治发展的发展诉求，从单一保护人民生命财产安全上升到保护社会公众的共同利益。其次，恢复与重建有助于实现政府管理方式的转变，传统的政府危机管理以事中管理为主，随着民主政治与责任政府理念的深入，公共危机应急管理逐渐转向事前管理和事后的恰当管理，并强化了政府在事后管理方面的责任。再次，恢复与重建还有利于政府管理理念的转变和治理创新。政府更加重视危机后的恢复重建工作，实现了临时应急工作理念向高效性、长期性工作理念的转变。

7.1.3　恢复与重建的原则

恢复与重建是由政府主导，社会多元主体共同参与的应急管理行为，在恢复与重建过程中，为了高效、有序地开展对突发事件影响人群的生命救护、城市生命线恢复、物质设施重建、经济社会秩序恢复、灾后心理干预与生活救助、损失补偿与赔偿等各项工作，必须遵循一定原则，以确保突发事件恢复与重建目的的真正实现。为了切实加强突发事件恢复与重建建设，推进恢复与重建工作，应当遵循以下原则：

（1）以人为本原则。在突发事件应对中，当务之急首要的是救人，只要有一线希望，都要千方百计地抢救。救灾工作以人为本，重建也同样要以人为本。因此，要以确保受害人的安全为前提，把保护人的生命健康和安全作为恢复与重建的首要任务。应格外关照身处灾害中的老弱病残等弱势群体，采取特殊措施，维护其基本权益。要从维护人民群众根本利益的高度出发，有效开展各项恢复与重建工作。

（2）及时高效原则。突发事件一旦发生，根据需要随时开展相应的恢复工作。伤亡人员应优先得到救助，水、电、气、热等生命线应尽快加以修复，社会治安秩序应尽快进行恢复。突发事件应急处置与救援工作结束后，应尽快恢复生产、生活、工作和社会秩序。其他各项相关工作都要衔接紧密，不延误时间，务必讲求效率。

（3）统筹协调原则。应从深入贯彻科学发展观的高度，统筹协调好以生存为取向的紧急恢复和以发展为取向的持续恢复的关系，统筹协调好物质层面的恢复与非物质层面恢复的关系，统筹协调好事发地与中央及其他地区在恢复与重建中的关系，统筹协调好成本与效益之间的关系。通过恢复与重建，实现经济、社会的可持续发展。

（4）广泛参与原则。政府应该建立起有效的动员机制，发动国内和国际社会各种力量共同参与公共危机的管理。社会参与机制的构建，尤应重视的是社区的参与机制，社区参与具有较强的社会基础，可以较好地利用社区资源，是社会参与的最基本方式。应充分发挥非政府组织、慈善机构、企事业单位、保险机构、基层社区等有关组织的作用，动员各方面资源，协同开展恢复与重建工作。

（5）公开公正原则。应当根据地区遭受损失的不同程度和不同需求，拨付相应的救灾物资和资金。自觉和充分接受社会各界监督，使救援物资和资金及时准确到位，援助措施得当有效。

（6）依法究责原则。如果不能圆满解答生者的疑惑，纵使政府在重建与安顿上做了再多的成绩，也难免留下一个深沉的遗憾和问号。因此，对于违反法律法规规定，未及时组织开展生产自救、恢复与重建等工作，造成各种不良后果的当事人和属地政府，应依据有关规定，给予相应的责任追究和法律惩罚。

7.1.4　恢复与重建的步骤

在恢复与重建中，应当遵循科学、合理的恢复程序，有计划、有步骤地推进恢复管理工作的实施。突发事件的应急处置与救援阶段，首重救急。但在恢复与重建阶段，则需要权衡相关措施是否合乎时宜。完整的突发事件恢复与重建应包括三个阶段：恢复前的准备阶段；恢复与重建实施阶段；恢复与重建总结反馈阶段。同时，每一个阶段应包含不同的工作内容与工作流程。整体上恢复与重建的工作流程如图7.1所示。

（1）恢复前的准备阶段应包括灾后评估与制订计划两个步骤。灾后评估为恢复与重建方案的制订和具体实施提供数据支持，以确定恢复与重建所需要

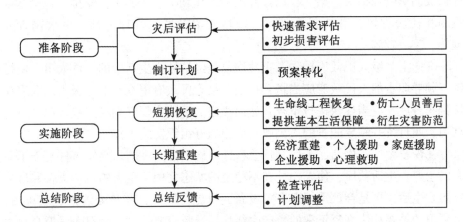

图 7.1　恢复与重建工作流程图

的资源与救助的种类与数量。评估分为快速需求评估和初步损害评估两个阶段，快速需求评估目的是认清灾难程度，以此来确定整个过程中所需要的资源；初步损害评估目的是获得灾害影响的准确信息，以确定灾区所需服务、人员、资源的要求，在此基础上判断是否需要申请援助。评估阶段的工作流程是这样的：

①针对性质不同的突发事件，组织专业力量，依据各自技术标准，组成不同核灾小组。

②评估的准备工作，包括信息收集、评估是否需要与其他部门合作进行联合以及准备评估行动所需的一切资源。

③进行评估，深入灾害现场，与当地政府合作，依据评估的技术化和专业化流程进行资料整理，提出评估总报告。在灾后评估的基础上，根据相关预案规定，由各级政府和部门编制具体的恢复与重建规划。

评估之后，就要在评估的基础上制订恢复重建计划。有了科学的恢复与重建计划做指导，才能保障受影响地区尽快恢复生产、生活、工作和社会秩序。制订恢复重建计划的要求是：

①恢复重建计划由履行统一领导职责的人民政府制订。履行统一领导责任的人民政府对公共危机的整个过程较为熟悉，能够更加准确地把握危机的性质、程度，因此恢复重建计划应由人民政府制订。

②恢复重建计划的内容：第一，应对突发事件的基本情况。第二，突发事

件造成的影响和损失。第三，已经开展的工作和下一步的工作安排，包括基础设施和住房重建、事故善后处置、疫情防治补偿、心理干预、事故调查处理等。

③向上一级人民政府报告。重建恢复是经济社会生活中的一件大事，履行统一领导职责的人民政府应当将其报上一级人民政府审查。上一级人民政府在接到报告后，应当尽快进行审查并做出决定。重建恢复计划经上级人民政府批准后，履行统一领导职责的人民政府应当做好组织实施工作。

④恢复生产、生活、工作和社会秩序，修复公共设施。突发事件打破了原有的生产、生活秩序，使人们处在不稳定的状态之中。重大的自然灾害和事故灾难发生后，更是会严重损毁有关设备、设施。因此，应急处置措施结束后，最紧迫的是要尽快恢复正常的生产生活秩序。政府要鼓励、号召人民群众自力更生、克服困难。同时，要积极履行职责，组织、协调有关部门，修复被损坏的交通、通信、供水、排水、供电、供气、供热等公共设施。对因突发事件而陷入生产经营困境的企业，要根据实际情况给予必要的支持和帮助。①

（2）恢复与重建实施阶段应包括短期恢复和长期重建两个步骤。短期恢复主要是恢复基本公共设施和民众的基本生活秩序，为进一步的救援与重建提供支持，清除障碍。具体的工作内容包括：

①恢复城市生命线工程，即恢复城市的供水、供电、煤气、交通运输以及公共安全秩序。

②伤亡人员善后处置，即对伤员进行救治，对亡者进行善后处置。

③衍生灾害的防范，针对各种突发事件的特征并结合突发事件的级别，迅速控制卫生环境等方面，防止衍生灾害发生。

④提供基本生活保障，对受灾群众提供基本生活救助，包括衣、食、避难所与简易住房等，进行心理干预，提供公共信息服务等。

长期重建是在短期恢复的基础上，根据突发事件的种类特征和级别确立长期的重建计划并加以实施。主要内容包括：

①经济恢复与重建，制订受灾地区长远的经济发展计划。

②个人援助计划，制订受灾群体的援助计划，为伤残人员制订长期的援助计划，并制订长久住房建设计划等。

---

① 王军：《突发事件应急管理读本》，中共中央党校出版社，2009年版，第102~109页、第118~119页。

③家庭援助计划，制订受灾家庭的长期援助计划。

④企业援助计划，对企业恢复经济生产提供政策支持并制订长久计划。

⑤心理援助计划，建立专业机构或派驻专业人员，制订长久的心理恢复计划并予以实施。

在重视突发事件恢复与重建的一般化工作流程建设的同时，还应该强调不同类别和不同级别突发事件的特殊化专业流程建设，统一之中体现特殊性。应当针对不同类型的突发事件制订不同的恢复与重建工作流程。

（3）恢复与重建总结反馈阶段，主要是对恢复与重建规划的制定与实施、恢复重建过程与一系列具体内容的效果进行检查评估，总结有益经验以利于提升以后其他地方恢复重建的科学性和实效性。根据恢复重建的变化情况进行规划调整，强化恢复重建的针对性，通过重建改善当地居民的环境，改进公共管理系统，促进重建地区地方发展与经济成长，争取在更大程度上实现超越性回归。

7.2　基本秩序与公共设施恢复

突发事件往往对社会或组织生存和稳定的破坏大大地超过了正常水平，造成组织、社会整体或某一局部的失衡混乱，一定范围内的人群失去了和谐安定的社会环境，生活在高度的不稳定之中。特别是一些由自然灾害造成的突发事件和因工业技术衰败而造成的突发事件，在造成重大人员伤亡的同时，它们往往更容易造成社会重要基础的破坏，使正常的生产、生活无法进行。此时，要继续开展恢复与重建工作，争取尽快使秩序恢复，重新创造正常的生活秩序并帮助公众建立信心。我国《突发事件应对法》第59条对此做了明确规定，开展恢复与重建工作，主要包括：一是社会方面的恢复和重建。主要是法律和社会秩序的恢复和重建。二是物质方面的恢复与重建，及公共设施的恢复与重建，主要是地震、洪水、大火等灾害之后，对受到破坏的建筑物、道路桥梁、通信等公共设施进行恢复与重建，尽快恢复路通、电通、水通、信息通、广播电视通等。

7.2.1　基本秩序的恢复

1. 法律秩序的恢复

公共危机常常给社会造成巨大的冲击，一个社会的正常法律秩序在危机应急管理阶段往往会受到严重影响，或者为了战胜危机而被迫进入紧急状态。无论是哪种情况，危机应急管理处置阶段结束之后都必须尽快恢复法律秩序。首先，危机爆发以后，正常的法律秩序都会受到严重影响。一些不法之徒可能会利用危机造成的混乱，实施抢劫、谋杀、强奸、盗窃、损毁公私财物，哄抢救灾物资，制造、散布谣言和虚假信息，借灾害用手机短信和网络诈骗敛财，违法经营，阻碍执行公务等犯罪行为，危害公共安全，破坏法制秩序。公安、司法部门应当根据实际情况加强治安管理和安全保卫工作，采取有效措施预防和打击各种破坏活动和犯罪活动，从而促进尽快恢复社会正常的生产、生活、工作和治安秩序。其次，在危机爆发时，常态下的管理已经不足以控制危机事态的发展，这时，法定机构就会依法宣布国家进入紧急状态，政府就可以动用紧急权力来控制危机。在紧急状态下，公民的一些权利就会受到限制，同时，公民还可能被要求承担一些平时没有的义务。但是，危机被控制住以后，或者危机消除以后，就必须尽快恢复常态下的法制。

2. 生活秩序和生产经营秩序的恢复

危机后恢复管理的另一个重点是尽快恢复生活秩序和生产经营秩序，这个环节如果工作不力，或者缺失，就会使社会在危机后仍然长时间处于混乱之中，难以从危机中缓过劲来，甚至还会引发新的派生型危机。公共危机造成的破坏不同，需要恢复的生活秩序和生产经营秩序内容也会有差异。

公共危机过后，社会和经济秩序的恢复是危机管理中最重要的内容之一。在实际工作中，涉及经济社会恢复的内容需要纳入应急过程之中，如制订一个综合性的危机管理办法全面考虑危机后的恢复工作。具体说来，需要恢复的主要方面有：

一是恢复群众的生活秩序。公共危机往往会打乱人们的正常生活秩序，大量的民众被紧急疏散，住在临时的救援场所里。危机之后，应该尽快让受灾群众返回家园。如果家园受到严重破坏，短时间无法返回的，就要想办法给灾民安置临时性的住所，尽可能使群众恢复正常的生活秩序。

二是恢复正常的流通秩序和市容市貌。恢复正常的流通秩序是恢复城市和集镇功能的重要方面，如果各种商店、公司都长期停止经营，市容市貌一片混乱，城市和集镇功能就无法恢复，群众就不可能恢复正常的生活秩序。

三是恢复正常的生产秩序。大难之后，生产秩序受到严重破坏，社会失去造血功能，大量的灾民只能依靠政府或赈灾救援组织的救济生活，这是一笔相当沉重的负担，因此尽快恢复危机波及地区的生产秩序，意义非常重大。

四是恢复医疗卫生机构的正常秩序。一些较大的危机灾难，往往会使医疗机构受到破坏，而危机之后，又需要医疗机构提供更多更好的医疗服务。

7.2.2　公共设施的恢复

公共设施关系到人民群众的日常基本生活，公共设施的灾后恢复对安抚民心、稳定社会具有重要的意义。如果公共设施不能得到及时恢复，会对当地人民的生活保障、心理安慰、人身安全等造成负面影响，从而引发新的自然灾难或人为恐慌。

要及时抢修公共基础设施。水、电、气、道路、通信等基础设施的中断影响巨大，很多恢复行动由此而无法进行。因此，短期恢复的重要内容之一就是尽快检修受损的关键基础设施，自来水厂、发电厂、电信部门等相关机构应当全力配合。① 要尽快恢复"五通"，即路通、电通、水通、信息通、广播电视通。危机之后，基础设施常常会受到严重破坏，因此，抢修公路、铁路、疏通水路、恢复供电、供水、修复通信设施，是恢复生产生活秩序的前提条件，而广播电视通不仅是人民正常生活所必须，还可以向民众及时传递救灾赈灾方面的信息。没有"五通"，民众就无法恢复正常的生活，更不可能恢复正常的生产经营秩序。要分清缓急，有计划、有步骤地开展恢复与重建工作，保障群众基本生活。政府要鼓励、号召民众自力更生，克服困难，同时组织、协调有关部门优先修复被损坏的交通、通信、供水、排水、供电、供热、广播、电视等公共设施，这些公共设施大多属于生命线系统工程。尤其是在大城市，生命线工程瘫痪的影响和损失是难以估量的，所以必须尽快恢复，尤其是通信、交通、铁路、民航、供水、供电、供气等公共设施，要摆在优先恢复或者第一时间抢修的位置来考虑，只有这样才能够及时组织救灾物资和生活必需品的调拨，保障居民基本生活，促进社会功能的恢复。

除此之外，公共设施恢复过程中还必须恢复被危机破坏的危机预防体系，包括各种防灾设施，如防洪堤、水库、地震监测设备、海啸预警设施、救火设施、各种事故预防设施以及控制各种恐怖袭击事件、骚乱事件和突发群体性事件的设施和设备等，要用最快速度恢复，以防止新的危机突然发生。

---

① 张成福等：《公共危机管理理论与实务》，中国人民大学出版社，2009 年版，第 251~252 页。

7.3　损失评估与恢复重建规划

　　危机恢复管理的行动在很大程度上取决于危机造成的损失和影响。因此，危机恢复阶段的首要任务就是进行损失评估。所谓损失评估，就是明确危机破坏的范围和程度，包括对个人的影响和整个经济社会造成的损失。评估是恢复管理的前提；损失评估的结果，在很大程度上决定了外部救援的力度，甚至影响到整个危机恢复的进程。世界上无论哪个国家发生危机，联合国在提供救援之前，都会要求危机发生国提供评估报告；在对其内容进行核实后，将其作为提供援助的依据。

7.3.1　公共危机的损失评估

1. 公共危机损失评估的必要性

　　在公共危机恢复管理阶段，危机管理主体一方面要迅速恢复遭到破坏的社会秩序，另一方面要立即对危机损失进行评估。损失评估指的是查清突发事件所造成的各种损失，对灾害强度、损失的量进行统计和分析。

　　危机损失评估是恢复管理其他措施的基础和前提，为恢复与重建方案的制订和具体实施提供数据支持，以确定恢复与重建所需要的资源与救助的种类和数量。没有危机损失评估，恢复管理就无法对症下药，危机后的重建、对受害群众的补偿与救济、对精神受到伤害的群众进行心理干预，以及危机应对总结等都无法进行。从政府的角度讲，科学评估灾情损失，公开灾损情况，是责任政府的体现，也是落实公民知情权、监督权的具体体现。而对国际救援来说，无论哪个国家发生了危机，联合国在提供救援和援助之前，往往都会要求发生国家提供危机评估报告，并对报告中的内容进行核实后，将之作为提供救援和援助的依据。

2. 公共危机损失评估的内容

　　损失评估一般包括以下几个方面的内容：

　　（1）物质损失。物质损失既包括医院、供水、供热设备、桥梁、公用建筑等公共设施的损失，也包括企业设备、厂房和公共住宅区、农村房屋倒塌、作物淹没等损失。物质损失也可从基础设施的损失角度来评估，基础设施一般又包括主要基础设施和相关基础设施两类。前者如供水、供电、供气、排水、通信、道路、桥梁等设施，它们遭受的损失可以分为部分损失和整体损失，后者指那些提供日常生活需要的设施，如商厦、医院、学校等，对其的评估应该包括受损数量、损失程度、修复或重建费用等。其他物质损失主要包括家庭住房、企业的不动产损失、流动资产损失等。

（2）经济损失。经济损失在我国一般使用 GDP 数值来衡量，其中包括工业（停产）损失、商业（停业）损失和随之而来的就业率、居民收入的下降等，其中突发事件对工业和农业、林业、畜牧业造成的损失最大。

（3）心理创伤。突发事件在造成巨大的物质损失和经济损失的同时，对受害者、救援者的心理冲击也是无法避免且可能长期存在的，尤其是对妇女儿童造成的心理疾患需要社会长期予以关注。此类创伤难以给予量化评估，但可根据心理疾患的影响面和严重程度结合临床实践加以评估。对于这方面的损失，我国政府已经开始重视，但相关法律法规在施行中如何执行还需进一步制订有关措施。

（4）其他损失，包括人员和环境损失。人员损失一般使用统计手段就可完成，参照赔偿和抚恤标准可以较准确地计算，环境损失难以评估，需要专业的方法和机构加以完成。

3. 公共危机评估损失的原则

危机评估的难度往往比人们想像的要大得多，公共危机影响范围广、破坏力度大、扩散速度快等特点使得评估工作难以有效进行。因此，在评估过程中必须遵循一定原则，按一定要求来推进评估工作的有效开展。

（1）坚持快速性原则。危机过后，百废待兴，要恢复正常的社会秩序，时间往往非常紧迫。例如，洪水之后，地震之后，大量的房屋被毁坏，大量的灾民无家可归，灾后的重建工作往往非常紧迫，因此，危机评估必须要争分夺秒。

（2）坚持准确性原则。危机中的伤亡人数、需要救援和安置的人数，以及危机造成的财产损失都需要进行准确统计。危机过后，一切都未恢复正常，统计工作往往非常困难，个别基层工作人员为了应付上级要求，可能存在敷衍上级的现象，或者是随便报一个数字应付了事。这样就会造成统计数字失真，给后面的一系列工作造成麻烦。

（3）坚持客观性原则。要将客观性作为公共危机损失评估第一位的要求，在评估流程、评估指标的判定以及评估报告的撰写等各个环节都从思想和过程上力求做到实事求是，确保评估可信、可用、有价值。对损失的评价和分析要实事求是，既要有真实、准确的数据和材料，又要有很高的理论水平，否则就难以全面、准确地反映危机后的真实需要。有时候，为了得到更多的救灾资金，一些地方政府常常虚报损失，如多报人员的伤亡数量、多报房屋的倒塌数量、夸大受灾群众的生活困难等。而中央政府要核准这些数字往往非常困难。对此，可以采用卫星等先进设备对灾情损失和救灾成效进行严格的监督和评估，以保证评估的客观性。

（4）坚持连续性原则。公共危机的应急处置是一个连续动态的过程，而评估的流程是分步骤的，因此，在评估过程中需要格外关注不同处置环节、处置部门间的连续性。比如，在地震灾害中，地震首先造成了房屋倒塌、道路断裂、人畜死亡等原生灾害后果，接着也可能会引发山体滑坡、泥石流、疫情、心理危机等次生、衍生灾害。公共危机的这一特点也要求评估工作必须是一个连续进行的过程。

（5）坚持科学性原则。要采用科学性的方法，调查获取公共危机应急处置信息，杜绝主观、武断、缺乏证据而做出的评估判断。在客观事实、证据和结论之间要给予科学、符合逻辑的论证。

（6）坚持公众参与原则。公共危机涉及的群体是获取突发事件和处置过程相关事实的重要信息来源。在公共危机应对评估过程中要最大可能地采取多种主动措施推动公众参与到评估中来。同时，为保障调查评估的客观性、科学性，要在调查评估的全过程中引入专家参与的机制。

（7）坚持发展性原则。评估并非目的，促进公共危机的应急处置能力和效果，改进和完善应急管理工作才是目的。在评估中必须坚持发展性的原则，始终以发现问题，解决问题，改进工作为主要目的，建设性地开展工作。

4. 公共危机损失评估的方法

损失评估的方法也有三类：驱车评估、空中评估和现场评估。

（1）驱车评估。这种评估方法只需借助汽车这一交通工具，十分便捷可行；在汽车行驶中观察车外情况，一目了然，效果良好；危机后可立即实施，尤其适合于快速评估。但驱车评估的前提条件在于道路情况和交通状况良好。

（2）空中评估。即利用直升机或飞机进行评估，该方法适用于道路被破坏或洪灾发生后。在空中评估的过程中，危机现场的画面经常被拍摄下来，并成为供新闻媒体播放的极佳材料。这一方法更多地被政府首脑和高级官员采用，如 2005 年 8 月卡特里娜飓风（Hurricane Katrina）发生后，美国总统布什在乘坐"空军一号"从加利福尼亚返回华盛顿的途中，特地从受灾地上空飞过，以了解灾难情况。2008 年汶川大地震后，胡锦涛总书记和温家宝总理也乘坐飞机飞临灾区上空视察灾情。

（3）现场评估。即通过步行的方式到危机现场开展评估。包括对家庭、企业、道路、学校和其他公共场所进行现场勘查，并据此撰写评估报告。这一方法有助于详细掌握危机造成的损失情况及所需的各项援助，但也需要对废墟堆重建过程有较为专业的了解。

7.3.2　恢复与重建规划的制订

1. 制订恢复与重建规划的必要性

通常，在经历危机之后，人和物都会遭受不同程度的冲击和影响。但危机又提供了一次重生的机会。因此，组织进行危机恢复的关键是创造和利用危机带来的机会。而能否把握住这个不可多得的机会，一个决定因素就是危机恢复与重建规划的准备情况。

危机恢复工作可以说是危机处置与救援工作的延续。危机处置工作主要是为了阻止危机的继续和减少危机造成的损失，而危机已经造成的损失只能通过危机恢复加以解决，危机恢复工作在危机处置阶段就已经开始，如伤员的救治和抢救出的设备的修理等。但全面的危机恢复工作只有在危机基本得到控制之后才能进行。因此，适时从危机处理计划中剥离出来，制订一部危机恢复与重建规划用以指导恢复与重建工作就显得必要了。这样做，一方面有助于区分短期和长期问题；另一方面，有助于确定危机管理部门努力的重点，明确任务。如果没有科学的规划，灾后恢复与重建工作可能会产生不少问题。

2. 恢复与重建规划的内容

我国《突发事件应对法》第 61 条规定："国务院根据受突发事件影响地区遭受损失的情况，制订扶持该地区有关行业发展的优惠政策。受突发事件影响地区的人民政府应当根据本地区遭受损失的情况，制订救助、补偿、抚慰、抚恤、安置等善后工作计划并组织实施，妥善解决因处置突发事件引发的矛盾和纠纷。公民参加应急救援工作或者协助维护社会秩序期间，其在本单位的工资待遇和福利不变；表现突出、成绩显著的，由县级以上人民政府给予表彰或者奖励。县级以上人民政府对在应急救援工作中伤亡的人员依法给予抚恤。"

危机恢复与重建规划的具体内容主要是指导危机恢复具体工作的开展，规定如何对各个危机恢复对象采取行动。这部分的规划应包括以下这些内容：

第一，危机恢复对象总论。指明危机恢复对象有哪些及选择这些作为危机恢复对象的理由，危机恢复对象的重要性排序及排序的理由。

第二，每种危机恢复对象所配置的物质资源。每种危机恢复对象可以得到哪些资源，这些资源如何储备、如何提供给危机管理人员，这些资源供应的时间表等。

第三，每种危机恢复对象的人员配置。每种危机恢复对象有哪些人负责，这些人中谁是主要负责人，负责人有什么样的权力和责任等。

第四，补偿与激励。这是对参与危机恢复人员的补偿和激励，规定危机恢复人员因额外付出和努力可以得到什么样的补偿、进行怎样的激励等。

第五，危机恢复的预算。

第六，危机恢复个人与团队之间的协调和沟通政策。

总地说来，恢复与重建规划在内容上应包括公共危机应对情况、突发事件造成的影响与损失、已经开展的工作和今后的工作流程等，在巨灾情况下尤其要突出善后处理、调查处理、基础设施恢复与重建、住房重建、征用补偿、人员安置、巨灾保险理赔、灾后防疫、心理危机干预、法律援助等方面的内容，简言之就是在内容上要达到全面性，不可遗漏一切重要因素。

3. 制订恢复与重建规划

公共危机的发生可能或者已经对人民的生命财产造成了巨大损失，在应急处置措施停止执行之后，应结合危机损害实际情况，在对危机实际损害进行科学的评估基础上尽快制订恢复与重建规划。有些情况下在应急处置的同时就应当考虑制订恢复与重建规划，随着科学技术的发展与人民生活水平的提高，在制订恢复与重建规划时要按照短期恢复与长远发展并重和因地制宜、合理布局、科学规划、分类指导、区别对待、突出重点、分步实施的原则进行统筹考虑，并且要以损失评估数据为依据。在制订恢复与重建规划时，要综合考虑公共危机受损地区的经济、社会、地理环境、文化等方面的特点和实际情况，贯彻科学发展观，为该地区可持续发展创造条件。恢复与重建原则上应按原标准恢复，在条件允许的情况下，可以提高重建标准。在条件允许的情况下，可以引入听证制度，吸收广大民众参与制订恢复与重建规划，以增强恢复与重建规划的全面性、针对性和可操作性。恢复与重建规划以属地管理为主，按照突发事件的分级标准确定恢复与重建规划。

制订恢复与重建规划时应参照原应急预案和现实情况，制订短期、中期的恢复与重建规划，还应结合政府的总结报告、评估报告以及充分考虑自身拥有的资源和上一级政府可能给予的援助。① 制订危机恢复与重建规划还应以组织在日常危机管理中制订的危机应急预案为参考，这样既节省了应急预案制订的时间，又减少了制订应急预案的工作量，使危机恢复计划尽早出台，适时为危机恢复提供指导。② 制订重建计划时还应将相应的法律法规考虑进去，要对重建地点进行考察调查，有必要征求附近社区的意见，请求予以配合，这也是搞好公共关系促进交流工作的一方面。③

7.3.3　恢复与重建规划的实施

通常，在经历危机之后，人和物都会遭受不同程度的冲击和影响，不可能完全恢复到危机发生前的状态。但危机又提供了一次重生的机会，抓住这个机会，利用现有的资源，通过改进工作方式、清除组织内的积垢、改善与利益相关人的关系、重塑组织形象等手段，不仅使组织活力重现，而且有可能比危机前做得更好。因此，组织进行危机恢复的关键是创造和利用危机所带来的机会。而能否把握住这个不可多得的机会，同样的一个决定因素就是危机恢复与重建规划实施的准备情况。

1. 恢复与重建规划的要求

实施恢复与重建规划是决定恢复与重建能否取得成效的重要步骤，它是危机恢复机构按照恢复与重建规划规定的目标、原则和策略，推进相关规划的实施。同前期应急预案的实施一样，恢复与重建规划在执行中也要充分考量各项影响要素：利益相关者、媒体、政府、竞争对手、合作伙伴、社区等对规划的

---

① 莫于川：《中华人民共和国突发事件应对法释义》，中国法制出版社，2007 年版，第 346 页。
② 张小明：《公共部门危机管理》，中国人民大学出版社，2006 年版，第 313 页。
③ 胡望洋：《突发公共事件应急预案指南》，高等教育出版社，2007 年版，第 102 页。

反应。① 恢复与重建规划的实施应按以下要求进行：

（1）恢复与重建工作必须由人民政府统一领导和部署安排，在政府统一领导下组织实施，尤其是针对较大的自然灾害、事故灾难和公共卫生事件的恢复与重建工作，更体现政府在公共危机管理中的主导责任。

（2）要明确各级政府和部门在重建工作中的基本职责和工作程序。民政部在收到受灾省的重建资金申请报告后，根据评估结果，按照中央恢复与重建资金的补助标准，提出补助方案要财政部下拨重建资金；同时对恢复与重建实施项目管理，指导地方开展灾区重建工作，并协调有关部门落实专项资金出台一定的优惠政策。省级政府统一协调和组织灾区的恢复与重建工作。民政部门主要是根据省政府的决策，下拨中央的恢复与重建资金，落实本级的资金和有关政策；对恢复与重建工作实施项目管理，指导灾区的重建工作，协调有关部门落实有关的资金和政策。同时，还要收集整理地、县所制订的恢复与重建规划、方案、工作措施及进展情况，按期上报民政部门。地级政府和民政部门的基本职责与省级政府类似，主要是落实省政府的决策和部署，按照省级民政厅的具体要求，指导县级开展恢复与重建工作。县一级是组织恢复与重建的基本行政单位，承担着主要的责任，通常都要实行县、乡两级的行政首长负责制，县长、乡长是恢复与重建的第一责任人。

（3）要保证恢复与重建所需的资金、物资和技术的落实。资金、物资和技术是保障恢复与重建工作顺利进行的物质基础。政府必须从制度上确保恢复与重建所需的资金、物资和技术保障的落实。一些公共危机造成的损失非常严重，恢复与重建需要大量的财力、物力和专业技术支撑，远远超出了本级政府自身的承受能力，无法独立完成恢复与重建工作，在这种情况下可以请求上级人民政府提供支持和指导。上级人民政府根据受损情况对有困难的地区提供资金、物资、专业技术支援或组织其他地区提供资金、物资和人力支援，以帮助其迅速、有效开展恢复与重建工作。

（4）要对恢复与重建的资金和物资进行监督管理。应急救援资金和物资的启用和发放，对受公共危机影响地区的人心安定、生产生活秩序恢复和社会稳定具有重大作用。因此，政府及政府部门在应急救援资金、物资的分配和发放工作中，必须服从统一指挥、统一调配，要严格按照规定的用途、分配方案和数额，保证分配计划落实到位，不得截留、挪用、私分或者变相私分，否则

---

① 董传仪：《危机管理学》，中国传媒大学出版社，2007 年版，第 214 页。

将影响整个应对工作的正常有序开展，还会严重挫伤社会各界的捐赠积极性，甚至造成恶劣的国际影响。政府应根据恢复与重建规划筹备必要资金和物资，有关部门应严格管理、规范使用，保证恢复与重建资金、物资的专款专用、专物专用、专项专用，确保重点，一般不得用于人员开支。任何单位和个人不得贪污、挪用、侵占、截留、挤占物资和资金。截留、挪用、私分或者变相私分应急救援资金、物资的，应当依法追究相关机构和人员的法律责任。

（5）补助或补偿机制。过去，我们在这方面往往比较强调集体的利益，强调个体要为集体利益做出牺牲。补偿或赔偿也往往是象征性的，这样就对部分人的利益造成了严重伤害，也为一些人滥用权力打开了方便之门。为了保障公民的利益，政府应该建立正常的公共危机管理补偿机制，明确补偿的原则和操作办法，当公共危机发生时，可以建立专家小组对危机造成的损害进行科学合理的评价，并对做出牺牲的局部做适当的责任界定，及时进行补偿，这有利于提高政府的诚信度，树立政府的威信，使政府在关键时调动资源更加有效、快捷，避免因局部的讨价还价而延误应急处理措施的实施。

（6）要在实施过程中对恢复与重建规划不断进行修正。执行恢复与重建规划的各相关成员必须定期向有关领导汇报恢复工作的进展和绩效，并接受指定负责人的检验，并且必须根据工作的进展动态修正规划中不合理的因素，并提出一些积极的改进措施以利于恢复工作的有效进行。

2. 恢复与重建规划的步骤

实施恢复与重建规划的过程就是危机恢复管理过程。罗伯特·希斯将危机恢复管理分为 8 个步骤：①

（1）反应。即在危机处理开始后，建立危机恢复小组。小组成员可以包括部分危机处理人员，但更多的是组织内部的负责正常运作的管理和技术人员，很少有外部成员参加。恢复小组负责对受损区域的受损程度进行评估。

（2）宣布。即宣布恢复行动会采取的规模和类型。

（3）准备。即为恢复行动准备工作现场。

（4）开始。在指定的地点，非现场或现场工作区，开始恢复系统的工作，并确保核心业务的完成。

---

① 参见［美］罗伯特·希斯：《危机管理》，王成等译，中信出版社，2004 年版，第309~310 页。

（5）继续。

（6）重建。不仅恢复危机中受到损害的东西，而且恢复和重建危机中受害人的心理和精神。

（7）复原。在重建地点恢复有关业务。

（8）关闭。一旦恢复地点完全恢复了经营业务的功能和效率，恢复现场作业就可以结束了。为使下一次危机管理更有效，须将危机恢复过程详细记录下来并整理成报告。另外，对恢复小组成员妥善安置。

7.4　心理危机干预

7.4.1　两类心理创伤

社会心理学家埃里克森提出在灾难中会出现两种创伤类型，即个人创伤和集体创伤。个人的创伤被定义为"一种突然撕裂人类防卫的精神上的打击，在此残忍的力量之下，人们无法有效地面对它。"集体创伤则是"一种破坏人们彼此的维系而造成社会生活基本构成的打击，进而破坏社区的共同体感觉。"[1] 个人创伤主要表现在个人由于灾难而产生的压力感和忧伤感。在这两种创伤中，集体创伤相对不容易被灾难心理卫生人员所察觉。我们会发现，如果周遭的环境仍支离破碎而没有良好的支持系统，将很难从个人的创伤中复原。[2] 因此，心理卫生的处理，包括主动接触、支持团体、社区组织等寻求建立个人与团体联系的方式，变得十分重要。灾难心理卫生单位在评估社区的各种需求时，必须同时考虑到这两种创伤，并积极开展心理危机干预工作。

7.4.2　心理危机干预的内涵及必要性

（1）心理危机干预的内涵

心理危机干预，主要是指调动各种可资利用的内外资源，采取各种可能的或可行的措施，限制乃至消除人员的紧张、恐惧等心理失衡状态，从而使心理

---

[1]　Erikson, K. T. Everything in Its Path: Destruction of Community in the Buffalo Creek Flood. New York: Simon and Schuster, 1976.

[2]　Erikson, K. T. Everything in Its Path: Destruction of Community in the Buffalo Creek Flood. New York: Simon and Schuster, 1976.

功能恢复到危机前水平，并获得新的应对技能，以预防将来心理危机的发生。其具体举措包括设立心理热线，设立心理卫生特别门诊，组成心理服务专家指导组，培训志愿者和专业服务人员，开展个别辅导与团体辅导，开设心理健康讲座，普及心理调适方法，组成研究组调查社会心理，协助学校、社区开展宣传教育等。

心理危机干预是一项复杂且操作性很强的工作，主要表现在四个方面：①

一是进行个体心理健康的咨询工作，不仅对灾难幸存者，还包括对灾难的救助者、照顾者、目击者和受灾人家属与亲友等其他灾难见证人的咨询。

二是进行团体心理健康的疏导工作，通过多种方法的干预、救助，在同情、理解、关心的基础上，激发处于灾难中的团体重新鼓起热爱生命、热爱生活的勇气，鼓励互相信任、尊重人格的行为，弘扬团结友爱、互助自强的精神，肯定重新振作、重建家园的努力。

三是进行社会心理健康的引导工作，通过电话、网络、媒体对公众在危机中的心理、经济、法律问题提供援助和服务，通过政府的政策宣传、善后行为导向满足公众的信息需求与秩序需求。

四是进行杜绝谣言传播、实施健康舆论的心理导向工作。谣言传播具有突发性、扩散性、稀奇性、交叉性等特点，一般一次完整的谣言传播要经历形成期、高潮期和衰退期三个阶段。特别是网络时代在线新闻传播、微博、手机短信和微信传播等所具备的快速性、交叉性、海量性与互动性，使人们获取信息十分方便，从而使谣言传播也容易创造各种"奇迹"。面对危机爆发的复杂状态，政府如果在信息公开与公民知情权保护上"缺位"或"失灵"，未能及时采取有效的危机管理对策，那么针对某一危机的谣言还有可能反复、循环出现。并且，相关信息越不公开，传言就会越厉害，人们对政府越不信任。所以，政府要和新闻媒体一起保持信息畅通，维护公民的知情权，稳定公众心理、疏导公众心理。

（2）心理危机干预的必要性

公共危机发生后，身处事故中心的个体，总会在心理上留下这样或那样的阴影，严重的还可能影响到他们以后的工作和生活。在有效社会救助机制缺失的情况下，灾难中的个体一方面会重视以血缘与婚姻为纽带的传统关系，另一方面也会从组织或者单位那里寻求心灵安慰和精神支持，但通常效果不佳。而

---

① 胡税根等：《公共危机管理通论》，浙江大学出版社，2009 年版，第 101~123 页。

心理治疗则可以有效地解决这一难题，消除灾难中个体的恐慌情绪，为他们的心理问题提供良好的治疗条件，为他们以后的正常生活和工作创造必要的条件。因此，任何危机状态结束后，都需要进行灾后的心理干预与救助，为患者以及家属等有心理问题的人群提供心理服务，甚至临床的各种心理和药物治疗。由专家组成的心理救助小组对入院接受治疗的伤者进行心理评估和治疗，对亡者家属进行心理咨询和救治，是善后处理工作的必然要求之一。这对消除危机产生的恐慌情绪，减少危机中的从众效应，控制和防止危机的扩大或扩散，做好危机发生后的处理具有重要意义。

灾难的阴影不仅造成公众剧烈的心理反应，还可能造成长期的心理影响和深层的信念波动，这就决定了灾后心理危机的干预不可能一蹴而就，而有可能是一个长期的过程。对灾后心理危机进行主动积极的干预、疏导和救治，要有长期的规划与准备。

7.4.3 我国心理危机干预的现状与问题

发达国家一直比较重视心理危机干预研究与实践。从 20 世纪 70 年代起，西方国家就开始了公共危机心理危机干预的研究，建立了很多专业研究机构，如英国工业心理研究所和德国柏林大学心理研究所等。许多国家非常注重立法支持，通过立法来确保公共危机中精神卫生问题得到重视和解决，如韩国《灾害救护法》和德国《传染病管理法》等，美国也早在 20 世纪 80 年代就通过修改《罗伯特斯坦福减灾救援法》将心理危机干预工作纳入灾难救助体系之中。发达国家还建立了比较完善和快速的心理干预调动机制，以确保公共危机后立即组织心理治疗与咨询人员实施心理干预。例如，在美国由卫生与人类服务部下设的药物滥用和精神卫生服务局（SAMHSA）主管精神卫生服务。英国也在国家卫生部设立精神卫生司，统一加强对精神卫生工作的管理。发达国家还十分重视心理干预的专业培训，拥有配套的培训系统，内容包括制度和专业技能，能够做到根据公共危机的类别、时期、地点与不同对象的需求进行专业分类培训。

灾后的心理危机干预在发达国家得到如此重视和发展，而我国则刚刚起步。国内首次正式对自然灾害受害者做出的大规模心理救助是在 2004 年，当时我国东部沿海地区遭受严重的台风灾害，由台风"云娜"肇始，"鲇鱼"、"艾利"继之，一场又一场的台风袭击了浙江全省。灾害发生后，为帮助广大灾民尽快走出心理上的阴影，浙江省政府首次组织了大规模的心理危机干预活动并收到了明显的效果。① 2008 年 "5·12" 汶川地震发生后不久，心理危机干预也迅速跟进，但在这个过程中，也出现了很多极为不合格和无资质、无专业技能的心理危机干预人员和心理医生蜂拥到地震灾区的现象，如有些人的心理干预工作不但没有减轻地震受灾者的心理负担与恐惧，反而造成二次伤害和多次伤害，一度使灾区一些帐篷和安置房门口都贴上了 "心理医生请勿入内" 的纸条，个别地方甚至流传着 "防火防盗防心理医生" 的新谚语。

综合来看，我国灾后心理危机干预还存在以下主要问题：

（1）经费投入不足，心理危机干预专职队伍建设薄弱。到目前为止，我国心理危机干预的专门组织数量很小，精神卫生方面的专职人力资源非常短缺，兼职队伍更是如此。在专职队伍中，接受过危机干预相关培训，能从事重大灾难以及危机心理卫生服务工作的人员也为数不多。

（2）心理危机干预工作缺乏组织协调机制。从组织协调上看，长期以来，我国一直没有把心理卫生工作正式纳入有关部门的议事日程，也缺乏一个能够对公众心理健康负责、具有对心理卫生建设进行规划指导与组织协调的议事决策机制。从事灾后危机和心理创伤干预的专家与机构仍是单兵作战，被动行事，没有形成合力。非政府组织、各社区网络和广大民众无法得到应有的培训和专业支持，难以作为辅助力量参与灾后精神抚慰和心理救援工作。

（3）心理危机干预被动式参与恢复与重建。我国的灾难心理干预大多是问题出现以后在政府的命令下被动参与的，对心理危机干预问题的研究主要停留在学术界，结合实践的研究与推广尚未有效展开。心理救灾没有纳入救灾预警机制是心理危机干预与救灾不能同步进行的重要原因之一。

（4）心理危机干预法律制度保障滞后。在 2012 年，"统计数字表明，我国各类精神疾病患者人数已达 1 亿，其中严重精神障碍患者超过 1600 万。财政投入不足使我国目前仍有 70% 左右的精神疾病患者没能得到有效治疗。这意味着未经收治的严重精神障碍患者极有可能出现危害公共安全和他人人身安全的行为"。② 近年来，我国政府对公共危机管理过程中的心理危机干预越来越重视，为贯彻落实《国务院办公厅转发卫生部等部门关于进一步加强精神

① 黄顺康：《公共危机管理与危机法制研究》，中国检察出版社，2006 年版，第 184 页。

② 《酝酿 20 余年问世 精神卫生法求解几道 "难题"》，新华社 2012 年 10 月 26 日，http://www.gov.cn/jrzg/2012-10/26/content_ 2251952.htm。

卫生工作指导意见的通知》（国办发〔2004〕71 号）精神，切实加强对精神卫生工作的组织领导，增进部门间的协调配合，顺利推进《中国精神卫生工作规划（2002—2010 年）》的实施和精神卫生各项工作，经国务院同意，建立精神卫生工作部际联席会议制度。2006 年 11 月 14 日，《国务院关于同意建立精神卫生工作部际联席会议制度的批复》（国函〔2006〕121 号），同意建立由卫生部牵头的精神卫生工作部际联席会议制度。在国务院领导下，研究拟订精神卫生工作的重大政策措施，向国务院提出建议；协调解决推进精神卫生工作发展的重大问题；讨论确定年度工作重点并协调落实；指导、督促、检查精神卫生各项工作。联席会议由卫生部、中宣部、发展改革委、教育部、公安部、民政部、司法部、财政部、人事部、劳动保障部、食品药品监管局、法制办、全国总工会、共青团中央、全国妇联、中国残联、全国老龄办等 17 个部门和单位组成，卫生部为牵头单位，联席会议召集人由卫生部分管副部长担任，联席会议成员为有关部门和单位负责同志。各成员单位要按照职责分工，主动研究加强精神卫生工作的有关问题，积极参加联席会议，认真落实联席会议布置的工作任务。要互通信息、相互配合、相互支持、形成合力，充分发挥联席会议的作用。

2012 年 10 月 26 日，第十一届全国人民代表大会常务委员会第二十九次会议通过了《中华人民共和国精神卫生法》，自 2013 年 5 月 1 日起施行。该法第 14 条规定："各级人民政府和县级以上人民政府有关部门制定的突发事件应急预案，应当包括心理援助的内容。发生突发事件，履行统一领导职责或者组织处置突发事件的人民政府应当根据突发事件的具体情况，按照应急预案的规定，组织开展心理援助工作。"该法第 16 条第 2 款还规定："发生自然灾害、意外伤害、公共安全事件等可能影响学生心理健康的事件，学校应当及时组织专业人员对学生进行心理援助。"总体看来，《精神卫生法》规定了预防为主的工作方针，坚持预防、治疗和康复相结合的原则，并设专章规定了政府及有关部门、用人单位、学校、医务人员、监狱等场所、社区、家庭、新闻媒体、心理咨询人员等在心理健康促进和精神障碍预防方面的责任。《精神卫生法》明确了各级政府和相关机构发展精神卫生事业的责任。法律规定，各级人民政府应当将精神卫生工作经费列入本级财政预算；国家加强基层精神卫生服务体系建设，保障城市社区、农村基层精神卫生工作所需经费；综合性医疗机构应当按照国务院卫生行政部门的规定开设精神科门诊或者心理治疗门诊，提高精神障碍预防、诊断、治疗能力。

虽然有了《精神卫生法》，但是还缺乏更为细化的措施，使得心理危机干预法律制度保障总体上仍然处于滞后的状况。因此，从长远来看，还需要完善《精神卫生法》中的规定，真正改变总体滞后的现状。

（5）心理危机干预的宣传教育普及工作欠缺。从心理卫生与干预知识的普及宣传和教育方面看，专业机构及力量、新闻媒体、社区等都没起到应有的作用。精神卫生服务重在社区，但在心理健康服务方面尚有较大欠缺。社区宣传栏里很少见到心理健康知识宣传和普及的内容，也没有经过专门培训的社区心理健康宣传员负责了解社区群众心理健康状况，及时反映问题和化解危机。

（6）对国外心理危机干预经验借鉴显著不足。在一些发达国家，无论是从立法、制度还是队伍、经费、方式上都有一套成熟的心理危机干预经验，而我国在这方面对其经验借鉴明显不足，这方面的中外交流与合作也比较少，与国外相比存在较大的差距。

7.4.4　加强心理危机干预机制的措施

心理危机干预是危机管理过程中一个重要的环节，心理危机干预工作做得好，将推进整个恢复与重建工作的顺利进行。科学合理的心理危机干预机制是灾后心理危机干预工作取得成功的保障。由于种种原因，我国的灾后心理危机干预还存在诸多问题，加强灾后心理危机干预机制建设是今后的一个工作重点，要做好灾后心理危机干预工作，需要从以下方面努力：

（1）建立政府协调机制，加大公共危机心理危机干预的经费投入。

第一，一个由政府主导负责的高效的管理机制将有助于公共危机心理危机干预的顺利实施，医疗卫生机构、科研院所等专业组织在心理干预中的作用是否得到充分发挥，很大程度上依赖政府协调组织的效率和资源整合分配状况。

第二，各级政府应继续加大对精神卫生工作的投入，保证公共危机件中心理危机干预的顺利施行。在实施公共危机件心理危机应急干预行动时所必需的费用，由财政部门做好经费使用情况监督。第一时间对灾民进行心理救援的专家和心理干预队伍，其工作经费纳入公共卫生经费，由财政部门划拨到卫生行政部门予以满足。

第三，要着力构建立体化的心理干预社会支持系统。在横向上，要形成以精神卫生专业人员为主体，公安、司法、教育、城管等诸多相关部门配合的动态工作系统；在纵向上，要形成从市到区县、街乡镇直至社区、乡村的四级心理救助支持网络。基层社区的心理救助和干预应是社会支持网络的最基础部分，工作重心应当下移到这一层次。另外，还要发挥非政府组织在心理救助和干预中的积极作用。非政府组织由有共同的情感、价值、信仰、愿望的人组成，具有政府所不具备的一些优势，在国外，许多公共危机之后的心理干预就是由这类组织来完成的。

第四，建立、健全灾后精神卫生救助制度是必不可少的步骤。世界上许多国家通过法律的形式来保障灾后的精神卫生救助，我国尽快出台灾难心理救援法案已刻不容缓。从长远发展来看，只有最终将灾难心理卫生救助工作列入政府灾难救助计划之中，才是解决问题的根本保证。

（2）组建、筛选公共危机心理危机干预团队。公共危机的心理危机干预需要一个专家队伍来进行，一个地区受到灾难的冲击时，理想上是能够有一组心理卫生专业的核心团队，他们有特别的训练、可以快速地被动员，熟悉状况和立即部署。如果受冲击的地区没有应急能力，那么训练有素、经验丰富的灾难心理卫生工作者，可以通过与地方签订支援协议，在灾难冲击、混乱的时刻，提供帮助。

第一，建立由心理学专家、公共卫生研究人员及精神卫生控制工作人员组成高素质的心理危机干预应急专家储备库。任何关键信息的发布都应尽量得到专家的帮助，也可以通过专家进行传递。因为，危机状态下人们往往更信服专家的意见和建议，专家的参与对稳定社会心理具有重要意义。①

第二，建立包括专家机动队和志愿者小分队在内的公共危机心理危机干预团队。在公共危机发生时，能够第一时间赶到现场开展心理救援工作，并负责指导准专业人员及相关志愿者的工作。

第三，组建精神抚慰与心理救助志愿者团队。并非每个人都能从事灾难心理卫生工作。这类具有挑战性的工作要求专业人员有弹性，心理健康并且擅于言谈和与人沟通。理想上，选择专业或半专业的团队，应该考虑受灾人口的地域性，包括族群和语言；团队成员的人格特质和社交技巧；灾难的阶段；在灾难的应对和复原的努力中，工作者可能会扮演的角色，等等。

（3）加强危机心理卫生研究和训练。心理危机干预是一门科学，需要在科学理论的指导下才能完成。在实际研究工作中，由于心理危机波及的范围广，因此其研究对象就不能只限于灾难的幸存者，还应包括灾难的救助者、照顾者、目击者和受灾者的家属与亲友等其他灾难见证人。同时，由于心理危机

---

① 董传仪：《危机管理学》，中国传媒大学出版社，2007年版，第224页。

持续时间长，所以危机心理卫生研究工作不但要进行短期的研究，还应进行连续性的跟踪调查，以掌握受害者的整个心理变化历程。

（4）充分发挥大众传媒在危机管理中的心理引导作用。在恢复重建阶段，由于公共危机本身往往会带来各种各样的危机后遗症，严重影响人类的健康、社会行为和心理活动。因此，危机发生后，组织必须采取各种策略和措施，矫正治疗各种危机后遗症，抚平受害民众的心理创伤，尽快让他们恢复生理和心理健康，恢复生活的信心。尽量给公众提供一个政策参与、心理救助的机会。充分利用报刊、影视、广播、网络、手机等各种媒介手段，快速、高效地把有关心理预防、干预的正确知识传播开来，提高心理引导水平。

（5）加强心理危机干预的国际合作。由于我国目前心理危机干预工作还处于起步状态，在今后可以建立心理危机干预地区合作机制，积极开展与相关国家、地区和国际组织的合作，开展经验交流，提高心理危机干预水平。①

7.5　事后总结与改进

危机管理总结与改进是整个危机管理的最后一个环节，也是不容忽视的一个重要环节。但在实践中却常常被人们忽视，或者得不到足够的重视，成为多余的或者可有可无的措施，这是十分有害的。要提高应对危机的能力，实现从危险到机遇的转变，靠的就是不断对危机管理进行总结、改进，总结成功的经验，吸取失败的教训。通过总结不断加深对公共危机规律的科学认识，并把这些认识的成果不断运用到实践中去，从而不断改进应对危机的方法，提高应对危机的能力，这也是危机管理的精髓之一。

7.5.1　事后总结的意义

公共危机的事后总结与报告是事后处理阶段的一项重要制度，规定这项制度具有两方面的意义②：

第一，从公共危机管理的整个过程来看，应急状态的结束以履行统一领导

---

① 全国干部培训教材编审指导委员会组织编写：《公共危机管理》，人民出版社、党建读物出版社，2006 年版，第 295 页。

② 莫于川：《中华人民共和国突发事件应对法释义》，中国法制出版社，2007 年版，第 360 页。

职责或者组织处置公共危机的人民政府停止执行应急处置措施为标志，但整个公共危机管理工作的结束并不是以此为标志，而是以公共危机应急处置工作报告的上报为标志。在法律上，事后总结与报告制度是公共危机管理工作中的最后一个制度；在实践中，工作总结的撰写与报告宣告有关部门应急工作的了结。

第二，从公共危机管理的成效来看，这是对公共危机的预防、监测与预警、应急处置与救援、事后恢复与重建等各项工作的总结。履行统一领导职责的人民政府能够通过总结，认识到工作中的经验和教训，查找漏洞和薄弱环节，不断完善应急措施，更加明确各部门职责分工，理顺工作程序；将总结上报上一级人民政府，能够扩大经验教训的借鉴范围，有利于本区域乃至全国公共危机管理工作的逐步完善。

关于公共危机工作的事后总结与报告，在我国某些应急预案及规范性文件中都有所规定。例如，我国《突发事件应对法》第62条规定："履行统一领导职责的人民政府应当及时查明突发事件的发生经过和原因，总结突发事件应急处置工作的经验教训，制订改进措施，并向上一级人民政府提出报告。"其他诸如《国家突发公共事件总体应急预案》第三部分、《国家防汛抗旱应急预案》第六部分、《国家安全生产事故灾难应急预案》第五部分等都有关于总结与报告的规定。

7.5.2 事后总结的内容及步骤

1. 公共危机事后总结的内容

公共危机管理总结的范围包括两个部分：一是对危机的认识进行反思，找出过去认识上的偏差和错误，不断加深对各种公共危机规律的认识。二是对危机管理的得失进行总结，找出经验教训，作为不断改进危机管理的依据。具体来说，事后总结与报告包括以下几个方面的内容：

（1）公共危机发生的经过与原因。履行统一领导职责的人民政府应当完整记录公共危机发生的时间、地点、严重程度、外在表现、造成的损失等各项要素，要详细描述公共危机从发生到消除的整个经过以及引起突发事件变化的各项自然因素和人为措施。要在客观描述的基础上，通过各种技术手段及各类统计方法分析公共危机产生的原因。

（2）工作中的经验教训。有的地方吸取经验教训没有制度化，由此产生不能客观评价危机，总结经验教训可有可无的不良倾向，导致有些同类公共危机一再发生。比如，2004 年安徽阜阳的劣质奶粉事件后，地方政府对事故责任人表面上进行了处罚，但县局领导在宣布处理决定的时候就向被撤职的四个人解释，说处理他们是为了应付上级，如果他们不负责县领导就得负责。另外，承诺处理决定时不上传，不下达①。如此的处理结果，使吸取经验教训实际上变成空话。

　　截至 2013 年初，因三鹿奶粉事件被处分的主要官员中有 7 人已经悄然复出。如三鹿奶粉再也很难让人"口服"一样，这一低调复出也很难让所有人"心服"。广东卫视就此新闻采访路人，不少人表示"心寒"、"没信心"、"打问号"、"处罚已经很轻了"、"中国有这么多人可以当官，为何偏偏是他们"……问责难免有"打马虎眼"的嫌疑。而且，公众的质疑主要还在于，尽管问题官员中不乏"洗心革面"的人才，但如此"习惯性"的"问责-复出"是否不太"严肃"？问责如此"前紧后松"，是否有"忽悠"公众之嫌？自从非典事件以来，问责风暴不可谓不严厉。不过，一些地方官员也总结出了三十六计。第一计"以退为进"。除了部分被问责官员很快复出外，还有一些官员从被判死缓改为无期，又改为有期，过一段时间保外就医，再后来就释放了。第二计"鱼目混珠"。"免职"、"撤职"混淆使用。按照《公务员法》，"免去"职务并不是处分，"处分分为：警告、记过、记大过、降级、撤职、开除"。于是，"问责"成了"免职"，"免职"又成了"免责"，最后成了"带薪休假"。从黑砖窑事件、瓮安事件，到宜黄事件、阜阳奶粉事件、上海大火中，公众不难看到短短数月休假就急着"带病上岗"的"闪电侠"。②

　　因此，履行统一领导职责的人民政府应当对公共危机的全过程进行分析，主要包括制订应急预案，采取预防措施的有效性，应急准备是否充分，监测、预警系统是否及时、客观、真实反映公共危机的情况，应急处置措施和恢复与重建措施是否合理、合法以及组织体系是否运转良好等。其中，预防措施和应急处置不仅要包括针对本次突发事件的措施，还要包括为防止发生次生、衍生事件而采取或者继续实施的必要措施。

---

　　①　《阜阳劣质奶粉责任人虚假撤职、假处分唬了国务院》，新华网，2004 年 6 月 29 日。

　　②　《三鹿事件多名问题官员复出 路人表示"心寒"》，《钱江晚报》2013 年 1 月 22 日。

（3）制订改进措施。履行统一领导职责的人民政府应当针对工作中存在的问题，制订相应的改进措施，避免下次工作中发生不应该的损失。

2. 公共危机管理事后总结的步骤

公共危机管理事后总结一般可分为 3 个步骤：

（1）对危机管理工作进行全方位调查。包括对危机发生的原因、危机管理的各个环节，以及危机管理的成效进行全面、系统的调查，力求全面掌握真实可靠的第一手资料。

（2）总结和评估。即对危机管理工作进行全面的评估和反思，包括对危机预防、预警和预控系统、危机应急预案、危机决策、应急疏散、紧急救援、危机控制，以及危机后的秩序恢复、危机评估、重建家园、赔偿、补偿、救助和心理干预所有环节进行总结，详尽列出危机管理工作中存在的各种问题。

（3）根据总结出的经验教训对危机管理进行改进。即对危机管理中存在的各种问题综合归类，有针对性地制订出详细的、切实可行的改进方法和措施，并责成有关部门逐项落实。如果在危机管理工作中敷衍应付，未能从中吸取经验教训，则很可能导致同类危机再次发生。比如，2003 年 11 月 3 日衡阳市衡州大厦发生特大火灾坍塌事故，20 名消防官兵牺牲。而没过几个月，2004 年 4 月 13 日凌晨，衡阳市珠晖区的衡州大市场再次突发大火。火灾现场距离特大火灾坍塌事故的衡州大厦仅 100 多米。所以说，"多难兴邦"，"福祸相倚"，其实是需要一定条件的，条件之一就是善于吸取教训，而不能"好了伤疤忘了痛"。一些管理机构动不动就是"坏事变好事"，"危机变机遇"，可能骨子里是对灾难、对责任的一种逃避，想"大事化小、小事化了"，是变相的自我麻醉、自欺欺人，这种危险的自慰心理在危机管理工作中是要不得的。必须尽快从思想上、制度建设上消除这种消极和不正常的观念。

7.5.3 相关改进措施

公共危机的事后评估不仅可以发现危机管理中值得传承的经验，而且可以暴露出公共部门管理体制中存在的问题，以及危机管理工作的不足。这些问题的不足不仅为改善危机管理工作，而且为公共部门各项制度的完善提供了空间和机遇。因此，公共部门可以从危机管理中获益。所以，危机之后的恢复与重建工作所追求的不是简单地恢复到危机之前的状态和水平，而是公共部门利用危机所呈现的机会来改善公共危机管理。"发现、培育、进而收获潜在的成功机会，就是危机管理的精髓；而错误地估计形势，并令事态进一步恶化，则是不良危机管理的典型特征。"[1]

公共危机后，政府及有关组织可以从以下主要方面来改善公共危机管理。

1. 危机意识的教育

（1）在危机结束之后，组织应当总结经验教训，更新组织观念，向组织成员灌输危机观念，强化其危机意识，在以后的工作中将常态管理同危机管理结合起来。做好危机时刻都会发生的思想和心理准备，在组织的危机管理中，每一个管理环节都要考虑危机管理的问题。

（2）加强民众危机意识的教育。社会整体的内在有序和恢复要求民众具有危机意识和应对能力。因此，作为政府危机管理战略的一部分，政府在平时要积极有效地通过警示宣传、自救互救培训、学校教育、定期演练等各种方法和手段，最大可能地增进社会整体应对危机的能力。

2. 危机后的应急预案完善

危机后的预案治理，一是在危机过后，对没有建立应急预案的进行预案建设，二是针对按原定应急预案实施的危机预防、危机预警、危机处置和危机救助等机制，根据在危机发生过程中的实际作用，做出效果分析和利弊评价，根据效果分析和利弊评价对原有的应急预案做进一步的完善。

3. 危机后的组织变革

在常态下，组织通常是稳定的，由于成本和代价较高，很少有人会对组织进行较大幅度改变。而危机常常成为一个组织变革的契机。危机既是危险又是机遇，它的发生表明现有组织存在某方面的较大缺陷，经过各种类型的公共危机后，政府和其他社会组织应当综合分析，检讨在技术、管理、组织机构和运作程序上的不足之处，进而提出改进组织机构建设的相关意见和措施。

4. 政策的改进

危机对于一个理性的、有活力的政府而言，能够成为公共政策改进和完善

---

[1]　全国干部培训教材编审指导委员会组织编写：《公共危机管理》，人民出版社、党建读物出版社，2006 年版，第 142 页。

的外部动力。① 就总体观点来看，危机管理政策不应该是以单一种类危机的预防计划为导向，行政体系应利用有限的人力资源，综合考虑行政辖区内各种可能产生的危机，而预设以多目标为导向的危机管理政策。如果政府或其他组织能够通过公开甄别危机的诱因，调整组织的政策导向与价值选择，了解和尽量满足政策受众各种合理的利益和要求，改善他们在新的政策目标下的地位，就可以把危机变成改善组织政策的回应手段和措施。

本章小结

公共危机的恢复与重建是指在应急处置结束后，公共危机管理主体为恢复正常的社会秩序和运行状态所采取的一切措施的总和，它既包括物质方面的恢复与重建，也包括非物质方面的恢复与重建。公共危机发生后，社会正常的生产和生活秩序受到极大破坏，因此，必须致力于基本秩序和公共设施的恢复。危机损失评估是恢复与重建过程其他措施的基础和前提，为恢复与重建方案的制订和具体实施提供数据支持。目前我国灾后心理危机干预还存在专职队伍建设薄弱、经费投入不足、心理危机干预工作缺乏组织协调机制、心理危机干预被动、法律制度保障不充分及对心理危机干预的宣传教育普及不足、对国外相关经验借鉴显著不足等问题。公共危机事后总结与报告的内容包括突发事件发生的经过与原因、工作中的经验教训、制订改进措施等内容。公共危机的事后改进就是从教育、制度、组织、政策等层面来改善公共危机管理。

关键术语

恢复与重建　　法律秩序恢复　　生活秩序和生产经营秩序恢复
公共设施恢复　　危机损失评估　　恢复与重建规划　　心理危机干预

---

① 胡宁生：《中国政府形象战略》，中共中央党校出版社，1999 年版，第 12 页。

思考题

1. 什么是公共危机管理的恢复与重建？其主要内容是什么？在恢复与重建中应遵循什么原则？

2. 公共危机损失评估包括哪些内容？如何进行公共危机的损失评估？

3. 制订公共危机恢复与重建规划有何必要？公共危机恢复与重建规划包括的主要内容有哪些？在恢复与重建规划的实施中应注意哪些问题？

4. 如何构建公共危机后的心理危机干预机制？

5. 公共危机事后总结有何必要性？

6. 公共危机后应该怎样改进公共危机管理？

本章主要参考文献

《阜阳劣质奶粉责任人虚假撤职，假处分唬了国务院》，新华网，2004 年 6 月 29 日。

Department of Homeland Security. National Incident Management System. March 1, 2004.

Erikson, K. T. Everything in Its Path: Destruction of Community in the Buffalo Creek Flood. New York: Simon and Schuster, 1976.

董传仪：《危机管理学》，中国传媒大学出版社，2007 年版。

何海燕、张晓甦：《危机管理概论》，首都经济贸易出版社，2006 年版。

胡宁生：《中国政府形象战略》，中共中央党校出版社，1999 年版。

胡税根等：《公共危机管理通论》，浙江大学出版社，2009 年版。

胡望洋：《突发公共事件应急预案指南》，高等教育出版社，2007 年版。

黄顺康：《公共危机管理与危机法制研究》，中国检察出版社，2006 年版。

李经中:《政府危机管理》,中国城市出版社,2003 年版。

[美] 罗伯特·希斯:《危机管理》,王成等译,中信出版社,2004 年版。

莫于川:《中华人民共和国突发事件应对法释义》,中国法制出版社,2007 年版。

全国干部培训教材编审指导委员会组织编写:《公共危机管理》,人民出版社、党建读物出版社,2006 年版。

《三鹿事件多名问题官员复出 路人表示"心寒"》,《钱江晚报》2013 年 1 月 22 日。

《酝酿 20 余年问世 精神卫生法求解几道"难题"》,新华社 2012 年 10 月 26 日。http://www.gov.cn/jrzg/2012-10/26/content_2251952.htm。

王军:《突发事件应急管理读本》,中共中央党校出版社,2009 年版。

张成福等:《公共危机管理理论与实务》,中国人民大学出版社,2009 年版。

张小明:《公共部门危机管理》,中国人民大学出版社,2006 年版。

第 **8** 章　公共危机管理中的公共沟通

引导案例

案例1　中国完善新闻发言人制度　党委设新闻官

国务院新闻办公室举行新闻发布会，国务院新闻办公室主任王晨介绍了一年来国务院新闻办公室各项工作进展情况，并回答现场记者提问。

王晨表示，中国共产党第十七届四中全会首次明确提出"要建立党委新闻发言人的制度"，这是贯彻科学发展观，加强和改进党的建设，进一步推进党务公开，增强党务工作透明度的具体要求，具有很重要的意义。中央外宣办是党中央的一个机构，国务院新闻办是国务院的一个机构，作为党和政府新闻发布工作的主要负责部门，将认真地贯彻这一重要精神，积极推动建立党委新闻发言人制度的建设。

据介绍，湖南的长沙、贵州的贵阳、深圳等地党委已经积极开展了新闻发布工作，有的也建立了新闻发言人制度，受到了公众和媒体的欢迎。目前党中央的部门当中已经有中央纪委、中央组织部、中央统战部、中央对外联络部、中央党史研究室、中央文献研究室、中央台办、中央档案馆等部门建立了新闻发言人制度。

"按照四中全会的决定，国新办坚决贯彻，正在认真总结经验，研究怎么样推进党委新闻发言人的制度建设，这也将是 2010 年新闻发布制度建设和新闻发布工作的一项重要任务，这也将是明年新闻发布工作的一个亮点。"王晨表示，国新办要推动党中央的各个部门和各地省区市的党委加快制度建设，加强信息发布，通过发布会、提供新闻采访服务等多种形式来发布党务信息，来为公众提供更加快捷的服务。

（资料来源：《中国完善新闻发言人制度，党委设新闻官》，中国网，2009 年 12 月 29 日。）

案例讨论

近年来我国一些政府部门和地方纷纷设立新闻发言人制度，这种制度对公共危机管理有什么作用？

案例 2　媒体称汕头群体事件官方通报让更多人不明真相

2014 年 9 月 28 日，就网上传得沸沸扬扬的 9 月 26 日汕头民众冲击市委大院事件，官方发布了权威信息。

汕头市公安局 28 日通报，此次事件，系少数因赌博案件被查而对政府不满的不法分子，因为"害怕法律制裁"不断制造谣言，借口反对垃圾填埋场扩建，绑架民意，裹胁不明真相群众到市委闹事所引发。

目前，警方已抓捕制造群体事件的 17 名幕后骨干及参与打砸违法犯罪活动的 9 名犯罪嫌疑人。

群体事件、劫官员、打警察、冲击政府机关，有了这些关键词，新闻很快上了头条。只是很多人看后，还是有些不明就里。

@东坡转世：汕头几次通报信息，均用了"不明真相群众"被"裹胁"的说法。这个我真的不懂！

谣言未止，官方有责

通报称，今年 7 月 7 日，汕头金平公安分局依法查处赌博案件时抓捕了几名违法人员。当晚少数不法分子为了逼使公安机关放人，煽动村民聚众堵塞国道，同时砸坏 11 辆警车和执法车辆，打伤 30 多名民警，甚至围攻打砸派出所，暴力挟持值班民警游街示众达 13 小时，并扬言、策划、组织要烧死民警。

两个月后，仍然是这群不法分子裹胁不明真相民众到市委闹事，并不顾劝说和解释，打砸市委办公大楼和机关工作人员，对执勤民警大打出手，还劫持围殴劝解干部，致干部、民警不同程度受伤，其中多人严重受伤。

《钱江晚报》警示，两个多月的时间，民意不被官方所掌握，反被几个赌徒所绑架、所裹胁，当地政府部门和公安机关，有太多的教训可以总结。

此外，重大的事件发生两天，即48小时后才公开披露，那么沉默和失声期间，究竟发生了什么？

26日，李某在个人微博上发布"上千防暴警察打死人，很牛嘛"的谣言。经审查，李某供认信息是捏造虚构的。

从这两天的舆论来看，由于官方的失声，传言和谣言已经远远走在了真相的前面。

不明的真相到底是什么

当地官方最初的权威披露只有200多字，按照经典的新闻消息定义，这种披露只是一种不完全的叙述模式，并没有完全告诉公众所有的要素，包括核心的"why"（为什么）这个要素。因此原本引导舆论、以正视听的权威披露，却又拔出萝卜带出泥，引发更多的疑问和追问。对官方用两天时间才发出的这篇通报，搜狐评论做了上述评价。

看过通报之后，更多人沦为了"不明真相"的群众。

《钱江晚报》称，当地公安机关的通报，反而让民众卷入了更加不明的真相之中。几个因赌博被查而对政府不满的不法分子，究竟凭什么魔力能够绑架民意？他们究竟制造了怎样耸人听闻的谣言，让这么多单纯的民众不明真相，并且被轻而易举地裹胁？赌博的不法分子、不明真相的群众，他们两者之间与当地垃圾填埋场扩建究竟是什么关系？

正如红网所建议的，让细节揭开真相。别有用心者制造了什么谣言，真相又到底是什么，如何用真相去说服不明真相的群众，这些还需要官方进一步为我们作答。

@阿狗的地盘：既然老百姓不明真相，你们就应该及时公布真相！

对于这个不合格的通报，《新京报》的建议是，少数人打砸闹事，理应绳之以法，民众的合理诉求理当通过合法、正当的渠道表达，若用"不明真相"、"别有用心"等词语恰恰是最差的回应方式，无异于在沸腾的舆论场火上浇油。

（资料来源：《媒体称汕头群体事件官方通报让更多人不明真相》，《新京报》2014 年 9 月 29 日。）

案例讨论

1. 官方对群体事件回应用"不明真相""别有用心"为什么会招致媒体批评和公众质疑？

2. 如何在公共危机管理的沟通环节实现告知真相与公众良性互动有机统一？

3. 在新媒体、自媒体时代，官方的公共危机沟通如何做到与时俱进？

4. 如何通过积极的危机沟通提升政府在公共危机管理中的公信力？

随着社会发展，各种各样公共危机的爆发加剧且影响范围越来越广泛，对公共部门危机处理能力的提升要求也日趋急迫。而公共沟通又是公共危机管理的基础工作之一，因此公共部门的公共沟通效力会直接影响其对公共危机的化解效果。本章主要在界定公共沟通内涵的基础上，从公共沟通的方式和策略入手，阐述媒体在公共沟通中的重要地位、作用以及新闻发言人制度的意义，并就我国的新闻发言人制度进行简单分析。

8.1 公共危机沟通概述

人与人之间的相互沟通，是人们传递信息、增进了解、建立感情的基本途径。在当今信息时代，沟通已经显得比以往任何时候都更为重要。随着全球化信息大潮中地理界限的模糊，良好的沟通能力在全世界范围内，无论是在商业领域、政府部门还是在科研机构，都早已不断地被强调其重要性。在组织中，良好的沟通往往能使信息得到有效的传递，把许多独立的个人、群体联系起来，成为一个整体，有利于工作的完成和组织目标的实现；而缺失沟通或者沟通不畅，则往往妨碍组织的正常运行，导致管理的混乱或失败，甚至影响组织的生存与发展。沟通已成为现代管理行为中最重要的活动之一。

8.1.1 公共危机沟通的含义

所谓沟通，简而言之，就是指人与人之间通过语言、文字、符号或类似的表现形式，进行信息、情报交流和传达思想的过程。一般说来，它是指在社会系统中一定的主体基于特定的情境，为了达到相互理解、彼此合作、协调统一的目标，通过一定的媒介而进行的信息、思想、情感以及价值观念的传递、交流、理解、反馈的活动。

关于公共沟通，国外学术界已经进行了比较深入系统的研究，而国内则不多。本书认为，公共沟通是指以政府为主体的公共部门，通过一定的媒介，向公众传播某些思想、与公众进行信息沟通以促进有效工作的过程。美国管理学家艾伦·杰伊·查伦巴认为，"危机沟通包括辨别内外部的沟通受众，发生危机时他们最需要获取各种信息。危机沟通需要构想、创建和传播信息给这些内外部受众，同时对他们的回答做出反馈"。危机沟通存在于个人、企业以及公共组织之中，本章所探讨的是公共组织尤其是以政府为主导者的公共部门在公共危机管理中所进行的危机沟通。

公共危机沟通是指公共部门以沟通为手段、以解决危机为目的所进行的一系列化解危机和规避危机的活动过程。它主要包括：

（1）拥有公共危机管理资源的危机管理主体获得公共危机相关信息，进行信息处理，以特定的符号形式（如发布决议、命令、指示等）发送信息，沟通的受众接受相关信息并向信息的发送者反馈信息，形成新的决策的过程。①

（2）公共危机沟通依其主体来看，可以划分为危机管理组织间的沟通、危机管理组织与公众的沟通、危机管理组织与媒体的沟通等类型。实践表明，畅达互动的沟通，有利于消除社会矛盾，避免矛盾的激化，有利于危机的有效处理，有利于整个危机管理系统的良性运转。在公共危机管理中，沟通的效能决定着危机管理的效率，有效的公共危机沟通可以降低危机对组织带来的冲击，同时可能将危机转化为转机。

8.1.2　公共危机沟通的特点

在公共危机管理过程中，由于危机所具有的突发性、紧急性、高度的不确定性、复杂性等特点，使公共沟通具有以下特点：

（1）目的的明确性。公共沟通具有非常明确直接的目的，即预防危机、控制危机、化解危机、消除危机。在危机管理过程中，公共沟通的目的在于通

---

① 王麒：《公共危机管理体制中的沟通机制研究》，电子科技大学行政管理专业硕士论文，2007 年，第 14 页。

过传达思想、信息、价值取向，使处于危机中的部门和个人团结一致，从而维护公共利益，保护人民的生命财产安全。

（2）性质的公共性。公共危机沟通在性质上具有公共性，主要体现在：沟通的主体是政府、公共事业部门、非政府组织等公共组织。这些公共组织在本质上是为公共利益服务的。公共沟通手段具有公共性，公共沟通所依据的公共权力、法律法规等都具有公共性。公共沟通的基本内容也具有公共性。

（3）方式的直接性。由于危机的突发性、破坏性、紧急性和高度不确定性，为了有效地控制、化解危机，必须及时准确地获得相关的信息，迅速做出决断，这就要求危机管理者亲临危机现场，与危机的相关各方和人员进行面对面的直接沟通，才能获得真实可靠的信息，为正确的危机决策奠定基础，才能稳定人心，控制局势。

（4）过程的强烈互动性。由于危机具有极大的破坏性、影响的广泛性、高度的敏感性等特点，备受社会各界关注。因此，在公共沟通过程中，沟通主体和受体之间存在着强烈的互动性，沟通主体所传递的信息、思想、情感和价值取向等，都会直接迅速地对沟通的受体产生明显的影响。与此同时，沟通受体的反应、情绪、要求、建议等，也会对沟通主体产生直接的作用。

（5）手段的非常规性。危机的突然爆发，大大出乎人们的意料，往往也无法用原有的知识和经验进行判断，并且危机常常是一种前所未有的新出现的特殊情境，原有的一些方法手段对危机的解决都没有什么有效性，一些程序化的方式方法也不可能在非常有限的时间内产生效果，为了迅速控制、化解危机，稳定人心，必须采取一些独创性的、强制性的、非常规性的措施和手段。

（6）情境的不确定性。危机中的公共沟通是在不确定性和复杂性的环境中进行的，危机发生时，由于信息、资源等相对不足甚至极度稀缺，事物之间的关系复杂且多元，均会对内部及外部产生不可预知的影响，从而难以把握事态发展的方向和趋势。因而，公共危机是组织命运"转机与恶化的分水岭"①，同样也是危机管理者个人命运的转折点。

8.1.3　公共危机沟通的原则

公共危机沟通在本质上是公共组织为了控制和化解危机，保护和实现公共利益，减少人民生命财产损失而进行的信息、思想、情感和价值的传递与

---

① ［美］菲克：《危机管理》，经济与生活出版事业公司，1987 年版，第 3 页。

交流活动，它有明确的公共价值取向。危机沟通是危机管理的核心内容之一，贯穿于危机管理的全过程，在一定程度上也是危机管理的生命线和中枢神经。离开了危机沟通，危机管理的成功是难以想像的。公共危机沟通应遵循以下原则：

（1）保证正规沟通渠道通畅。公共危机的影响范围越广，沟通渠道就越重要。公共危机沟通存在两种方式：正式沟通和非正式沟通。正式沟通即政府利用公开的、为人们所熟知的渠道和方式向公众传递各种有利于协调运转、危机弱化或消解的信息。非正式沟通有时候表现为小道消息的传播、谣言的散布等。小道消息和谣言是在公众间私下传播，没有规则约束，随意性大，传递过程中不断被歪曲和误传，给社会带来的负面影响不容小觑。由于小道消息和谣言的产生与散布都是因人们对某一正在发生或已经发生的事情的知悉愿望和期待得不到满足或者焦虑得不到缓解而致，要使其消极作用减到最低，最根本的方法是要保证正规渠道的畅通，提高正式沟通的效率，及时公布事实真相，增加透明度，做好宣传和解释工作，加强正面引导，特别是要发挥大众媒体的重要作用。

（2）保持信息口径一致。信息口径一致在公共危机的沟通管理中具有"源头"式的地位。信息口径不一致会导致信息失真、谣言散布、人心混乱等。政府及相关部门作为危机管理的主体，必须抢占舆论阵地，主动出击，主动沟通，要充分体现出主动负责的精神，任何被动的沟通都会造成公信力下降甚至缺失，甚至导致危机沟通的失效。要保持信息口径的一致就必须建立唯一信息源，避免"多头"、"多层"发布信息。同时，要成立专门的信息发布机构，并指派专门的危机事件发言人，负责为大众及媒体提供最新信息。选择的发言人应根据危机的本质及严重程度来确定。如果是重大危机，最好由政府相关官员担任主要发言人，且此人需要对媒体工作有一定的了解并具备较好的沟通能力和沟通经验；如果危机与科技等方面的专业性有关，则指派相关专家担任发言人较为合适，且此人也须先掌握全盘情况，熟悉危机处理准则，了解决策意见。若有多名发言人，则必须及时与管理层沟通，保证和对外发表的言论口径一致。此外，还要设立沟通智库，协助发言人把握全局。①

（3）确保满足公众知情权。公民的知情权是不可剥夺的权利，"新闻媒体

---

① 肖鹏军：《公共危机管理导论》，中国人民大学出版社，2006 年版，第 219 页。

是公众认知世界的桥梁，监督社会的公器"。① 危机一旦发生，无论是民众还是新闻界，都有迫切的知情权诉求，因此需要立即成立危机新闻中心，告知真实信息和危机处理进展，"确切"、"权威"地满足公众知情权。如此准确而迅速地传递相关信息，通过加强沟通促使公众与政府达成共识，从而营造良好、有序、信任、高效的沟通氛围。特别需要强调的是，在网络社会正在崛起及其影响与日俱增这一大背景下，任何新闻不能以传统的思维进行"压制"，只能"抢占"——也就是"抢占"舆论，先声夺人，同时保证危机管理中心与新闻中心之间的通信网络畅通。如果事件发生在禁区，新闻中心最好与事发地点保持适当距离；若是严重意外事件，应避免将新闻中心设在现场，以免场面混乱、扰乱正常的营救等。新闻中心成立之后要尽快告知媒体，并尽可能告知所有与危机相关的资料和信息。

（4）把握好沟通的"质"、"量"、"度"。"适度"是危机沟通的难点。因为面对危机事件，并非提供全部信息就可以解决危机——只有假定所有人都是理性人的情况下，获得全部信息才能做出正确判断，因此以适当的方式提供信息显得尤为重要。"适度"难点还体现在：一是对事关公共利益的信息，是应当适当隐瞒，还是及时公开？二是对事关公共利益的信息，由谁来公开？公开信息的内容由谁把关？谁发布？所以，"适度"原则要求在沟通内容，沟通角度的选择方面以及沟通的"质"、"量"、"度"上谨慎把关。这一"把关"过程，不仅要对信息价值和信息要素进行分析，也应该把政治、经济和意识形态等因素考虑在内。

8.1.4 公共危机沟通的功能

公共危机沟通在公共危机管理中发挥着转化性、催化剂式的关键性作用，也是危机管理的生命线。主要表现在以下方面：

（1）危机预警功能。危机有一个生命周期，即危机的潜伏期、危机的爆发期、危机的蔓延期、危机的结束期。在危机的潜伏期，存在着大量的危机诱因，这些危机诱因是潜在的、隐蔽的、偶然的、孤立的、非连续性的、危害性较小的，对系统的运转尚未构成大的威胁，人们也是可以容忍的。如果公共部门具有健全的沟通渠道、快速灵敏的沟通机制、积极主动的沟通主体、有效及

① 贺文发：《突发事件与对外报道》，中国传媒大学出版社，2008 年版，第 55~56 页。

时的反馈体系，决策中枢就可及早发现危机诱因，及早发现潜在的危机，洞察非常态因素，并引起关注，采取相应措施，及时化解，防微杜渐，把危机消灭在萌芽状态，这种沟通起到了一种预警作用。

（2）危机决策辅助功能。"危机事件的实质，是非程序化决策问题。不确定性的存在其实本质上来源于信息的缺失，现实中的不可预见性导致了信息的不可靠或不完备，无法提供决策所需的基础。"① 公共危机沟通正好可以最大限度地弥补危机决策所急需的信息和资源。由于危机具有突发性、紧急性、原发性、破坏性、社会性、不确定性等特点，因此有关危机的信息是极其匮乏的，应对资源也是极其有限的。在此种情况下，有的危机管理者由于不懂或不进行危机沟通，在心理和行为上否定、排斥、"缩小"危机，采取"鸵鸟政策"，常常会造成局势更加恶化。

（3）危机资源整合功能。沟通网络和系统就像人体的中枢神经网络系统，遍布全身每一个角落，把人体的每一部分紧密地连接在一起，形成一个有机的整体。公共沟通就发挥着这样的功能。危机的爆发，其直接和间接的影响面是非常广泛的，作为危机管理中心，通过沟通，使受到危机影响的内部利益相关者和外部利益相关者清醒地认识到危机已经把他们紧紧地连在了一起，成为了一个休戚与共、生死相依的命运共同体，只有大家齐心协力，团结努力，共同参与，才能共渡难关。

（4）危机监控功能。有效的公共沟通常常发挥着重要的监督和控制作用，但这一点却常被人们所忽视。在公共组织中，上级主管部门通过与所属部门的沟通交流，发现存在的问题，并由于上级主管部门的权威性而使所属部门及相关人员产生一种压力，通过这个压力驱动下属部门对所存在问题进行整改，消除危机的诱因。另一方面，通过上行沟通，通过一般职员以及大众传媒，把所存在的问题及时反馈给上级领导部门，也使存在问题的组织和人员产生一种压力，促使其面对问题，采取措施进行整改。

（5）社会修复功能。危机的爆发，不仅对爆发危机的组织和部门产生结构性的破坏，而且也对其他组织和部门以及社会公众产生了直接或者间接的损害，造成了一种结构性的破坏和失衡。社会修复功能主要有：

第一，稳定人心的修复功能。危机的破坏性、突发性以及高度不确定性，常常使人们处于极度的恐慌之中，再加上谣言和小道消息的泛滥，更加重了社

---

① 王磊：《管理沟通》，北京石油工业出版社，2001 年版，第 31 页。

会恐慌心理，产生"群体无意识"效应，进而引发严重的骚乱。通过公共沟通，主流媒体及时公布危机的真实信息，让民众了解危机的基本情况，知晓如何预防危机和避免伤害，缓解民众的焦躁心理，舒缓民众的紧张情绪，稳定人心。

第二，重建信心的修复功能。危机的爆发，严重打击了组织内部人员对组织及其领导者的信心，也动摇了外部公众对组织的信心，这些都严重威胁着组织的生存。公共沟通者通过与组织成员和外部公众的信息、情感、思想以及价值的传递、交流、互动，在思想认识上达成一定共识，在情感价值上产生共鸣，通过对危机发生原因、结果以及组织发展前景的分析，使组织成员和公众对危机有一个比较客观理性的认识，消除悲观颓丧情绪，鼓舞士气，重新燃起对组织良好发展前景的憧憬，重建信心。

第三，重塑形象的修复功能。危机的产生，使组织的形象受到了严重的损害。通过有效的公共沟通，主动及时地把危机的基本情况公布于众；管理者和领导者亲临危机现场，全力以赴抢救和安慰受伤人员；积极应对危机，真诚地与公众进行沟通，倾听他们的呼声，了解他们的疾苦，真诚地公开道歉。这些都可以使公众感受到危机管理者是负责任的、真诚的和关心公众的；危机的处理也是果断及时的；以政府为主的公共组织是有能力应对危机的，仍然是可以信赖的。

第四，修复关系的修复功能。危机的爆发使组织原有比较良好的内部、外部关系都受到了破坏。通过有效的公共沟通，主动、及时、真诚地与组织内部成员和社会公众进行沟通交流，修复与他们之间的关系，尤其重要的是修复与媒体的良好关系。通过与大众传媒主动、及时、真诚、平等、公开的沟通交流，获得媒体的支持与理解，使他们了解到危机的真实情况和危机处理的基本进程，使他们理解危机处理的对策和结果，更为重要的是，使他们看到了危机管理者的态度和行动，这有助于重新恢复组织内部以及与其他组织、公众、传媒的关系。

第五，心理疗伤的修复功能。危机的突然爆发与巨大的破坏力，使人们产生恐慌心理，有的人因为过度"心理应急"而产生抑郁症，甚至可能产生反应性精神疾病。危机的恢复和重建不仅意味着要恢复危机中受损的东西，而且还要恢复和重建危机中受害人的心理和精神。危机沟通者应深入到灾民之中，嘘寒问暖，对他们提供必要的帮助，认真倾听他们的声音，及时解决他们生活中的困难，对民众灾后的心理危机进行主动积极的疏导和救治，帮助他们顺利度过精神心理危机。

8.2　公共危机沟通的方式与策略

组织应综合运用多样化的危机沟通渠道，使公众对危机的实情有正确的认识，避免公众的误解。

1. 公共危机沟通的方式

高质量的沟通在很大程度上取决于沟通方式的选择及其科学组合。因此，我们必须根据具体的环境、对象、内容等选择不同的沟通方式，并根据具体情况灵活进行各种沟通方式的组合。

沟通的方式多种多样，按照不同的依据从不同的角度可以有多种分法。根据沟通所使用的符号系统划分，沟通方式有言语沟通和非言语沟通两种方式；根据沟通的传递方向即有无反馈划分，有单向沟通和双向沟通两种方式；根据沟通的渠道划分，有正式沟通和非正式沟通两种方式。这些沟通方式都有各自的优缺点，在日常的沟通中都比较常用。

在公共危机管理中，公共沟通要针对公共危机的高度不确定性、时间紧迫性、事件的严峻性等特点，采取适当的沟通方式，让群众能够在第一时间了解到事件的发展状况。公共部门开展公共沟通时，所选择的方式也影响到沟通的效果。比较常用的公共沟通方式主要有：

（1）现场沟通。现场沟通要特别注意沟通的方法和艺术，在遵循"伤害不扩大"原则的前提下开展沟通。危机沟通者特别要注意言语的艺术，包括重音、音调的变化和停顿的艺术等，而且其眼神、手势、表情动作等也会影响与接收者的沟通，这些沟通细节危机沟通者都应当注意。

（2）新闻公告。一般用于全国或区域性大范围的公共危机，适用于受害者众多，单独沟通无法完成的情况。新闻公告要组织电视和报纸杂志等新闻媒体，发布新闻公告和声明，就事件的发生表示遗憾，向受害者表示慰问和同情，同时要澄清危机时期产生的各种不利谣言。

（3）个别会谈。一般用于情绪反应严重的受害者，针对其特殊情况，在采取单独会谈的方式表达特别关心和慰问的同时，对其存在的疑问要进行澄清，争取他们的理解和支持。对于情况相似的受害者群体可以召开座谈会。

（4）电话和信件。公共部门可以及时向受害者拨打电话或者发送电子邮件，这样做能起到缓解悲痛、稳定情绪、防止过激行为等作用。

（5）接待中心。公共部门对于特大突发事件，可以专门设立受害者接待室，由专人负责接待。其工作人员不仅要礼貌热情，掌握必要的沟通技巧，训练有素，还要了解政策，统一口径，回应和解决部分实际问题。

（6）网络平台。网络已经成为现代组织与利益相关者沟通、互动的主渠道之一。在危机中，组织要充分利用网络传播的即时性和互动性。

2. 公共危机沟通的策略

在公共沟通中，由于危机所涉及的范围和人员较广，需要公共部门采取一定的沟通策略，才能取得事半功倍的效果。在公共沟通中要注意三项策略：差异沟通、对等沟通、双赢沟通，这是保障公共部门公共沟通取得良好成效的关键。

（1）差异沟通策略。公共部门的公共沟通，需要遵循差异沟通的原则。根据具体情况，针对沟通群体的特征，有差异地开展良性沟通。

①利益相关者——及时沟通，积极协调。利益相关者的利益在危机之中受到损害，有可能产生极端行动和非理性行为。为此，公共部门要及时协调和沟通，争取其理解和支持。

②旁观者——鼓励直言，征询信息。旁观者由于亲历旁观现场，掌握了大量一手信息，而这些信息正是危机管理所需要的。旁观者在亲历危机现场后，形成自我判断，从感性认识上升到理性认识，有可能会过滤有关信息，或者是由于某些原因而故意隐瞒一些重要的信息，因此，公共部门要鼓励旁观者放下后顾之忧，大胆直言，以便收集足够的信息。

③专家学者——专业咨询，权威认证。对于技术问题，专家最有发言权，他们从专业的角度给公众答疑解惑，可以打消公众心中的疑虑。因此，政府机构可以针对一些存在于社会公众中的典型问题专门组织相关专家进行讲解和答疑。这是公共部门主动与公众进行沟通的良好途径和方式。对于有足够科学证据支撑而有较大社会需求的企业行为，公共部门也要给予有力支持。

④志愿者——鼓励支持，引导管理。志愿者往往具有极大的热情，对于志愿行动，政府要积极鼓励和引导，对于表现优秀的志愿者，可以给予一定的物质或精神奖励。在全社会对他们的行为进行推广和宣传，以培养更多的志愿者和更广泛的志愿精神。

⑤企业组织——寻求赞助，获得支持。企业是社会财富的创造者，危机发

生后，道德感强烈的企业或者是具有较强公关意识的企业会主动参与社会公共危机应对。公共部门可以对这些企业的行为表示欢迎和赞赏，推动形成企业支持社会的良好风气。

⑥民间组织——发挥优势，扩大参与。民间组织由于根植于民间，能够充分调动官方无法调动的积极性和力量。因此，公共部门要发挥不同民间组织的比较优势，鼓励他们积极参与危机应对活动，增强危机应对的力量和实力。

⑦普通民众——宣传教育，培育理性。组织的公众是所有与组织有联系的社会公众，每一位危机公关的潜在公众都有可能成为下一个公共危机的直接公关对象。因此，公共部门要针对未来可能发生的公共危机进行提早预防，对潜在公众进行危机教育和宣传，培养公众理性应对危机的意识。

（2）对等沟通策略。沟通的前提是平等。公共部门开展沟通时，尤其要注意对等沟通。

①平等沟通，对等协商。公共部门在沟通时，平等是前提和基础。在平等的前提下，公共部门才能与社会各界开展全面和深入的危机沟通活动。在沟通的方式上，尽量采取体现平等的协商方式，保障沟通的实效。

②换位思考，决策倒置。公共部门要善于与公关对象换位思考，评估公关对象的博弈思路。危机公关的决策可以采取"决策倒置"的方式，一方面要从公众的需求出发，在可能的范围内满足公众的要求；另一方面提前预测公众的应对思路，预防沟通时可能出现的问题。

③社会问题"个人化"，个人问题"内部化"。公共部门在沟通时，要善于运用社会问题"个人化"、个人问题"内部化"的危机公关策略。公共部门可以把社会层面的问题转移到个人层面，在把个人层面的问题转移到个人内部，这是危机沟通取得成效的有效方法。

（3）双赢沟通策略。在民主和法治社会，公共部门在沟通时，从理念到行为，都要注重双赢沟通。

①尊重私利，掌握主动。公共部门需要承认和尊重公民的私利，在沟通中，主动考虑公众的私利问题，这样公共部门就在沟通时掌握了先机和主动。

②互利互惠，寻求共赢。公共部门要善于和公众互利互惠，寻求公共部门与公众的"双赢点"。以"双赢点"为重点开展沟通，成效一般都比较好。

8.3 公共危机沟通中的媒体运用

在现代信息社会中，随着信息网络的渗透和信息的自由流动，媒体正越来越深地影响社会生活，大众传媒在塑造公众价值观念、强化公众意识、反映和引导社会舆论等诸多方面发挥着巨大的作用。

8.3.1 公共危机沟通中媒体的角色和功能

媒体在现代危机管理中起着重要的作用，媒体管理已经成为了危机管理的基本要素和重要环节。在危机管理中，媒体可以实时监控可能导致危机发生的潜在因素，能够连接政府和公众，起到传递信息、疏导公众情绪的作用。有效的沟通可以弱化公众的消极影响促进危机管理。总地来说，媒体在公共危机沟通中扮演如下角色：

（1）危机的预警者。公共危机发生前都会有各种预兆，如果媒体能够发挥其敏锐、传播速度快的优势及时发现并传递有关公共危机的信息，有助于在公共危机的前期阶段采取监测预警等措施，从而将危机造成的损失降低到最低限度。

（2）危机环境的塑造者。在公共危机传播过程中，人们对于公共危机的把握和认识主要还是基于媒体的解读。公共危机发生后，大多数人不在危机发生的现场，很难通过自身的知识和体验了解公共危机的真相，只能通过媒体等方式获得有关公共危机的信息。因此，媒体对公共危机的描述和评论塑造了危机的媒介环境，直接影响到人们对于现实状况的认知，及由此产生的心理上和行为上的反应。

（3）危机信息的传递者。公共危机会引起广泛的社会关注，媒体成为连接政府、受到危机影响的人群以及社会普通成员之间的纽带。从危机发生前，到危机发生的过程，以及危机发生后各方采取的应对举措，都会成为媒体关注的焦点。媒体将政府采取的有关措施的信息传递给公众，同时又将公众的建议反馈给政府，并时刻关注公共危机的发展和变化。一方面对政府起到监督、敦促的作用，另一方面也为吸引更多社会力量关注、介入到公共危机的应对发挥了极大的号召作用。

（4）社会关系的协调者。公共危机往往伴随着社会关系的裂痕、摩擦和矛盾，尤其是在一些群体性事件中，如 2004 年的重庆万州冲击市政府事件本身就是由群众与基层政府之间的对抗引起的。在信息不公开的情况下，流言推波助澜，进一步促成局面的失控，产生巨大的危害。公共危机传播的一个重要作用就是要化解社会关系中的矛盾和冲突，使人与人、人与自然之间和谐相处。在此过程中，媒体应该站在公正、公平的立场上，协助党和政府协调关系、化解矛盾、凝聚人心、维护稳定，减少危机，避免其带来的巨大伤害。①

在公共危机沟通中，媒体主要具有以下几方面的社会功能：

①危机预警功能。预警是新闻的基本职能之一，预防传播机制的作用就是警钟长鸣，有备无患。恰当的危机预警干预有利于提高公众心理承受能力，提高全社会的免疫力，为化解公共危机赢得思想准备和行动准备。除此之外，电视等媒体为了积极应对突发性公共危机，通常情况下还应在普及安全常识和提高民众应对公共危机能力方面多制作一些节目，提高广大群众的应变能力。

②信息沟通功能。传播学者施拉姆曾经指出，对于公众危机，首要的是信息公开，信息不透明、阻塞，将会引起公众恐慌心理，造成盲动、骚乱，甚至暴乱等社会群体性行为。当公共危机不断演进的时候，媒体在政府与公众之间扮演着无可替代的信息沟通者的角色。

③情绪引导功能。目前我国正处于社会转型期，很容易出现各种矛盾，如何有效引导才是关键，在现阶段，稳定是压倒一切的政治任务，特别是在危机蔓延的时候，媒体既要成为信息传播的绿色通道，又要成为安抚民心的稳压器，保障社会秩序的良好运转，这是媒体危机管理所追求的最佳效果。

④舆论监督功能。在公共危机中，必要的舆论监督可以促进有关部门改进工作，促进社会公正，促进危机向好的方向转变。

8.3.2　公共危机沟通中政府与媒体的关系

媒体的存在一定程度上左右着公众对公共危机的看法与态度。因此，进行公共沟通时，公共部门应将媒体看作是合作者，与之建立互信互赢的伙伴关系，实现两者之间对信息资源控制和占有的良性互动。

（1）将媒体管理纳入战略管理。将媒体管理纳入到危机管理战略中，协调危机系统的各个部门，制订媒体管理计划，使媒体管理成为危机管理中的一个主动的过程和基本环节。

---

① 赵路平：《公共危机传播中的政府、媒体、公众关系研究》，复旦大学传播学专业博士论文，2007 年，第 66~68 页。

（2）确保信息沟通的有效性和权威性。第一，要选择适当的公共危机的传播渠道和信息源，控制媒体报道的导向性，防止不利于控制危机的信息传播，这种信息会造成社会恐慌，不利于危机管理的进行。第二，有关危机的信息应当具有指导性，发挥媒体的舆论导向功能，引导公众在危机状态下保持良好的心态，选择正确的行为。第三，防止小道消息和谣言的传播，树立主流媒体的权威性。

（3）确立危机信息发布机制。首先要有专门的媒体管理机构，统一协调、管理各方媒体，另外还要设置危机信息的新闻发言人，及时、连续性地向新闻媒体和社会公众通报危机的发展情况，保证信息的适时更新和危机信息的准确发布，唤起社会对危机管理行为的支持。

（4）保持与媒体的密切关系。在应对危机时，政府和媒体之间应该保持良好的合作，政府应当及时向媒体反馈信息，取得其帮助和信任。一方面通过媒体尽快将危机的事实真相与对危机的看法清楚地呈现给公众，为媒体提供新闻素材，满足媒体的需要；另一方面通过媒体向公众传递对危机管理有利的、也是希望向公众传递的信息。

（5）政府掌握应对媒体的技巧，对新闻媒体进行有效管理。

第一，控制媒体的活动范围。政府等公共组织需要尽可能地确定禁止媒体涉及的范围。如果没有控制媒体的准备，就会引发混乱，不利于对公共危机的调控，并可能造成相互矛盾的报道。

第二，在第一时间召开新闻发布会。新闻发布会的目的是告知真相，表明态度，使公共部门成为权威的信息中心，掌握报道的主动权，控制事态的发展。公共部门应选择恰当时机，指定合适的新闻发言人，在经过周密策划准备的前提下对公众和媒体关心的问题召开新闻发布会，必要时公共部门的最高领导应出面。

第三，在危机处理期间，保持与媒体的联系与沟通，全方位配合媒体的采访。不应回避记者，但是也应尽量控制记者的接触范围，坚持由新闻发布机构向外提供信息，接受采访时应积极主动地坦陈自己的错误并提供相关资料，避免被揭露后陷于被动。

第四，正确对待曝光或失实的报道，避免与媒体发生冲突。当记者发表不符合事实的报道时，要尽快指出其中的不实之处，及时提出更正要求，但要尽量避免采用过激手段引起对立情绪。

在全球资讯高度发达的今天，政府工作应当增加透明度，畅通渠道，充分认识到媒体在危机管理中的积极作用，媒体与政府应该共同以积极的姿态面对危机。

8.3.3　公共危机沟通中的媒体管理

媒体对公共危机管理的影响，是通过持续性和规模化的报道形成与既定目标相一致的公众舆论来实现的。危机处理中的媒体运用关键是对舆论的形成过程进行有效的监控、引导和把握，使其朝着有利于组织的目标方向发展。因此，公共危机沟通要十分重视对媒体的管理，公共危机沟通中的媒体管理包括媒体的自我管理和政府的媒体管理两方面。

1. 公共危机沟通中媒体的自我管理

媒体对公共危机信息的传递会影响到社会公众对公共危机的认知，以及对政府及其他组织应对危机的评价。社会公众很难自己获得有关公共危机全面、准确的信息，而是在很大程度上受媒体的引导。因此，媒体的立场和态度对整个危机发生后的舆论环境具有决定性作用。媒体在公共危机环境中必须加强自我约束和自我管理，重视大众媒体的伦理建设，防止和消除因不当报道造成的负面效应。

媒体自我管理的第一准则是自觉遵守新闻操守和职业伦理，强化自身的权利和责任意识，自觉拒绝商业化运作。新闻媒体不仅是公众认知世界的桥梁，而且也是监督社会的公器，不仅是政府危机治理的助手，也是动员公众参与危机治理的公权代言者。因此，在公共危机中新闻媒体更应该将公众与社会的利益作为自身的出发点，主动引导整个社会在危机面前形成正向合力。①

2. 公共危机沟通中政府的媒体管理

在公共危机管理中，政府发挥主导作用，在公共危机沟通中，政府对媒体的管理也十分重要。媒体的自我管理缺乏强制力和约束力，这就要求政府行使公共权力实现对媒体的有效制约和管理，构建公共危机中媒体的管理体系和规制，提升媒体的应急能力和应对素质。

（1）加快新闻媒体管理的法治进程。新闻媒体的规范运作需要政府和社会为其创造良好的环境，需要媒体的自我管理，但更重要的是加快新闻媒体管理的法治

---

①　胡税根等：《公共危机管理通论》，浙江大学出版社，2009 年版，第 178 页。

进程。只有通过法律确定新闻舆论的权利，明确新闻媒体的责任，规范新闻媒体的行为，才能从制度上保障新闻媒体在正确的轨道上发挥作用。加快新闻媒体的法治进程，一方面要树立新闻媒体独立、自由的地位，保障新闻媒体能够充分发挥其社会表达机制的作用，适时监督公共危机的管理过程；另一方面，新闻立法还有限制滥用新闻自由的功能，而且这一功能能使政府危机管理的干预走上法制化的轨道，使新闻媒体在公共危机中能够发挥更大的正向作用。

（2）建立新闻管制机构。为了加强在公共危机中对媒体的管理，政府应尽快建立新闻管制机构，对媒体进行必要的新闻控制和新闻约束。危机应对过程中媒体的报道对整个公共危机的处理和解决具有重大的影响，因此必须按照"有限报道"的原则，对不利于危机应对的媒体报道进行管制。媒体的言论自由不是无限制的，而是应在不影响危机应对进程的前提下发挥其监督政府和引导舆论方向的功能。政府应建立相关新闻管制机构，保障在公共危机沟通中媒体的规范运作。

（3）掌握主流媒体，利用主流媒体引导舆论方向。在公共危机发生之后，各类媒体都会对公共危机进行报道，当民众无法从正当、权威的渠道获得真实信息时，流言、小道消息等就会迅速传播，其传播的信息常被当作真实信息来看待。这些不负责任的消息很有可能进一步加深民众的不确定性和不安全感，造成一定时间和范围内的舆论混乱。因此，政府要建立"唯一信息源"，掌握主流媒体和信息的主动权，在公共危机发生的第一时间就向社会公众传递信息，消除谣言、小道消息的不利影响，引导正确的舆论方向，这样才能消除危机过程中民众的消极情绪，保障危机应对的顺利进行。

（4）加强对媒体舆论的监督。政府要在保障新闻媒体舆论自由的同时，做好对新闻媒体舆论的监督。危机面前，新闻媒体的舆论自由能够保障民众对危机信息的知情权，作为民众授权管理国家和社会事务的国家权力机关、司法机关和行政机关，更有义务主动接受新闻媒体的舆论监督。但同时，知情权也有底线，个人隐私、商业秘密、国家安全都是知情权的底线，新闻媒体的舆论必须尊重这一底线。新闻单位不是国家机关，新闻竞争压力的加大以及新闻报道方式的多样化，会产生各种不规范的行为，所以必须强调对新闻媒体的舆论监督。政府作为危机治理的主体，应对新闻媒体进行有效的监督。①

①　余潇枫：《非传统安全与公共危机治理》，浙江大学出版社，2007 年版，第 84～85 页。

8.4　新闻发言人制度

在公共危机管理过程中，政府和媒体的良好合作关系可以通过一整套制度来保证，这就是新闻发言人制度。公共危机管理中的新闻发言人制度是一种政府危机管理人员通过新闻发布会的方式经由媒体告知公众有关公共危机的起因、后果、政府应对措施以及工作进展等情况，以澄清事实，避免恐慌，同时争取公众对政府危机管理工作的理解、支持和配合的制度。建立新闻发言人制度是新形势下的必然选择，同时也是政府改变现有的行为模式，积极争取媒体的配合来化解和处理公共危机的最佳选择。实践证明，危机事务新闻发言人制度在政府危机管理中发挥了重要作用。

8.4.1　新闻发言人制度的含义

建立新闻发言人制度，是推进信息公开最有效的方法之一。随着社会信息化步伐的加快和公共危机的增多，越来越多的部门建立了新闻发言人制度，那么，到底什么是新闻发言人制度呢？

新闻发言人制度就是由专门的官员和机构，代表各级党组织、政府或重要部门、机构、团体就有关事宜通过传媒公开发布信息，并就新闻记者提出的各类问题现场进行解答、诠释、说明。建立和进一步规范这项制度的目的在于营造公开、透明的信息环境。从尊重公众的角度来审视、建立新闻发言人制度，是规范重大新闻发布、保障群众知情权的有益举措。

8.4.2　新闻公开在公共危机管理中的必要性

尽管危机新闻的发布面临着诸多主观和客观的制约因素，但在公共危机中，政府必须主动发布有关信息，而且这种信息在时效性上有着严格的要求，必须是最新最近的信息，换言之，必须是"新闻"，而不能等到时过境迁，再发布"旧闻"。

（1）体现政府行政能力和危机应对能力，为政府危机公关提供制度保障。公共危机一旦发生，政府责无旁贷，必须及时应对。政府掌握多少信息，从怎样的渠道掌握信息，体现出政府的行政能力；政府发布多少新闻，采取什么方式发布新闻，又体现出政府应对危机的能力。一个不惧怕发布危机新闻的政府，必然对处理危机胸有成竹，对自身的行政能力充满信心。

（2）有助于政府更好地管理社会事务。新闻发言人制度是在关键时刻安定人心的最有效举措。公共危机发生后，必然在一定时间和一定区域内造成公众心理恐慌，而公众之所以恐慌，主要就是因为信息缺失，公众不知道危机的情况，不知道危机对自己已经造成了多大的影响以及还会造成多大的影响，也不知道政府有没有应对，又采取了哪些应对措施。在公共危机发生时，公众的集体恐慌是极其可怕的，"恐慌最重要的特征是它的不合作性和不合理性"①。而安定人心的最有效举措就是尽快让公众知晓危机的最新信息，了解政府的应对举措。信息透明有时也会带来恐慌，但是这种恐慌本身对于危机的解决可能是一个有利的外部条件。此外，恐慌的程度也会随着人们对危机了解的加深而得到缓解。

（3）政府可通过媒体引导社会度过危机。政府是危机管理的主导，媒体作为参与社会进步的重要力量，在政府管理中发挥着不可替代的作用。新闻媒体不仅可以及时监视可能导致危机发生的各种潜在因素，而且在危机发生过程中作为政府和公众的桥梁，可以沟通信息、疏导情绪，起到积极的作用。新闻发言人制度是推行政务信息公开，建设社会主义和谐社会的重要途径，是政府公关框架的一个必要的组成部分，也是政府危机公关中不可或缺的手段。它承担着通过媒体向公众提供信息，与媒体和公众实现沟通，用政策议程引导传媒议程和社会舆论的职能。②

（4）是满足公众知情权的重要途径。新闻发言人制度的建立，在公共危机发生时，使人民可以及时听到来自政府的声音，是满足公众知情权的重要途径。一是媒体为社会提供环境守望，这种环境监测的功能是由新闻提供的，而新闻发言人为媒体提供了官方角度的新闻事实；二是从"权为民所授"的角度看，判断一个政府新闻发言人好坏的最高标准是看它是否在相当大的程度上减少和消除了人们对于公共事务认知上的信息不对称状况。也就是使人民群众对于公众事务的认知，由认识不全面到认识较为全面，由较为肤浅的认识到较为深刻的认识。这也是对新闻发言人定位在满足公众知情权的一种解释。③

① 周晓虹：《现代社会心理学》，上海人民出版社，1997年版，第426页。

② 常昌富、李依倩：《大众传播学：影响研究范式》，中国社会科学出版社，2000年版，第133页。

③ 喻国明：《我们为什么需要新闻发言人》，《郑州大学学报（哲学社会科学版）》2004年第5期，第75页。

（5）为危机及时处理创造良好舆论环境。危机传播理论中强调政府处理危机的几个有效措施是：稳定公众心理、发布有效信息、平息社会谣言、防止舆论激化、控制由不良信息引起的群体非理性行为。在公共危机中，谣言极易产生，公众舆论可能因信息缺失或信息错误而激化，严重的可能导致骚乱乃至暴乱。"如果社会公众的观念经常处于无序和混沌状态，整个社会的公共舆论就会失去一个赖以维系的中心，差异性社会主体之间的对立和冲突也就势成必然。"①

（6）最大限度消弭公共危机造成的影响。公共危机发生之中和发生之后，其负面影响在一定时空范围内存在，这种影响的发展方向和政府危机处理的方向是背道而驰的，即使在公共危机结束之后，其负面影响也仍然可能妨碍政府进行善后工作。政府主动发布危机新闻，能够充分体现出政府的责任意识，增强公众对政府的信任感，还能够廓清公众舆论中存在的混乱信息。

8.4.3　新闻发言人制度设立的意义

新闻发言人的职责是在一定时期内就某一重大公共危机或时局的问题，举行新闻发布会，或约见个别记者，发布有关新闻或阐述本部门的观点立场，并代表有关部门回答记者的提问。在公共沟通中设立新闻发言人制度具有重要意义。

（1）公开信息，化解危机。危机是社会发展中的正常现象，本身并不可怕，关键是作为政府的决策层，如何正确处理危机。如果处理措施不当，会造成危机升级，从而酿成更大的危机。在科技和信息高速发展的当代，信息传播已经进入大众传媒时代。媒体介于政府和公众之间，形成了一种三角互动的关系。在危机潜伏期，如果媒体能够及时发现危机存在的前兆并向政府传递潜在危机的信息，引起政府有关部门的注意，把潜在的危机处理在萌芽状态之中，就会防范危机的爆发。

（2）设置舆论议程，塑造政府形象。议程设置理论是 20 世纪 70 年代在美国风行的一种有关大众传播效果的假说。其主要含义是：大众媒介注意某些问题，忽略另一些问题的做法本身可以影响公众舆论，人们将倾向于了解

---

① 薛澜等：《危机管理——转型期中国面临的挑战》，清华大学出版社，2003 年版，第 123 页。

大众媒介注意的那些问题，并采用大众媒介为各种问题所确定的先后顺序来安排自己对于这些问题的关注程度。① 为了使一个社会问题被纳入政策议程，政府在进行新闻发布时，可以充分发挥主流媒体的作用，将官方对危机的观点、立场通过媒体进行放大，通过议程设置从而隐蔽地引导和控制社会舆论。

（3）满足公众需求，维护社会稳定。稳定民心，保持社会秩序的良好运转，是危机中新闻发言人制度应该发挥的作用，也是危机管理所追求的最佳效果。突发事件的发生常常导致社会危机的产生，如果公共部门在危机发生后没有第一时间出来"说话"，舆论很快就会被谣言和小道消息填塞，人心惶惶，不利于社会的稳定。因此，新闻发言人制度的设立正好可以使公共部门在第一时间站出来说话，稳定民心，保持社会秩序的正常运转。

（4）建立与媒体的良性互动，化危机为转机。危机来临时，处理得当，可以变被动为主动，处理不得当，可能就是一场灾难。因为危机的到来，破坏了组织系统的稳定与常态，迫使其重新进行选择，挽回损失，树立新形象。政府、公众、媒体之间最基本的一条原则是：如果政府能够做到实话实说，媒体能够做到如实报道，公众自然会对媒体及政府建立信任。恰恰是这种信任才能使整个社会在危机蔓延的局势下稳住阵脚，只有政府、公众、媒体之间建立了互信关系，危机才能转为契机。

8.4.4　新闻发言人必备的素质

新闻发言人就是政府、政党和其他的社会组织任命或者指定的代言人。其职能是代表政府和其他社会组织向社会各界发布信息，表明立场和决心。新闻发言人是新闻发言人制度的主体，其素质的高低直接影响到公共部门的形象，在公共危机管理中，新闻发言人的素质更是影响巨大。

美国著名危机管理专家库姆斯在其出版的专著里阐述了危机发言人和媒体打交道时的任务、应该具备的知识和相应的技能，如图8.1所示②。

---

① 殷晓蓉：《战后美国传播学的理论发展》，复旦大学出版社，2000年版，第133页。

② 赵士林：《突发事件与媒体报道》，复旦大学出版社，2006年版，第298~299页。

任务	知　识	技　能
有效回答问题	理解长时间停顿的危险性； 掌握有效倾听的步骤； 理解"无可奉告"的危险性； 理解和记者争论的危险性	快速思考； 有效倾听； 用别的语言代替"无可奉告"； 压力下保持冷静
清晰表述危机信息	理解和专业术语有关的问题； 理解回应的必要性	能避免使用专业术语； 组织回应
能处理复杂问题	理解复杂问题的特性	能确认复杂问题； 能要求对方重复问题； 有技巧地处理复杂问题； 质疑不准确信息； 解释有些问题不能回答； 应对复合问题

图 8.1　新闻发言人必备素质

具体来说，要成为一名称职的新闻发言人，必须具备以下素质：

（1）胸怀全局，精通政策。对于一个新闻发言人来说，技巧和口才固然重要，但更为重要的是熟知国内国外、各个领域的情况。有些经验不足的领导干部在新闻发言的过程中，把大量的精力放在了肢体和语言技巧上，而忽略了其表达的内容。对新闻发言人最重要的要求是"准确"，在确保准确的前提下再优化表达和技巧。而如何能够准确是对新闻发言人的第一要求，在此基础上，表达和技巧越娴熟越好。而要做到准确，就必须关注时事，时刻关心、了解大局。在这样的前提下，新闻发言人才能对所发布的信息了解透彻，在发言的过程中才能给出让人信服的解释。只有胸怀全局，精通政策，才能从容面对各种复杂问题，做到胸有成竹、灵活自如。

（2）坦诚务实，言之有物。新闻发言人首先要有诚实的发言态度。要想获得媒体和公众的信任和支持，新闻发言人必须要坦诚。在发布会现场会有来自各家媒体的记者，他们的兴趣爱好不同，所涉及的问题也各式各样，有些可能不是新闻发言人所通晓的领域。遇到这种问题时，新闻发言人应当坦诚告之，不能用谎话搪塞。此外，新闻发言人发布的内容必须要真实。新闻发言人是十分重要的信息源，因此其发布的信息必须要符合实情。作为担任新闻发言人的各级领导干部必须要掌握准确的信息，发扬求真务实的作风，这样才能向媒体和公众传递出有效的信息。

（3）掌控局面，注重平衡。新闻发布会的会场会出现许多意料不到的情况，因此，发言人必须具有临场应变的能力，有效掌控会场的局面。如何做到这一点，首先要在会前与记者和媒体充分沟通，此外，还要把握好两个"度"：

第一，把握好平衡度。不同媒体所关注的重点是不一样的，因此新闻发言人在发布信息时，要找到平衡点，尽量满足各个媒体的需求；在回答每一个问题的时候，点请记者提问也要注意平衡，对本地媒体记者和中央及兄弟省市的媒体记者以及会场前后左右的记者都要平衡照顾到。第二，把握好收放度。要把握好回答问题的广度与深度的关系，做到收放自如、心中有数，既不能因怕出错而守口如瓶，也不能样样都和盘托出。新闻发言人要通过实践磨炼，争取达到"发于其所当发，止于其所应止"的境界。

（4）心态平和，不卑不亢。新闻发言人与记者在发布会上的感觉是不一样的。这时候，身为新闻发言人的各级领导干部，千万不要给人以居高临下的感觉，而应努力营造出老朋友见面的感觉。新闻发言人遇到挑衅性的问题时，千万不能被其激怒，让人感到你有失风度；遇到有对抗情绪的记者时，也要尽量保持冷静，微笑是最好的化解办法。

（5）形象朴实，言简意赅。新闻发言人是政府的形象代表，其精神气质、外表形象、言谈举止、职业素养等方面均应具备自己的独特魅力。因此，新闻发言人的着装要符合自己的身份和气质，在整体形象上要庄重大方；语言上要朴实直率、通俗直白，少用官话和套话，体现出政治智慧和清新的文风。

8.4.5 我国的新闻发言人制度

我国新闻发言人制度实行得比较晚。自 1983 年起试行新闻发言人制度，最先是在外交部设立新闻发言人，定期对外发布新闻。后来，国务院许多部委以及各省、区、市也逐步设立了新闻发言人。近几年来，政府新闻发言人制度的建设进一步受到社会各界的重视。尤其是 2003 年"非典"事件过后，我国的新闻发言人制度得到了转折性的发展。可以说，新闻发言人制度在中国已经迅速展开，尽显生机。目前，我国的新闻发言人制度初具规模，逐步建立起国务院新闻办公室、国务院各部门以及省级政府部门三个层次的新闻发言人制度，定时定点新闻发布制度得到普遍实施。

1. 我国新闻发言人制度的历史进程

我国的新闻发言人制度肇始于 1983 年。在新中国成立之初，中国共产党就开始用记者招待会的形式进行新闻发布，但没有形成制度。随着中国改革开放战略的实施，为了加强对外交流和对外宣传，1983 年中国正式宣布建立新闻发言人制度，但当时这一制度仅局限于中央一级人民政府。2003 年，受"非典"事件的影响，加上政治经济体制改革内在要求和经济全球化浪潮外部冲击的双重推动，我国新闻发言人制度全面启动，各级政府部门都建立起新闻发言人制度。

从 2004 年开始，我国政府新闻发言人制度全面推进。2004 年，中共中央在《中共中央关于加强和改进新形势下对外宣传工作意见》中明确指出，"建立中央对外宣传办公室，国务院各部委及省级三个层面的新闻发布工作机制，明确职责，注重策划，加大对新闻发言人的培训力度，提高新闻发布的效果和权威性，做到经常化和制度化"。新闻发言人以国务院、国务院各部委和地方政府三个层次开始在国内广泛确立，中国新闻发布会的次数明显增多，涉及范围非常广泛，几乎涉及所有主要的重点领域。2005 年 3 月，中共中央办公厅下发《关于进一步推进政务公开的意见》，将中国政府新闻发布制度建设列为中国政府公开的一项重要内容。①

2008 年 5 月 1 日，《中华人民共和国政府信息公开条例》正式施行。条例明确规定了政府信息公开的范畴和方式，"行政机关应当将主动公开的政府信息，通过政府公报、政府网站、新闻发布会以及报刊、广播、电视等便于公众知晓的方式公开"。"行政机关应当及时、准确地公开政府信息。行政机关发现影响或者可能影响社会稳定、扰乱社会管理秩序的虚假或不完整信息的，应当在其职责范围内发布准确的政府信息予以澄清。"这意味着报刊、广播、电视的政府报道与信息披露将有法可依，公众知情权和新闻发布制度得到法律上的保证。我国的新闻发言人制度目前已从国家部委推广到地

---

① 杨霞：《政府信息公开实现条件研究》，首都师范大学出版社，2006 年版，第 172~178 页。

方区县一级政府部门。①

虽然已取得了很大的发展，但是跟西方发达国家特别是美国的新闻发言人制度比较起来，我国新闻发言人制度还只是个刚刚学会走路的孩子，存在许多问题和缺陷，还需要我们积极借鉴国外的经验，进一步完善我国的新闻发言人制度。

2. 我国新闻发言人制度存在的问题

我国新闻发言人制度存在的问题，既跟我国的新闻发言人制度建立起点低、时间短、经验少有关，也跟我国的特殊政治制度、文化传统和国情有关。具体表现在以下几个方面：

（1）新闻发言人制度缺乏法律上的支撑与保障。到目前为止，我国还没有明确清晰的法律法规来规范新闻发言人制度的实施。相对于国外"信息公开是规则，而保密是例外"的情况，我国现行信息方面的法律规定不对称，一方面缺乏对信息自由的保障，另一方面对信息保密却有严格的法律规定。《保守国家秘密法》对国家事务的重大决策、国防建设、外交活动、科学技术等七个方面的保密事项做了规定，这些规定几乎涉及所有国家重大政治经济活动。毫无疑问，这部法律对于国家秘密和国家安全的维护具有重要作用，然而，由于该法对保密事项的规定只是宽泛的规定，缺乏明确和细化的标准，而相应的关于哪些内容应该公开方面的法律却没有，这势必造成政府官员在选择是否公开信息时为了规避责任而趋于保守。目前，在我国，新闻发言人可以披露哪些消息，披露消息的具体程序怎样，披露的对象是谁，新闻发言人享有哪些权利，承担哪些义务和责任，有没有一部相应的法律或法规来规范和调整。实施中的无法可依，监督机制的不健全，将导致新闻发言人制度形同虚设。

（2）新闻发言人专业化和职业化不够。在我国，政府新闻发言人一般由部门内部人士担任，而且往往是本部门中上层领导干部，这决定了他们在进行新闻发布时，更多地站在部门立场而不是信息公开立场，导致其在涉及敏感问题时采取回避态度或者避重就轻，而不是公布事实真相。

（3）缺乏对新闻发言人的监督和问责机制。随着我国新闻发言人制度从无到有的逐步建立，在制度运行过程中，人们越来越发现，新闻发言人的角色

---

① 杨霞：《政府信息公开实现条件研究》，首都师范大学出版社，2006 年版，第 172～178 页。

定位和活动边界没有统一而明确的界定，而对新闻发言人的监督和问责机制更是缺乏。由于多数新闻发言人由部门领导兼任，他们除了新闻发言之外，还要承担其他政务活动，而新闻发言工作仅仅是其多项工作之一，这势必导致其在新闻发布时采取"报喜不报忧，可说可不说的不说，可多说的少说，拣自己喜欢的说，或者不负责任地说"，而对于不能及时、完全地发布信息却没有相应的监督和问责机制。官员问责制可以从一定程度上弥补这一制度缺陷，但问责制对新闻发言人的具体适用至今无例可循。

3. 我国新闻发言人制度的完善思路

（1）加强新闻发言人制度的法律法规建设。新闻发言人制度的建立和完善离不开法律的保障。法律是公平正义的象征，也是政府治理的必要手段，依法治国成为现代法治国家的普遍要求。具体到政府和媒体的关系来看，应该有对这两者对等的法律规范，对双方权利义务进行法律上的规定。一是加强信息自由立法。信息自由法应同时对政府、媒体和公众的权利义务加以规定，任何违反该法的一方都将承担法律责任；二是从法律上确认不属于公众知情权的例外。三是加强新闻立法。任何法律都是权利和义务相统一的结果，新闻立法更多的是从媒体角度对媒体的权利义务进行立法规定。新闻法的制订应与信息自由法相结合，并以后者的出台为立法前提。立法将突破目前仅仅从新闻媒体行业自我监督的局限，方便政府和公众从法律的角度对媒体进行法律监督。因此，加强我国信息自由立法和新闻立法建设是未来的必然趋势。

（2）强化新闻发言人队伍专业化制度建设。就目前我国的情况来看，新闻发言人还是一个相对较新的事物，一般都是由公共部门内部人员担任本部门的新闻发言人，内部人员担任新闻发言人会有制度内的思维惯性，即控制媒体，让媒体为其服务，这势必跟媒体的想法发生冲突。若不加以解决，势必影响公共部门与媒体的关系。我国的现状是，除了上海、南京等极少数地方省级政府部门大胆启用媒体从业人员担当新闻发言人外，几乎所有国家部委和地方政府都是由部门内领导出任，甚至只是兼任而不是专职。这些新闻发言人的设立在一定时间内平衡了政府与媒体的关系，但是却招致越来越多的非议和批评。而且其组织结构远远跟不上实际承担的功能，很多部门为新闻发言人设立两到三人的团队，甚至不设常驻人员，而只是在需要召开新闻发布会时，才外调和临时组建一个团队，新闻发言人平时只是光杆司令。今后我国的新闻发言人必然朝着专业化和职业化的方向发展，公共部门要从媒体中挑选合适的专业人才出任新闻发言人,只有这样,才能在与媒体的互动关系中取胜。

(3)加强与媒体的合作与沟通。长期以来,公共部门奉行新闻控制和媒体管理政策,也因此造成公共部门长期处于主导地位,而媒体处于依附地位。许多人甚至错误地认为设立新闻发言人制度是对媒体的恩赐,这其中也不乏许多媒体自身持有一种接受恩赐的态度。其实,公共部门与媒体之间是一种合作的关系,新闻发言人制度为媒体提供必不可少的材料。新闻发言人所发布的内容,如果没有各种传媒的广泛传播,是不可能产生社会影响的。因此,新闻发言人制度的完善也离不开与媒体的合作与沟通。而作为新闻发言人制度主体的新闻发言人,必须根据情况灵活运用各种新闻发布形式,真正发挥新闻发言人沟通媒体与民众的桥梁作用,及时传达公共部门的立场和态度。

本章小结

公共部门危机管理中的沟通,是以信任为基础的。公共危机沟通应遵循塑造形象、体谅公众、公众参与、内部和谐的准则。公共危机沟通具有危机预警功能、危机决策辅助功能、危机资源整合功能、危机监控功能、危机修复功能。公共部门开展公共危机沟通时,应采用一定的策略和方法。媒体在现代危机管理中起着重要的作用,在公共危机沟通中,媒体主要具有危机预警、信息沟通、情绪引导、舆论监督的功能。在公共危机中,政府、公众和传播媒体是一种相互依存的关系。从管理的角度来说,必须根据媒体的特点采取有效的管理措施,实现媒体的自我管理和政府对媒体的管理。新闻发言人制度就是由专门的官员和机构,代表各级党组织、政府或重要部门、机构、团体就有关事宜通过传媒公开发布信息,并就新闻记者提出的各类问题现场进行解答、诠释、说明。建立和进一步规范这项制度的目的在于营造公开、透明的信息环境。要成为一名称职的新闻发言人必须具备较高的素质。我国的新闻发言人制度虽然已取得了很大的发展,但是跟西方发达国家特别是美国比较起来,还存在许多问题和缺陷,新闻发言人制度法律法规保障缺失,新闻发言人专业化和职业化不够,缺乏对新闻发言人监督和问责机制,因此,需要进一步完善我国的新闻发言人制度，更好地发挥公共沟通在公共危机管理中的作用。

关键术语

公共沟通　　公共沟通特点与功能　　媒体运用
新闻发言人制度

思考题

1. 公共危机沟通的方式与策略是什么？
2. 公共沟通的方式与策略有哪几种？
3. 媒体在公共沟通中有什么作用？公共部门应该如何与媒体沟通？
4. 设立新闻发言人制度的意义何在？
5. 新闻发言人应该具备哪些素质？
6. 我国新闻发言人制度存在哪些问题？应当如何改进？

本章主要参考文献

[美] 菲克：《危机管理》，经济与生活出版事业公司，1987年版。

常昌富、李依倩：《大众传播学：影响研究范式》，中国社会科学出版社，2000年版。

贺文发：《突发事件与对外报道》，中国传媒大学出版社，2008年版。

胡税根等：《公共危机管理通论》，浙江大学出版社，2009年版。

王磊：《管理沟通》，北京石油工业出版社，2001年版。

王麒：《公共危机管理体制中的沟通机制研究》，电子科技大学行政管理专业硕士论文，2007年。

肖鹏军：《公共危机管理导论》，中国人民大学出版社，2006年版。

薛澜等：《危机管理——转型期中国面临的挑战》，清华大学出版社，2003 年版。

杨霞：《政府信息公开实现条件研究》，首都师范大学出版社，2006 年版。

殷晓蓉：《战后美国传播学的理论发展》，复旦大学出版社，2000 年版。

余潇枫：《非传统安全与公共危机治理》，浙江大学出版社，2007 年版。

喻国明：《我们为什么需要新闻发言人》，《郑州大学学报（哲学社会科学版）》2004 年第 5 期。

赵路平：《公共危机传播中的政府、媒体、公众关系研究》，复旦大学传播学专业博士论文，2007 年。

赵士林：《突发事件与媒体报道》，复旦大学出版社，2006 年版。

周晓虹：《现代社会心理学》，上海人民出版社，1997 年版。

第 9 章 公共危机管理保障体系

引导案例

案例1 中国首辆防火型公交车在成都下线
和北京诞生首支消防部队特种兵

四川在线 2009 年 9 月 3 日报道 由四川省公安消防总队研发的"公共交通车辆安全防护系统",顺利通过科技成果鉴定,将从根本上解决车辆发生爆燃、火势迅速蔓延的问题,提高市民乘公交车出行的安全系数。

新开发的公交车安全防护系统利用车辆自有电源或压缩空气,由电源转换装置或压缩空气提供动力,用专用雾化喷头释放出对人体无毒副作用、无刺激性的绿色环保灭火剂控火灭火,降温并稀释有毒烟雾。防护系统能够快速有效地控制火灾,在 5 秒内防护系统启动,在 10 秒内控制火势,在 60 秒内扑灭各类型公交车客舱和发动机舱内的固体和液体火灾,从而保护油箱(气瓶),防止爆炸,为乘客赢得充足的疏散时间,从源头上提高公交车辆的火灾防控能力。

研究课题组结合公交车辆消防安全的本质特点进行了近百次试验。在不断改进设计方案,进行型式检验、灭火剂刺激性和毒性检测、电磁干扰检测等产品检测基础上,公共交通车辆安全防护设备在成都主力型公交车上进行了整车试装，全国第一台防火型公交车问世。经检测，防护系统与车辆匹配良好，各项技术指标达到要求。

目前，我国第一辆装备消防安全防护系统的公交车已在成都下线展出。日后此套公交防护系统将逐步投入生产和运营。

本报北京 11 月 7 日讯 记者李松 黄洁 实习生徐伟伦 北京市消防部队首支"特种兵"日前在北京市亦庄开发区消防支队诞生，这支由 20 名攻坚队员经过 45 天强化训练练成的消防铁军具备了更为强健的体能和更加精湛的技能。据了解，这支消防铁军的强化训练经验将向北京各消防部队推广，明年各中队将全部组建铁军，总人数将达到 710 人。

据北京市消防局相关负责人称，目前消防部队的实力、装备等已经不能完全适应当前灭火及抢险救灾的需要，按照公安部提出的打造消防铁军的要求，北京已于 2009 年 9 月开始逐步推进此项工作。作为首个试点试训单位的亦庄消防支队，经过严格选拔考核，确定了 20 名攻坚队员，开展了为期 45 天的艰苦训练。相比以往的训练，铁军打造更注重体能的提高，坚持不间断和高强度的体能训练，而且在技能训练方面更侧重于对困难、复杂情况下火灾的扑救和救援处置训练。

（资料来源：桑清：《中国首辆防火型公交车在成都下线》，四川在线，2009 年 9 月 3 日；《北京诞生首支消防部队特种兵》，《法制日报》2009 年 11 月 8 日。）

案例讨论

1. 成都市公交车大火事件使很多人记忆犹新，2009 年新研制的防火型公交车对于预防公交车大火事件起着一种什么样的保障作用？

2. 公共危机管理的保障体系既有物的因素，也有人的因素，北京市首支消防部队特种兵的诞生对于北京市火灾事故的应对较以往有什么不同？保障层次有哪些提升？

案例2 交通运输部：三年内初步形成基层应急队伍体系

据交通运输部网站消息，交通运输部出台《关于加强基层交通运输应急队伍建设的指导意见》（简称《指导意见》），提出力争通过三年左右的时间，初步形成统一领导、协调有序、专兼并存、优势互补、保障有力的基层交通运输应急队伍体系。

《指导意见》指出，在地方政府领导下，交通运输主管部门要组织指导公路、道路运输、港航、地方海事等有关部门以及交通运输企业，全面调查当地应急资源的分布以及交通运输突发事件发生、发展的特点，组织制订基层应急队伍建设规划。部属航务、海事、救捞等机构要根据辖区特点和搜救、应急运输、航道抢通等需求，制订本系统和单位基层应急队伍发展规划。

城市公交和轨道交通方面，交通运输主管部门要指导辖区公共交通企业、轨道交通运营企业组建由专业技术人员组成的应急抢险队伍、由站务人员组成的兼职疏散引导队伍，建立与旅客运输、出租客运企业的协调与调用机制。

公路方面，以公路养护管理部门、路政管理部门以及日常养护队伍为基础，采取与专业公路养护工程企业签订应急处置协议的方式，构建基层公路应急抢险保通队伍。航道方面，发挥设计、施工和运行维护人员在应急抢通中的作用，建立干线航道、港口航道、界河等疏堵保通专业应急队伍。

客货场站、港口码头方面，在充分依靠当地公安消防专业应急力量基础上，依托专业安全管理员、保安员组建消防、救援等应急队伍。

危险品运输方面，进一步提高专业消防队伍和危险货物应急救援技术装备水平和救援能力，依托大型企业组建联合消防或危险货物应急救援队伍，危险货物场站和港区应与专业应急队伍签订救援协议。组织编制危险货物运输应急救援指导读物，加强对所有从事危险货物作业人员的技术培训及消防和应急处置演练。

水上交通方面，鼓励动员社会各方面志愿者参加，形成以海事和救捞专业力量为主、社会力量参与的水上搜救应急队伍。海事、救捞部门要加强清污应急队伍建设，培养专业技术人才；港航、海事部门要督促指导船舶油品和油污水经营和处置相关企业建立应急队伍。

应急运输方面，港航、道路运输管理部门要研究采取与企业签订应急运输保障协议等形式，建立应急运输保障车队、船队，完善指挥调度联络和协调机制，完善应急运输补偿机制。

施工安全方面，逐步建立以项目自救为主、专业救助为辅、安全专家为技术支撑的交通运输建设应急队伍体系。

《指导意见》强调，各部门、各单位要落实经费和安全保障，加强制度建设，强化社会动员，健全运行机制，为基层交通运输应急队伍建设提供完善的保障机制。

（资料来源：《交通运输部：三年内初步形成基层应急队伍体系》，中国新闻网 2010 年 4 月 9 日。）

案例讨论

1. 从近年来我国应急救援队伍的发展来看，中央和省级的应急救援队伍发展较快，而在基层是薄弱环节，交通运输部关于基层应急队伍的建设有什么意义？

9.1 保障体系概述

9.1.1 保障体系的内涵及作用

公共危机管理的保障是指组织运用后勤力量，在对公共危机的预防和处理中，对特定对象所进行的保障，包括资金支持和物资支持两个方面。[1] 公共危机管理的保障体系则是指政府及有关部门在公共危机的预防与应对中所需要的各种资源及其调配机制所构成的总和，包括人力、财力、物资、技术、交通运输、通信等方面。在我国突发事件总体应急预案中，对应急保障的规定涵盖了人力资源、财力保障、物资保障、基本生活保障、医疗卫生保障、交通运输保障、治安维护、人员防护、通信保障、公共设施、科技支撑等方面的内容。[2]

"兵马未动，粮草先行。"公共危机给社会造成的损失在许多情况下绝不亚于一场战争，而紧迫性和多变性有时也类似于战争。为了有效应对危机，必须要有充足的资源储备。所以，应急管理中的保障工作十分重要。在我国突发事件总体应急预案中就明确规定："各有关部门要按照职责分工和相关预案做好突发公共事件的应对工作，同时根据总体预案切实做好应对突发公共事件的人力、物力、财力、交通运输、医疗卫生及通信保障等工作，保证应急救援工

---

[1] 董传仪：《危机管理学》，中国传媒大学出版社，2007 年版，第 239 页。
[2] 参见国务院 2006 年 1 月 8 日发布并实施的《国家突发公共事件总体应急预案》第四部分"应急保障"。

作的需要和灾区群众的基本生活，以及恢复重建工作的顺利进行。"①

9.1.2　保障体系的构成

本节所提到的应急保障主要涵盖人、财、物和技术四个方面，我们认为这是突发事件应对中最为重要的四个要素，是最为基础的四个方面。现代应急管理体系必须有人力、财力、物力、技术等方面的支持保障，通过专业技术机构和人员的参与合作，为应急管理提供技术智力支持，通过物资储备、财政预算，为应对危机提供物力财力的保障。公共危机管理的保障系统主要由以下几个方面构成：

1. 应急人力保障

应急人力资源是应急决策与处置的人力保证，也是应急处置的基础。人力资源保障系统为整个应急管理保障体系提供智力支持和组织保证，促进应急管理保障体系正常运转。加强应急人力资源建设与管理，使应急人力资源保障系统高效运转，对整个应急管理保障体系起着举足轻重的作用，并能够全面提高政府及其他机构的应急管理水平。

应急人力资源系统一般由以下人员组成：

（1）应急管理人员。即政府机关和直属单位的应急管理机构的工作人员，以及对公共安全影响较大的工矿企业、商业单位中的主管领导和相关专业工作人员。

（2）专业应急队伍。主要指消防、公安、交管、医疗急救、市政等基本抢险救援队伍，还包括人防、地震、防汛、矿山、工程抢险人员等专业救灾队伍，他们是突发事件应急行动的骨干力量。

（3）应急专家队伍。专家队伍为政府应急工作提供专业咨询，通过学术活动促进对国内外应对公共危机经验教训的研究，寻找科学途径，减少应急代价。

（4）社区和志愿者应急队伍。社会团体、企事业单位以及志愿者等各种社会力量在应急救援工作中同样起着重要作用，健全的社会动员机制，具有救援知识和技能的志愿者队伍将有力促进应急救援工作的开展。

---

① 参见国务院 2006 年 1 月 8 日发布并实施的《国家突发公共事件总体应急预案》第四部分"应急保障"。

（5）解放军和武装警察部队。中国人民解放军和中国人民武装警察部队是处置突发事件的骨干和突击力量，他们按照有关规定参加应急处置工作。

2. 应急资金保障

应急资金一般包括政府应急管理专项资金和社会各界提供的应急资金，如社会各界所捐赠的款项。突发事件应对需要相当雄厚的资金作为支撑，作为公共危机管理主体的政府，在每年制订财政预算时，将处理突发事件的经费预留出来是非常必要的。2014 年 8 月 31 日全国人大常委会新修订的《中华人民共和国预算法》第 40 条规定："各级一般公共预算应当按照本级一般公共预算支出额的百分之一至百分之三设置预备费，用于当年预算执行中的自然灾害等突发事件处理增加的支出及其他难以预见的开支。"另外，政府及有关部门还应开辟一定的渠道来接受社会捐赠，以充实应急管理资金。

3. 应急物资保障

应急物资一般包括应急救援物资、生活必需品和应急处置装备等应急救援中所需要的各类物资。例如，在突发公共卫生事件中，要保证医疗救护设备、救治药品、医疗器械等物资的供应。应急物资为整个保障系统的运行提供物质基础，应急物资供应的准确、及时、丰富与否直接与应急管理的成效挂钩。公共危机发生以后，各级政府部门以及相关机构，应当保证应急处理所需要的必要物资，这在年度计划中应该作为一个内容来安排，并通过长期的实施形成制度。

4. 应急技术保障

应急技术支撑体系能够满足各种复杂情况下处置各类公共危机的要求，加强应对公共危机技术支撑体系的研究，建立公共危机管理技术的开发体系和储备机制，制订研发计划，借鉴国际先进经验，加强智能化的应急指挥通信技术装备、辅助决策技术装备、特种救援技术装备的研制工作，对提高应急管理水平具有深远意义。对此，我国突发事件总体应急预案也做出了明确要求："要积极开展公共安全领域的科学研究；加大公共安全监测、预测、预警、预防和应急处置技术研发的投入，不断改进技术装备，建立健全公共安全应急技术平台，提高我国公共安全科技水平；注意发挥企业在公共安全领域的研发作用。"①

9.2 资金保障

财政是处理公共危机的最后防线，公共危机的财力保障能力大小影响着应对公共危机的效力，为此，必须建立有效的应急资金投入机制，并建立良好的应急资金管理和使用制度。

9.2.1 应急资金的投入

应急资金一般包括政府应急管理专项资金和社会各界提供的应急资金，如社会各界所捐赠的款项。从过去的经验看，各种公共危机一旦来临，财政总难以置身度外。然而，当前我国应对公共危机的财政能力面临着投入不足、财政保障水平偏低等问题。

我国《预算法》第 32 条规定，各级政府预算应当按照本级政府预算支出额的 1%~3% 设置预备费，用于当年预算执行中的自然灾害开支及其他难以预见的特殊开支。如表 9-1，近年来我国中央本级预备费一直徘徊在 100 亿元左右，中央本级预备费占本级预算支出的比例呈逐年降低的趋势，中央本级提取的预备费在法定提取区间中离最小值的间距越来越小。与中央政府的预备费提取相比，地方政府（主要指省一级）在预备费的提取上存在的问题更多。一是有的省份在预算草案中根本没有将预备费用单独列支。二是有的省份即使是单独列支，其提取数额和比例也不容乐观。②

随着社会转型期的到来，公共危机发生的频率不断递增，危机爆发时急需资金解决危机，如何调集资金，缓解财政压力，实为当务之急。

（1）建立应急预算。各级政府应当把危机管理的预算纳入政府的预算体系之中，采取财政划拨、转移支付或者建立专项资金的方式，并通过运用其政策资源，保障突发事件发生后所需经费的筹措和供应。中央政府所需突发事件应急准备和救援工作资金由国务院有关部门提出，经财政部审核后，按规定程

---

① 参见国务院 2006 年 1 月 8 日发布并实施的《国家突发公共事件总体应急预案》第四部分"应急保障"。

② 祁毓：《公共财政视角下我国应对公共危机的财政能力评价及建议》，《地方财政研究》2008 年第 6 期，第 22~23 页。

表 9-1   **中央本级预备费支出情况**   单位：亿元

年份	中央本级预算支出	中央本级提取的预备费	中央本级预备费占本级预算支出的比例（%）	法定提取空间
2002	6412	100	1.56	64.12—192.36
2003	7201	100	1.38	72.01—216.03
2004	7351	100	1.36	73.51—220.53
2005	8087	100	1.23	80.87—242.61
2006	9525	100	1.05	95.25—285.75
2007	11062	150	1.35	110.62—331.86

（资料来源：《2007 年中国财政年鉴》及《关于 2006 年预算执行情况与 2007 年预算草案的报告》。）

序列入年度中央财政预算。对受突发事件影响较大和财政困难的地区，根据事发当地实际情况和省级人民政府的请求，中央财政适当给予支持。此外，应急预算属于滚动预算，偏重于可能的公共危机状态下的特殊安排。

（2）完善我国预备费管理。我国预备费的完善要从以下三个方面入手：第一，提高预备费比率，增加应对危机的专项基金。我国《预算法》中规定各级政府从预算支出中提取的预备费的比率为 1%～3%。近些年来由于突发事件的频发，这个比率已经难以满足当前的实际需要。因此相关部门应该根据时代发展和现实需要，适当提高预备费比率，为应对突发事件提供更多的专项基金。第二，对预备费实行基金式管理。以前的预备费管理采取的是历年管理的方式，就是当年设置本年度的预备费，然后在年末用完，即使当年没有发生突发事件，也会全部花掉。这既浪费了财力又没有达到设置预备费的真正目的。因此，为了最大限度地利用预备费，应当对其实行基金式管理，就是把当年没有用完的预备费转到下一年使用，并且使其增值。第三，开拓预备费基金的来源渠道。除了按预算支出提取一定比率预备费的设置外，各级政府还可以拓展更多的渠道来获得预备费，如对每年的预算收入和财政盈余建议按一定比例增加预备费基金。[1]

---

[1] 刘荣：《公共危机财政应急机制构建——以汶川地震为例》，《地方财政研究》2008 年第 6 期，第 17～18 页。

（3）设立危机处理专项基金。制订统一标准，设置专用的应急物资储备专项资金，各类突发事件所需物资储备的购置、储存、管理等费用均从专项资金内调拨使用。可以借鉴国外应急资金储备机制的方法，例如，每年从财政收入或三年内地方财政收入的平均值中提取相应的比例作为应急物资储备专项资金累积。

（4）通过动员社会筹集资金。把政府、社会保障和保险以及公民的资助相结合，全面扩大危机管理的资源保障。鼓励自然人、法人或者其他组织按照《公益事业捐赠法》等有关法律、法规的规定进行捐赠和救助。

（5）按照集中和分散、重点和非重点区域、平时和战时相结合的原则，增加重点时间、重点部位的应急资金储备，满足公共危机管理要求。

9.2.2　应急资金的管理

加强应急资金的管理对社会趋利避害、保障社会经济发展和人民生命财产安全，具有十分重要的意义。然而，当前我国应急资金的配置与管理还存在多种制约性因素。

（1）经济体制缺位。我国公共财政体制的建设起步非常晚，政府在解决公共问题，针对问题配置公共资源方面存在较明显的缺位，这极大地影响了应急资金的管理。

（2）法律制度不健全。我国目前有关应急资金的配置和管理方面的法律法规十分不健全，灾难发生之后拨付的救灾资金该如何使用没有明确的规定，各方面所占用的资金比例也没有法律依据，这使得有些地方政府难以协调好基础设施建设与民房重建之间的资金分配。此外，地方政府对本行政区域内自然灾害救助资金的下拨也没有法律依据，这使得灾害发生之后，地方政府的救助资金长期滞留在财政、民政等部门。

（3）流程设计不规范。我国救灾资金的流程设计不规范。比如在地震救灾过程中，救灾款的申报由民政部门和财政部门会商后向上级部门申报，这种会商很容易造成地方民政部门和财政部门之间合谋，为了获得资金而将轻灾报成重灾，无灾说成有灾。此外，地震救灾款的接收、分配过程也存在很大的问题。目前我国的救灾物资在提供方面，主要有财政、民政、社会捐助三种形式，而对救灾物资的接收则存在多头接收，缺乏统一的汇集管理。另外，救灾款的分配也缺乏精确、统一的标准，这容易导致在实际的分配过程中出现以权谋私的不法行为。

为提高应急资金的配置和管理的能力，需要从以下几个方面入手：

（1）调整财政支出结构，提高资金使用效率。经济学家罗云曾有过论述，安全保障的预防性投入与事后整改的投入比例是 1 : 5，这是安全经济的基本定量规律，同样也是公共危机管理工作的基本定量规律。因此，有必要改变目前"以事后重建投入为主、事中控制和事前预防为辅"的支出结构，建立"事前预防和事中控制为主，事后救助为辅"的支出结构。

（2）简化应急拨款流程。突发事件的处理要求及时迅速，但目前我国财政资金的划拨流程过于复杂，层层协商导致整个过程较为缓慢，不利于救灾工作的展开。因此需要对这一流程进行简化，以使救灾款能够及时到达受灾地区和群众手中，最大限度地发挥作用。

（3）建立对国家和社会各界提供的应急资金的使用监督管理制度。我国突发事件总体应急预案中明确规定："要保证所需突发事件应急准备和救援工作资金。对受突发事件影响较大的行业、企事业单位和个人要及时研究提出相应的补偿或救助政策。要对突发事件财政应急保障资金的使用和效果进行监管和评估。"①

在我国目前的体制下，应该建立和完善由纪委、监察等相关部门组成的监督体系，建立相关的审批程序和监督系统，对财政应急专项资金的管理使用实行跟踪监控和内部审计，保证应急资金专款专用。各级财政和审计部门对突发事件财政应急保障资金进行监督管理，保证专款专用。突发事件结束后，各级财政部门及时对突发事件财政应急资金进行清算，对资金使用绩效进行评价，评价报告财政部和国务院办公厅。

9.2.3 完善应急资金保障机制的措施

（1）建立中央和地方应对公共危机的责任和成本分摊机制。国家突发事件总体应急预案中提出，要建立健全分类管理、分级负责、条块结合、属地管理为主的应急管理体制。按照"辖区受益论"，地方政府主要负责对本地区突发事件的管理、协调工作和相应的经费支出，中央财政主要负责跨区域危害性大的突发事件的应急管理协调工作和相应的经费支出。

（2）建立应对公共危机的财税补偿机制。国家突发事件总体应急预案中

---

① 参见国务院 2006 年 1 月 8 日发布并实施的《国家突发公共事件总体应急预案》第四部分"应急保障"。

提出，"对受突发事件影响较大的行业、企事业单位和个人要及时研究提出相应的补偿和救助政策"。从近期看，鉴于目前危机评估体系不健全，可按照不同的受益主体分别给予临时性的财政补贴、生活补贴、临时税费减免等；从长期来看，随着危机评估及危机法制建设的不断完善，可考虑预先根据危机级别和危害程度制订一般性的财税补偿机制，并以法律形式纳入到各项财税法规之中，保障补偿和救助政策及时、合理地实施。①

（3）紧急费用保障。主要是应急救援队伍启动费用，应急指挥协调动员机构运转费用，现场救援费用，紧急生产启动、应急物资装备采购和进口、应急物资调运所必需的周转金，征用非政府物资资产的补偿、赔偿费用，受灾居民伤病治疗、生活救济补助费用等。各级财政应设立一定额度的应急准备金，列出专户用于应急支出，当年未使用完的结转下年使用，每年预算应将准备金补足。

（4）日常应急管理费用保障。主要用于：通信系统整合、网络信息系统建设和维护，应急规划、预案和标准规范编制审定等。受预算体制约束，这一部分问题较大，主要问题是应急工作经费没有纳入日常经费预算渠道，来源没有固定渠道，多靠临时调剂，保障程度较低，需要引起各级政府重视。

（5）储备物资费用保障。大部分物资储备都存在物理上的时限问题，如金属材料锈蚀、电器设备老化、医药化学物质失效、粮食食品陈腐变质等。当前社会生产能力和商业流转量规模较大，可以在保持一定储备规模的情况下，加快储备物资转换，尽量避免不必要的损失。由于市场价格波动造成的储备资产规模的增减，要完善核销补偿机制用较小的储备成本获得较可靠的储备保障。②

9.3 人力保障

应急人力资源保障系统为整个应急管理保障体系提供智力支持和组织保证，促进体系正常运转。一支人员类别齐全、专业化和训练有素的突发事件应

---

① 祁毓：《公共财政视角下我国应对公共危机的财政能力评价及建议》，《地方财政研究》2008 年第 6 期，第 24～25 页。

② 郭济：《中央和大城市政府应急机制建设》，中国人民大学出版社 2005 年版，第 133 页。

急管理队伍对及时有效地处理突发事件起着举足轻重的作用。

9.3.1　应急人力资源的构成

危机管理人力资源是指具有一定智力劳动和体力劳动能力，能够及时发现、有效预防和妥善处置突发事件的人们的统称。其构成及主要职责如表 9-2 所示：

表 9-2　　　　　　　　　　　危机管理人力资源构成

类别	组成人员	主要职责
决策指挥人员	各级政府应急管理办公室人员；临时负有应急指挥、决策职责的政府其他机构人员	确立、选择、实施应急预案，总体负责人员群众生命、财产安全，维护国家、社会稳定
参谋智囊人员	相关专家或其他可咨询人员	为决策者出谋划策
信息服务人员	政府及其他机构应急信息工作人员；一线应急信息提供者	及时发现、收集或授权发布应急信息，为指挥决策者、公民提供信息
现场处置人员	警察、消防员、医生、勘测等一线处置人员	负责突发事件的现场控制与处理
后勤保障人员	应急物资供应、应急通信保障、道路桥梁等工作人员	提供应急管理过程中所需的各种后勤保障服务
民间组织及其他救援人员	各民间组织安全生产管理人员及其他应急物品或服务提供者	以各种形式协助政府妥善处置突发事件，弥补政府不足

9.3.2　加强应急人力资源队伍建设

1. 增强应急队伍支撑力量

目前我国应急队伍没有得到有效整合，存在着队伍名称不统一、不规范，各领域的应急队伍建设水平参差不齐、经费紧张、设备陈旧、应急救援志愿者队伍建设还没有启动等问题。根据突发事件的现状、特点和发展趋势，以及国内外应急救援队伍建设的经验，就队伍建设而言，应从以下方面努力：

（1）建立应急救援队伍数据库。全面开展应急救援队伍普查工作，掌握先期处置队伍、增援队伍的基本情况和各类抢险救援队伍的部署和配置信息，以及特种救援装备、通信和交通工具器材、各类专家等情况，建立起应急救援队伍数据库并及时更新。

（2）全面加强各专业应急抢险救援队伍建设。对一些基础比较薄弱、目前还没有专职应急队伍的部分行业，比如动物疫病，应加强应急抢险救援专职队伍建设，充实人员力量，更新设备设施。以政府投入为主，保证必要的财政支持，解决应急救援队伍经费不足的问题。

（3）充分调动和发挥社会救援力量的作用。企业、非政府组织等社会专业救援机构是现代社会应急抢险救援的重要组成部分。应逐步形成专、兼职队伍相结合，各种社会力量参与的应急机制，实现应急工作的社会化，还应健全与企业的合作机制和社会力量动员机制，使社会力量在紧急救援中发挥应有作用。

（4）大力加强志愿者应急队伍建设。志愿者队伍是应急队伍的重要组成部分，一方面弥补了政府专业队伍力量的不足，另一方面也减少了政府的开支，减轻了政府负担。政府及有关部门应制订志愿者队伍建设规划，加强工作指导，逐步建立健全志愿者队伍体系，同时以志愿者队伍为基础，开展面向民众的防灾应急宣传教育和预案演练，全面提高民众的防灾应急综合素质。

2. 加强应急社会动员准备

（1）制订应急社会动员计划。应急社会动员计划要形成一个体系，以北京市为例：总体应急社会动员计划，主要针对北京市全市范围内的整体社会动员；各区县应急社会动员计划；各专项指挥部要制订专门应急社会动员计划，主要是针对本部门、本行业的应急社会动员。

（2）建立应急社会动员保障体系。为此要加强以下方面的工作：第一，应急救援队伍。要对应急救援队伍的规模、分布、装备等情况深入调查后，进行整合与管理，形成专兼结合、精干高效的应急救援力量。第二，应急社会动员协调员网络。在各种非政府力量中，构建具有广泛代表性的社会动员协调员队伍。他们是应急社会动员的联系人。要对应急协调员进行专门培训，明确其责任与义务，并加强沟通、联系。第三，专家决策支持体系。为尽量获得更多的决策信息，应结合实际情况充分考虑专家组的意见。智囊专家库可以充分发挥和动员社会各方面的智力资源，借助应急系统的技术平台，实现专家参与和决策互动，为应急社会动员决策提供智力保障。

3. 加强应急队伍演练

适当进行应急处理的预演可以锻炼应急管理人员和普通民众的应变能力，并且在实践中摸索出最佳的处置方法。各类应急处置队伍要结合工作和生产，积极开展专业技能培训和演练，并依据专项应急预案进行专项训练。还应定期组织跨部门、跨行业的应对重大、特别重大突发事件的演练，检验应急队伍的快速反应能力，提高各部门之间协调配合和现场处置能力。政府还应当加强专业性应急救援队伍和业余应急救援队伍之间的合作，通过联合演练的方式提高应急救援队伍配合协调的能力。

9.4　物资保障

突发事件的发生往往具有突然性，一旦发生，会形成对应急救援物资、应急处置装备和生活必需品等应急物资需求的瞬间扩张，而这种物质需求一旦保障不了，就可能导致突发事件的恶化进而造成严重的社会危害。为此，必须建立应急物资保障制度，以应对突发事件超常规的物质需求。在我国与突发事件相关的法律法规中，就有应急物资方面的规定。如我国《突发事件应对法》第32条规定："国家建立健全应急物资储备保障制度，完善重要应急物资的监管、生产、储备、调拨和紧急配送体系。"《突发公共卫生事件应急条例》第16条规定："国务院有关部门和县级以上地方人民政府及其有关部门，应当根据突发事件应急预案的要求，保证应急设施、设备、救治药品和医疗器械等物资储备。"该条例第17条第一款还规定："县级以上各级人民政府应当加强急救医疗服务网络的建设，配备相应的医疗救治药物、技术、设备和人员，提高医疗卫生机构应对各类突发事件的救治能力。"

9.4.1　应急物资的来源

应急物资是整个救援和恢复重建工作的物质保障和基础，其来源有以下几种：

（1）应急物资储备。这是应急物资最直接的来源，应急储备是一国为了应对各类突发事件，用于危机中救助、恢复重建等而有目的、有计划地积累的物质资源，包括地方物资储备和军用物资储备。应急物资储备是在危机发生后的第一时间，能够快速达到事发现场的物资，是筹措应急物资的首选方式。

（2）市场采购。由于储备的有限，在实际救灾过程中还需要根据筹措计划对不足的救灾物资进行政府集中采购。在采购的过程中，应该引入市场竞争机制，尽可能用最少的钱买到最优质的货品，避免浪费。

（3）直接征用。由于救灾过程的时间紧迫性，许多物资难以及时获得，这就需要临时征用一些物资生产流通企业的物资，当然在征用的过程中必须遵守法律法规，不能损害相关群体的权利。在救灾结束后，要根据所征用物资的品种、规格、数量和市场价格与供应商进行结算和补偿。

（4）组织突击研制和生产。建立一些应急科研与生产的相关机制，以确保在紧急状态下能够尽快转化为实际保障与支援能力。

（5）组织捐赠。社会捐赠是救助工作的重要力量，捐赠能够在较短时间内获得数目较大的物资，在突发情况下，应该组织动员社会各界开展捐赠活动。组织捐赠也是筹措应急物资的重要方式。

9.4.2　应急物资储备的注意事项

为了预防危机，政府一般会储备一定的应对危机所需要的备用物资，以便在关键时刻有效地调动资源。在进行应急物资的储备时须做到：

（1）要根据危机的具体情况和对危机发展的预测，判断现在和将来危机反应需要什么样的资源、需求量的大小及如何获取尽可能多的资源。

（2）在资源获取后，如果不需要立即或全部用于当时的危机应对，那么就需要储备那些暂时不用的资源。

（3）危机资源的获取和储备应当不断重复地进行，不能等到储备资源耗尽时再考虑资源的补给，以使资源的获取和储备能跟上危机发展的需要。

9.4.3　我国应急物资保障的现状与存在的问题

目前，我国已建立了救灾储备物资管理制度，根据有关规定，我国实行中央与地方分级负责的救灾工作管理体制，救灾储备物资以地方各级政府储备为主。目前全国已设立 10 个中央应急物资储备库；在 31 个省、自治区、直辖市和新疆建设兵团建立了省级应急物资储备库；251 个地市建立了地级储备库，占所有地市的 75.3%；1079 个县建立了县级储备库，占所有县市的 37.7%。近年来，中央财政共投入 9.75 亿元，采购救灾帐篷 47 万顶，其中单帐篷 32 万顶、棉帐篷 15 万顶。随着 2007 年 12 月 9 日红十字会总会备灾应急物资库在北京顺义区的奠基，标志着我国红十字会的应急物资储备网络初步形成。

应急物资为整个保障系统的运行提供物质基础，应急物资供应的准确、及时、丰富与否直接与应急管理的成效挂钩。但从我国目前实践来看，在应急物资保障上主要存在以下问题：

一是应急物资种类不全。最初中央级储备库的物资只有帐篷，后来根据现实需要，2008 年 4 月，民政部救灾救济司发出通知："为进一步加强应急物资储备工作，提高应对重大自然灾害的物资保障能力，我司决定编制《自然灾害应急救助物资生产商名录》，将具有良好资信的应急救灾生活物资供应商编入名录，为各级民政等救灾部门应急物资采购提供依据和参考。"但是编制目录只是列出一个生产厂家的名单，方便地方部门应急时联系，并不是将其实际列入中央储备物资名单①。二是中央储备库数量少、规模小、分布不均。目前我国设立了天津、沈阳、哈尔滨、合肥、郑州、武汉、长沙、南宁、成都和西安 10 个中央级救灾储备单位，由此可见其大部分分布在中国的东部和中部，整个西部，只有西安和成都两个代储点。2003 年 2 月 23 日，新疆伽师地震，民政部不得不紧急从遥远的武汉储备点调运救灾帐篷入疆，6000 顶帐篷经过5000 里铁路跋涉后，2 月 28 日才抵达灾区，此刻离灾情发生已经过去了 5 天；三是现有救灾物资供应体系存在缺陷，一方面，我国应急资源的管理工作一直处于分散无序的状态，没有从统一、整体的角度来充分考虑多种灾害而配备应急资源。另一方面，应急救灾资源的管理低效，缺少对资源配置绩效的评价和管理标准。

9.4.4 完善应急物资保障的措施

提高应急时效是应急物资保障机制的核心，如何完善这一机制，主要有以下几个方面：

（1）建立应急物资目录。分解应急过程中的物资需求，在此基础上整理出科学实用的物资目录。包括物资的名称、用途、规格、使用量等项目。

---

① 刘利民、王敏杰：《我国应急物资储备优化问题初探》，《物流科技》2009 年第 2 期，第 40 页。

（2）整合应急物资标准。救灾物资的种类很多，在产品指标方面，大部分侧重于生产和贸易，很少有物品考虑到应急功能。这不利于物资的使用，所以应该在国家应急管理的整体结构框架下，审议有关应急物资标准，指导标准归口单位，打好应急技术保障的基础。

（3）应急物资实物储备。我国目前的应急物资大部分集中在防汛抗旱、民政等方面，为了进一步提高利用资源的效率和物资保障的能力，要规划各级政府的应急物资储备，明确国家综合经济调控部门对中长期和年度物资储备（轮换）计划进行统一管理协调的职责，对物资进行科学布点，避免多头重复储备造成浪费。

（4）应急物资生产能力储备。应急所需的物资和生活用品的及时供应需要物资生产能力的储备，因此要建立物资的检测和预警体系，以及生产、调拨和配送体系。

（5）应急物资紧急采购和进口。我国目前应急物资管理工作的重点是建立应急物资的库存地、有效的信息渠道，并及时监测危机动态，便于应急采购；此外还应与国际社会加强联系，为国外供应商和进口商建立信息库，当危机发生时能够迅速地进行多方采购进口。

（6）非政府物资征用。有些大型的和专门性的应急物资不需要由政府进行储备，可以建立应急物资的基础数据库和跟踪制度，当出现应急需要时就近调动征用。

（7）加强应急储备物资的管理，防止储备物资被挪用、盗用和流散；如果出现这种情况，要及时依法查处并进行补充；对于过期失效的管理方案应该及时更新。

9.5　技 术 保 障

技术保障是危机管理保障体系的重要组成部分，是体系运转的技术条件和技术手段，主要包括科技支撑体系和应急信息平台建设。目前我国公共危机的技术支撑和应急平台建设尚不完善，为了保障应急管理职能的充分发挥，必须加强公共危机管理的技术保障建设。

9.5.1　科技支撑体系

应急技术支撑体系是为提高应急决策与处理效率而配备的各种技术总和及

其体系，是突发事件应对的重要支撑力量。在突发事件的预防和应对中必须强化科学技术的支撑作用，高度重视利用科技手段提高应对突发事件的能力，建立应急管理科技支撑机构，形成较完整的国家应急科技支撑体系。我国突发事件总体应急预案中也对应急科技做了规定："要积极开展公共安全领域的科学研究；加大公共安全监测、预测、预警、预防和应急处置技术研发的投入，不断改进技术装备，建立健全公共安全应急技术平台，提高我国公共安全科技水平；注意发挥企业在公共安全领域的研发作用。"① 2007 年 8 月 30 日，第十届全国人大常委会第二十九次会议通过的《中华人民共和国突发事件应对法》第 34 条规定："国家鼓励公民、法人和其他组织为人民政府应对突发事件工作提供物资、资金、技术支持和捐赠。"该法第 36 条还规定："国家鼓励、扶持具备相应条件的教学科研机构培养应急管理专门人才，鼓励、扶持教学科研机构和有关企业研究开发用于突发事件预防、监测、预警、应急处置与救援的新技术、新设备和新工具。"

2014 年 12 月 24 日发布的《国务院办公厅关于加快应急产业发展的意见》（国办发〔2014〕63 号）指出，应急产业是为突发事件预防与应急准备、监测与预警、处置与救援提供专用产品和服务的产业。在发展意义上，发展应急产业能为防范和应对突发事件提供物质保障、技术支撑和专业服务，提升基础设施和生产经营单位本质安全水平，提升突发事件应急救援能力，提升全社会抵御风险能力，对于保障人民群众生命财产安全、维护国家公共安全具有重要意义。突发事件处置现场情况复杂，对应急技术装备的适应性、可靠性、安全性要求更加苛刻。加快发展应急产业将带动相关行业领域自主创新和技术进步，促进国际先进技术和理念的引进消化吸收再创新，提升我国应急技术装备在国际市场的核心竞争力，推动经济转型升级。

在发展总体要求上，着力推进原始创新、集成创新和引进消化吸收再创新，掌握共性技术，突破关键核心技术，尽快缩小与国际先进水平的差距，促进科技成果产品化、产业化；培育市场需求，推进应急产品在重点领域应用，形成对应急产业发展的有力拉动。健全应急产业发展机制，加快形成适应我国公共安全需要的应急产品体系，推行应急救援、综合应急服务等市场化新型应急服务业态，不断提高应急产业对应对突发事件的综合保障能力。

---

① 参见国务院 2006 年 1 月 8 日发布并实施的《国家突发公共事件总体应急预案》第四部分"应急保障"。

在发展目标上，到 2020 年，应急产业规模显著扩大，应急产业体系基本形成；自主创新能力进一步增强，一批关键技术和装备的研发制造能力达到国际先进水平，一批自主研发的重大应急装备投入使用；形成若干具有国际竞争力的大型企业，发展一批应急特色明显的中小微企业；发展环境进一步优化，形成有利于产业发展的创新机制，为防范和处置突发事件提供有力支撑，并成为推动经济社会发展的重要动力。

以上政策法规为我国公共危机管理的科技支撑体系奠定了政策和制度基础。

关于公共危机管理的科技支撑体系，一种观点认为，应急管理是从发生紧急事态以后开始的，应急管理的内容主要是信息收集与处理、人员救护和紧急事态处置，因此，应急管理的科技支撑体系主要包括：信息监控科技支撑、决策指挥科技体系、人员救治科技体系、紧急事态专业处置科技体系。另一种观点认为，应急管理不仅仅是发生在紧急事态时进行应急处置，更重要的是要做到防患于未然，应急管理的活动不是从发生紧急事态的时刻开始，而是贯穿于平时经济建设和社会发展的始终。

从以上两种观点来看，后一种观点是基于前馈管理思想的应急管理观念，既侧重事件处理，又侧重于事前预防和预警，是一种比较先进的应急管理理念。本节比较倾向于采用后一种观点，在这个意义上，应急管理的科技支持体系应该包括信息监控、决策指挥、社会救助和专业处置等贯穿应急管理全过程的支撑体系。

9.5.2 加强科技支撑体系建设

我国目前的应急科技支撑体系还存在许多问题，如基础信息数据库没有整合，应急系统本身的技术安全性能不够，应急系统缺乏专家知识库的支持，GPS 定位系统运用薄弱，信息系统没有完全互联等。2009 年 5 月发布的《中国的减灾行动》白皮书强调要加强减灾科技支撑能力建设，指出加强减灾关键技术研发，研究制订国家综合减灾中长期科技发展战略。

建立完善的应急管理科技支撑体系，应该从以下方面努力：

（1）制订《国家防灾减灾科技发展规划》。针对自然灾害预报预警、应急救援、恢复重建、信息平台等各个环节存在的问题，统筹布局，加强顶层设计，强化薄弱环节建设，逐步建立和完善防灾减灾国家科技支撑体系。

（2）在国家科技计划中安排相应的研究项目。考虑到目前紧急事态所涉及领域的专业要求，政府在进行应急管理的过程中必须大力依靠专业人员的支持。在国家中长期计划中必须从三个方面来安排相关的研究项目：

其一，决策支持技术。应急管理的决策要求快速、高效、及时、准确，这就要求我们利用现代科学技术手段为其提供强有力的支持和保障。

其二，社会救助技术。不论是哪种类型的紧急事态，都要求具备对人员进行救护的有关技术手段，包括为人员的撤离和疏散提供快速的交通工具，为人员的临时安置提供基本生活条件，为被撤离和疏散人员提供医疗、救护的技术手段等。这些社会救助技术直接关系到人民生命财产的安全，是应急管理中最迫切需要的技术，应当在国家有关科技计划中占有合理的位置。

其三，专业处置技术。为了提高专业处置技术的水平，要针对各个领域开展相关的突发事件风险评估，找到其中的薄弱环节，有计划有目的有意识地开展预防工作；研究和开发各个科技领域的专业技术，如针对重大疫情必须开发传染病诊断医疗技术，针对重大生产事故，必须开发专业抢险救护技术，等等。

（3）建立全国统一的应急信息处理中心。在发生紧急事态的时候，信息收集处理和传递是非常重要的。通过信息的收集和处理，政府才能了解紧急事态的状况，才能进行科学的决策，才能为国家应急管理提供最根本的指导方针和原则。

（4）通过资源整合，完善专业处置应急机构。在长期的经济建设和社会发展过程中，我国已经建立了一系列应急机构，如重大自然灾害、社会治安、医疗救护等方面的应急机构。但是，由于历史原因和体制制约，目前这些应急机构分散在不同部门、不同系统中。为了充分发挥机构的作用，需要综合调动各种专业处置的积极性。

（5）政府行政部门重点建设指挥决策型科技支持体系。从政府在应急管理中的地位和职责出发，政府行政部门应该着重建设决策指挥型科技支撑体系，以提高政府的应急指挥能力。建设决策指挥型科技支撑体系包括三个部分：

第一，建设决策指挥的硬件体系。以全国统一的应急信息处理中心为基础，可以建设全国统一的应急管理决策指挥中心。中央政府应急管理决策指挥中心负责全国的应急管理指挥工作，并负责协调各省级应急管理决策指挥中心的横向联系与沟通。各级政府应急管理决策指挥中心在上级政府应急指挥中心的指导下，全面指挥本级政府职权范围内的应急管理工作。

第二，建立应急管理决策指挥专家系统。专家系统属于软件系统，建立应急管理决策指挥专家系统，有利于发挥专家的作用，提高政府应急管理决策指挥的水平。

第三，建立应急管理决策指挥的横向沟通机制。相对于应急管理决策指挥中心的垂直领导，这部分机制的建设有利于加强跨地区、跨部门的沟通协调，从而提高应急管理中相互配合与协作的效率。

（6）建立应急管理标准化体系。加快完成应急管理标准化体系框架和应急管理基础性研究制订工作。逐步完成应急通信互联、信息交互和共享、应急资源分类及配置等技术标准规范编制工作。完善应急能力评估、应急救援绩效评估、各类应急人员资质管理，实行严格的市场准入制度，确保产品质量安全可靠。[1]

9.5.3　应急平台体系建设

1. 应急平台体系的内涵

应急平台体系是应急科技支撑体系中的重中之重。所谓应急平台是指以现代信息通信技术为支撑，软、硬件相结合的突发事件应急保障技术系统，具备日常管理、风险分析、监测监控、预测预警、动态决策、综合协调、应急联动与总结评估等多方面功能，是实施应急预案、实现应急指挥决策的重要载体。国家应急平台体系建设主要包括应急指挥场所、基础支撑系统和综合应用系统三个组成部分，基础支撑系统和综合应用系统即硬件支撑和核心应用。支撑系统包括：通信系统、计算机网络系统、图像接入系统、视频会议系统、移动应急平台、安全支撑系统和备份系统等；应用系统包括：综合业务管理系统、风险隐患监测防控系统、预测预警系统、智能方案系统（即数字预案系统）、指挥调度系统、应急资源管理和保障系统、应急评估系统、模拟演练系统和数据库系统。[2] 图9.1和图9.2是应急平台体系的两个实例。

---

① 宁资利、伍拥军：《突发公共事件应急管理》，湖南科学技术出版社，2007 年版，第 131 页。

② 夏成林、刘政：《对加快应急平台建设的思考》，《中共贵州省委党校学报》2008 年第 5 期。

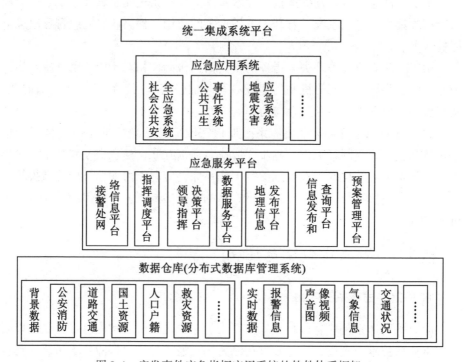

图 9.1　突发事件应急指挥应用系统的软件体系框架

（资料来源：刘斌、辛海强：《省级应急平台体系建设初探》，《地理信息世界》2007年第 1 期。）

2. 应急平台体系的作用

应急平台建设是应急管理工作中一项重要的基础性工作，对全面提升政府应急管理的能力和水平起着至关重要的作用。

（1）通过应急平台能够有效监测突发事件。预测预警机制关系到处置工作的成败。如 2004 年 12 月的印度洋地震海啸之所以损失惨重，关键在于缺乏完善的监测监控和预测预警系统；又如在应对 2008 年年初我国南方低温冰冻灾害过程中，在预防与应急准备方面，对灾害形势估计不足，准备不够充分，应急物资储备不能满足抢险救援需要，以致延缓了抢险救灾工作的及时有效开展。加快应急平台建设，对有效监测预警突发事件的发生有着非常重要的意义。

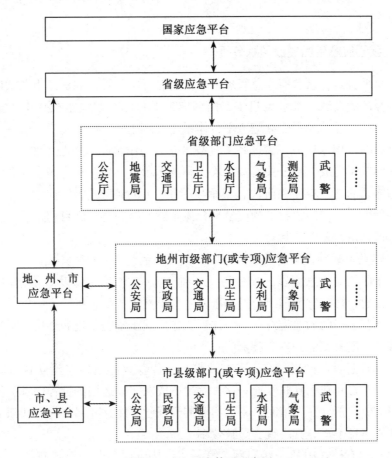

图 9.2 应急平台体系示意图

(资料来源：刘斌、辛海强：《省级应急平台体系建设初探》，《地理信息世界》2007 年第 1 期。)

（2）通过应急平台能够有效处置突发事件。一是信息传递快捷准确，能够赢取最佳处置时期。二是能够科学地进行风险评估。三是能够优化选择处置方案。应急平台建好后，能够综合突发事件各类信息，对收集的信息进行综合汇总分析，选择最佳处置方案。

（3）通过应急平台建设能够全面提高政府的应急决策效率和行政效率。突发事件的突发性、扩散性、不确定性和发展变化的两重性，使政府在处置突发事件上面临巨大压力，决策效率和行政效率的提升受到很大制约。因此，急需应急平台这样具备预警能力及动态指挥能力的系统来推动政府提高其决策和行政效率。

3. 我国应急平台建设现状分析

应急平台是各级政府应急管理主管部门履行应急管理职责的重要载体。随着我国经济的发展与社会的进步，国家应急平台体系建设也被提上了重要日程，我国已经开始着手建立应急平台体系建设。比如，国务院应急管理办公室负责组织的"国家应急平台体系关键技术研究与示范项目"已从 2006 年开始实施，前三年完成大部分关键技术攻关和技术示范，后两年为国家应急平台科技支撑体系的进一步完善阶段，整个项目于 2010 年完成。① 但是，由于起步晚和各种因素的制约，我国的应急平台体系还不够完善。就目前来看，我国应急信息平台建设总体现状为：

（1）平台基础设施建设起步较晚，相对滞后。我国 2006 年出台的《国务院关于全面加强应急管理工作的意见》中对应急平台的建设做了初次说明，应急平台建设是应急管理工作的基础之一，虽然国务院、省、市高度重视此项工作，已有了明确的实施意见，但这项工作的起步较晚，进展还比较缓慢，还未能将平台建设覆盖到各级各部门。

（2）信息资源网络没有实现有效整合。各专业部门独立建立各自的信息系统，相互之间缺乏互联互通，这种状况造成在实际运用的过程中各类信息难以做到有效共享，在决策时，各部门职能根据已有的这些局部的、片面的、缺乏时效的信息来指导其决策，导致效率不高。

（3）现有模式中的一些问题。第一，科技应用和业务系统建设的关系问题。主要是缺乏对应急管理特点的全面理解和把握，进而缺少足够的能力来指导应急平台的建设。第二，全国统一和因地制宜的关系问题。由于不同部门、不同地区的实际需要存在很大的差异，这就要求应急平台的应用系统能够与需求分析密切结合起来，因地制宜，最大限度地发挥其在应急管理中的作用。第三，软件和硬件建设的关系问题。目前存在的较大问题是重视硬件建设，忽视软件和信息建设，应进一步加强软件和信息建设；此外，还存在技术运用不当，在很多地方存在过度运用或运用不足的问题。

---

① 禾逸：《从汶川地震看国家应急平台体系建设》，《办公室业务》2008 年第 7 期，第 32 页。

4. 加强我国应急平台体系建设

国家应急平台体系的建设是一项复杂的系统工程，需要综合考虑与各地区、各有关部门已有系统和在建、计划建设系统上的衔接。加强应急平台体系建设应该从以下这些方面努力：

（1）加强公共危机预测预警系统建设。以自然灾害应对为例，灾害预测预警与风险隐患监测防控系统是应急平台中综合应用系统的重要部分，是突发事件应对能力非常重要的环节。如果能够通过科学的手段对灾害的发生进行预测，则可以大大降低灾害对人的生命及财产的危害。从"5·12"汶川地震应对来看，我国对于此次地震没有做出事先预测，但随后对余震的预测和信息的发布对稳定人心、减少灾害损失起到了积极的作用。灾害预测预警在这次地震救灾中真正发挥作用体现在对堰塞湖的处理上，我国在堰塞湖处理过程中启动了风险隐患监测防控系统，在制订排除险情措施的同时，对堰塞湖垮坝后的淹没区域进行了科学预测，并提前疏散该区域的居民，避免了更大的生命财产损失。

（2）有效整合各类信息网络资源。各级应急信息平台主要组成部分包括基础支撑系统、综合应用系统、数据库系统、信息接报与发布系统、移动应急平台、应急指挥场所、安全保障体系和标准规范体系等。因此在加快推进应急信息平台建设过程中，应该最大限度地促进不同系统之间的互联互通及应急信息的共享。

（3）加强应急运输保障系统建设。汶川大地震为国家应急平台和系统建设提出了一个新的课题，就是突发事件发生以后的人员、物资调动及运输保障问题。为了尽快解决紧急事态下的交通运输问题，救援人员主要采取了调动空中运输力量、动用遥感卫星及遥感飞机，运用高科技手段根据道路交通损坏的情况尽快制订交通抢修方案等措施，为地震救灾提供运输保障。汶川地震再次证明了应急管理工作的极端重要性，为正在建设之中的国家和省级应急平台体系建设提供了实践经验。

（4）推进标准规范体系的制订。我国目前应在国务院应急平台和其他典型地区和典型部门应急平台的实施过程中，在专业团体研究项目的支持下，稳步推进相关标准化工作，保证应急流程的规范一致，具体而言：第一，遵循已有标准规范。遵循网络、数据交换、通信等国家标准，规范图像接入、网络互联、视频会议等建设工作，采用国家发布的社会经济信息、自然资源信息、人口基础信息、基础空间地理信息等数据标准规范。第二，新建标准规范。建立和完善业务流程、信息报送、数据库内容更新等标准化体系，保证国家应急平台技术体系一致。

（5）贯彻自下而上逐级响应的原则。由于我国行政体制的特点，应急网络资源呈现出"倒金字塔"结构，即行政层级越高，掌控的应急网络资源就越丰富。地方基层单位所能支配的应急资源有限，但是却最需要应急资源，因为地方基层单位是第一时间处置突发事件的机构，只有掌握最新的信息，拥有先进的资源设备，才能有效开展处置救援工作。

（6）注重通信系统和数据库系统的建设。在突发事件发生后，确保各种通信途径通畅不但有助于政府把握应急管理工作的主动权，稳定人心，平息情绪性反应，引导舆论和公众行为，而且可以保证公众的知情权，减少谣言，以保证突发事件得到快速、平稳、有序的处置。因此，通信系统的建设是应急平台建设中的重中之重，通信系统的建设在充分保证通信效率的基础上应该具备相当程度的抗毁能力。

（7）注重内容建设和技术支撑两手抓。应急平台建设的重点在于加强数据库建设和应用系统建设，使平台具有实际的应用功能。同时由信息的产生者和提供者负责信息的更新和维护。信息的实时性、完备性由提供者进行担保，并将相关数据与权威数据进行核对。

本章小结

本章首先对公共危机管理保障体系的内涵、作用及构成进行了概述。其次对保障体系中最重要的四个方面：人力保障、资金保障、物资保障和技术保障的内容构成、现状及存在的主要问题进行了详细论述并提出相应的对策建议。应急资金为公共危机管理提供财力支撑，其管理主要包括资金的筹集和配置，可以通过政府预算、设立危机处理专项基金、动员社会筹集等途径来筹集应急资金，为了使应急资金在公共危机管理中充分发挥作用，还必须建立良好的资金监督管理和使用制度；应急人力资源为公共危机管理提供人员保证和智力支持，一支门类齐全、专业化和训练有素的应急人力资源队伍能够有效促进突发事件的预防和应对；应急物资为公共危机管理提供物质基础，公共危机中财政资源的管理主要包括资金的筹集和配置，可以通过政府购置、社会捐赠等途径来筹集应急物资，为了使应急物资在公共危机管理中充分发挥作用，还必须建立良好的资金监督管理和使用制度；应急技术支撑体系是应对突发事件的重要支撑力量，可以通过开发专业处置技术、建立全国统一的应急信息处理中心、完善专业处置应急机构、建设行政部门指挥决策型科技支持体系、建立应急管理技术标准化体系等途径来加强公共危机管理科技支撑力量建设。

关键术语

公共危机管理保障体系　　人力保障　　资金保障　　物资保障
技术保障　　应急人力资源　　应急资金　　应急物资
科技支撑体系　　应急平台体系

思考题

1. 公共危机管理保障体系的内涵是什么？
2. 如何有效对应急资金进行管理和完善？
3. 应该怎样加强应急人力资源队伍建设？
4. 如何完善应急物资保障机制？
5. 如何加强科技支撑体系建设？
6. 什么是应急平台体系？如何加强应急平台体系建设？

本章主要参考文献

陈安等：《现代应急管理应用与实践》，科学出版社，2010年版。

董传仪：《危机管理学》，中国传媒大学出版社，2007年版。

郭济：《中央和大城市政府应急机制建设》，中国人民大学出版社，2005年版。

禾逸：《从汶川地震看国家应急平台体系建设》，《办公室业务》2008年第7期。

刘斌、辛海强：《省级应急平台体系建设初探》，《地理信息世界》2007年第1期。

刘利民、王敏杰：《我国应急物资储备优化问题初探》，《物流科技》2009 年第 2 期。

刘荣：《公共危机财政应急机制构建——以汶川地震为例》，《地方财政研究》2008 年第 6 期。

宁资利、伍拥军：《突发公共事件应急管理》，湖南科学技术出版社，2007 年版。

祁毓：《公共财政视角下我国应对公共危机的财政能力评价及建议》，《地方财政研究》2008 年第 6 期。

王绍玉、冯百侠：《城市灾害应急与管理》，重庆出版社，2006 年版。

夏成林、刘政：《对加快应急平台建设的思考》，《中共贵州省委党校学报》2008 年第 5 期。

肖鹏军：《公共危机管理导论》，中国人民大学出版社，2006 年版。

张成福、唐钧：《政府危机管理能力评估——知识框架与指标体系研究》，中国人民大学出版社，2009 年版。

朱恪钧、谭晓梅：《地方政府应急管理实践研究》，四川人民出版社，2009 年版。

邹铭：《减灾救灾》，中国社会出版社，2009 年版。

第 **10** 章 公共危机管理法制

引导案例

北京市第 19 个省份突发事件应对法二次立法陆续出台

为了保障奥运会、残奥会成功举办，2008 年奥运会之前北京市出台了国家突发事件应对法实施办法并且付诸实施。

2009 年 10 月 1 日，《辽宁省突发事件应对条例》（以下简称《条例》）将正式实施。据了解，《条例》确定对突发事件以预防为主，志愿者参加应急救援将获得适当补助。《条例》明确规定了政府的预警发布权限，增强了预警工作的严肃性和可操作性。为了方便社会群众向政府报告突发事件信息，《条例》特别强调了"110"报警电话这个渠道。对于善后处理部分，《条例》在三方面做出创新性的规定。一是要求突发事件发生后，要对受害群众采取宣传疏导和心理危机干预措施。善后处理不仅要给予物质抚恤，还要给予精神抚慰；二是政府要对突发事件的起因等进行调查。有失职、渎职行为的，要认定责任，予以追究；三是对志愿者参加应急救援工作期间的待遇做出明确规定。

2009 年 9 月 23 日召开的湖南省十一届人大常委会第十次会议决定，为预防和减少突发事件的发生，控制、减轻和消除突发事件引起的严重社会危害，拟出台《湖南省实施〈中华人民共和国突发事件应对法〉办法》。提请本次人大常委会议审议的《湖南省实施〈中华人民共和国突发事件应对法〉办法（草案）》规定，各级政府、村（居）民委员会、重点企事业单位应当编制应急预案。有关行政机关和单位应当确定应急场所、储备应急物资、建立救援队伍、开展应急宣传培训、组织应急演练等。为防止和减少行政决策失误引发突发事件，规定行政机关应当实行民主、科学、依法决策，遵守重大行政决策程序，并对重大行政决策进行风险评估。针对各类社会矛盾纠纷容易引发社会安全事件的特点，规定县级以上人民政府及其有关部门、乡镇人民政府、街道办事处、村（居）民委员会和企业事业单位应当及时、有效处理各类社会矛盾纠纷。同时，还强调行政机关、司法机关应当依法及时办理公民、法人和其他组织的申诉、控告、检举，以及信访、行政复议、仲裁、诉讼案件。为强化各级领导干部的责任，明确将对4种情形进行问责：因行政决策严重失误，导致重大突发事件，造成重大损失或者恶劣影响的；因工作失职或者监管不力，导致发生重大突发事件，或者在较短时间内连续发生重大突发事件，造成重大损失或者恶劣影响的；因滥用职权，强令、授意施行违法行政行为，或者不作为，导致重大突发事件的；因处置突发性事件失当，导致事态恶化，造成恶劣影响的。问责的方式包括：责令公开道歉、停职检查、引咎辞职、辞职、免职，并依法给予处分；构成犯罪的，依法追究刑事责任。

截至2014年10月20日，我国共有19个省（直辖市、自治区）制定了《中华人民共和国突发事件应对法》的省级二次立法，大致情况如下表所示。

我国国家突发事件应对法省级二次立法表

序号	制定或发布部门	名称	公布时间	施行时间
1	北京市人大常委会	北京市实施《中华人民共和国突发事件应对法》办法	2008-05-23	2008-07-01
2	辽宁省人大常委会	辽宁省突发事件应对条例	2009-07-31	2009-10-01
3	湖南省人大常委会	湖南省实施《中华人民共和国突发事件应对法》办法	2009-11-27	2010-01-01
4	广东省人大常委会	广东省突发事件应对条例	2010-06-02	2010-07-01

续表

序号	制定或发布部门	名称	公布时间	施行时间
5	甘肃省人大常委会	甘肃省实施《中华人民共和国突发事件应对法》办法	2011-09-29	2012-01-01
6	江苏省人民政府	江苏省实施《中华人民共和国突发事件应对法》办法	2011-12-09	2012-02-01
7	山西省人大常委会	山西省突发事件应对条例	2012-03-28	2012-06-01
8	重庆市人大常委会	重庆市突发事件应对条例	2012-03-23	2012-07-01
9	四川省人民政府	四川省突发事件应对办法	2012-05-23	2012-08-01
10	新疆维吾尔自治区人大常委会	新疆维吾尔自治区实施《中华人民共和国突发事件应对法》办法	2012-05-30	2012-08-01
11	山东省人大常委会	山东省突发事件应对条例	2012-05-31	2012-09-01
12	陕西省人大常委会	陕西省实施《中华人民共和国突发事件应对法》办法	2012-05-31	2012-10-01
13	安徽省人大常委会	安徽省突发事件应对条例	2012-12-24	2013-03-01
14	上海市人大常委会	上海市实施《中华人民共和国突发事件应对法》办法	2012-12-26	2013-05-01
15	广西壮族自治区人大常委会	广西壮族自治区实施《中华人民共和国突发事件应对法》办法	2013-03-28	2013-05-01
16	河北省人大常委会	河北省突发事件应对条例	2013-05-30	2013-07-01
17	江西省人大常委会	江西省突发事件应对条例	2013-07-27	2013-09-01
18	湖北省人民政府	湖北省突发事件应对办法	2014-01-10	2014-03-01
19	云南省人大常委会	云南省突发事件应对条例	2014-07-27	2014-12-01

（资料来源：根据相关网站公开信息汇总绘制，截止日期为 2014 年 10 月 20 日。）

　　（资料来源：蒋彦鑫：《北京今年将制订实施突发事件应对法办法》，《新京报》2008 年 2 月 3 日。李江天：《辽宁省 10 月 1 日实施突发事件应对条例》，《辽宁日报》2009 年 9 月 2 日。黄纯芳：《应对突发事件〈办法〉将出台》，《湖南日报》2009 年 9 月 24 日，等等。）

案例讨论

1. 国家突发事件应对法出台后，在 2008 年的南方低温冰冻灾害和汶川地震中检验发现，该法存在一些难以操作的问题，省级地方政府出台实施办法或者条例对于结合地方实际、细化完善突发事件应对有什么积极意义？

10.1 危机管理法制的基本理论

公共危机管理离不开法制的保障。现代危机管理与传统危机应对的最大区别之一，就是传统的危机应对是建立在人治的基础上，而现代危机管理则是建立在法治的基础上。现代的法治政府是通过法律实施、公民的参与、政府与公民的良性互动，来维护公共秩序和公共安全。现代公共危机管理是建立在法治基础上的管理，它的一切管理理念、管理手段、管理方法都要服从法律的规范。危机管理法制的基本理论，以及在实践中存在的问题和改进、完善危机管理法制的对策都是研究危机管理法制必须解决的重要问题。

10.1.1 危机管理法制的内涵

危机管理法制，也就是我们常说的应急法制，或应急管理法制，是指人们为了应对危机、战胜危机而制订的各种法律制度所形成的法律制度体系。[1]

危机管理法制的基本功能是在公共危机状态下，在整个国家生活与社会秩序受到巨大冲击，需要运用国家紧急权力来控制和消除危机时，调整非常状态下的国家权力之间、国家权力与公民权利之间、公民权利之间的各种社会关系，以保障全社会能够恢复正常的社会生活秩序和法律秩序，维护和平衡社会公共利益与公民合法权益。[2]

本书在采用大多数学者使用的"应急法制"概念的同时，也采用"危机管理法制"的概念，理由如下：（1）本书研究的主要对象是公共危机管理，而不仅仅是突发事件应急机制，规范公共危机管理的法律制度自然是危机管理法制，这一概念与本书研究的体系相适应。（2）现代公共危机管理与传统危

---

[1] 黄顺康：《公共危机管理与危机法制研究》，中国检察出版社，2006 年版，第 209 页。

[2] 韩大元、莫于川：《应急法制论——突发事件应对机制的法律问题研究》，法律出版社，2005 年版，第 4~5 页。

机应对的一个重要区别，就是公共危机管理具有主动性和防范性。危机管理的一切思路和方法，都是建立在主动防范的基础上，而传统危机应对的重点是放在危机爆发后如何"应对"处理，因此，使用"危机管理法制"的概念更能够与传统危机应对相区别。（3）现代公共危机管理与传统危机应对的另一个重要区别，就是传统危机应对是建立在人治的基础上，现代公共危机管理是建立在法治基础上的管理，它的一切管理理念、管理手段、管理方法都应服从法律的规范。因此，使用"危机管理法制"的概念更能够与传统危机划清界限。

10.1.2　危机管理法制的主要特征

从政府的应急行为和危机管理策略的角度来看，有学者认为，危机管理法制主要具有以下特征：（1）权力优先性，这是指在非常规状态下，与立法、司法等其他国家权力相比，与法定的公民权利相比，行政紧急权力具有某种优先性和更大的权威性；（2）紧急处置性，这是指在非常规状态下，即便没有针对某种特殊情况的具体法律规定，行政机关也可进行紧急处置，以防止公共利益和公民权利受到更大损失；（3）程序特殊性，这是指在非常规状态下，行政紧急权力的行使过程中遵循一些特殊的行为程序；（4）社会配合性，这是指在非常规状态下，有关组织和个人有义务配合行政紧急权力的行使，并提供各种必要帮助；（5）救济有限性，这是指在非常规状态下依法行使行政紧急权力造成行政相对人合法权益的损害后，如果损害是普遍而巨大的，政府可只提供有限的救济，如适当补偿。[①]

然而如果仅从这个角度来看，就会忽视危机管理法制的法律属性和社会公共属性，在此，本书将其作为一个法律规范从整体上进行辩证考察，将其特征概括为以下几个方面：

1. 调整对象的广泛性和专门性

突发事件应急法制旨在以法律手段调整突发事件的应对处置，其调控的对象是突发事件及其引发的公共危机。众所周知，突发事件的种类和形态复杂多样，其涉及的领域也庞杂纷纭，根据不同的标准可以进行不同的分类，例如以性质为标准可将突发事件分为自然灾害和社会突发事件；从政府管理职能及管

---

① 莫于川：《公共危机管理的行政法治现实课题》，《法学家》2003 年第 4 期，第117 页。

理领域的角度，可将突发事件分为平时突发事件和战时突发事件等不同的分法。每一类突发事件所包含的具体形态是多种多样的，而且从总体上看，上述各种分类也都是一种开放性的结构，不能完全排除那些随时出现、难以预测的新的突发事件形态与种类。

前述分类表明，突发事件应急法制适用的调整对象具有相当的广泛性，但是不管哪一类突发事件，也不管有多少种突发事件，它们作为危机的存在和性质却是相同的，在这一方面突发事件应急法制的调整对象又体现出一种专门性。这些危机在客观上具备如下特征性质：非预期性乃至意外性、巨大的危险性和威胁性、不确定性和多样性等。专门性揭示了各种突发事件内在的相似性和外在的特殊性，是突发事件应急法制作为一类法律规范对突发事件予以调控的基础和前提。

2. 调整方法的事前预防、事中应对和事后恢复相结合

突发事件应急法制的架构并不单纯是针对已经发生的突发事件采取应急措施，而是采取预防与处置、善后并重的原则，将突发事件应急法制的规范和突发事件的发生与变化过程相对应，进行全方位、持续性、阶段式的调整。譬如我国《防洪法》、《防震减灾法》、《消防法》等都贯彻了以预防为主，预防、处置、恢复相结合的方针，把应对突发事件贯彻于危机管理的全过程，尤其强调危机前管理活动的重要性。危机管理过程论认为，危机管理可以分解为以下两个层面和两个阶段：危机前对策——预防和事前准备；危机后对策——快速处置和恢复正常。基于此，突发事件应急法制在纵向上将公共危机管理分为四个紧密相连的阶段：预防阶段、准备阶段、应急处置阶段、评估恢复阶段。这些阶段分别对应着内容不同的法律关系，突发事件应急法制对之提出的合法性要求也有不同的表现和侧重。譬如，在预警和准备阶段，主要的法律关系是政府负有法定的作为义务以及与此相对应的积极责任，公民享有知情权、参与的权利和配合的义务；在应急处置阶段，法律关系的重心在于政府尤其是行政机关享有紧急处置权力并负有依法应急的义务，相对方须履行服从管理指挥的义务，但有权获得最低限度的人权保障；在恢复阶段，突发事件应急法制主要调整的法律关系是行政紧急权力的确认、法律纠纷的解决、私人合法权利的救济等。一个完善的公共应急法制必须能够兼顾上述内容，才有可能将整个公共管理危机的过程悉数纳入法制化的轨道，实现公共应急法制的根本目标。

3. 调整内容的倾向性和平衡性

从突发事件应急法制的内容看，它对应急法律关系的各方主体在权利义务配置上是不均衡的。这主要表现在政府权力的优先性和公民权利的受限性两个方面。政府权力的优先性有以下两层含义：在应对危机的过程中政府权力优先于公民权利，也即在突发事件应对过程中特别是紧急事态处置的过程中政府可以限制、暂停某些公民基本权利的行使；政府权力在个别情况下优先于法律，即在某些特殊的紧急情况下，出于国家安全、社会秩序或公共利益的需要，行政机关可以采取没有法律依据的或与法律相抵触的措施。在这种享有优先性的权力内部格局中，与审议表决的立法权、被动居中的司法权相比较，积极主动、广泛而灵活的行政权力又具有天然的优越性，因为行政权力本身肩负着社会管理的基本职能，而且在突发事件应对过程中拥有人力、资源、技术、信息、体制等方面的独特优势。公民权利的受限性不仅表现在前面提及的需要接受政府权力的依法限制，而且表现在公民、法人和其他组织根据突发事件应急法制的要求负有较平常时期更多、更严格的法律义务，来配合紧急权力的行使，如服从征用、征调、隔离、管制等，并有义务提供各种必要帮助，如科研、宣传、医疗等。法律救济的有限性是公民权利受限的另一特征，它是指对公民权利受到的合法侵害，在突发事件应对过程中由突发事件的紧迫性所决定，往往只能对此提供临时性的救济，在事后恢复阶段基于紧急措施的公益性和损害行为及后果的普遍性、巨大性，许多情况下政府往往可依法提供有限的救济，如相当补偿或者适当补偿等。

突发事件应急法制的平衡性主要表现在：通过一系列应急原则和规范，为前述权利义务配置的不均衡设置了一个针锋相对的"矫正机制"。对于政府权力的优先性，突发事件应急法制确立了"应急法治原则"，要求政府应对突发事件的举措必须有法律依据，并严格按照法律规定实施，违反法律规定必须承担相应的法律责任；即使在紧急情况下可以采取没有法律依据或与法律冲突的行动，事后也必须征得有权机关的追认；政府应急行为还必须遵循应急法对程序的基本要求，一旦法定程序要件缺失，应急处置行为都属于违法。可以说，合法性是政府优先性得以成立的唯一条件。

突发事件应急法制在给政府权力预设了"应急法治原则"的同时，还赋予行政相关人一项特别的法律保护，即"突发事件处置过程中的紧急事态下人权保障的最低标准"。虽然世界各国立法都从损失较小利益、保全更大利益出发，允许对宪法和法律中的基本人权加以限制，但是公民的基本权利不能被随意侵犯，一些最基本的人权即使在紧急事态下也应该保留，不能随便克减，于是大多数国家宪法和法律中以及许多国际性公约都确立了紧急事态下人权保障的最低标准，对于究竟哪些权利属于最低限度的人权，各国突发事件应急立法并不完全一致，但从世界范围看，基本权利克减底线通常包括：人身自由和人格尊严不受侵犯、不受非法驱逐出境和流放、公民资格不得取消、宗教信仰自由受到尊重等。这些权利为保障公民和政府在法律地位上的平等，从而使突发事件应急法制呈现出一种与宪政和行政法治精神相吻合的"平衡性"。

10.2　我国危机管理法制的基本构成

我国从首次规定戒严制度至今，已经颁布了一系列与公共危机管理有关的法律、行政法规、部门规章，各地方根据这些法律、法规又颁布了适用于本行政区域的地方立法，特别是 2007 年 8 月 30 日通过，同年 11 月 1 日起施行的《突发事件应对法》，使我国有了一部行政法意义上的危机管理统一立法，从而初步构建了一个从中央到地方的公共危机管理法律规范体系。主要包括：

（1）战争与政治突发事件法律规范。例如《中华人民共和国宪法》、《香港特别行政区基本法》、《反分裂国家法》、《澳门特别行政区基本法》、《中华人民共和国国家安全法》、《中华人民共和国戒严法》、《中华人民共和国保守国家秘密法》、《国防交通条例》、《民用运力国防动员条例》、《中华人民共和国兵役法》、《中华人民共和国预备役军官法》和《人民防空法》等。

（2）应对恐怖主义威胁和恐怖袭击突发事件法律规范。随着恐怖主义在我国的出现，我国出台了《全国人民代表大会常务委员会关于惩治劫持航空器犯罪分子的决定》（1992 年）。2001 年 12 月 29 日，全国人大常委会通过了《中华人民共和国刑法修正案》，集中对刑法中的恐怖活动犯罪进行了修改补充，为惩治预防恐怖主义犯罪提供了有力法律武器。我国先后加入或者签署了有关反恐怖主义的国际公约，目前，我国已经参加了全球性 12 个反恐国际公约和 1 个区域性反恐公约，12 个全球性公约为：（1）《防止和惩治恐怖主义公约》，（2）《关于在航空器内的犯罪和犯有某些其他行为的公约》，（3）《关于制止非法劫持航空器公约》，（4）《关于防止和惩处侵害应受国际保护人员包括外交代表的罪行公约》，（5）《关于制止危害民用航空安全的非法行为的公约》，（6）《反对劫持人质国际公约》，（7）《制止危及大陆架固定平台安全非法行为议定书》，(8)《制止危及海上航行安全非法行为公约》，(9)《制止恐怖主义爆炸的国际公约》，(10)《联合国打击跨国有组织犯罪公约》，(11)《制止向恐怖主义提供资助的国际公约》，(12)《国际合作防止恐怖主义行为》。1 个区域性反恐公约为《打击恐怖主义、分裂主义和极端主义上海公约》。根据我国在"9·11"事件以后加入的《制止恐怖主义爆炸的国际公约》和《打击恐怖主义、分裂主义和极端主义上海公约》①，我国应当承担以下几个方面的反恐义务：(1) 确定恐怖犯罪行为，(2) 确定缔约国应酌情采取的必要措施，(3) 确定缔约国反恐合作的措施，(4) 确定了反恐的引渡原则，(5) 这两个公约的内容还涉及反恐的管辖权、保护人权、交换情报、执行等，(6) 修改刑法，对恐怖活动犯罪予以修改补充②。

(3) 骚乱、社会群体性事件法律规范。目前这方面的法律规范主要有、《全国人民代表大会常务委员会关于严惩严重危害社会治安的犯罪分子的决定》、《中华人民共和国集会游行示威法》、《中华人民共和国看守所条例》、《中华人民共和国集会游行示威法实施条例》、《中华人民共和国监狱法》、《中华人民共和国治安管理处罚法》、《中华人民共和国人民武装警察法》、《国务院办公厅关于认真做好城镇房屋拆迁工作维护社会稳定的紧急通知》、《国务院办公厅关于控制城镇房屋拆迁规模严格拆迁管理的通知》、《大型群众性活动安全管理条例》、《全国人民代表大会常务委员会关于取缔邪教组织、防范和惩治邪教活动的决定》、《国务院办公厅关于进一步加强政府网站管理工作的通知》、《大中型水利水电工程建设征地补偿和移民安置条例》、《国务院办公厅关于切实做好当前减轻农民负担工作的通知》、《中共中央国务院关于把矛盾纠纷排查化解工作制度化的意见》、《中共中央国务院关于创新群众工作方法解决信访突出问题的意见》等。

(4) 灾害性危机法律规范。主要针对自然灾害引发的公共危机，内容非常广泛，其防治、应对方面的法律规范主要包括以下几个方面：(1) 地震灾害防治、减灾方面的法律、法规，如《中华人民共和国防震减灾法》、《破坏性地震应急条例》等；(2) 洪涝灾害方面的法律、法规，如《中华人民共和国防洪法》、《中华人民共和国防汛条例》等；(3) 环境灾害方面的法律、法

---

① 这两个公约均于 2001 年 10 月 27 日在全国人民代表大会常务委员会通过，并在《全国人民代表大会常务委员会公报》2001 年第 7 期中公布。

② 参见王立民：《反恐立法述评》，《犯罪研究》2003 年第 1 期，第 2~10 页。

规，如《中华人民共和国环境保护法》、《中华人民共和国海洋环境保护法》、《中华人民共和国水污染防治法》、《中华人民共和国大气污染防治法》等；(4) 地质灾害方面的法律、法规，如《地质灾害防治管理办法》、《水土保持工作条例》等。

(5) 安全生产事故危机管理的法律规范。我国针对各种安全事故制订了大量应急法律规范，立法范围非常广泛，立法形式涉及法律、行政法规、地方性法规和规章。主要的事故防治法律包括：(1) 交通运输安全方面的法律、法规，如《中华人民共和国民用航空法》、《中华人民共和国道路安全法》、《海上交通事故调查处理条例》、《铁路行车事故处理规则》等；(2) 核事故、放射性污染防治方面的法律、法规，如《核电厂核事故应急管理条例》、《核事故医学应急管理规定》等；(3) 公共卫生事故、剧毒物品管理方面的法律、法规，如《突发公共卫生事件应急条例》、《传染病防治法》、《传染病防治法实施办法》、《危险化学品安全管理条例》等；(4) 防治人为火灾事故方面的法律、法规，如《中华人民共和国消防法》、《仓库防火安全管理规则》等；(5) 生产安全事故方面的法律、法规，如《中华人民共和国安全生产法》、《中华人民共和国矿山安全法》、《国务院关于特大安全事故行政责任追究的规定》等。①

(6) 中华人民共和国突发事件应对法。2003 年，我国 SARS 危机初期的信息不畅、协调不灵的情形表明，一事一办或者临机处置的经验型、应付型办法，已经不能适应当代危机管理的实际需要。2003 年 12 月 22 日，对外公布的中共中央修宪建议中提出了"紧急状态"的制宪问题，"紧急状态"概念被引入我国立法。"紧急状态"入宪，标志着我国应急管理进入对各种不确定因素所引起的危机事件的全面法律治理阶段。我国随即进入紧急状态法的立法论证阶段，后来，由于考虑到立法资源的配置必须着眼于当前最急迫的社会需求，而我国最迫切需要的是集中规范普通的应急管理，即解决当前局部的、不至于达到极端程度的突发事件频繁发生，对我国国家和人民的利益造成严重损害的突出问题。经过周密的论证，我国第十届全国人民代表大会常务委员会第二十九次会议于 2007 年 8 月 30 日通过的《突发事件应对法》，使我国有了一部集中规范的应急管理基本法。

---

① 参见莫于川：《公共危机管理与应急法制建设》，http://www.chinalawedu.com "行政法论文"栏目。

(7) 其他有关危机管理的法律规范。这类法律规范内容较多，主要包括①公民权利救济法律规范，即涉及公民、法人和其他组织的合法权益由于公共危机的行政应急措施受到损害之后的补救机制，包括行政复议、行政诉讼、国家赔偿和补偿方面的法律规范。②金融危机防治方面的法律规范，如《中国人民银行法》、《商业银行法》、《商业银行监督管理法》、《证券法》、《保险法》等法律都含有稳定金融，防范金融危机的条款，以及外汇电子数据备份与电子系统故障等方面的应急制度。

10.3 我国危机管理法制的原则

韩大元、莫于川主编的《应急法制论——突发事件应对机制的法律问题研究》一书在分析了国内学者对突发事件应急法制原则研究的基础上，把突发事件应急法制的原则分为两个层次：一个是从宏观方面对所有应急法制领域进行全面指导的基本原则，它们贯穿于突发事件应急法制的始终和各个方面；另一个是从微观方面对突发事件应急法制的某一领域进行单项指导的具体原则，它们的适用范围仅及于应急法制的某一方面。本书认为，这一划分很有见地，而且也适合危机管理法律体系的原则。

10.3.1 我国危机管理法制的基本原则

我国危机管理法制应当遵循以下基本原则：

1. 法治原则

法治原则不仅仅是与其他形态法治通用的原则，而且是危机管理法律体系专有的原则。因为依法管理是现代公共危机管理最本质的特征之一。现代公共危机管理与传统危机应对的一个重要区别，就是现代公共危机管理是建立在法治的基础上，而古代社会的传统危机应对是建立在人治的基础上。法治原则的基本内涵包括：一切紧急权力的行使必须有明确的法律依据，必须严格按照法律规定执行，如果某些机构行使了未曾获得法律授权的紧急权力，必须事后征得有权机关的追认；公共应急法律规范必须由有权机关按照宪法和有关法律授予的权限制订，低层次的国家机关不能确立其无权设定的紧急权力，低层次的法律规范不能与高层次的应急法律规范相抵触；与紧急权力相对应的责任原则，及不但抗拒合法紧急权的公民或组织应承担法律责任，而且不依法行使紧急权或不履行法定职责的国家机关和个人也应当承担相应的法律责任。

2. 应急性原则

应急性原则指在特殊的紧急情况下，常态的宪政体制和法律体制下的行政职能明显难以应付，为了稳定社会秩序，维护公共利益，有权力的行政机关采取各种有效措施，包括采取必要的对行政相对人法定权利和合法利益带来一定限制和不利影响的紧急手段，以消除或控制危机。

应急性是公共危机管理存在的前提，是紧急权力存在的前提。应对公共危机之所以需要动用紧急权力，是因为公共危机具有突发性、紧迫性、危害性、破坏性、不确定性和扩散性，不采取紧急措施就无法控制危机的扩散和升级，就不足以消除巨大的危险性，就不可能避免造成巨大的伤亡和损失，就难以使危险转化为机遇。因此，与公共危机管理有关的一切法律制度，都必须与应急性原则相适应。

3. 基本权利保障原则

紧急权力是一把双刃剑，它既能增强政府带领民众战胜危机的能力，也可以使政府这个"利维坦"变得更加可怕，从而侵犯或剥夺公民的基本权利。这样就会使公共危机管理失去了现代社会不可或缺的宪政基础，使政府的紧急权力失去合法性。因此，保障人权和基本权利是民主宪政精神的核心理念之一，也是任何紧急权力不可逾越的界限。

政府使用紧急权力，必然会使公民的一些权利受到影响和限制，然而这种人权的克减与基本权利保障原则并不矛盾，因为使用紧急权力的最终目的也是为了对公民的人身安全和财产安全提供保护。但是，这并不意味着在紧急状态下所有的人权都可以予以克减，也不意味着政府可以随心所欲地施加这种克减。某些人权是绝对的，即使在紧急状态下也不能予以限制和剥夺。[①] 例如，公民的生命权不能剥夺，公民的财产权如果暂时被"牺牲"，危机之后也必须加以补偿。同时，即使在紧急事态下，国家也应当尊重和保护公民的知情权、参与权、获得物质帮助权、申诉控告检举权、国家赔偿和补偿请求权等重要的权利形态。因此，越是在紧急事态下，越需要对公民的基本人权加以保障。

---

① 郭春明：《紧急状态法律制度研究》，中国检察出版社，2004年版，第195页。

10.3.2　我国危机管理法制的具体原则

危机管理法制的具体原则，是危机管理法制基本原则的细化和延伸。它主要是根据危机管理的特征，从目的、方法、手段和后果等方面对危机管理法律制度提出的较为细致的要求，它不能违背危机管理基本原则的精神，因为基本原则来自于宪政和行政法治的宏观要求，是危机管理法制的大原则，而危机管理法制的具体原则立足于危机管理的具体要求和法治的需要，既体现了对非常状态下行政应急权力的尊重、维护和必要制约，又体现了对公民权利的关注、保障和适当限制。从应然的角度看，政府的应急措施和方法必须服从于应急法制的具体原则，这也正是将政府应急行为纳入法治轨道的初衷所在，同时也体现了危机管理法治的基本要求。①

根据以上分析，危机管理法制的确立和运行应当遵循以下具体原则：

1. 公共利益原则

公共危机是发生在公共领域的突发事件，危机威胁到的是全社会，或者局部社会的利益，可能给全体民众，或者部分民众的生命健康和财产造成巨大损失。因此，公共危机影响到的是公共利益，而公共危机管理的目的，就是要维护公共利益，维护公共安全，使公共利益和公共安全免受公共危机的损害。这是危机管理、运用紧急权力、对人们的部分权利进行限制的正当性基础。当然，这种由危机管理措施保障的公共利益，必须是正当的、现实的、客观的、重大的，而不能是过分的、虚构的、主观的、微小的。同时，由于公共利益是一个高度抽象、易生歧义和很容易被利用的概念，如果不严格限定和控制，极易出现滥用现象和以权谋私现象。韩大元教授和莫于川教授主编的《应急法制论——突发事件应对机制的法律问题研究》一书概括、总结了在理解和运用公共利益这个概念时应坚持的六条判断标准：一是合法合理性。只有在法定条件下才可以出于公共利益的考虑依法对基本权利加以克减和限制，故须坚持法律保留和法律优先，具有必要性与合理性；二是公共受益性。公共利益的受益范围一般是不特定多数的受益人，而且该项利益需求往往无法通过市场选择机制得到满足，需要通过统一行动而有组织地提供；三是公平补偿性。运用公

①　参见韩大元、莫于川：《应急法制论——突发事件应对机制的法律问题研究》，法律出版社，2005 年版，第 57 页。

共权力追求公共利益必然会有代价，这就造成公民权利的普遍牺牲或特别牺牲。有损害必有救济，特别损害应予特别救济，这种救济主要表现为法定条件下的公平补偿和事先补偿；四是公开参与性。以公共利益为由采取紧急措施，必须做到决策和执行全过程的公开透明，依法保障利害相关人的知情权、听证权、陈述权、申辩权、参与决策权等程序权利和民主权利的有效行使；五是权力制约性。出现公共危机而行使行政紧急权力时易出现以公共利益之名越权和滥用公权力，故须进行有效的监督制约，以权力监督权力的机制和判断标准是建设有限政府、法治政府的要求；六是权责统一性。以公共利益为由克减和限制公民的基本权利之后，通过监督机制判定所谓公共利益之理由不成立，则应严格追究且能够追究有关机构和人员的责任，这是最有威慑效力和普遍适用、自动适用的控权机制与判断标准。①

2. 比例原则

比例原则是指对人民基本权利的限制必须使目的与手段之间符合一定的比例，使限制和保护之间达到某种均衡。也就是说，即使国家机关行使的紧急权力是合法的，也应当保证紧急权的行使要有一个合理的限度，要与紧急危险和危害的性质、程度和时间相适应，尤其是限制公民权利的紧急措施，其性质、方式、强度、持续时间等必须以有效控制危机为必要，不能给公民带来不必要的损害，应尽可能将损失和侵害降到最低程度。

比例原则有广义和狭义两种解释，广义的比例原则包括三个具体原则：适当性原则、必要性原则和均衡原则；而狭义的比例原则专指均衡原则。所谓适当性原则是指危机管理所采取的限制人权的措施应当是控制危机潜在危险所必需的，因此，非必需地限制人权措施是不适当的。所谓必要性原则是指国家紧急权力必须选择对人民权利限制最小的方式来行使，必须选择对公民权益损害最小的措施。因此，必要性原则又称为最小侵害原则。均衡原则是指国家紧急权力的行使虽然是维护国家生存所必须的，但是也不应当对人民的基本权利限制过多，即在两种不同利益之间取得平衡。② 但是，危机爆发时的情况非常紧

---

① 引自韩大元、莫于川：《应急法制论——突发事件应对机制的法律问题研究》，法律出版社，2005 年版，第 58 页。

② 参见郭春明：《紧急状态法律制度研究》，中国检察出版社，2004 年版，第 199～200 页。

急，非常复杂，瞬息万变，实践中不可机械地采用绝对等量的公式为标准，必须允许一定的差别存在，以避免出现因担心超过必要的界限而放弃职责从而造成更大危害后果的现象；也应当赋予行政方一定的行政自由裁量权限，以适应突发事件应对过程中复杂多变的客观情势。①

3. 主动性和防范性原则

主动性和防范性是现代公共危机管理的原则，也是现代公共危机管理与传统危机应对的一个重要区别。人类自从诞生以来，就从来没有摆脱过危机，也就是说，危机伴随着人类的产生和发展的全过程。传统危机应对的重要特征是被动应对，但被动的应对不可能真正解决问题，不可能真正战胜危机。而现代公共危机管理的一切思路和方法，都是建立在主动和防范的基础上。例如，危机预防、危机预警、危机预控、危机预案，危机爆发后按照事先准备好的各种方法去处理、去应对，以及危机过后如何去恢复正常生活，总结经验教训，改进危机管理的方法等，都是主动想办法去"管理"危机，战胜危机。因此，危机管理法制必须在制度上确保公共危机管理把重心放在主动性和防范性上，公共危机管理的一切措施、方法和手段，都必须遵循这一重要原则。因此，政府和全社会都必须树立预防为主，准备在先，主动管理的理念。我们强调主动防范，并非不重视危机处置，不重视危机恢复等重要环节。无论我们怎样主动防范，危机都不可能完全杜绝，危机处置和危机恢复都是不可回避的。但是，公共危机管理理论和实践告诉我们，如果没有主动的管理，没有充分的准备，没有危机预防、预警和预控，被动应对危机其结果只能是失败，2004 年 12 月发生的印度洋地震海啸灾难酿成巨大惨剧，就是缺乏准备，缺乏危机预防、预警和预控的惨痛教训。

4. 积极责任原则

本书认为，韩大元教授和莫于川教授主编的《应急法制论——突发事件应对机制的法律问题研究》一书提出的"积极责任原则"也是危机管理法制的一个重要原则。因为与常态法治一般比较注重政府的消极责任有所不同，危机管理法制更强调政府科学、及时、有效应对危机的积极责任。政府在公共危

---

① 韩大元、莫于川：《应急法制论——突发事件应对机制的法律问题研究》，法律出版社，2005 年版，第 59 页。

机管理中承担着主要责任，发挥着核心和领导作用，危机管理的成败与否，在很大程度上取决于政府部门和官员履行职责的效果和效率。为此，危机管理法制应建立健全比常态法治更为积极，更为严厉的政府行政责任制，监督促进紧急权力的积极规范行使，有效防止玩忽职守、逃避责任、不恰当履行职责等现象的发生。在2003年我国应对SARS危机的过程中，中央政府和各级地方政府都广泛实施了"积极责任原则"。事实证明，积极责任原则是确保我们战胜危机的重要法宝之一。

5. 权益救济原则

危机管理法制的权益救济原则与行政法层面的权益救济原则有所不同。行政法层面的权益救济通常是指行政管理相对人的权利和利益，受到行政机关侵害时，依法通过行政救济方式和司法救济方式来纠正违法或不当的行政侵权行为，使受损害的权益得到恢复或补救。① 而危机管理法制的权益救济原则有以下几层含义：一是当公共危机对群众的权利和利益造成侵害时，如果是企业的生产事故造成的危机，企业必须承担对受害者的权利和利益进行赔偿的责任。二是当政府对危机爆发负有某种责任时，政府应当承担对受害者的权利和利益进行赔偿的责任。三是当公共危机的引发是由于自然灾害，并没有特定的责任者时，政府也应当尽其所能，并发动各种非政府组织和志愿者组织，甚至动员全社会的力量对受害者进行各种救助，以减少危机受害者损失，减轻危机受害者痛苦。四是在危机应对的紧急情况下，人们为了控制危机蔓延，防止危机升级，往往需要牺牲一些较小的利益，来保护较大的利益。这样，就会对一些群众的利益造成损失，危机之后，理应对这些做出自我牺牲的人们进行合理的补偿。至于补偿的多少，则要视损失的大小而定。总之，危机管理的各种法律法规，必须对公共危机的权益救济提供足够的制度性保障。

由于危机的种类繁多，因此，危机管理法律制度是一个较为复杂的制度体系。所有危机管理法制原则都并非各自独立、互不相关，相反，它们在内涵、精神上是彼此相通的，所有的基本原则和具体原则有机地构成一个完整、统一的危机管理法制原则体系，从而为危机管理法制奠定科学而坚实的理论基础，为调节危机管理中的各种关系提供制度保障，为危机管理中的各种参与者提供

---

① 邓国良、贾江滔：《公共安全危机事件处置研究》，中国人民公安大学出版社，2004年版，第64页。

行为规范。

10.4　我国危机管理法制存在的问题

近年来，我国已出台了大量涉及公共危机管理的法律、法规和规章，已经基本上建立起了危机管理法制的基本框架。这为应对突发事件带来的社会危机，依法实施有效的危机管理，提供了一定的法律保障。但是，相对分散、不够统一的危机管理法制还存在很多问题和不足，主要包括如下几个方面。

10.4.1　相关法律至今仍然空缺

被称为"非常状态基本法"的《紧急状态法》在我国仍然空缺，由于紧急状态是一种极端的社会危机状态，在我国发生的几率很小，加之立法条件还不够成熟，而我国最迫切需要的是集中规范普通的应急管理，即解决当前局部的、不至于达到极端程度的突发事件频繁发生，对我国国家和人民的利益造成严重损害的突出问题。因此，经过周密的论证，我国优先制定了《突发事件应对法》。但这并不等于说，我国不需要制定《紧急状态法》。由于没有制定紧急状态法，在遇到汶川大地震这种巨大危机时，为了地震救灾的需要，我们行使了一些国家紧急权力，主要是紧急行政权力。行政权力扩大到什么程度，缺乏明确的界限，哪些机构可以行使这些权力？紧急权力与常规权力发生矛盾和冲突时怎么协调？紧急权力是否可以收回？什么时候收回？都没有明确的规定。这些都充分说明，我国仍然需要在适当的时候，制定一部适合我国国情的《紧急状态法》。在灾害危机管理方面，我国目前只制定了一些单灾种的单行法规，尚未建立《国家减灾基本法》，缺乏综合减灾的思路和法律体系，灾害法学的研究也处于起步阶段。而发达国家大都建立了以《国家减灾基本法》为核心的减灾法律体系，把灾害管理纳入了法治化的轨道。在互联网时代，网络安全成为当今公共安全与公共危机管理中的一个日益突出内容，也是国际竞争的新领域，对我国公共危机管理提出了新挑战，但是目前我国还没有出台网络安全法。

缺乏基本法律的弊端：一是难以形成危机管理法制的法律体系，由于缺乏总的基本法和各领域的基本法，法律框架无法系统化。二是仅针对不同类型的危机分别制定单项法律、法规，难免造成众多矛盾，形成大量立法冲突，下位立法容易出现违背上位法的现象，从而大大影响其合法性。这种模式缺乏纲举目张的效果,降低了危机处理能力。三是由于缺少上位基本法的控制,各部门都针对自己所负责的事项立法,各自为政,缺乏沟通与协作,降低了政府危机管理的效率;四是由于没有基本法统揽全局,一些地方受地方保护主义的影响,在地方立法方面各自为政,"以邻为壑",大大削弱了处理突发危机的协作机制,各地的资源难以协调,难以形成合力。不过,2007 年颁布的《突发事件应对法》,使我国有了一部集中规范普通应急管理的基本法,在一定程度上缓解了我国在灾害危机管理方面的立法压力。但由于我国的灾害众多,在减灾、防灾方面的任务繁重,该领域需要调整的法律关系也很多,因此我国仍需要在灾害危机管理方面制定一部类似于《突发公共卫生事件应急条例》的专门法,以增强我国在灾害危机管理方面的应急能力。

10.4.2 部分领域法律规范不健全、不完善

在战争危机、恐怖危机、骚乱危机和突发群体性事件等人为因素引发的危机领域,紧急状态法、突发群体性事件应对法律,在我国至今仍是空白。对于骚乱事件,虽然有《戒严法》的规制,但从各国的实践来看,戒严是针对较为严重的骚乱事件所采取的一种较为严厉的应急措施,其一旦运用将对国民的正常生活和心理带来较大的负面影响,故仍有制定一般性骚乱应对法的必要。有的方面虽制订有一些规范,但主要是部门规章或者其他规范性文件,如在处置突发群体性事件时主要依据 2000 年国家公安部发布的《公安机关处置群体性治安事件规定》,其规范性不强,效力不高,在重大突发事件发生时,往往难以协调各地方、各部门的关系,因此也难以形成合力。近年来,我国针对事故性危机和灾害性危机制定了一些法律规范,但仍有很多空缺,很多危机应急制度尚未建立,如重大计算机系统故障应急制度、大面积停电应急制度,以及大范围中毒、重大爆炸、外来入侵、价格干预、民用燃气安全等方面的应急管理制度等。①

10.4.3 一些法律法规之间的矛盾和冲突较多

由于基本法的缺位,不少危机法律规范缺乏上位法的约束,加之立法时对法制统一强调不够,调研工作搞得不扎实,导致法律规范之间的矛盾和冲突较

---

① 黄顺康:《公共危机管理与危机法制研究》,中国检察出版社,2006 年版,第 220~222 页。

多。此外，对法律规范的清理工作不够重视，如法律的修改、修订、废止、解释等，从而对我国危机法律规范的实施带来较大的负面影响。有的学者还提出，我国在制定统一的《紧急状态法》的时候，需要对现有法律中的一些重要概念如"突发事件"、"紧急状态"、"危机管理"等做出解释，这也是清理危机法律规范重要的工作任务。① 相关法律之间的冲突，比较典型的例子就是我国的道路交通安全法与突发事件应对法之间某些条款不一致。2003 年 10 月 28 日第十届全国人民代表大会常务委员会第五次会议通过的《中华人民共和国道路交通安全法》（2011 年 4 月 22 日第二次修订）中第 53 条规定："警车、消防车、救护车、工程救险车执行紧急任务时，可以使用警报器、标志灯具；在确保安全的前提下，不受行驶路线、行驶方向、行驶速度和信号灯的限制，其他车辆和行人应当让行。"该法中规定在执行紧急任务时的四类（警车、消防车、救护车、工程救险车）优先通行车辆并不包括突发事件应急救援与处置中也应该优先通行中的"应急指挥车"，这与突发事件应对法和相关应急预案中关于"应急通道中优先通过车辆的界定"不一致，不利于依法行政，还可能会影响公共危机管理的过程与效果。

10.4.4　许多法律法规的可操作性不强

法律的可操作性是其在实践中得以有效实施的前提之一，而我国的有关法律法规总体要求多，具体可操作性的条款较少，表现为在内容上较为原则、抽象，缺乏具体的实施细则、办法相配合，从管理的角度考虑较多，从约束紧急权力的方面考虑较少，尤其是紧急行政程序法律规范严重不足。多数针对突发事件的立法在给行政机构配置紧急处置权力的同时却忽视了权力约束和制约，忽视了机构之间的横向协调与监督关系，忽视了发挥下级机关和非政府组织的积极性、自主性和创造性，忽视了对紧急权力造成的伤害后果设置救济途径，尤其是缺乏公民的基本权利受到侵害时实施救济的程序性规定。例如《防洪法》第 7 条第三款规定：各级人民政府对蓄滞洪区予以扶持；蓄滞洪后，应当依照国家规定予以补偿或者救助。但是，却缺乏对这种补偿的程序以及标准的明确规定。这样就在一定程度上限制了公民寻求救济的权利。②

---

① 参见莫于川：《公共危机管理与应急法制建设》，http://www.chinalawedu.com "行政法论文"栏目。

② 郭春明：《紧急状态法律制度研究》，中国检察出版社，2004 年版，第 231 页。

10.4.5 执法中也存在诸多问题

执法难是我国广泛存在的一大难题。不少学者认为，我国目前缺的不是法律制度，缺的是严格执行法律制度的人。执法中存在的主要问题：一是有法不依、执法不严、违法不究、放任自流；二是职责不清，权限不明，执法重复交叉，相互扯皮，或者有头无尾，上下脱节，条块分割，各行其是，政令不畅；三是执法不公开，不透明，喜欢暗箱操作，执法缺乏有效的监督制约，对违法违纪的行为处理不力，执法随意性大；四是执法中由于部门利益驱使，乱罚款、乱收费、乱摊派等现象较为严重等。这些问题在危机管理的执法领域大都存在。其中最突出的问题表现为有法不依、执法不严、行政不作为、难获救济等。例如：《防洪法》第 56 条严格禁止在河道、湖泊管理范围内建设妨碍行洪的建筑物、构筑物，并规定了惩罚措施。第 57 条又对围海造地、围湖造地、围垦河道的行为规定了惩罚措施。但是，在现实生活中仍出现了大量的围垦河道、在河道内修建妨碍行洪的建筑物等违法行为。2002 年在武汉汉阳江滩边曾建起了总面积 7 万平方米的外滩花园，这一严重违反国家有关防洪法规和严重阻碍长江行洪的项目，居然还通过了有关部门的审批、立项，后经国家防汛抗旱总指挥部干预才予以纠正。又如，《传染病防治法》第 22 条、第 23 条明确规定，不得隐瞒、谎报或者授意他人隐瞒、谎报疫情，并应及时公布和通报。但 2003 年 SARS 危机期间却出现了不少隐瞒、谎报疫情的行为。可见，在公共危机管理领域，一些地方、部门及公务人员不同程度地存在有法不依、执法不严的违法现象。

本章小结

本章首先论述了公共危机管理法制的内涵、主要特征和基本构成等基本理论，其次分析了我国公共危机管理法制的基本原则和具体原则，最后探讨了目前我国公共危机管理法制中存在的主要问题。公共危机管理法制属于非常态法制，因此它有很多特殊性，这就决定了它的法制化建设需要遵循不一般的原则，来确保应急权力恰当运用。我国的公共危机管理法制建设刚刚起步，已取得部分成果，但仍需不断发展、完善，在这一建设过程中必须特别强调公共危机管理中的依法行政和公民权利保障问题。

关键术语

　　公共危机管理法制　　　行政权力　　　权力克减底线　　　比例原则

思考题

　　1. 公共危机管理法制有哪些特点？

　　2. 公共危机管理法制的基本原则有哪些？

　　3. 我国公共危机管理法律体系包括哪些主要内容？

　　4. 公共危机管理中必须确保哪些基本的公民权利？

　　5. 你认为完善我国公共危机管理法制需要从哪些方面努力？

　　6. 公共危机法制建设对于政府依法行政有哪些促进作用？

本章主要参考文献

　　邓国良、贾江滔：《公共安全危机事件处置研究》，中国人民公安大学出版社，2004 年版。

　　傅思明：《突发事件应对法与政府危机管理》，知识产权出版社，2008 年版。

　　郭春明：《紧急状态法律制度研究》，中国检察出版社，2004 年版。

　　黄顺康：《公共危机管理与危机法制研究》，中国检察出版社，2006 年版。

　　韩大元、莫于川：《应急法制论——突发事件应对机制的法律问题研究》，法律出版社，2005 年版。

　　莫于川：《公共危机管理的行政法治现实课题》，《法学家》2003 年第 4 期。

　　宋英华：《突发事件应急管理导论》，中国经济出版社，2009 年版，

　　王立民：《反恐立法述评》，《犯罪研究》2003 年第 1 期，第 2~10 页。

　　王晓君：《政府危机管理法律问题研究》，山东人民出版社，2008 年版。

第 11 章 公共危机管理展望

引导案例

案例 1　国家干校设危机管理实验室　模拟应对群体性事件

领导干部跟不上形势的发展，严重影响执政党的目标实现。为此，2005 年中共中央新设了三所国家级干部培训学院。其中，中国浦东干部学院紧扣"时代性"和"国际性"，"实验性教学"走在全国前列，开设的"国际课程"也令人耳目一新。

设国家级干部培训学校

2010 年 3 月 18 日，中国浦东干部学院迎来它的五周年庆。随同它一起庆祝生日的还有另外两位兄弟——中国井冈山干部学院和中国延安干部学院，它们同时诞生于2005 年。

中国国家级的干部教育培训基地以前主要是中央党校和国家行政学院。前者侧重于政治理论、党性教育等方面，后者主要培训政府公务员的管理能力。2005 年新成立的三所学院中，延安、井冈山两院侧重于革命传统、基本国情、作风养成等方面的培训；浦东干部学院则强调改革开放意识与执政能力的培养。

着重培养干部实际能力

据中国浦东干部学院教学研究部主任郑金洲介绍，目前学院已经先后共设置了 5 个教学实验室。第一个实验室是媒体沟通实验室。郑金洲说，我们的干部很少有机会面对媒体，不善于与媒体打交道。设媒体沟通实验室就是希望通过专题培训弥补这些干部在这方面的缺陷，让他们学会与媒体交流、沟通，学会善待媒体，善用媒体，善管媒体。

第二个实验室聚焦"危机管理"。据郑金洲介绍，"我们在实验室里搞危机处置的情景模拟，就是告诉干部怎么面对、处理群体性事件。我们会再现整个危机场景，让学员进入场景中"。郑金洲举例说，他们曾将贵州瓮安事件的影像资料放给学员们看，让学员扮演其中角色，"有县委书记、县长、政法委书记、公安局长、宣传部长，每一个小组来做出决策，别的学员来判断决策的利弊得失。每个小组的决策都呈现在大屏幕上，一步步向前推演，然后我们再进行概括总结"。

"领导心理调适实验室"也是首创。汶川大地震之后，专门为震区干部开办了两期"灾后重建与领导干部心理保健培训班"，"有些干部开始来的时候没有一点笑的模样，其中一个班的学员 60%都是有直系亲属在地震中遇难的。经过半个月各方面心理调适之后，他们开始露出了笑容"，郑金洲说。此外，还设了"金融交易实验室"和"电子政务实验室"，都是注重培养领导干部的实际能力。

开拓干部国际视野

常务副院长冯俊说："在当今世界上，我们的干部教育不是封闭的教育，要提高领导干部的执政能力和科学发展能力，没有国际性眼光是不行的。"

据介绍，国际课程占独立设置班次和专题讲座的比例已经超过 10%。学院在开"县委书记、县长新农村建设培训班"时，专门邀请了精研农村开发的日本"一村一品"促进会会长平松守彦来讲课；在开公共政策课程时，又邀请美国卫生部部长莱维特就公共卫生与食品安全主题发表演讲。

5 年来，包括英国首相布朗（时任副首相、财政大臣）、南非总统祖马、世界银行行长佐利克等国际知名人士都曾在中浦院发表演讲，一批来自英国、法国、澳大利亚等国的专家学者在学院定制的国际课程中授课。

到目前为止，非洲国家，以及澳大利亚、德国、欧盟、俄罗斯和新加坡等国都派员过来接受培训。

（资料来源：《国家干校设危机管理实验室，模拟应对群体性事件》，《成都日报》2010年4月5日。）

案例讨论

1. 当今我国公共危机管理中的管理者素质总体不高，中国浦东干部学院的做法对提升领导干部的公共危机应对能力有哪些作用？

2. 中国浦东干部学院设危机管理实验室是为了应对新形势下哪些挑战？可以提升哪些执政能力？

3. 在全球化时代，在公共危机管理方面开拓干部的国际视野应该从哪些方面着手？

案例2　大数据，变革公共卫生

2009年出现了一种新的流感病毒。这种甲型 H1N1 流感结合了导致禽流感和猪流感的病毒的特点，在短短几周之内迅速传播开来。全球的公共卫生机构都担心一场致命的流行病即将来袭。有的评论家甚至警告说，可能会爆发大规模流感，类似于1918年在西班牙爆发的、影响了5亿人口并夺走了数千万人性命的大规模流感。更糟糕的是，我们还没有研发出对抗这种新型流感病毒的疫苗。公共卫生专家能做的只是减慢它传播的速度。但要做到这一点，他们必须先知道这种流感出现在哪里。

美国，和所有其他国家一样，都要求医生在发现新型流感病例时告知疾病控制与预防中心（CDC）。但由于人们可能患病多日实在受不了了才会去医院，同时这个信息传达回疾控中心也需要时间，因此，通告新流感病例时往往会有一两周的延迟。而且，疾控中心每周只进行一次数据汇总。然而，对于一种飞速传播的疾病，信息滞后两周的后果将是致命的。这种滞后导致公共卫生机构在疫情爆发的关键时期反而无所适从。

在甲型 H1N1 流感爆发的几周前，互联网巨头谷歌公司的工程师们在《自然》杂志上发表了一篇引人注目的论文。它令公共卫生官员们和计算机科学家们感到震惊。文中解释了谷歌为什么能够预测冬季流感的传播：不仅是全美范围的传播，而且可以具体到特定的地区和州。谷歌通过观察人们在网上的搜索记录来完成这个预测，而这种方法以前一直是被忽略的。谷歌保存了多年来所有的搜索记录，而且每天都会收到来自全球超过 30 亿条的搜索指令，如此庞大的数据资源足以支撑和帮助它完成这项工作。

发现能够通过人们在网上检索的词条辨别出其是否感染了流感后，谷歌公司把 5000 万条美国人最频繁检索的词条和美国疾控中心在 2003 年至 2008 年季节性流感传播时期的数据进行了比较。其他公司也曾试图确定这些相关的词条，但是他们缺乏像谷歌公司一样庞大的数据资源、处理能力和统计技术。

虽然谷歌公司的员工猜测，特定的检索词条是为了在网络上得到关于流感的信息，如"哪些是治疗咳嗽和发热的药物"，但是找出这些词条并不是重点，他们也不知道哪些词条更重要，更关键的是，他们建立的系统并不依赖于这样的语义理解。他们设立的这个系统唯一关注的就是特定检索词条的频繁使用与流感在时间和空间上的传播之间的联系。谷歌公司为了测试这些检索词条，总共处理了 4.5 亿个不同的数字模型。在将得出的预测与 2007 年、2008 年美国疾控中心记录的实际流感病例进行对比后，谷歌公司发现，他们的软件发现了 45 条检索词条的组合，一旦将它们用于一个数学模型，他们的预测与官方数据的相关性高达 97%。和疾控中心一样，他们也能判断出流感是从哪里传播出来的，而且他们的判断非常及时，不会像疾控中心一样要在流感爆发一两周之后才可以做到。

所以，2009 年甲型 H1N1 流感爆发的时候，与习惯性滞后的官方数据相比，谷歌成为了一个更有效、更及时的指示标。公共卫生机构的官员获得了非常有价值的数据信息。惊人的是，谷歌公司的方法甚至不需要分发口腔试纸和联系医生——它是建立在大数据的基础之上的。这是当今社会所独有的一种新型能力：以一种前所未有的方式，通过对海量数据进行分析，获得有巨大价值的产品和服务，或深刻的洞见。基于这样的技术理念和数据储备，下一次流感来袭的时候，世界将会拥有一种更好的预测工具，以预防流感的传播。

（资料来源：节选自 ［英］迈尔-舍恩伯格、库克耶：《大数据时代：生活、工作与思维的大变革》，盛杨燕、周涛译，浙江人民出版社，2013 年版，第 2~4 页。）

案例讨论

1. 大数据时代使公共危机管理的环境发生哪些质的变化？
2. 大数据时代对当前公共危机管理方式提出了哪些挑战？
3. 大数据对公共危机管理提供了哪些发展的契机？

4. 大数据时代如何促进公共危机管理范式的转变？

11.1 全球化时代公共危机管理的新形势

世界是不断变化和发展的，并且一直充满着不确定性。从现代社会发展的特点来看，一方面，人类认识世界和控制自然的能力不断提高；另一方面，人与人，人与自然、社会组织之间的竞争和冲突也在不断加剧。人类在利用高科技、高度发达的生产力创造高度舒适、高度便捷的生活的同时，也埋下了对自然界的亏欠、对生态的损害、对高科技的过度依赖以及由社会发展不平衡造成的种种隐患和风险。当前，随着经济全球化和信息化进程的加快，社会复杂性、关联性和相互依存性也随之增强。现代社会在发展速度加快的同时，也变得更加脆弱，在高速发展的背后，隐藏着多种危机。进入 21 世纪以来，越来越多的社会问题诸如资源、环境、公共卫生、恐怖袭击等开始超越国界，向邻国或周边地区，甚至整个国际社会蔓延，催生了全球性的公共危机。而且，无论是发生的诱因，还是出现的形式，以及对人类社会发展的影响等各个方面都处在演化之中。因此，如何正确识别和判断全球化背景下的各类突发事件，并构建起有效应对变化世界中公共危机治理框架和体系，是摆在各国政府面前的重要议题。

11.1.1 全球公共危机的新变数

经济全球化浪潮进一步打破了人类各群体地区的封闭性和交往的狭隘性，极大地促进了各地之间的物质、信息和人员的交流，增进了彼此之间的沟通和理解，同时也增加了人类共同承担全球性风险的系数。在全球化浪潮的汹涌冲击之下，社会不稳定因素急剧增长，重大社会危机的隐患不断增加，并且随时有可能爆发。全球化时代各个群体的高关联度，使任何一个国家或地区的危机都有可能对其他地区、国家乃至世界产生消极影响。21 世纪是人类通过经济一体化进程走向全球共同体最为关键的一个世纪，一体化与非一体化、反一体化将是新世纪中的世界主要矛盾。① 随着全球化进程的深入，全球公共危机将出现一些新的变数：

---

① 薛澜等：《危机管理——转型期中国面临的挑战》，清华大学出版社，2003 年版，第 4 页。

（1）政治冲突。在全球化浪潮的冲击下，国内和国际政治风险都将变得日益频繁。从国内来看，一方面，任何国家在其现代化进程中，社会结构都会发生明显变化并进而形成新的政治格局。在这个格局重新整合的过程中必然会产生激烈的矛盾和冲突，给社会带来激荡甚至是破坏。另外，作为现代化进程重要组成部分的民主化进程，在带给人们更多自由的同时，也会引致更多的政治纷扰和不确定性。在国际范围内，现代化进程的不均衡和全球化浪潮的涤荡造就了国际力量的深度消长，国际政治格局出现很大调整。在全球化的时代，国际政治局势不但没有稳定的趋势，反而更可能以更丰富的形式呈现出一幅交织的乱象，并随着全球化的进程触及到世界的每一个角落。

（2）经济动荡。20 世纪 90 年代以来，经济全球化迅猛发展，人类在分享全球化带来的利益的同时，也不断面临随之而来的各种问题，其中最引人瞩目的莫过于经济危机的全球化。随着经济全球化的深入，国际经济的动荡将成为常态。而全球化背景下国际经济动荡的波及效应，会使任何单个国家或国际性组织在与市场力量的抗衡中处于弱势，从而加剧危机的严重程度，国际社会的经济安全和发展中国家的经济与社会安全将由此受到严重的威胁。

（3）战争威胁。和平与发展是当今世界的主题，但是世界还不是很太平，还存在着许多影响世界和平进程的因素。工业现代化在给我们带来生活享受的同时，也促进了战争的工业化。早在现代工业的早期，工业创新与组织就已经与军事力量结合在一起了。核武器已经被用于战争，显示出其批量杀戮的巨大威力。在政治冲突仍可能激化、武器管理有可能失控、军事集团依然虎视眈眈的形势下，战争风险不仅是客观的，而且是紧迫的。

（4）资源危机和生态恶化。随着科学技术的飞速发展，人类改造、利用自然，无论是在广度上还是在深度上，都达到了前所未有的水平。人类生存环境极大改善，社会财富急剧膨胀。但我们为此付出的代价却是：生态环境严重失调，环境污染日益加剧，全球生物圈濒临瓦解。庞大的人口使生态环境面临沉重的压力，先发展后治理的传统经济发展模式也使生态环境遭受了巨大的冲击和破坏。

由于地球资源本身的稀缺性，经济发展和人口增长加剧了世界各国对资源的依赖和争夺，资源危机的国际化日益突出，而自然环境的恶化一直是全球性的问题。资源与环境危机的国际化将对国际政治带来巨大影响，改变国家间的力量平衡，在某个区域或全球范围内导致新的不稳定，并诱发各种冲突乃至战争。在一些发展中国家，粮食武器的重要性丝毫不亚于石油武器。①

（5）恐怖主义威胁。进入 21 世纪，恐怖主义有了新的发展，它已经演化为在战争之外，个人或团体出于某种政治目的而采取的暴力行为，亦即国际恐怖主义，并表现出组织成分更加复杂、袭击目标更加多样、影响区域更加广泛等新特点，成为当今世界上各个国家、民族、阶级或宗教之间多种矛盾尖锐化、极端化的反映，是一种特殊的国际斗争方式。美国"9·11"事件以后，反对恐怖主义融入了全球化的进程。如何认识并切实有效地应对各种恐怖活动造成的危机，成为世界各国政府及国际社会所关注的重要议题。

此外，在新时期甚至更长的时期内我们还将面临着文化安全、人口安全、粮食安全、网络安全、生物安全、基因安全以及科技异化等多方面问题。

11.1.2 全球公共危机管理的新路径

面对全球公共危机的新变数，世界各国和地区的政府都在竭力探索适合本国、本地区发展需要的突发事件应急管理体系，旨在能够建立起切实有效的公共危机应对机制，以及时有效地预防和处理各种危机。

为了有效应对当前和未来时期内可能发生的各种危机，世界各国应该从以下这些方面做出努力：

（1）完善国内危机应对的机制建设和法律建设。政府是危机处理的中枢和核心，为了适应全球化时代的需要，世界各主要国家都加强了政府危机管理机制的建设。很多国家都做出相应规定，一旦发生危机，立刻成立危机处理委员会或相应的临时机构，还有一些国家的中央政府成立了处理危机的常设机构，并赋予这些机构特定的权力和资源，为及时处理危机提供充分的制度保证。同时，为了保障政府及其各部门在公共危机状态下行使权力的合法性和有效性，各国还通过完善危机立法为危机管理提供法律保障。

（2）建立健全国家危机管理系统。重大的全球性公共危机必须依靠以政府为主导的危机管理体系来全面部署与全盘运作，因此，各国应该建立一个常设的、专责的、国家级的危机管理决策系统，在国家层面上建立国家安全委员会，以立法的形式授予其对其他政府机构进行协调和调度的权力，负责危机决策和对各地方进行协调，同时加强对外联络沟通。

---

① 全国干部培训教材编审指导委员会组织编写：《公共危机管理》，党建读物出版社，2006 年版，第 346 页。

（3）建立区域预警应急联动体系。21 世纪以来，公共危机的跨区域性特征日益明显，这就要求世界各国必须重视区域预警应急联动体系的建立。目前世界各主要国家已建立了较为完善的应急联动体系，在应急管理的诸多方面亦有共识，我国的预警应急联动体系也正在建立健全之中。今后需要进一步推进跨国家和地区的区域应急联动体系。

（4）建立以政府为主体的多中心全球危机治理体系。全球治理已经成为冷战结束以来国际关系领域兴起的新理念，它将国家和国家之外的各类国际行为体均看作治理合作的主体，将合作的主体由政府扩大到非政府，强调不但要重视国家间的合作，而且要重视国家与非国家行为体之间的合作。① 现代危机的多样性、扩散性、关联性等特点决定了传统的、以民族国家为单位的危机治理机制已经不能适应风险社会的治理需要。因此，建立以政府为主体的多中心全球危机治理体系刻不容缓。通过全球合作，一方面，各国间可以获得更多的谅解，有效消除危机，恢复社会秩序，重建文明的世界；另一方面，通过各国协同努力，可以提高各国危机救治效率、降低救治成本，可以有效地缓和灾害发生国的危机应对压力。② 特别是在一些国家应对重大灾害的活动中，这种国际性应急救援力量的作用表现得更为明显。比如，我国 2008 年汶川大地震发生后，收到了大量国际性的紧急救助资金和物资，这些资金和物资对救灾减灾、渡过难关和灾后的恢复重建工作都起到了极为重要的推动作用。

11.1.3　全球公共危机管理的新议题

全球公共危机管理将面临的新议题主要有：

（1）BCM 与公共危机管理的融合。BCM 即业务连续性管理，是英文 Business Continuity Management 的简称，是一项面向商业机构或政府组织信息安全与风险管理的综合管理流程，它使组织机构认识到潜在的危机和相关影响，制订响应、业务和连续性的恢复计划，其总体目标是为了提高组织的风险防范与抗击打能力，以有效地响应非计划的业务破坏并降低不良影响。BCM 系统的整体规划、实施与运营包括信息系统的基础数据与应用系统灾难备份与

---

① 刘长敏：《全球化时代的国际危机及中国的应对》，《中央社会主义学院学报》2005 年第 6 期，第 79 页。

② 薛澜等：《危机管理——转型期中国面临的挑战》，清华大学出版社，2003 年版，第 135 页。

业务恢复计划。走在 BCM 管理领域前沿的美国、英国、法国、新加坡等国家均通过立法、树立行业标准等手段极大地促进了整个国家和企业信息安全与风险管理能力。① 主要包括灾难恢复计划、业务持续运行计划、作业计划和重建计划。近年来，随着 BCM 和公共危机管理理论、方法的不断成熟，国际上许多政府机构及与应急管理相关的组织纷纷将 BCM 和应急管理的研究成果和实践经验融合到统一的标准和指南中，以便这些标准和指南为政府机构和企业提供更有效的行动指导，如美国的 NFPA1600 标准、英国的 BS25999、澳大利亚的 HB221/292/293 等，这些措施都极大地促进了整个国家与企业信息安全与风险管理能力。

在我国，由国务院信息办制订的《重要信息系统灾难恢复指南》2005 年5 月正式出台，它首次引入了灾难恢复的分级机制，规范了企业灾难恢复的流程，是国内第一个兼具指导性和实用性的纲领性文件，有力地促进了我国BCM 的发展和推广。如何推动 BCM 与公共危机管理的有效融合，使 BCM 与公共危机管理的研究成果在更大范围内共享并紧密地结合起来，促进"组织机构有效地应对各种灾难，并保持业务的持续发展"②，应当是今后一段时期全球公共危机管理需要深入思考的一个新问题。

（2）风险问责。人类已经成为现代社会风险的主要生产者，"危险更多地来自我们自己而不是来源于外界"。③ 全球化不仅加大了风险的不确定性、不可控制性和不可预测性，也加剧了风险的传播，而且在传播过程中还会产生新的风险，扩大风险承担者的规模。如何分担风险责任，以及为治理行动提供有效的激励是公共危机管理不可回避的问题。

风险责任的界定是一项复杂的事情，涉及一系列问题，如：究竟由谁界定或决定风险的标准？谁是风险责任的承担者——是那些引发风险者，还是那些从中受益者、潜在的受影响者、抑或公共管理者？在一个对风险充满争论的社会里，什么才算是充分的证据？在什么情况下风险应该被问责？无知就不应该被问责吗？等等。通常情况下，人们总是想方设法相互推诿，再建立一套话语

---

① 毛晶慧：《"防灾御难"走上前台　BCM 巨头中国夺"标"》，《中国经济时报》2005 年 8 月 3 日。

② 陈建新：《BCM 与应急管理有效融合应对灾难》，《中国计算机报》2009 年 4 月 20日，第 29 版。

③ 薛晓源、周战超：《全球化与风险社会》，社会科学文献出版社，2005 年版，第 55页。

来推卸责任。这种"有组织地不负责任"反映了现行治理模式的困境。"最典型的，就是至今没有哪个个人、群体或机构为几个世纪以来的环境破坏承担具体责任，倒是各方都可以为自己找到一大堆辩护理由。"① 由于风险治理不可能回避责任问题，因此，构建科学的风险问责机制，将是妥善应对"有组织地不负责任"困境的积极选择。

11.2　转型期中国公共危机管理的新挑战

进入 21 世纪以来，各种突发事件频频爆发，可以说，人类社会已经进入风险社会。与传统风险相比，现代风险在本质、表现形式和影响范围上已经与过去有了很大不同，它已经从制度上和文化上改变了传统社会的运行逻辑，对传统的危机管理机制提出了新的挑战。

2003 年 SARS 危机之后，我国政府深刻认识到应急管理工作的重要性，重点围绕"一案三制"做了大量工作，在全社会范围内初步建立了国家应急管理体系，应对突发事件的能力有了显著提高。然而，与发达国家相比，我国的应急管理体系还有很多工作需要改进与完善，我国的应急管理工作面临着来自国内和国际的诸多挑战。

11.2.1　转型期中国公共危机的新特点

处于转型期的中国，面临着社会结构分化、利益格局调整、人口流动加剧等诸多深层次变革。在这场变革中，中国同时经历多重转变：从一个乡村——农业化社会到一个城市——工业化社会的转变；从计划经济体制向市场经济体制的转变；从一个内向型、自我完整的经济体系向一个开放型的国际化经济体系转变；从一个以个人权威为基础的社会政治管理体制向一个民主化与法制化的社会管理体制的转变②。

特殊的发展时期和特殊的国情使转型期中国的危机形态呈现以下特点③：

（1）公共危机领域呈现多层次性。在经济生活领域，经济虽然飞速发展，

---

① 肖巍：《风险责任与协商机制》，《中国人民政协理论研究会会刊》2007 年第 3 期，第 36 页。

② 薛澜等：《危机管理》，清华大学出版社，2003 年版，第 6 页。

③ 薛澜等：《危机管理》，清华大学出版社，2003 年版，第 10~11 页。

但是呈现不平衡性，造成了很多社会问题；日常生活领域，城乡发展不平衡，生活资料和生产资料的分布不均等，造成了社会问题的凸显，例如教育失衡，生活水平失衡；在公共管理领域，由于我国长期的历史特点，政府在适应当代社会主体发展的同时要努力转变自身定位，政府职能的界定，与何种社会力量的配合等都成为亟待解决的问题；国际上，中国和平崛起，各种国际力量的牵制和控制，以及突发的各种国际性经济政治冲突等，都预示着中国有可能面对的种种外交危机。

（2）公共危机规模扩大，影响范围扩展。经济方面，各种性质的经济力量发展不平衡，同时加之追求经济效益的盲目增长导致严重的安全事故发生，尤其是矿井重大安全事故，发生频繁，死亡人数剧增，造成了恶劣的影响。

同时，各地群体性的冲突发生，以政府与民众间的冲突最为明显。政府在执法中侵害民众的利益，或者社会各个贫富不同的社会成员之间冲突也时有发生。黑恶势力、地方性小团体也成为群体性事件发生的因素。

（3）公共危机的组织性、暴力性。据权威部门的有关数据，近年来发生的群体性事件，绝大多数是有组织有预谋的犯罪，并且有的还与海外某些势力有联系，别有用心。这种犯罪与传统性犯罪相比组织性和暴力性更强，往往具有持续性和反复性的态势，对我国经济社会等各方面的发展十分不利。

（4）危机影响方式多元，震荡频率加大。随着改革开放的不断深入，社会利益格局分化，危机事件涉及的群体面越来越广，敏感性越来越强，各种事件相互交织，连带性加大，聚焦效应明显。与此同时，随着社会信息化的发展和电子政务的开展，国内外各种反动势力借助传播渠道的多元化从事不可告人的勾当。他们利用我国政府的传统行政逻辑和大众的群体性心理，借助于信息技术和高科技手段，制造各种谣言，大肆煽动群众采取极端行为。这些特点在边疆地区表现得尤为明显，如2008年西藏拉萨"3·14事件"和2009年新疆乌鲁木齐"7·5事件"。此类事件就是民族分裂势力利用各种多元化渠道组织非法活动，散布谣言，唯恐天下不乱的行径。

（5）公共危机趋于国际化。经济全球化和世界一体化背景下，很多公共危机已不再局限于一地、一国，而是日益走出国门，走向国际。一方面，国内的极端个人及组织与各类国际势力紧密勾结，互为呼应；另一方面，随着中国的稳定发展，中国公民在境外的人身、财产安全也常常受到威胁，成为各类恐怖组织的目标。

11.2.2　转型期中国公共危机管理面临的新问题

一是现代社会系统的脆弱性日趋加深。科学技术发展到今天，已经成为一个高度复杂的系统。这不仅表现在其内部学科分化和涉及内容的高度复杂性，也表现在科技对人类社会生活影响的高度复杂性。这种高度复杂性的直接后果，就是人们对科技发展后果的控制能力越来越低。① 现实中，科学技术在造福于人类的同时，由于人们的掌握程度不同或是失误意外，造成的交通事故、工程建设、化学品泄漏、环境污染等技术性事故不胜枚举。显然，人类在利用高科技、高度发达的生产力创造高度舒适、高度便捷生活的同时，也埋下了对自然界的亏欠、对生态的损害、对高科技的过度依赖以及由社会发展不平衡造成的种种隐患和风险。

现代城市生态系统的脆弱性和依赖性使得各种危机呈现常态化趋势。在系统复杂性和风险常态化的双重作用下，社会系统的脆弱性日渐加深，出现系统事故的可能性大大增加。一旦发生突发事件，往往引发连锁反应，产生一系列次生衍生灾害。这将大大增加公共危机管理的难度。

二是自然灾害日趋频繁和严重。我国有 70% 以上的大城市、一半以上的人口、75% 以上的工农业产值，分布在洪水、地震、海洋等灾害严重的沿海及东部地区，灾害发生频率高、种类多、损失严重，是世界上受自然灾害影响最为严重的国家之一。② 进入 21 世纪以来，各种自然灾害更是出现了频率不断增高、规模日趋扩大、损失日益严重的态势，各种极端天气事件相继发生，极端气象记录不断刷新，从 2008 年初的低温冰冻灾害到 2010 年的南方持续数月干旱；从 2008 年的汶川地震到 2010 年的玉树地震；这些重大自然灾害使我国在公共危机管理方面面临极为严峻的挑战。

三是转型期社会不稳定因素日趋增加。当前我国正处于经济转轨、社会转型的关键时期，根据世界发展进程的规律，在社会发展序列谱上恰好对应着非稳定状态的频发阶段，既是人口、资源、环境、效率、公平等社会矛盾的瓶颈约束最严重的时期，也是容易造成社会失序、经济失调、心理失衡等社会问题

---

① ［英］斯科特·拉什：《风险社会与风险文化》，《马克思主义与现实》2000 年第 4 期，第 61 页。

② 吴淑娴：《强化应急管理，构建和谐库区》，《重庆三峡学院学报》2007 年第 4 期，第 2 页。

的敏感时期。社会转型期频发的公共危机可能严重危害社会公共安全，损害社会公共利益，如果得不到及时、妥善的处置，情节轻的可能造成人员伤亡和经济损失，性质严重的甚至可以影响到国家的政治、经济和社会稳定。

11.2.3 全面提升公共危机管理能力的新要求

在经济转轨和社会转型的背景下，我国的公共危机出现新的特点和趋势，这给我国政府提出了前所未有的新挑战。一般来讲，在遭受同样灾害事故的情况下，由于各国政府和社会应对风险能力的强弱不同，受损程度会有很大的差异。与一些发达国家相比，我国在公共危机管理能力上还有不小的差距。

中国人民大学张成福教授通过研究发现，我国政府危机管理水平与西方发达国家相比还存在较大差距，综合来看，我国危机管理的现状与问题可以概括为：政府官员、公共管理者以及整个社会公民危机管理的意识比较弱；政府的危机管理缺乏系统的战略和政策规划；政府的危机管理缺乏组织化的保障；政府的危机管理缺乏完善的法制保障；政府的危机管理缺乏整合和协调的机制；政府的危机管理与国际和地区组织的合作机制有待完善；危机管理缺乏系统化和制度化的教育和训练机制。① 而且，在危机状态下如何动员社会各方面资源，构建完善的危机应对网络，提高社会危机应对能力？这些都是危机管理当中悬而未决的重要问题。

此外，我国危机管理职能由不同的政府部门承担，相互之间的整体联动机制不健全，危机管理的资源无法有效整合利用，整体上没有形成相互协调、分工合作的格局，在综合性的危机面前应对合力较差，导致我国现行的应急体制条块分割比较明显。同时在管理模式上也只是强调"应急"，即重"救"轻"防"，应急管理工作还主要集中于突发事件发生后的指挥救援、重建等方面，风险的预防预警还处于起步阶段。在面对复合型风险的时候，这种管理模式就显得力不从心。

因此，在公共危机日渐频繁的今天，高度重视公共危机的预防与应急管理工作，全面提升公共危机管理能力，这是我国政府和公共部门在新时期以及将来必须上的一门必修课。为了全面提升我国政府的应急管理能力，我们需要从这些方面努力：把危机管理纳入国民经济和社会发展的可持续发展战略之中，

---

① 张成福：《公共危机管理：全面整合的模式与中国的战略选择》，《中国行政管理》2003年第7期，第10页。

并在此基础上，制订国家危机管理的战略、政策和规划；建立和完善政府危机管理的组织体系和机构；制订并完善国家危机管理的法律、法规和规章体系；为政府的危机管理提供充分的物资和财政资源支持；建立政府危机管理的信息系统和决策支持系统，突出危机应对信息与网络系统的建设；建立有效的危机管理沟通机制，尽快建立常设性危机管理综合协调部门，切实推进政务公开，注重公共危机沟通；加强危机管理的教育和训练，促进政、企、研合作，大力加强危机管理的研究、教育与训练项目，增强整个社会危机管理的意识；加强国际合作，促进危机管理的多边合作和国际合作，广泛争取国际资源；高度重视整个公共治理结构的改革和创新。

总之，我国转型期出现的各种矛盾和问题以及存在的潜在风险要求我们改变传统观念，树立危机意识，完善危机管理体制机制，提高危机预防和处置能力，将公共危机管理纳入公共管理的重要议程，进一步强化应急管理工作。

11.3　大数据时代的公共危机管理

11.3.1　大数据时代的来临

大数据（Big Data），又称巨量资料（巨量的数据集），是指所涉及的资料量规模巨大到无法通过目前主流软件工具，在合理时间内达到撷取、管理、处理并整理成为帮助企业经营决策更积极目的的资讯，因可从中挖掘出有价值的信息而受到重视。麦肯锡全球研究所在《大数据：创新、竞争和生产力的下一个前沿》报告中认为，"大数据是指大小超出了传统数据库软件工具的抓取、存储、管理和分析能力的数据群"。①多数文献将大数据概括成四个 V，即Volume（大量化）、Variety（多样化）、Velocity（快速化）和 Value（价值）。在《大数据时代》一书中，大数据指不用随机分析法这样的捷径而采用所有数据的方法。

截至 2014 年 6 月，中国网民人数达 6.32 亿，2013 年中国电商零售总额超过了 3000 亿美元，中国已经从世界人口大国、经济强国迈进了互联网大国时代。当前的互联网在以每秒产生数以万 TB 数据在迅速成长，大数据存在于各行各业，一个大数据时代正在到来。在当前大数据来势迅猛。一方面，网民数

---

①　郭晓科：《大数据》，清华大学出版社，2013 年版，第 5 页。

量不断增加，另一方面，以物联网和家电为代表的联网设备数量增长更快。随着宽带化的发展，人均网络接入带宽和流量也迅速提升。数据规模越大，处理的难度也越大，但对其进行挖掘可能得到的价值更大，这就是大数据热的原因。首先，大数据反映舆情和民意。网民在网上产生的海量数据，记录着他们的思想、行为乃至情感，这是信息时代现实社会与网络空间深度融合的产物，蕴含着丰富的内涵和很多规律性信息。根据中国互联网络信息中心统计，2012年底我国网民数为5.64亿，手机网民为4.2亿，通过分析相关数据，可以了解大众需求、诉求和意见。其次，企业和政府的信息系统每天源源不断产生大量数据。根据赛门铁克公司的调研报告，全球企业的信息存储总量已达2.2ZB，年增67%。医院、学校和银行等也都会收集和存储大量信息。政府可以部署传感器等感知单元，收集环境和社会管理所需的信息。2011年，英国《自然》杂志曾出版专刊指出，倘若能够更有效地组织和使用大数据，人类将得到更多的机会发挥科学技术对社会发展的巨大推动作用。

大数据将成为理解和解决当今许多紧迫的全球问题所不可或缺的重要工具。例如要应对气候变化问题时，需要对污染相关数据进行分析，得出最佳方案，来指导努力方向，找出缓解问题的方法。当大数据成为日常生活的一部分后，它将会极大地改变我们对未来的看法。大数据是新一代信息技术的集中反映，是一个应用驱动性很强的服务领域，是具有无穷潜力的新兴产业领域。《华尔街日报》将大数据时代、智能化生产和无线网络革命称为引领未来繁荣的三大技术变革。麦肯锡公司的报告指出数据是一种生产资料，大数据是下一个创新、竞争、生产力提高的前沿。世界经济论坛的报告认定大数据为新财富，价值堪比石油。在这场以数据驱动的智能时代，发达国家纷纷制定大数据战略以争夺新的制高点。大数据将成为一种新型生产资料，美国政府将大数据称作"未来的新石油"。2012年3月美国政府发布《大数据研究与发展倡议》，这是继1993年宣布"信息高速公路"之后又一重大科技部署，联邦政府和一些部委已安排资金用于大数据开发。

大数据开启了一次重大的时代转型，大数据标志着"信息社会"终于名副其实。就我国来说，大数据分析对我们深刻领会世情和国情，把握规律，实现科学发展，做出科学决策具有重要意义。

11.3.2　大数据技术在公共危机管理中的应用

大数据改变人的思维方式。"大数据"之父的维克托·迈尔-舍恩伯格指出，大数据这个强大的实证工具，给予了我们更全面、更精细的视角，来看待世界的复杂性和我们身处其中的位置，它改变的更是我们看待世界的思维方式。我们学到这种理解世界的新方法后，就能更好地了解世界。

大数据是当今炙手可热的话题。移动互联网的发展产生了海量数据，大数据时代社会对于信息采集与整合的需求前所未有地提升，理论上利用这些数据可以做很多事情。在目前，大数据技术可运用到各行各业。大数据为包括公共危机管理在内的社会治理创新提供了契机，通过对社会事实、事态演变的量化分析，发现规律，有效应对。大数据通过寻求深层次价值信息，推动公共危机管理中预测、决策、社会动员、信息沟通等方式的创新。大数据技术在公共危机管理方面的应用主要有：

1. 大数据能够提高公共危机管理者的概率预测。大数据的核心作用在于预测。在地震危机应对中，运营商的网络建设与经济发展、人口分布等关联度更高，因此基站退服信息可能会更精准地体现地震的破坏性。如果将类似于这样的数据及时地汇总在一起，有助于救援人员对灾情做出正确的判断和应对，就是数据的价值。这是通过静态数据的实时汇总统计，帮助运营团队形成对事件和实际状况的准确展现。再以公共卫生为例，"谷歌流感趋势"项目依据网民搜索内容分析全球范围内流感等病疫传播状况，与美国疾病控制和预防中心提供的报告对比，追踪疾病的精确率达到 97%。在社会安全管理领域，通过对手机数据的挖掘，可以分析实时动态的流动人口来源、出行，实时交通客流信息及拥堵情况。利用短信、微博、微信和搜索引擎，可以收集热点事件，挖掘舆情，还可以追踪造谣信息的源头。以踩踏事件预防为例，通过对历史数据的建模分析，将复杂而难以量化的多种数据，组合计算成为简单的指标。这包括反映路况的道里拥堵指数、反映天气的穿衣指数，也包括前面提到的人员拥挤程度。室内 $1m^2/$人、室外 $0.75m^2/$人，这些数值是用生命为代价换得的，是历次踩踏事故的统计结果，完全可以成为城市管理者和活动组织者的高压线。而大数据的价值，就是能否不用付出这么大的代价，也能分析出从量变到质量的阈值。区别于突发事件预测的传统方式，通过对大数据分析能够即时、动态认知事件的发展态势，在社会舆情跟踪和研判、社会情感分析、网络议题感知、自然灾害类事件仿真和灾害模拟、流行疾病传播的预测等领域迎来新的机遇。

在我国智慧城市等项目的开发建设中，城市应急预案系统被提升到重要地位，经过几年的技术演进和积累，无论是 IDC、云计算、大数据，还是高清视频监控、移动互联网等数据采集手段，各类技术方案的应用环境日趋成熟。建设大数据，我们不仅需要的是 IT 能力，更需要的是运营能力。重建设轻运营，重金钱轻内涵，重眼前轻长远，教训就在眼前，就发生在全国城市管理水平最好的城市里！希望血色的 0.75m²/人，不但对 2014 年 12 月 31 日夜晚在上海外滩发生跨年夜重大踩踏事故具有指导作用，更凸显大数据对公共危机管理的重要意义。

2. 提供决策信息支持以提升应急救援的针对性和效率。以美国桑迪飓风应对为例，美国联邦应急署（FEMA）建立的一个创新团队同私营企业进行合作，通过对社交媒体推特（Twitter）上关于飓风桑迪照片的观察以及对疏散速度和可获得的资源（包括饮用水、食物和避难所）的数据进行整合分析，绘制出灾区资源需求程度的分布图，确定出最需要物资的地点。①这一重要的信息为救援部门进行物资配置提供了决策依据，美国政府也因此提高了救援的效率和准确度。大数据思维从宏观趋势中挖掘有价值的信息以获得深刻的洞见。再以 2013 年 "4·20" 芦山地震为例，地震发生后，网络中很快就形成了地震相关的灾情信息。网民通过帖子、微博、微信等平台发布和传播灾情信息，形成 "全方位" 报道。在灾情感知、救助请求等方面甚至比地震局和政府部门公布信息更为快速和准确。②大数据除了网络中社交媒体的传感数据，还包括政府部门数据库中自然灾害类事件的历史数据、气象等部门对自然因素变化的实时监控数据、应急部门中信息员和电子监控设备的监测数据等。这些大数据为公共危机管理提供了关键的信息支持。

正如丹尼尔·埃斯蒂（Daniel C. Esty）所说，大数据时代，政府将更有效率、更加开放、更加负责，政府决策将是 "基于实证的事实"，而不是 "意识形态"。③大数据在政府决策中的运用和重视，将使政府决策从经验决策向科学决策转变，从电子政府向智慧政府转变。

---

① *A New Trend in Public Safety? Using Big Data for Emergencies*，http：//www.envisagenow.com/a-new-trend-in-public-safety-using-big-data-for-emergencies/.

② 曾大军、曹志东：《突发事件态势感知与决策支持的大数据解决方案》，《中国应急管理》2013 年第 11 期，第 17 页。

③ 涂子沛：《大数据：正在到来的数据革命，以及它如何改变政府、商业与我们的生活》，广西师范大学出版社，2012 年版，第 61 页。

11.3.3　大数据技术对我国公共危机管理的挑战

1. 大数据技术本身存在的问题。目前，大数据技术的运用仍存在一些困难与挑战，主要体现在大数据挖掘的四个环节即数据收集、数据存储、数据处理和结果的可视化呈现之中。大数据系统本身的安全性也是一种风险，应该注意技术安全性和管理制度安全性并重，防止信息被损坏、篡改、泄露或被窃，保护公民和国家的信息安全。在公共危机管理中，有可能会产生技术上有效获得信息的难度，也会引发过度依赖数据和决策风险，有时候数据的不可靠和误用比没有数据更具有风险。技术条件与企业规模差异造成"数字鸿沟"的加剧，还存在隐私安全和"数据监控"的可能。

2. 大数据应用存在一定的制度性障碍。中国人口居世界首位，将会成为产生数据量最多的国家，但我们对数据保存不够重视，对存储数据的利用率也不高。但是，我国一些部门和机构拥有大量数据却不愿与其他部门共享，导致信息不完整或重复投资。政府应通过体制机制改革打破数据割据与封锁，应注重公开信息，应重视数据挖掘。大数据的挖掘与利用应当有法可依。当前要尽快制定"信息公开法"以适应大数据时代的到来。应当既鼓励面向群体、服务社会的数据挖掘，又要防止侵犯个体隐私；既提倡数据共享，又要防止数据被滥用。此外，还需要界定数据挖掘、利用的权限和范围。当前，我国正着力试点建设智慧城市，住建部 2013 年度公布了 103 个国家智慧城市试点。[1] 智慧城市依据的是大数据思维，需要从海量数据中获取智慧，创新社会治理方式。

3. 创新型人才跟不上大数据时代的要求。大数据技术要求真正具有大数据的操作方法、处理方法和处理能力。盖特纳咨询公司预测大数据将为全球带来 440 万个 IT 新岗位和上千万个非 IT 岗位。麦肯锡公司预测美国到 2018 年需要深度数据分析人才 44 万~49 万，缺口 14 万~19 万人；需要既熟悉本单位需求又了解大数据技术与应用的管理者 150 万人，这方面的人才缺口更大。中国是人才大国，但能理解与应用大数据的创新人才更是稀缺资源。作为一种新型战略资源，大数据引起了业界、学界、政界的高度重视，各发达国家先后推出发展大数据计划，一批世界名校纷纷成立研究机构，开设相关课程和学位项目。为了尽快与时代并进，2014 年 4 月 26 日清华大学宣布成立数据科学研究

---

① 《住建部公布 2013 年度 103 个国家智慧城市试点名单》，新华网 2013 年 8 月 5 日。

院，并推出多学科交叉培养的大数据硕士项目。其大数据硕士项目将依托信息学院、经管学院、公管学院、社科学院、交叉信息研究院、五道口金融学院等6个院系协同共建，以数据科学与工程、商务分析、大数据与国家治理、社会数据、互联网金融等硕士项目为先导，积极开拓与国际著名高校的大数据双授硕士学位项目建设。清华大学大数据战略人才培养工程包括大数据职业素养课程建设、大数据硕士项目、大数据博士项目等。学校将通过5门大数据职业素养课程建设，推动全校研究生的大数据思维模式转变。第一批大数据硕士学位研究生于2014年9月正式开始培养。大数据硕士项目将采用理论学习、实践教学、大数据专题研究或学位论文研究相结合的方式，培养高层次应用型人才。在此基础上未来还将探索大数据专业博士项目。

4. 科技独立自主还需要提升。未来，国家之间的战争可能主要以网络战的形式存在，全世界跨国公司的竞争可能会发展到使用入侵网络的方式获取商业情报。大数据时代，企业、国家的安全也会变得越来越重要。由于国外对中国的大数据存在制度歧视与行为排拒，受制于人和网络安全风险迫使我国把去"IOE"提升到战略高度。所谓去"IOE"，是对去"IBM、Oracle、EMC"的简称，三者均为海外IT巨头，其中IBM代表硬件以及整体解决方案服务商，Oracle代表数据库，EMC代表数据存储。去"IOE"策略更广泛的理解是对一些核心领域要求其IT系统及设备做到自主可控，比如金融、电信、能源等领域。而去IOE的核心在于棱镜门等事件暴露的国家信息安全问题，即需摆脱外资数据、技术公司的束缚。目前，我国国内真正拥有大数据级计算能力的企业仅有360、百度、腾讯、阿里等企业，如何在大数据时代，应对新形势下的国家网络安全的命题显得尤为关键和紧迫。

11.4　公共危机管理中的范式转换

11.4.1　公共危机管理的传统范式及其困境

我国地域广阔，灾变和危机频发，给我国造成了巨大的生命伤亡和经济损失，我国政府在应对各种灾害和危机的过程中，积累了一定的应对措施和管理经验。实事求是地分析，我国政府的危机管理与公民的期望还有较大的差距；我国政府危机管理体制和机制尚不尽完善，政府和整个社会的危机管理能力尚有待提高。2003年爆发的SARS公共卫生危机和2008年南方低温冰冻灾害等跨区域危机也暴露了我们在危机管理方面的许多弊端和缺陷。

公共危机管理对于我国而言，在经历了"非典"危机之后，才开始成为我国政府关注的重点和理论界研究的热点。目前在各方的努力下，我国危机管理理论和实践都取得了一定的成绩，但是因为我国危机管理理论研究起步较晚，而且实践经验也不丰富，在理论和实践上都存在着一定的困境。概括起来，我国公共危机管理传统范式的困境集中表现在以下两个方面：

1. "补救型"危机管理模式的弊端

"危机管理"这个词汇的内涵十分丰富，一般说来，包括危机意识、危机准备、危机回应以及危机修复等，意味着紧急情况下政府应该采取的措施和策略。20 世纪 90 年代以来，我国进入了经济发展黄金期、社会转型期和矛盾突发期这三者并存的特殊阶段。在社会发展序列谱上，我国当前恰好处于"非稳定状态"的频发阶段。在前"非典"时期，我国政府危机管理水平总体处于"补救型"阶段，在危机管理过程中往往只看到"危险"的一面，忽略了"机遇"的一面，在危机应对模式上，通常表现出"补救型"的管理策略。

"补救型"危机管理模式的出发点是：危机是消极的、耗费时间和金钱的；危机管理工作是一项技术性很强的活动。在这样的假设前提下，危机管理通常依靠借助外部专家的意见，甚至有人认为危机管理的全部就是处理好与媒体的关系，危机管理就是危机沟通。可见，"补救型"的危机管理思路及其指导下的实践远远跟不上现代社会危机的动态性发展，这种缺乏战略导向和全过程管理的危机管理方式存在诸多弊端。

2. "国家或政府中心论"的局限

在传统的危机管理体制下，政府是危机管理的单一主体，独自承担着危机管理的职能，在危机管理中发挥绝对主导的作用。这是因为在传统体制下，由于社会组织还没有成长起来，政府部门缺乏激励和动员非政府组织和公众自觉参与危机管理的机制，公众也普遍缺乏自觉的危机管理意识。因此，政府是危机管理的唯一主体。对于危机管理，我国国家突发事件总体应急预案中关于工作原则的第 3 条明确规定："统一领导，分级负责。在党中央、国务院的统一领导下，建立健全分类管理、分级负责，条块结合、属地管理为主的应急管理体制，在各级党委领导下，实行行政领导责任制，充分发挥专业应急指挥机构的作用。"在组织体系上，明确规定："国务院是突发公共事件应急管理工作的最高行政领导机构。在国务院总理领导下，由国务院常务会议和国家相关突发公共事件应急指挥机构负责突发公共事件的应急管理工作；必要时，派出国务院工作组指导有关工作。地方各级人民政府是本行政区域突发公共事件应急管理工作的行政领导机构，负责本行政区域各类突发公共事件的应对工作。"这种"以国家或政府为中心"的危机管理体制必然会造成现实中危机管理主体单一、社会力量参与不足等问题，降低危机管理效能。在危机管理机制中，政府毫无疑问应占有主导地位，但是，危机不仅是对政府管理能力的挑战，更是对全社会整体能力的综合考验。没有全社会的积极参与和大力支持，仅靠政府的力量，想圆满地解决危机是不可能的。① 因此，有效的危机管理需要政府、公民、社会、企业、国际社会和国际组织的协作。

就当前国外危机管理现状而言，政府危机管理逐渐实现了从应对危机到管理危机、从政府管理到政府与社会共同管理、从民族国家管理到国际合作管理的范式转换。在这种历史背景下，我国公共危机管理制度必须在管理意识、管理模式和管理重心等方面进行创新，突破传统的危机管理理念和模式，通过危机管理范式的革新来全面提高我国应急管理的能力和水平。

11.4.2 公共危机管理的范式革新

1. 公共危机管理范式革新的必要性

2003 年春天波及很多地区的"非典"是影响深远的一次公共卫生危机事件，它直接引发我国政府危机管理范式的变化，既向我国各级政府危机驾驭能力及传统的危机应对模式提出了严峻的挑战，也为我国现代危机管理模式的转换提供了难得的机遇。"非典"以来，突发事件在我国频频发生，如 2008 年南方雪灾和汶川大地震，都使我们经受了种种考验，我国的危机应对能力也遭受了巨大挑战。一次次的危机应对实践和经验总结使我们深刻认识到，传统的"补救型"和"政府本位型"危机应对模式已经跟不上现代危机事件的新特点和发展趋势，因此从理论和实践上来革新我国传统危机管理模式势在必行。当前，传统危机管理模式难以解决以下突出矛盾，这些矛盾主要包括：

（1）传统危机干预思维和非常规危机形式之间的矛盾。危机根据标准不

---

① 何水：《从政府危机管理走向危机协同治理——论中国危机管理范式革新》，《领导科学》2008 年第 12 期，第 46 页。

同可以进行不同的分类。按其过程来分，危机可划分为突发性危机和渐进性危机；按其起源来分，可将危机划分为自然因素导致的危机和人为因素导致的危机；按照出现频率来说，又可以分为常规危机和非常规危机。以 2003 年发生的 SARS 危机为例，根据上面的分类，起初它属于渐进性的、自然和人为因素混合的、非常规性的公共卫生事件。由于 SARS 前所未有，属于非常规性危机，因此在应对上难度较大，社会公众十分恐慌，政府的应对具有很强的时间紧迫性。然而在传统危机干预思维的影响下，某些部门为了不给自己抹黑而隐瞒、缓报、封锁消息，错过了控制危机的最佳时机，使公共利益受到严重损害。

（2）迅速升级的危机和消极观望态度之间的矛盾。在全球化和信息时代的今天，一个局部的和地方性的危机，很可能会演化为全球性的危机。在今天的世界，任何危机都可以引发其他的危机，同样也可以被其他危机所引发，也就是说，任何危机都可以成为其他危机的引信或者是后果。因此，在危机管理中，时间通常是最宝贵的资源。在危机孕育阶段或者危机出现的初期，能够探测到微弱的危机信号就显得格外重要。事实上，有些自然原因导致的危机在演变为社会性危机之前，政府完全有能力预测到其不断升级的征兆，有能力将其控制住乃至根除。

（3）陈旧落后的危机管理机制与危机的动态性之间的矛盾。现代社会危机的复杂性、紧急性、互动性、不确定性和偶然性等已经将现代社会的危机管理变成了一个十分复杂的系统过程，以往案例的经验研究已经无法满足我们从中归纳出具有普遍性的危机管理理论体系，于是传统危机管理的应对模式遭到了质疑。同时也告诉人们危机管理机制并非一成不变，这中间危机管理机制的进步将成为整个危机管理模式转换的中枢环节。

（4）危机影响的广泛性与单主体治理模式之间的矛盾。公共危机的发生不仅破坏了公共秩序，威胁到国家和社会整体的利益，更影响到了社会生活的各类群体和个人的切身利益，公共危机不仅是对政府管理能力的挑战，更是对社会整体能力的综合考验。在通常情况下，社会公众是危机直接威胁的对象，也可以称他们为直接的"受灾体"。公众自身的危机意识、危机预防能力和危机应对水平是决定政府危机管理质量的重要因素。传统危机管理认为政府是危机管理的主体，因而公共危机管理也常被称为政府危机管理。但现今公共危机涉及范围越来越广，影响日益严重，进行危机管理所消耗资源以及所需的信息也是日趋增多，因此，公共危机已不是单靠政府的力量就能妥善处理好。以汶川地震为例，在这次地震的应急救援和善后恢复中，我们可以看到来自国内和国际的各种社会力量发挥了前所未有的作用。总之，危机管理的效能应该是政府的应对效能和社会的应对效能的加总，传统的单政府主体治理方式已经显得陈旧。

2. 我国公共危机管理的发展历程

相对于发达国家而言，我国对公共危机管理的研究起步较晚，直至 2003 年"非典"事件之后，危机管理才作为一个公共管理问题引起了人们的高度重视。经过短短的十多年时间，我国公共危机管理无论是在理论、方法、技术方面，还是在应用和实践方面都取得了较大的进展。

（1）2003 年：中国应急管理体系的起步之年。2003 年以前，我国的应急管理体系一直是以地震局、水利局、气象局等专业性或兼业性的防灾减灾机构为主体的单一灾种防灾减灾体系，各部门几乎是在各自管辖范围内独立负责灾害预防和抢险救灾。然而，2002 年年底至 2003 年上半年发生的"非典"疫情，却充分暴露出这种传统的应急管理体系在应对新的威胁和风险时的弊端，并引发了人们对我国应急管理体系的深刻反思。在总结"非典"应对的经验与教训的基础上，国家开始考虑如何系统地应对各类灾害，着手建立综合应急管理体系。2003 年 10 月 14 日，中共十六届三中全会举行审议通过《中共中央关于完善社会主义市场经济体制若干问题的决定》强调：要建立健全各种预警和应急机制，提高政府应对突发事件和风险的能力。自此，以"一案三制"为核心，中国政府全面加强应急管理的工作开始逐步展开。

（2）2004 年至 2007 年：中国应急管理体系在实践中完善。"一案三制"是这一时期我国应急管理体系建设的核心内容。所谓"一案"，是指应急预案；"三制"，则是指应急管理法制、体制与机制。围绕"一案三制"，我国全面展开了建设应急管理体系的工作。2003 年 11 月，国务院办公厅成立了应急预案工作小组，重点研究和部署了全国应急预案体系建设的工作。2004 年，全国应急预案编制工作全面推进。国务院先后召开了有关部门和部分省及大城市应急预案编制工作会议，印发了制订、修订应急预案的框架指南，指导各地各部门编制应急预案。截至 2007 年 11 月，全国已制订各级各类应急预案 130 多万件，所有的省一级政府、97.9% 的市级政府、92.8% 的县级政府都已经编制了总体应急预案，同时还因地制宜地编制了大量专项及部门的预案，全国

"纵向到底、横向到边"的应急预案体系基本形成。①

　　2005 年，国务院印发了国家总体预案和专项预案，并召开了第一次全国应急管理工作会议，对全面落实"一案三制"进行了部署。2006 年 8 月，党的十六届六中全会通过《关于构建社会主义和谐社会若干重大问题的决定》，正式提出了我国按照"一案三制"的总体要求建设应急管理体系。国务院应急管理办公室及各省（区、市）政府应急管理机构相继成立，为推动应急管理工作奠定了组织基础，"全社会共同参与的应急管理工作格局"逐步形成。国务院出台了《关于全面加强应急管理工作的意见》，在深入推进全国"一案三制"建设的同时，重点加强了应急管理"进企业"工作，应急管理工作步入正规化、系统化的轨道。2007 年，国家重点推进应急体系建设和应急管理进基层工作。国务院印发实施《"十一五"期间国家突发公共事件应急体系建设规划》，并在全国基层应急管理工作座谈会上对应急管理"进学校、进社区、进乡村、进基层单位"进行了部署，下发了《关于加强基层应急管理工作的意见》。8 月 30 日发布并于同年 11 月 1 日正式实施的《中华人民共和国突发事件应对法》，标志着我国应急管理工作在规范化、制度化和法制化的道路上迈出了重要步伐。

　　（3）2008 年：应急管理体系的大考之年。2008 年对于中国人来说，可谓不平凡的一年。在这一年中，各种典型突发事件层出不穷，应急管理体系经受了严峻的考验。从南方罕见雨雪冰冻灾害、四川汶川特大地震灾害，到胶济铁路重大事故、山西襄汾溃坝事件，从瓮安事件到三鹿奶粉事件，等等，诸多突发事件的发生在不断敲响警钟的同时，也让人们欣慰地发现中国应急管理体系的成长。在深入总结我国应急管理的成就和经验的基础上，我国政府深入查找存在的问题，提出进一步加强应急管理的方针政策。随着对突发事件及其发生机理的认识日益纵深化，我国应急管理体系在实践中不断得到完善。

　　（4）2009 年，在科学发展观的指导下，我国的区域应急管理合作在制度化方面取得很大进展，国家强化了基层应急管理建设，应对基于提升国家应急能力的应急产业在一些地方取得较大进展，甲型 H1N1 流感，应急物流初步发展，与国外应急管理的交流与合作进一步发展。全国人大常委会通过修订后的防震减灾法，经过国务院批准，确定每年 5 月 12 日为全国"防灾减灾日"。

---

　　①　华建敏：《依法全面加强应急管理工作——在全国贯彻实施突发事件应对法电视电话会议上的讲话》，《中国应急管理》2007 年第 10 期。

国务院应急办印发《突发事件应急演练指南》，国家林业局和发改委联合印发《全国森林防火中长期发展规划》。

（5）2010年，北京市、天津市、上海市、重庆市、江苏省、陕西省等省（直辖市、自治区）着手开始和稳步推进"十二五"时期应急规划编制工作，青海玉树地震应急处置与救援进展顺利，恢复重建有序有效。在学术界，在"一案三制"的基础上，开始了非常规突发事件应对的研究工作。巨灾冲击与风险管理、社会应急能力、航空救援能力以及应急管理的前馈控制等方面的研究取得进展。有机救援志愿服务、城乡社区基层应急能力探索创新涌现了一批创新点。但是城乡暴雨灾害、王家岭煤矿事故、舟曲特大泥石流地质灾害、上海"11·15"火灾事故等重大突发事件仍然暴露出我国公共危机管理存在的突出问题。

（6）2011年，汶川地震恢复重建基本完成，国务院通过《安全生产"十二五"规划》和《全国抗旱规划》，我国在利比亚公民撤离行动彰显了中国力量。但是"6·9"大广高速特大交通事故、"7·23"甬温线动车追尾事故等事故的发生迫切要求国家遏制特大事故多发势头。在极端天气气候事件频频发生的情况下，气象应急的常态化对公共危机管理提出了新挑战。

（7）2012年以来，我国突发事件应对法的升级地方二次立法加速，党的十八大以来公共危机管理无论是从理念还是从制度建设方面都取得了新进展。在2014年以前，涉及国家安全领域的有国防动员委员会、中央维护稳定工作领导小组、国家反恐怖工作领导小组等数十个中央及国务院层面的议事协调机构，安全管理职责多有交叉。十八届三中全会后成立了中央网络安全和信息化领导小组，重视网络安全。党的十八届三中全会决定成立国家安全委员会，是推进国家治理体系和治理能力现代化、实现国家长治久安的迫切要求，是全面建成小康社会、实现中华民族伟大复兴中国梦的重要保障，目的就是更好地适应我国国家安全面临的新形势新任务，建立集中统一、高效权威的国家安全体制，加强对国家安全工作的领导。

2013年11月12日公布了党的十八届三中全会《公报》，宣布中央将设立国家安全委员会。2014年1月24日中共中央政治局召开会议，研究决定中央国家安全委员会设置。2014年4月15日上午，中共中央总书记、国家主席、中央军委主席、国安委主席习近平召开国安委第一次会议，指出"设立国家安全委员会，加强对国家安全工作的集中统一领导，已是当务之急"。习近平在讲话中将国家安全明确列为头等大事，明确国安委职能责任、管控范围、基本遵循和运行原则，首次提出"总体国家安全观"，强调要走出一条中国特色国家安全道路，描绘出国安委总框架。同时为国安委确立了"集中统一、科学谋划、统分结合、协调行动、精干高效"五项原则。习近平用71字总结"总体国家安全观"："既重视外部安全，又重视内部安全；既重视国土安全，又重视国民安全；既重视传统安全，又重视非传统安全；既重视发展问题，又重视安全问题；既重视自身安全，又重视共同安全。"提到非传统安全时，习近平指出，要构建集政治安全、国土安全、军事安全、经济安全、文化安全、社会安全、科技安全、信息安全、生态安全、资源安全、核安全等于一体的国家安全体系。十八大以来，国安委成立最大的决策背景是"大安全观"的建立。中国特色国家安全道路、总体国家安全、"11种"安全等概念，都是第一次系统地被提出。其中透露出的信号是：统揽和协调将成为国安委的运作特点。

3. 公共危机管理范式革新的路径选择

以上分析了我国公共危机管理范式革新的必要性，而且，在当前背景下，我们应该从以下这些方面入手，实现危机管理范式的革新：

（1）从单主体危机治理向多元化危机协同治理的转变。既然中国危机管理的理论困境和现实难题的本质或者说根源在于理论研究和实践未摆脱"国家或政府中心论"的窠臼，那么，要走出困境，就必须跳出"国家或政府中心论"，实现危机治理范式革新。在强调政府在危机管理中作用的同时，必须最大可能地调动社会资源，努力拓宽社会参与渠道，形成全民动员、集体参与、共渡难关的局面，群防群治协同合作应对危机，构建社会整体的危机应对网络，实现危机协同治理。在危机协同治理过程中，政府、非政府组织、企业、公民个人等主体能够充分利用各自的资源、知识、技术等优势，在网络技术和信息技术的支持下，发挥出对危机治理"整体大于部分之和"的功效。[1]

（2）从"应对型"危机管理向"全过程"危机管理的转变。传统上，人们把危机管理的重点放在危机后的救济，在第二次世界大战之后，人们把危机管理的重点放在对危机的预防方面。从20世纪80年代之后，人们普遍认识到：危机的发生和发展有其生命的周期，危机管理也是一个系统的过程和循

---

[1]　何水：《从政府危机管理走向危机协同治理——论中国危机管理范式革新》，《领导科学》2008年第12期，第47页。

环。一个完整的危机管理过程包括四个基本的阶段，即减缓、准备、回应和恢复。20 世纪前半期，危机通常被看作是影响社会正常秩序的偶然的"外部性"事件，危机管理主要任务是在危机发生时，充分调动社会诸方面的资源来"应付危机"，以恢复正常的社会运行秩序。20 世纪后半期，随着越来越频繁的危机发生，危机管理意识也逐渐发生了很大的变化，危机不再被看作是偶然性的、突发的外部事件。危机管理也不只是政府和社会在危机情境下的一种消极"应对"，而是包括危机预防、准备、处置和恢复的系统管理过程，政府危机管理意识逐渐实现了从"危机应对"向"管理危机"的转变。在全过程危机管理的理念下，危机管理不仅是一个系统的管理过程，而且在不同的危机管理阶段有着不同的管理重心。

（3）从"静态"的危机管理向"发展途径"的危机管理转变。从本质上而言，一切危机都是人为的。人们所谓的许多危机和灾难，严格说是一种自然现象，只有当社会不能应对它们的时候，才会转变为一种灾难和危机。从另外一个层面上而言，社会出现的许多危机是人类社会不理智的发展方式、行为方式和生活方式的结果。所以，发展途径的危机管理所重视的是整个社会的危机管理能力建设和发展，也就是社会做出有效的规划应对潜在危机、管理和减弱危机的影响以及尽可能地预防危机的出现和重演能力的提高。更重要的是，发展途径的危机管理强调要从人类可持续发展的角度理解和进行危机管理。

（4）从民族国家危机管理向国际合作化危机管理的转变。现今社会，危机波及的范围日益广泛，随着经济全球化进程的加快，一国发生的危机很容易产生世界性的影响，现代危机具有了全球化的特征，危机的影响和破坏力不再局限在传统的民族国家地域范围内，而是迅速波及全球范围内，形成一种全球性的灾难，对全球政治、经济和社会产生重要影响。因此，单靠一国政府的努力已不能有效地控制危机发展的事态，需要构建国际范围内的危机管理交流合作网络，建立起一种国家与国家之间互动协调的危机管理机制，以及一套国际性危机的预防、预警、处理和恢复等一系列的合作机制，从而形成一个国家与国家之间、国家与国际非政府组织之间的互动协调、相互监督的危机管理模式。

本章小结

事物是变化和发展的，公共危机不是一成不变的，随着时代的变迁和社会条件的变化会呈现出新的发生特点和发展趋势，危机的应对方式也必须与此相适应。我们必须从发展的视角来看待公共危机管理，逐步完善公共危机管理体系，以迎接当前和未来所面临的各种挑战。

当今世界是一个纷繁多变的世界，在多变的世界中全球公共危机面临着诸如经济动荡、战争威胁、生态恶化、恐怖主义等新变数。完善国内危机应对的机制建设和法律建设，建立健全国家危机管理系统，建立区域预警应急联动体系，建立以政府为主体的多中心全球危机治理体系，这些都是变化世界中的公共危机管理良策。

在经济转轨和社会转型背景下，我国公共危机呈现出一些新的特点，随着科学技术的发展，系统复杂性增强和风险常态化使得社会脆弱性日益加深；这些都是我国未来公共危机管理者面临的挑战。这要求政府适应时代的要求，全面提升公共危机管理能力。

传统的公共危机管理是一种补救型和政府本位型的危机管理范式，这种传统范式在复杂多变的风险社会里面临着诸多困境。因此，必须突破传统范式的局限，以一种全新的视角来进行公共危机管理范式的革新。

关键术语

全球化　　转型期　　公共危机管理范式　　范式转换
全球公共危机　　区域预警应急联动体系
多中心全球危机治理体系　　大数据技术　　大数据时代

思考题

1. 在全球化背景下全球公共危机有哪些新变数？
2. 面对全球公共危机的新变数，各国应当如何构建与此相适应的危机管理体系？
3. 转型期我国的公共危机形态有哪些特点？
4. 我国转型期为什么需要更加重视公共危机管理？
5. 什么是公共危机管理范式？

6. 公共危机管理的传统范式有哪些特征和不足？

7. 为什么要进行公共危机管理的范式革新？如何进行？

本章主要参考文献

A New Trend in Public Safety？Using Big Data for Emergencies，http://www. envisagenow. com/a-new-trend-in-public-safety-using-big-data-for-emergencies/

［英］斯科特·拉什：《风险社会与风险文化》，《马克思主义与现实》2000 年第 4 期。

［英］迈尔-舍恩伯格、库克耶：《大数据时代：生活、工作与思维的大变革》，盛杨燕、周涛译，浙江人民出版社，2013 年版。

《"大数据"之父来沪 勾勒学习教育之未来》，《解放日报》2014 年 11 月 20 日。

陈建新：《BCM 与应急管理有效融合应对灾难》，《中国计算机报》2009 年 4 月 20 日。

陈静：《舍恩伯格：大数据将使未来教育实现"私人订制"》，中国新闻网 2014 年 11 月 20 日。

《构建大数据时代下的国家网络安全》，中国网 2014 年 11 月 27 日。

郭晓科：《大数据》，清华大学出版社，2013 年版。

何水：《从政府危机管理走向危机协同治理——论中国危机管理范式革新》，《领导科学》2008 年第 12 期。

华建敏：《依法全面加强应急管理工作——在全国贯彻实施突发事件应对法电视电话会议上的讲话》，《中国应急管理》2007 年第 10 期。

李明：《后"非典"时代我国政府危机管理模式的范式转换——从"补救型"向"前摄型"的过渡》，《四川师范大学学报(社会科学版)》2006 年第 12 期。

刘长敏：《全球化时代的国际危机及中国的应对》，《中央社会主义学院学报》2005 年第 6 期。

马海燕：《清华大学成立数据科学研究院 培养大数据硕士》，中国新闻网 2014 年 4 月 26 日。

毛晶慧：《"防灾御难"走上前台 BCM 巨头中国夺"标"》，《中国经济时报》2005 年 8 月 3 日。

宁宇：《大数据如何有效预防踩踏事件：拥挤度要体现价值》，钛媒体 2015 年 1 月 2 日。

全国干部培训教材编审指导委员会组织编写：《公共危机管理》，党建读物出版社，2006 年版。

邬贺铨：《大数据时代的机遇与挑战》，《求是》2013 年第 4 期。

涂子沛：《大数据：正在到来的数据革命，以及它如何改变政府、商业与我们的生活》，广西师范大学出版社，2012 年版。

吴淑娴：《强化应急管理，构建和谐库区》，《重庆三峡学院学报》2007 年第 4 期。

肖巍：《风险责任与协商机制》，《中国人民政协理论研究会会刊》2007 年第 3 期。

薛澜等：《危机管理——转型期中国面临的挑战》，清华大学出版社，2003 年版。

薛晓源、周战超：《全球化与风险社会》，社会科学文献出版社，2005 年版。

张成福：《公共危机管理：全面整合的模式与中国的战略选择》，《中国行政管理》2003 年第 7 期。

《住建部公布 2013 年度 103 个国家智慧城市试点名单》，新华网 2013 年 8 月 5 日。

曾大军、曹志东：《突发事件态势感知与决策支持的大数据解决方案》，《中国应急管理》2013 年第 11 期。

主要参考文献

A New Trend in Public Safety? Using Big Data for Emergencies, http://www.envisagenow.com/a-new-trend-in-public-safety-using-big-data-for-emergencies/

Department of Homeland Security. National Incident Management System. March 1, 2004.

Erikson, K. T. Everything in Its Path: Destruction of Community in the Buffalo Creek Flood. New York: Simon and Schuster, 1976.

Irving L. Janis. *Crucial Decisions*: *Leadership in Policymaking and Crisis Management*. The Free Press, A Division of Macmillan, Inc. 1989.

Steven Fink. Crisis Management: Planning for the Invisible. New York: American Management Association, 1986.

［德］乌尔里希·贝克：《风险社会》，何博闻译，译林出版社，2004年版。

［德］乌尔里希·贝克：《世界风险社会》，吴英姿、孙淑敏译，南京大学出版社，2004年版。

［美］菲克：《危机管理》，经济与生活出版事业公司，1987年版。

［美］卡尔·伯顿、大卫·沙维奇：《政策分析和规划的初步方法》，孙兰芝等译，华夏出版社，2001年版。

［美］罗伯特·门斯切：《市场、群氓和暴乱——对群体狂热的现代观点》，郑佩芸等译，上海财经大学出版社，2006年版。

［美］罗伯特·希斯：《危机管理》，王成等译，中信出版社，2004年版。

［美］塞缪尔·P.亨廷顿：《变化社会中的政治秩序》，王冠华等译，三联书店，1989年版。

［英］迈尔-舍恩伯格、库克耶：《大数据时代：生活、工作与思维的大变

革》，盛杨燕、周涛译，浙江人民出版社，2013年版。

〔英〕斯科特·拉什：《风险社会与风险文化》，《马克思主义与现实》2000年第4期。

鲍勇剑、陈百助：《危机管理——当最坏的情况发生时》，复旦大学出版社，2003年版。

常昌富、李依倩：《大众传播学：影响研究范式》，中国社会科学出版社，2000年版。

巢莹莹、陈微：《比较中美政府危机决策——从个案中透析中美危机决策系统》，《消费导刊》2009年第3期。

陈安等：《现代应急管理应用与实践》，科学出版社，2010年版。

陈建新：《BCM与应急管理有效融合应对灾难》，《中国计算机报》2009年4月20日。

陈静：《舍恩伯格：大数据将使未来教育实现"私人订制"》，中国新闻网2014年11月20日。

陈仁芳：《危机决策中领导认知心理的障碍误区及其优化途径》，《东南学术》2007年第3期。

程卫星、李彩云：《公共危机决策能力分析》，《技术与创新管理》2010年第1期。

《辞海》，上海辞书出版社，1979年版。

《"大数据"之父来沪　勾勒学习教育之未来》，《解放日报》2014年11月20日。

邓国良、贾江滔：《公共安全危机事件处置研究》，中国人民公安大学出版社，2004年版。

董传仪：《危机管理学》，中国传媒大学出版社，2007年版。

冯慧玲：《公共危机启示录——对SARS的多维审视》，中国人民大学出版社，2003年版。

《阜阳劣质奶粉责任人虚假撤职　假处分唬了国务院》，新华网，2004年6月29日。

傅思明：《突发事件应对法与政府危机管理》，知识产权出版社，2008年版。

高小平：《建立综合化的政府公共危机管理体制》，《公共管理高层论坛》2006年第2期。

《公共危机管理的体制建设》,《党建研究》2008 年第 5 期。

龚维斌:《公共危机管理》,新华出版社,2004 年版。

龚维斌:《公共危机管理的内涵及其特点》,《西南政法大学学报》2004 年第 3 期。

《构建大数据时代下的国家网络安全》,中国网 2014 年 11 月 27 日。

郭春明:《紧急状态法律制度研究》,中国检察出版社,2004 年版。

郭济:《政府应急管理实务》,中共中央党校出版社,2004 年版。

郭济:《中央和大城市政府应急机制建设》,中国人民大学出版社,2005 年版。

郭瑞鹏:《基于预案的危机决策方法研究》,《科技进步与对策》2006 年第 2 期。

郭晓科:《大数据》,清华大学出版社,2013 年版。

韩大元、莫于川:《应急法制论——突发事件应对机制的法律问题研究》,法律出版社,2005 年版。

韩玮:《中国智库现状调查》,《时代周报》2014 年 11 月 4 日。

禾逸:《从汶川地震看国家应急平台体系建设》,《办公室业务》2008 年第 7 期。

何海燕、张晓甦:《危机管理概论》,首都经济贸易出版社,2006 年版。

何水:《从政府危机管理走向危机协同治理——论中国危机管理范式革新》,《领导科学》2008 年第 12 期。

贺文发:《突发事件与对外报道》,中国传媒大学出版社,2008 年版。

贺仲雄、王伟:《决策科学:从最优到满意》,重庆出版社,1988 年版。

胡宁生:《中国政府形象战略》,中共中央党校出版社,1999 年版。

胡税根等:《公共危机管理通论》,浙江大学出版社,2009 年版。

胡望洋:《突发公共事件应急预案指南》,高等教育出版社,2007 年版。

胡优玄等:《从"三鹿奶粉事件"看地方政府的危机决策》,《重庆科技学院学报(社会科学版)》2009 年第 5 期。

华建敏:《依法全面加强应急管理工作——在全国贯彻实施突发事件应对法电视电话会议上的讲话》,《中国应急管理》2007 年第 10 期。

黄顺康:《公共危机管理与危机法制研究》,中国检察出版社,2006 年版。

计雷等:《突发事件应急管理》,高等教育出版社,2006 年版。

李飞:《中华人民共和国突发事件应对法释义》,法律出版社,2007 年版。

李经中:《政府危机管理》,中国城市出版社,2003 年版。

李明:《后"非典"时代我国政府危机管理模式的范式转换——从"补救型"向"前摄型"的过渡》,《四川师范大学学报(社会科学版)》2006 年第 12 期。

李涛等:《突发事件应急救援手册》,军事医学科学出版社,2010 年版。

李煜明:《加强政府危机决策能力建设》,《行政论坛》2004 年第 5 期。

林鸿潮:《公共应急管理机制的法制化》,华中科技大学出版社,2009 年版。

刘斌、辛海强:《省级应急平台体系建设初探》,《地理信息世界》2007 年第 1 期。

刘长敏:《全球化时代的国际危机及中国的应对》,《中央社会主义学院学报》2005 年第 6 期。

刘利民、王敏杰:《我国应急物资储备优化问题初探》,《物流科技》2009 年第 2 期。

刘鹏:《城市公共危机预警研究》,中央编译出版社,2009 年版。

刘荣:《公共危机财政应急机制构建——以汶川地震为例》,《地方财政研究》2008 年第 6 期。

刘铁民:《应急体系建设和应急预案编制》,企业管理出版社,2004 年版。

刘霞、向良云:《公共危机决策网络治理结构学习机理探析》,《软科学》2006 年第 2 期。

龙小农:《跨国危机管理》,中国传媒大学出版社,2005 年版。

卢林:《制度转型及风险管理》,上海人民出版社,2010 年版。

卢锐、黄强:《公共危机决策的影响因素与化解思路》,《党政干部论坛》2005 年第 12 期。

陆立德、徐旭初:《防灾预案研究》,《灾害学》1992 年第 2 期。

罗云等:《风险分析与安全评价》,化学工业出版社,2004 年版。

马海燕:《清华大学成立数据科学研究院 培养大数据硕士》,中国新闻网 2014 年 4 月 26 日。

毛晶慧:《"防灾御难"走上前台 BCM 巨头中国夺"标"》,《中国经济时报》2005 年 8 月 3 日。

闵政:《略论减灾预案》,《中国减灾》1991 年第 8 期。

莫于川:《公共危机管理的行政法治现实课题》,《法学家》2003 年第 4 期。

莫于川：《中华人民共和国突发事件应对法释义》，中国法制出版社，2007 年版。

宁宇：《大数据如何有效预防踩踏事件：拥挤度要体现价值》，钛媒体 2015 年 1 月 2 日。

宁资利、伍拥军：《突发公共事件应急管理》，湖南科学技术出版社，2007 年版。

彭宗超等：《我国危机决策机制的转型特点与未来选择分析》，《中国行政管理》2005 年第 6 期。

祁毓：《公共财政视角下我国应对公共危机的财政能力评价及建议》，《地方财政研究》2008 年第 6 期。

全国干部培训教材编审指导委员会组织编写：《公共危机管理》，人民出版社、党建读物出版社，2006 年版。

《三鹿事件多名问题官员复出 路人表示"心寒"》，《钱江晚报》2013 年 1 月 22 日。

史安斌：《危机传播与新闻发布》，南方日报出版社，2004 年版。

宋英华：《突发事件应急管理导论》，中国经济出版社，2009 年版。

苏伟伦：《危机管理——现代企业实务管理手册》，中国纺织出版社，2000 年版。

陶叡：《浅析公共危机决策和公共危机管理》，《江西科技师范学院学报》2007 年第 4 期。

涂子沛：《大数据：正在到来的数据革命，以及它如何改变政府、商业与我们的生活》，广西师范大学出版社，2012 年版。

万军：《面向 21 世纪的政府应急管理》，党建读物出版社，2004 年版。

汪永清：《〈中华人民共和国突发事件应对法〉解读》，中国法制出版社，2007 年版。

王德迅：《日本危机管理体制的演进及其特点》，《国际经济评论》2007 年第 3—4 期。

王宏伟：《突发事件应急管理：预防、处置与恢复重建》，中国广播电视大学出版社，2009 年版。

王军：《突发事件应急管理读本》，中共中央党校出版社，2009 年版。

王磊：《管理沟通》，北京石油工业出版社，2001 年版。

王立民：《反恐立法述评》，《犯罪研究》2003 年第 1 期。

王茂涛：《政府危机管理》，合肥工业大学出版社，2005 年版。

王麒：《公共危机管理体制中的沟通机制研究》，电子科技大学行政管理专业硕士学位论文，2007。

王绍玉、冯百侠：《城市灾害应急与管理》，重庆出版社，2006 年版。

王晓君：《政府危机管理法律问题研究》，山东人民出版社，2008 年版。

邬贺铨：《大数据时代的机遇与挑战》，《求是》2013 年第 4 期。

吴淑娴：《强化应急管理，构建和谐库区》，《重庆三峡学院学报》2007 年第 4 期。

吴宜蓁：《危机传播：公共关系与语艺观点的理论与实证》，五南图书出版公司，2002 年版。

吴宗之、刘茂：《重大事故应急救援系统及预案导论》，冶金工业出版社，2003 年版。

夏成林、刘政：《对加快应急平台建设的思考》，《中共贵州省委党校学报》2008 年第 5 期。

肖鹏军：《公共危机管理导论》，中国人民大学出版社，2006 年版。

肖巍：《风险责任与协商机制》，《中国人民政协理论研究会会刊》2007 年第 3 期。

徐建约、郜其生：《制订应急预案，做好突发事件和灾害中的卫生防病工作》，《中国公共卫生管理》1993 年第 3 期。

薛澜等：《危机管理——转型期中国面临的挑战》，清华大学出版社，2003 年版。

薛晓源、周战超：《全球化与风险社会》，社会科学文献出版社，2005 年版。

杨庆霄：《国外海洋溢油应急计划简介》，《海洋环境科学》1990 年第 3 期。

杨霞：《政府信息公开实现条件研究》，首都师范大学出版社，2006 年版。

杨雪冬等：《风险社会与秩序重建》，社会科学文献出版社，2006 年版。

殷晓蓉：《战后美国传播学的理论发展》，复旦大学出版社，2000 年版。

余潇枫：《非传统安全与公共危机治理》，浙江大学出版社，2007 年版。

鱼海深：《编制抗震防灾应急预案的初步探讨》，《灾害学》1988 年第 4 期。

喻国明：《我们为什么需要新闻发言人》，《郑州大学学报(哲学社会科学版)》2004 年第 5 期。

《酝酿 20 余年问世　精神卫生法求解几道"难题"》，新华社 2012 年 10 月 26 日。http：//www. gov. cn/jrzg/2012-10/26/content_ 2251952. htm。

曾大军、曹志东：《突发事件态势感知与决策支持的大数据解决方案》，《中国应急管理》2013 年第 11 期。

詹承豫等：《大城市应急法制建设探索——<北京市实施〈中华人民共和国突发事件应对法〉办法>解读》，中国法制出版社，2008 年版。

张超：《全球化趋势与我国政策制订系统的改进》，《理论探讨》2001 年第 3 期。

张成福：《公共危机管理：全面整合的模式与中国的战略选择》，《中国行政管理》2003 年第 7 期。

张成福、唐钧：《政府危机管理能力评估：知识框架与指标体系研究》，中国人民大学出版社，2009 年版。

张成福等：《公共危机管理：理论与实务》，中国人民大学出版社，2009 年版。

张海波：《应急预案的编制、应用与优化》，《江苏社会科学》2008 年第 6 期。

张小明：《公共部门危机管理》，中国人民大学出版社，2006 年版。

张彧通：《论应急预案的法律性质及效力》，《法制与社会》2009 年第 8 期（上）。

召平：《应急预案的基本概念》，《安全与健康》2008 年第 5 期(上)。

赵路平：《公共危机传播中的政府、媒体、公众关系研究》，复旦大学传播学专业博士学位论文，2007。

赵平则：《危机管理》，山西人民出版社，2005 年版。

赵士林：《突发事件与媒体报道》，复旦大学出版社，2006 年版。

郑杭生、何珊君：《和谐社会与公共性：一种社会学视野》，《甘肃理论学刊》2005 年第 1 期。

中国仅 6 家研究机构进入全球智库前 150》（2013 年 6 月 2 日），http：//data. 163. com/13/0602/22/90DAE36100014MTN. html。

中国社会科学院语言研究所词典编辑室编：《现代汉语词典（2002 年增补本）》，商务印书馆，2002 年版。

中国行政管理学会课题组编：《中国群体性突发事件成因及对策》，北京国家行政学院出版社，2009 年版。

《中国应急管理》编辑部编：《领导干部预防和处置突发公共事件》，国家行政学院出版社，2008 年版。

钟开斌：《危机决策：一个基于信息流的分析框架》，《江苏社会科学》2008 年第 4 期。

钟开斌、张佳：《论应急预案的编制与管理》，《甘肃社会科学》2006 年第 3 期。

周庆行、唐峰：《公共危机决策绩效评估指标权重研究———基于层次分析法》，《理论与改革》2005 年第 6 期。

周晓虹：《现代社会心理学》，上海人民出版社，1997 年版。

朱德武：《危机管理：面对突发事件的抉择》，广东经济出版社，2002 年版。

朱恪钧、谭晓梅：《地方政府应急管理实践研究》，四川人民出版社，2009 年版。

《住建部公布 2013 年度 103 个国家智慧城市试点名单》，新华网 2013 年 8 月 5 日。

邹铭：《减灾救灾》，中国社会出版社，2009 年版。

后　记

进入 21 世纪，随着社会转型速度的加快和市场化、城市化、全球化进程的深化，我国各类公共危机不断发生，各种社会矛盾及问题不断积聚，社会运行中的不确定因素明显增加，这对党和政府及各类社会组织的危机管理能力及建设提出了严峻挑战。加强危机管理学科建设，开展危机管理教育，培养或培训危机管理人才日益成为当前中国高等教育的一项重要使命。

为了适应公共危机管理教学的新形势，满足国家与社会对公共危机管理人才培养或培训的需求，来自中国政法大学、西南政法大学、国家行政学院、兰州大学、山东师范大学、江西师范大学、江西农业大学、南昌航空大学、上海理工大学、三峡大学等高校的专业教师共同合作编写了这本《公共危机管理》教材。

本教材以公共危机管理基础知识(第 1 章)开篇，在比较系统地描述公共危机管理体制(第 2 章)的基础上，依次对公共危机管理的决策、预防和应急准备、监测与预警、应急救援及处置、恢复与重建、公共沟通等基本环节(第 3~8 章)，侧重从机制的角度进行了分析；鉴于保障体系对公共危机管理系统的运行起着资源供给作用，应急法制对其起着制度规范作用，本教材把这两部分单独列章(第 9 章和第 10 章)，最后以公共危机管理发展展望(第 11 章)收篇。从整体来看，本教材的逻辑线索清晰，内容较为充实和丰富，对国内外的最新研究成果注意及时吸收和借鉴，对我国公共危机管理现实的结合比较紧密，适合作为高等院校本科或研究生相关专业的教材，同时也适合作为党政机关相关人员培训的参考资料或教材。

本教材的分工如下：主编：张永理；副主编：李程伟。

具体各章的编写分工为：第 1 章、第 2 章：张永理；第 3 章：钟开斌、张永理；第 4 章：詹承豫、黄建伟；第 5 章：李程伟、吕昕阳；第 6 章：詹承豫、罗国芬；第 7 章：李程伟、左功叶；第 8 章：李秀忠；第 9 章：沙勇忠、詹承豫；第 10 章：黄顺康；第 11 章：李程伟、吴淑娴。

　　本教材的编写得到了中国政法大学党委书记石亚军教授、兰州大学管理学院院长包国宪教授的大力支持，武汉大学出版社舒刚先生也为本书的出版花费了不少心血，对此谨致谢忱！由于编写者水平有限，教材不免存在缺点和不足，恳请读者不吝教正！

《公共危机管理》编写委员会

2010 年 9 月

第二版后记

2013 年 7 月，舒刚博士来电询问 2010 年版的《公共危机管理》教材能否结合当今世界和我国公共危机管理的最新发展进行修订，也由于我在这本教材出版后仔细阅读了好几次，发现有不少笔误造成的错别字，有些内容也需要根据最新变化进行修订，与李程伟教授协商之后，这次由我直接负责修订版。

这次的修订版除了纠正了一些错别字之外，还对相关概念进行了尽可能的统一化，对教材体例也进行系统梳理，使之更趋规范化和统一化，同时也删除了一些在目前看来已经不太新颖的内容，增加了部分新内容，这些内容变化主要包括两个大的方面：

一是在正文内容中，增加了公共危机管理中的智库建设、《精神卫生法》与心理危机干预法律制度保障、科技支撑体系中的应急产业发展、大数据时代的公共危机管理和我国公共危机管理发展历程中 2009 年以来特别是党的十八大以来的新进展等内容，细化了应对恐怖主义威胁和恐怖袭击突发事件法律规范和骚乱、社会群体性事件法律规范以及我国国家突发事件应对法省级二次立法等内容。

二是在引导案例中，删除了"北京将建突发事件监测预警制度"、"国务院成立灾后重建规划组　争取 3 个月完成规划"、"海南省副省长：不要以防火防盗防记者的态度对待媒体"等案例，更新和增加了"北京将与周边省市联手共同减排降污应对雾霾天"、"美成功测试地震预警系统　可提前数秒预警"、"韩失事客轮失踪者家属发呼吁书　斥政府搜救不力"、"宝兴县长落泪：汶川重建房子又毁了　百姓拿不出钱"、"日本核污染清除工作进展缓慢　阻碍灾区重建"、"媒体称汕头群体事件官方通报让更多人不明真相"、"大数据，变革公共卫生"等案例，强化了案例的针对性和时代性。

在本书的修订过程中，我的研究生徐浩在我的指导下，搜集和整理了有关

338

大数据、智库建设等方面的资料，补充了全书稿的 PPT 制作工作。与此同时，徐浩还和卢艳、张辽等研究生一起校对了原书稿中的某些错别字，并且进一步规范了写作体例等工作，加快了本书稿修订的进度。本书在修订过程中，再次得到了舒刚博士的大力支持，对他的支持再次表示感谢。由于笔者水平有限，本教材难免存在诸多缺点与不足，敬请学界同仁和广大读者批评指正！

张永理

2015 年 1 月 9 日于北京市海淀区蓟门桥